21世纪高等院校教材

会 计 学

兰艳泽　车嘉丽　主编

科 学 出 版 社
北 京

内容简介

本书从会计学专业之外一个更加广阔的视野和知识背景角度，即会计信息使用者的角度来理解、掌握会计的知识，对非会计学专业的学生更有实用性。本书紧密结合会计准则的最新发展，重点介绍了会计学的基本理论和实务，内容涵盖会计基本概念、财务会计主要业务处理、财务报表的信息生成和分析利用以及成本会计、管理会计的重点内容。对于非会计学专业的学习人员来讲，通过本书的学习，将建立较为全面、系统的会计学理论与实务体系。

本书适合高等院校的本科非会计学专业学生、财经类职业院校学生、企业单位的高级财务管理人员等阅读与参考。

图书在版编目(CIP)数据

会计学/兰艳泽，车嘉丽主编. —北京：科学出版社，2008
21世纪高等院校教材
ISBN 978-7-03-022835-2

Ⅰ.会… Ⅱ.①兰…②车… Ⅲ.会计学-高等学校-教材 Ⅳ.F230

中国版本图书馆CIP数据核字(2008)第131415号

责任编辑：陈 亮 马 跃 / 责任校对：陈玉凤
责任印制：徐晓晨 / 封面设计：耕者设计工作室

科学出版社出版
北京东黄城根北街16号
邮政编码：100717
http://www.sciencep.com

北京九州迅驰传媒文化有限公司 印刷

科学出版社发行 各地新华书店经销

*

2008年12月第 一 版 开本：787×1092 1/16
2017年 8 月第九次印刷 印张：26 1/4
字数：574 000

定价：58.00 元

(如有印装质量问题，我社负责调换)

《会计学》编委会

主　编　兰艳泽　车嘉丽

副主编　陈　药　于　敏

编　委　汤海容　杨　睿　肖建琳

郭旭芬　庄学敏

前　言

2007 年 1 月 1 日，我国《企业会计准则》在上市公司的实施，客观上要求进行会计教材的改革；而对于非会计学专业的学生，如何让他们从管理学的视角，对会计学有一个比较系统的了解和掌握，是我们作为会计学教师一直思考的课题。上述两方面的原因促成了《会计学》的出版。

本书是财经院校非会计学专业课程的教学用书，也可以作为经济、管理干部培训班的培训教材及会计学专业学生学习会计的参考书。本书主要内容包括四部分：一是会计学基本理论，二是会计核算的基础知识，三是会计要素的确认、计量、记录、报告的原理及方法，四是管理会计的基础理论和基本方法。

本书具有以下几个特点：

(1) 立足于我国新的《企业会计准则》体系。撰写本书的基本依据是 2007 年颁布实施的《企业会计准则》。

(2) 适应非会计学专业的教学目的、教学特点，努力从管理的视角理解和掌握会计基本理论和基本技能。所以，本书从财务报告出发，去窥探会计学的知识。

(3) 本书体系和内容是从大会计学的概念出发，涵盖了财务会计、管理会计两大内容，便于非会计学专业的学生建立更系统的会计学知识。

(4) 按照教学的基本规律，由简到繁、由浅入深，符合广大初学者的思维过程。并且，章后设有思考题和练习题，便于学生思考和深入理解。

兰艳泽、车嘉丽主编本书，负责拟定全书编写大纲，对初稿进行修改、补充、总纂和定稿。全书各章由下列教师执笔：第 1 章，兰艳泽；第 2 章、第 7 章，陈药；第 3 章、第 13 章，汤海容；第 4 章、第 6 章，杨睿；第 5 章、第 8 章，肖建琳；第 9 章、第 10 章、第 11 章，于敏；第 12 章、第 17 章，郭旭芬；第 14 章、第 15 章，车嘉丽；第 16 章，庄学敏。

由于各种原因，本书难免有不足之处，欢迎广大学者批评指正。

编　者

2008 年 6 月于教师村

目　录

前　言

第1章　绪　　论

1.1　企业经济活动概述

1.1.1　企业及其本质

企业是一种久已存在的经济组织形式。早在20世纪30年代以前，企业在经济学家的眼中只是一个“黑箱”：人们把土地、劳动、资本等生产要素投入企业，然后从企业获得产出，因为企业是追求利益最大化的独立经济主体。20世纪70年代以后，随着微观经济学在信息经济学、合同理论等方面的突破性发展，企业作为一种制度安排，实质上就是生产要素所有者之间的一组合同关系的一个连接点。例如，一个企业为了生产财富，要从大量资本所有者那里筹集资本，也要大量劳动者投入劳动，此外还要土地等多种投入。从这个角度观察，企业存在的意义在于，每一个要素所有者只要和企业确立合同关系，也就和所有其他要素所有者确立了合同关系。因此，企业就成为一组合同关系的连接点。

企业的目标是追求利益最大化。然而，企业为了实现这一目标，就必须将这些生产要素组合起来，与这些要素的所有者确立合同关系，从事企业的经济活动。马克思曾经对企业的经济活动进行了高度抽象，即“G-W-G′”。简单地说，就是企业握有可以控制的货币资金，经过配置劳动力、物质资料等要素，经生产过程加工成商品，再经过出售使之变换成货币资金，后者的货币资金要大于前者，使企业赚得利润。而企业的生产要素和资源配置必须由资金来配置引导，所以，我们经常将企业资金比喻为人体中的血液，即企业要想实现其目标，完成它的经济活动过程，就必须有资金。

1.1.2　企业的资金及其运动

关于资金的定义，《辞海》（经济学分册）认为：资金是国民经济中物资价值的货币表现，这里的财产物资是从广义的角度来考察的。《经济大词典》（财政卷）的看法是：资金是社会再生产过程中物资运动的价值形式。这两种表述虽有所不同，但以财产物资形态作为资金存在的物质内容的观点是相同的，两种观点均从广义角度阐述。如果我们将资金的定义拿到企业中去套用，则企业的资金应该是企业拥有或控制的财产物资的货币表现形式。我们可以将其作为狭义的资金定义。

企业的资金具有两大特点：

一是它的物质性。资金在形态上表现为货币形式，但在货币形式背后都有着相应的物质内容。例如，企业资金的物质内容是企业劳动力、物质资料等各种生产要素。资金的物质性是由货币价值尺度职能所决定的，所以，资金作为社会再生产过程中的货币，它是反映物力资源和人力资源价值的载体，一旦失去其物质内容，它就变成毫无意义的废纸。认识资金的物质性，对于企业如何合理配置资源，实现资源的优化配置具有重大意义。

二是它的运动性。资金在企业生产过程中，其规模、结构与具体形态总在发生变化，这种数量变动与形态转化状态即资金运动。资金的本质也在于运动，正如我们前面所讲的，它就像人体的血液一样，如果没有了运动，人就会死亡。研究资金的运动性，对如何提高资金运用效益具有重大意义。

企业的资金运动过程可以归结为资金的筹集、运用、收回、分配的过程，也就是我们通俗讲的聚财、用财、生财。

1. 资金的筹集

企业经济活动所需的资金主要来源于投资人投入、企业内部形成、银行借入或其他债权人投入等，如何经济合理地取得资金就是资金的筹集问题。利用会计工具将企业从各种渠道筹集的资金进行核算和监督，使得企业筹集的资金符合经济核算的基本要求，也就是所谓的聚财之道。

2. 资金的运用

筹集资金是为了运用资金。企业的资金运用是资金运动的主要内容。资金运用是以货币的价值形式反映企业物质资料、劳动力等的占用与耗费，即资金占用和资金耗费。企业资金的占用按形态可分为货币资金、储备资金、生产资金、成品资金和结算资金，具体表现为现金、银行存款、材料、房屋、机器设备、在产品、产成品、各种应收款项等。资金耗费是指企业在生产经营过程中发生的以价值形式表现的消耗，具体表现为房屋机器设备的折旧费、职工工资、耗费的各种材料、其他费用的支出。利用会计工具将资金的占用和耗费进行核算，使得资金在经济活动过程中合理、经济地使用，也就是所谓的用财之道。

3. 资金的回收与分配

企业筹集资金、运用资金的目的都是为了企业的利益最大化，即企业的产品销售收入在补偿了生产经营中资金耗费后的剩余部分能取得极大值。企业生产的产品通过销售环节取得的货币收入，首先要满足经济活动中资金耗费的补偿，收入的货币资金先考虑用于购买劳动资料、劳动对象、支付职工工资和其他费用等，也有一部分要用于支付债务及其利息，余下部分为企业的利润。企业的利润按照有关规定要在国家、企业、投资者之间进行分配。首先，企业要按国家税法缴纳所得税，而后提取企业公积金、公益金等，将剩余部分的利润以股利等形式向投资者进行分配，还可以留存一部分用于扩大再生产。企业既要全面筹划对收入的合理分配，又要广开生产经营门路增加收入，增加盈利，即所谓的生财之道。

1.2　会计的基本概念

概念，是对象的本质属性的思维形式，是人们通过实践，从对象的许多属性中，撇开非本质属性，抽出本质属性概括而成。会计的概念，是会计本质属性的概括。因此，要说明什么是会计，必须首先掌握会计的本质特征。

1.2.1　会计是一种经济管理活动

会计是以提高经济效益为目的的一种经济管理活动，是一项经济管理工作，产生于管理的需要，而且一开始就是以经济管理的形式出现的。物质资料的生产是人类社会存在和发展的基础。在生产活动中，用尽量少的劳动时间创造尽量多的满足社会需要的物质财富，是生产发展的客观要求。长期的生产实践使人们逐渐认识到，为了更好地发展生产，并在生产中能够取得最大的经济效益，达到预期生产目的，就必须对生产过程进行管理。为了管理生产，一方面对生产过程中人力、物力的消耗数量和劳动产品的数量进行记录、计算、分析比较；另一方面对生产过程中的消耗和结果进行控制、检查和考核，这些管理活动有助于节约人力、物力，以取得最好的经济效益。这在任何社会形态下都是十分重要的，也是不同社会形态的共同要求。会计正是在这种要求的基础上，经过长期发展过程，逐渐成为对生产经营活动进行核算和监督的一种经济管理科学。由此可见，会计管理与人们讲求经济效益的生产实践是密切联系的，是应生产实践活动的客观需要而产生的，管理的目的就是提高最大的经济效益。

另一种代表性观点认为，会计是一种经济信息系统，通常被称为商业语言（business language)，用以记录、表达和说明企业的生产经营活动。会计作为一个经济信息系统，提供某一主体的财务信息，反映经济活动过程。会计通过一定的程序和方法，对经济活动过程中产生的大量的原始数据进行记录、分类、汇总，将其转化为有用的经济信息，向信息使用者传送和报告，以便他们做出正确的决策。会计作为一个系统，输入的是原始数据，输出的是财务信息，如下所示。

原始数据————→会计————→财务信息

对比这两种代表性的观点，即“管理活动论”和“信息系统论”，我们更加关注会计在企业内部的作用和目的，对信息进行收集、整理、加工的最终目的还是管理，提高企业经济效益，所以，会计是一种经济管理活动，这是会计的本质。

1.2.2　会计通过核算和监督对经济活动进行管理

核算和监督是会计的两个基本职能。所谓会计的职能，是指会计在经济管理活动中所具有的功能，它是客观的，不以人们的主观意志为转移。

会计核算职能是指会计对客观经济活动在表述和价值数量上的确定，也就是记账、算账和报账。记账就是把企业单位发生的所有经济业务运用一定的记账方法在账簿上记载；算账就是在记账的基础上，计算企业在经济活动中的耗费和成果；报账就是在记账和算账的基础上，把企业的财务状况和经营成果通过编制财务报告的方式向内部和外部有关部门和利害关系各方通报。经济活动中发生的业务数量繁多，内容复杂，要把每项经济业务通过会计记录、分类和汇总，把大量的经济业务转变为能在会计报告中进行概括和汇总的数据资料，使其正确地、综合地反映企业的现状和发展情况，这是管理的客观需要。

会计监督职能是指会计对经济活动的合理性、合法性和有效性进行事前、事中、事后的有效控制，促使经济活动按照规定的要求运行。也就是预测、决策、控制、分析和检查，这些都是监督职能的有机组成部分。会计预测是根据发展前景，依据会计信息和其他信息，结合相应措施，采用一定的技术方法，对企业经济活动各方面的发展趋势进行估计和测算，为决策、计划和控制服务，提高经济效益；会计决策是指对决策对象的相关信息、所定的策略及其后果等进行综合分析研究以后，根据决策衡量准则做出决定；会计控制是指为了实现既定的目标，采用一定的科学方法，对经济活动进行日常监督和管理，发生偏差及时纠正；会计分析是指以会计信息为主要依据，结合计划、统计和其他有关信息，对经济活动及其成果进行综合分析研究，找出差距，查明原因，提出改进措施；会计检查是指查明经济业务的合理性、合法性和会计资料的真实性。通过会计监督职能作用的发挥，能促进企业单位的经济活动沿着正确的轨道运行。

会计核算职能和监督职能是相辅相成的，会计核算是基础，如果没有核算提供的可靠的、完整的会计资料，会计监督就没有客观依据，也就不可能进行有效的会计监督；反之，会计核算必须以会计监督为保证，没有科学、严格的监督，核算也就没有意义，同时也不可能提供真实可靠的会计信息，也起不到提高经济效益、发挥管理的能动作用。因此，正确的核算是严格会计监督的基础和前提，而加强会计监督又能强化核算。

1.2.3　会计对经济活动主要以价值形式进行管理

会计是一种经济管理工作，然而，社会生产的管理是多方面和各种各样的，会计则主要以价值形式对经济活动进行管理，即会计是价值形式的管理。因为商品是有价值的，因此，经济活动中就会有价值的耗费、价值的形成、价值的实现和收回、价值的分配和积累等经济现象。这些经济现象的管理主要是由会计管理来实现和完成的。具体地说，会计利用货币作为计量单位，核算和监督经济活动过程，使企业不仅生产出更多更好的使用价值，而且还要创造出更多的价值，这是会计管理区别其他管理的重要标志。

1.2.4　会计对经济活动管理具有连续性、系统性、全面性和综合性

会计管理区别其他管理的另一个重要标志是会计管理具有连续性、系统性、全面性和综合性。所谓连续性，是指在经济活动中所发生的经济业务要按照发生的时间顺序不间断地由始至终地进行记录；所谓系统性，是指对会计对象要按科学的方法进行分类，进行系统的加工整理、汇总，以便提供经济管理所必需的各种会计信息；所谓全面性，是指应当对属于会计对象的全部经济活动内容进行核算和监督，不允许遗漏；所谓综合性，是指利用货币计量尺度把会计对象的全部经济内容进行记录，加以汇总，反映各项总括的价值指标，为管理提供有用而可靠的会计信息。

1.2.5　会计的对象

会计的对象是会计核算和监督的客体，因为会计是以价值形式进行管理的，所以，会计的对象应是企业经济活动的价值方面，即企业的资金及其资金运动。企业过去（或已经完成）的资金运动具有以下特点：一是客观存在，有真凭实据，可以检查；二是与

财产物资流动相对应，可以核对；三是能够表现业已存在于企业与国家行政管理机构、投资者、债权人等方面的资产保管责任关系、经济利益分配关系和经济资源配置的要求。基于上述特点，企业过去（或已经完成）的资金及其运动就成为财务会计的对象。而企业现在和未来的资金及其运动则是管理会计的对象，与过去（或已经完成）的资金运动相比，未来的资金运动不具备与真实的财产物资流动相对应的特点，而具有决策性与计划性、动态性与过程性的特点。

但会计的对象如果仅仅表述为资金及其运动，未免太过抽象和综合，还不能为会计信息的具体规定提供明晰的指南，需对它做进一步的分解，具体化为会计要素。因此，要将会计对象具体化。根据我国的《企业会计准则》，会计对象具体划分为六大要素，即资产、负债、所有者权益、收入、费用、利润。前三大要素是反映企业财务状况的会计要素，后三大要素是反映企业经营成果的会计要素。会计要素是连接会计报表与会计对象的桥梁。

1.2.6　会计的目标

会计目标是指会计工作所要达到的终极目的，它取决于会计信息使用者对会计的需求。但由于会计信息使用者的需求并不相同，因此，会计目标的确定：第一，要针对会计信息的主要使用者；第二，要集中体现对会计信息的共性要求。

会计是整个经济管理的重要组成部分，会计的目标当然应该从属于经济管理的总目标。经济管理的总目标是提高经济效益，即在投入一定价值量的情况下，尽量争取收回更多的价值量。会计这一管理活动是价值管理，所以，将提高经济效益作为终极目标有其充分道理。但会计毕竟与其他经济管理有区别，因此，还要进一步研究会计核算的目标。简单地讲，会计的目标就是向信息使用者提供可靠和有用的会计信息。具体来说，是提供"关于企业财务状况、经营业绩和财务状况变动方面的信息，这种信息对很大一批信息使用者进行经济决策是有用的"。

综上所述，我们可以给会计下一个比较完整的定义，即会计是以货币为主要计量单位，通过记账、算账、报账等手段，连续地、全面地、系统地、综合地核算和监督企事业等单位的资金及其运动，并向信息使用者提供可靠而有用信息的一种经济管理活动。

1.3　财务会计与管理会计

会计有两大分支，财务会计（financial accounting）和管理会计（management accounting）。财务会计是以传统会计为主要内容，通过一定程序和方法，将企业经济活动中大量的、日常的业务数据，经过记录、分类和汇总，编制会计报告，向会计信息使用者提供反映企业财务状况及其变动情况和经营成果的会计。

管理会计是突破原有会计领域发展起来的一门相对独立的会计学科。它是利用财务会计提供的会计信息及其经济活动中的相关资料，运用数学、统计学等方面的一系列技术和方法，通过整理、计算、对比、分析等手段的运用，向企业内部各级经营管理人员提供用于短期和长期经营决策、预测、制定计划、指导和控制企业经济活动的信息的报告会计。

财务会计与管理会计既有联系，又有区别。

1.3.1 财务会计和管理会计的联系

两者源于同一母体，相互依存，相互补充，相互制约，共同构成现代企业会计系统的有机整体。在会计工作实践中，管理会计所需要的许多资料来源于财务会计系统，它的主要工作内容是对财务信息进行再加工和再利用；而财务会计的发展与改革则应充分考虑管理会计的要求，以扩大信息交换处理能力和兼容能力，避免不必要的重复和浪费。

1.3.2 财务会计与管理会计的区别

1. 工作侧重点不同

财务会计工作的侧重点在于根据日常的业务记录，登记账簿、定期编制财务报告，其具体目标虽然为企业内部服务，但更侧重于为企业外部服务。从这个意义上说，财务会计又称为“外部会计”。

管理会计工作的侧重点在于针对企业经营管理遇到的特定问题，进行分析研究，以便向企业内部各级管理人员提供有关价值管理方面的预测、决策和控制考核信息资料，其具体目标是为企业内部管理服务。从这个意义上说，管理会计又可称为“内部会计”。

2. 作用时效不同

财务会计的时效主要在于反映过去，对此，无论客观性原则，还是历史成本原则，都可以证明其反映的只能是过去实际已经发生的经济业务。

管理会计的作用时效不仅限于分析过去，而且在于能动地利用已知的财务会计资料进行预测，规划未来，同时控制现在，从而横跨过去、现在和未来三个时态，所以管理会计的作用时效主要是面向未来。

3. 方法体系、工作程序不同

财务会计的方法体系比较稳定，核算时只需要用简单的算术方法，有固定的会计循环程序，而且通常情况下不得随意变更或颠倒工作顺序。因而，财务会计工作具有一定的强制性和程序性。

管理会计可选择灵活多样的方法对不同的问题进行分析处理，在信息处理过程中大量运用现代数学方法。同时，管理会计没有固定的工作程序，有较大的周旋余地，可根据企业自身的实际情况自行设计其管理会计工作流程。

现将财务会计同管理会计列表对照，见表 1-1。

表 1-1 财务会计与管理会计对照表

项 目	财务会计	管理会计
目的	通过记录经济业务，编制财务报告，对内对外提供有用信息	收集、加工和阐明计划和控制所用的资料，只供企业内部管理之需要
所需资料	记录已经发生的经济业务	经营管理所需要的有关过去和将来的各种资料

续表

项　目	财务会计	管理会计
指导原则	公认会计原则	不受公认会计原则的限制
报告时期	按年度、半年度、季度、月度报送（过去时期）	按任何时期报告，也可以临时报送（过去时期或将来时期，侧重于将来时期）
报告种类	按照规定报告资产负债表、利润表、现金流量表等	经营管理需要的各种预算、分析说明、报告、图表等，种类和格式不拘
精确程度	精确	相对精确但强调及时
报告重点	整个企业的经济活动过程	各部门、各地区、各种产品的相关信息
报告接受人	企业管理当局、相关投资者、债权单位、工商、税收等部门	企业各级各部门管理当局
使用的量度	货币量度	主要使用货币量度，兼用实物量度、劳动量度、关系量度（如百分率、指数、比例等）
运用的数学方法	算术方法	线性规划、概率论、图示法、微积分等各种数学方法
实施程度	企业全面实施	视需要和可能而定

1.4　企业会计规范

企业会计规范包括两个方面：一是以法律形式表现的会计规范性文件，包括由国家立法机构按照立法程序制定和颁发的规范性文件，也包括由国家行政机构制定和发布的有关会计工作的各种条例、制度等，形成指导企业等单位的会计法规体系；二是企业会计人员自觉遵循的行为指南，它主要体现为职业道德的约束。以下分述之。

1.4.1　企业会计法规体系

我国企业会计法规体系是以《中华人民共和国会计法》为主法形成的一个比较完整的会计法规体系。它分为两个层次。

1. 会计法

《中华人民共和国会计法》是我国会计工作的基本法规，是我国会计法规的母法，于 1985 年 1 月 21 日公布，5 月实施。1993 年 12 月我国对《会计法》进行了修订，1999 年 10 月 21 日又进行了第二次修订，其目的就是要规范会计行为，保证会计信息的真实、完整，保障会计人员依法行使职权，加强经济管理，提高经济效益。

《会计法》全文共 7 章 52 条。分别为：总则部分，明确《会计法》的适用范围、会计工作管理权限等主要内容；公司、企业会计核算的特别规定部分，规定了公司、企业如何确认、计量和记录会计基本要素；会计核算部分，规定会计核算的对象和内容；会计监督部分，规定各单位的会计机构和会计人员对本单位实行会计监督，明确会计监督的对象、内容、方法和程序等；会计机构和会计人员部分，主要是明确会计机构和会计人员的职责、应具备的专业知识、会计人员的任免、会计人员的交接、会计人员从事会计工作的资格要求等；法律责任部分，主要是单位负责人、会计人员、国家工作人员违反会计法应承担的法律责任、违法处分等做出规定。

2. 企业会计准则

会计准则是会计核算工作的基本规范，它就会计核算的原则、会计处理方法和程序做出规定。我国于 2006 年 2 月 15 日发布了包括《企业会计准则——基本准则》和 38 项具体准则在内的企业会计准则体系，2006 年 10 月 30 日，又发布了《企业会计准则应用指南》，于 2007 年 1 月 1 日首先在上市公司范围内执行，鼓励其他企业执行。因此，我国企业会计准则体系由基本准则、具体准则、会计准则应用指南和解释公告四个部分组成。

1)《企业会计准则——基本准则》

基本准则在整个企业会计准则体系中扮演着概念框架的角色，起着统驭作用，为具体准则的制定提供基本框架。基本准则共 11 章 50 条，其主要内容有：总则部分，主要明确会计准则制定的目的和依据，准则的适用范围，会计核算的基本前提和会计核算基础工作；会计质量要求部分，主要对会计核算的基本要求做出规定；资产、负债、所有者权益、收入、费用和利润部分，分别就会计要素的确认、计量和报告做出规定；会计计量部分，主要对会计计量属性做出规定；财务会计报告部分，主要规定财务报告的内容、会计报表的种类等；最后部分是附则。

2) 具体准则

具体准则是在基本准则的基础上，对具体交易或者事项会计处理的规范。具体会计准则分为一般业务准则、特殊行业的特定业务准则和报告准则三类。一般业务准则主要规范各类企业普遍适用的一般经济业务的确认和计量，如存货、固定资产、长期股权投资、无形资产、资产减值、借款费用、收入、外币折算等准则；特殊行业的特定业务准则主要规范特殊行业中特定业务的确认和计量，如石油天然气、生物资产、金融工具确认和计量及保险合同等准则；报告准则主要规范普遍适用于各类企业的通用报告类的准则，如财务报告的列报、现金流量表、合并财务报表、中期财务报告、资产负债表日后事项、分部报告、金融工具列报等准则。

3) 应用指南

具体准则应用指南是对具体准则的一些重点、难点问题做出的操作性规定，应用指南类似于《企业会计制度》，主要对会计科目的设置、会计分录的编制和报表的填报等操作层面的内容做出示范性指导。

4) 解释公告

解释公告是随着企业会计准则的贯彻实施，就实务中遇到的实施问题而对准则做出的具体解释。

上述的会计准则体系使得我国基本实现了与国际财务报告准则的实质性趋同。新企业会计准则体系建立后，现行的《企业会计制度》、《金融企业会计制度》将随适用范围的逐步扩大而予以取消。但小企业、民间非营利组织在从事经济活动过程中，仍然要在遵循《企业会计准则——基本准则》的基础上，制订《小企业会计制度》、《民间非营利组织会计制度》等。

1.4.2　会计职业道德

会计职业道德是调整会计人员与企业有关方面经济利益关系，有效实现财务会计目标和内部会计控制目标的手段。它以职业良心、职业精神为核心，侧重于倡导会计人员应自觉遵循的职业行为，即会计人员应该做什么。它对于形成会计人员的职业心理和职业理想以及特有道德习惯和道德传统，具有重大作用。

我国会计职业道德规范的主要内容包括：爱岗敬业、诚实守信、廉洁自律、客观公正、遵守准则、提高技能、保守秘密、文明服务。

爱岗敬业是职业道德的基本要求，是判断每个会计人员是否有职业道德的首要标准，爱岗敬业要做到乐业、勤业、精业。

诚实守信是职业道德的根本，是会计人员对社会所承担的义务和职责，是人们在职业活动中处理人与人之间关系的道德准则。它要求会计人员尽最大努力，围绕企业经济运行的总体目标，在反映企业对外交往和商品交易活动的过程中切实做到诚实可信、遵守承诺。

廉洁自律要求会计人员能够经得起来自各方面的利益诱惑，不为金钱、权力、美色所动，不贪污、不挪用公款、不监守自盗，要坚持原则、依法办事。

客观公正是会计人员必须具备的行为品德，是会计职业道德规范的灵魂。客观是指会计人员在处理经济业务时必须以实际发生的交易事项为依据，如实反映企业的财务状况、经营成果和现金流量情况；公正是指会计人员应该具备正直、诚实的品质，不偏不倚地对待有关利益各方。客观公正不只是一种工作态度，更是会计人员追求的一种境界。

遵守准则是指会计人员在职业活动中，应以会计准则为指导，依法依规履行自己的职责，保证经济活动正常进行。要熟悉准则，提高会计人员遵守准则的能力；要依照准则办事，提高会计人员执行准则的能力；正确运用准则；提高执行准则的技能。

提高技能是指提高职业技能，职业技能包括相应的经济理论水平、政策法规水平、处理业务能力、实际操作能力、技术能力以及文字表达能力等。会计是一项技术性较强的工作，会计人员必须具备一定的素质才能胜任会计工作。

保守秘密是指会计人员应当保守本单位的商业秘密，不能将从业过程中所获得的信息据为己用，或者泄露给第三者以牟取私利。要做到不该问的不问，不该说的不说，不为利益所诱惑，坚决保守秘密。

文明服务表现为会计人员在参与对外交往和组织内部协调运作过程中，人与人之间关系的融洽程度和与之对应的工作态度。要做到谦虚谨慎、彬彬有礼、态度和蔼、语言文明、以诚相待、尊重事实、团结协作、以和为贵。

思　考　题

1. 阐述企业的资金运动。
2. 会计的本质是什么？
3. 会计的对象是什么？
4. 财务会计与管理会计的关系如何？
5. 我国会计法规体系怎样构成？其主要内容是什么？
6. 我国会计人员职业道德的主要内容是什么？

第 2 章　财务报告基础

2.1　财务报表及要素

财务报告又称财务会计报告，是企业对外提供的反映企业某一特定日期的财务状况和某一会计期间的经营成果、现金流量等会计信息的文件，包括财务报表和其他应当披露的相关信息两部分内容。其中，财务报表由报表本身及其附注两部分构成，而其他相关信息主要指的是按规定企业需要披露的非财务的有关信息。

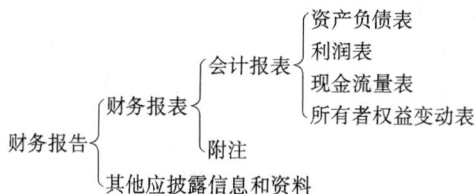

结构图如下：

- 财务报告
  - 财务报表
    - 会计报表
      - 资产负债表
      - 利润表
      - 现金流量表
      - 所有者权益变动表
    - 附注
  - 其他应披露信息和资料

2.1.1　财务报表

财务报表由报表本身及其附注两部分构成。报表本身主要包括资产负债表、利润表、现金流量表和所有者权益变动表。考虑到小企业规模较小，外部信息需求相对较低，因此，小企业编制的报表可以不包括现金流量表和所有者权益变动表。附注也是财务报表的组成部分。

1. 资产负债表

资产负债表是反映企业在某一特定日期的财务状况的会计报表。企业编制资产负债表的目的是如实地反映企业的资产、负债和所有者权益金额及其结构情况，从而有助于使用者评价企业资产的质量以及短期和长期偿债能力、利润分配能力等。简化后的资产负债表，如表 2-1 所示。

2. 利润表

利润表是反映企业在一定会计期间的经营成果的会计报表。企业编制利润表的目的是如实反映企业实现的收入、发生的费用以及应当计入当期利润的利得和损失等金额及其结构情况，从而有助于使用者分析评价企业的盈利能力及其构成与质量。简化后的利润表，如表 2-2 所示。

表 2-1　资产负债表

会企 01 表

编制单位：　　　　　　　　　　年　　月　　日　　　　　　　　单位：元

资　产	期末余额	年初余额	负债和所有者权益（或股东权益）	期末余额	年初余额
流动资产：			流动负债：		
货币资金			短期借款		
应收账款			应付账款		
应收利息			应付职工薪酬		
应收股利			应交税费		
其他应收款			应付股利		
存货					
			流动负债合计		
			非流动负债		
流动资产合计			长期借款		
非流动资产：			应付债券		
长期应收款			长期应付款		
长期股权投资			非流动负债合计		
固定资产					
无形资产			负债合计		
商誉			所有者权益（或股东权益）		
			实收资本（或股本）		
非流动资产合计			资本公积		
			盈余公积		
			未分配利润		
			所有者权益（或股东权益）合计		
资产总计			负债和所有者权益（或股东权益）总计		

表 2-2　利润表

会企 02 表

编制单位：　　　　　　　　　　年　　月　　　　　　　　单位：元

项　目	本期金额	上期金额
一、营业收入		
减：营业成本		
营业税金及附加		
销售费用		
管理费用		
财务费用		
资产减值损失		
加：公允价值变动收益（损失以“—”号填列）		
投资收益（损失以“—”号填列）		
其中：对联营企业和合营企业的投资收益		

续表

项　目	本期金额	上期金额
二、营业利润（亏损以“—”号填列）		
加：营业外收入		
减：营业外支出		
三、利润总额（亏损总额以“—”号填列）		
减：所得税费用		
四、净利润（净亏损以“—”号填列）		
五、每股收益		

3. 现金流量表

现金流量表是反映企业在一定会计期间的现金和现金等价物流入和流出的会计报表。企业编制现金流量表的目的是如实反映企业各项活动的现金流入、流出情况，从而有助于使用者评价企业的现金流量和资金周转情况。

4. 所有者权益变动表

所有者权益变动表是反映构成所有者权益的各组成部分当期的增减变动情况的报表。

5. 附注

附注是对在会计报表中列示项目所做的进一步说明以及对未能在这些报表中列示的项目的说明等。企业编制附注的目的是通过对财务报表本身做补充说明，以更加全面、系统地反映企业财务状况、经营成果和现金流量的全貌，从而有助于向使用者提供更为有用的决策信息，帮助其做出更加科学合理的决策。

财务报表是财务报告的核心内容，但是除了财务报表之外，财务报告还应当包括其他相关信息，具体可以根据有关法律法规的规定和外部使用者的信息需求而定。例如，企业可以在财务报告中披露其承担的社会责任、对社区的贡献、可持续发展能力等信息，这些信息对于使用者的决策也是相关的，尽管属于非财务信息，无法列示在财务报表中，但是如果有规定或者使用者有需求，企业应当在财务报告中予以披露，有时企业也可以自愿在财务报告中披露相关信息。

2.1.2　会计要素

会计要素是根据交易或者事项的经济特征所确定的财务会计对象的基本分类。可以说，会计要素是会计对象的具体化，而会计对象则是会计要素的综合、抽象和概括。设置会计要素，是在财务会计目标的指引下，根据信息使用者的需要，把会计对象划分为若干个互相联系但性质上又可分类的举措。我国《企业会计准则》将会计对象按照性质分为六大要素。包括反映企业财务状况的资产、负债和所有者权益三要素，它们是反映价值运动相对静止状态的要素，叫做静态要素；反映企业经营成果的收入、费用和利润三要素，它们是反映价值运动显著变动状态的要素，叫做动态要素。因为其分别构成主要财务报表的大类项目，又称为财务报表要素。资产、负债和所有者权益三要素称为资产负债表要素；收入、费用和利润三要素称为利润表要素。事业单位的会计要素分为五大类，即资产、负债、净资产、收入和支出。

会计要素的界定和分类可以使财务会计系统更加科学严密，为投资者等财务报告使用者提供更加有用的信息。

1. 资产

财务状况是指资金运动在相对静止状态时的资金情况，包括资金的运用和来源两方面。反映企业财务状况的会计要素是资产、负债、所有者权益三项。《企业会计准则》是从过去、现在和未来三个层面，对资产做出定义的。资产是指由企业过去的交易或者事项形成的、由企业拥有或者控制的、预期会给企业带来经济利益的资源，反映的是企业资金的具体运用。在六个会计要素中资产最重要，正确地理解和掌握了资产的定义，其他要素的定义就迎刃而解了。

1）资产的特征

（1）资产是由企业过去的交易或者事项形成的。

这是“过去”层面的资产特征。资产应当由企业过去的交易或者事项所形成，包括购买、生产、建造行为、其他交易或事项。即只有过去的交易或者事项才能产生资产，企业预期在未来发生的交易或者事项不形成资产。例如，企业有购买某存货的意愿或者计划，但是购买行为尚未发生，就不符合资产的定义，不能因此而确认存货资产。

（2）资产是企业拥有或者控制的资源。

这是“现在”层面的资产特征。资产作为一项资源，应当由企业拥有或者控制，具体是指企业享有某项资源的所有权，或者虽然不享有某项资源的所有权，但该资源能被企业所控制。

企业享有资产的所有权，通常表明企业能够排他性地从资产中获取经济利益。在判断资产是否存在时，所有权是考虑的首要因素。有些情况下，资产虽然不为企业所拥有，即企业并不享有其所有权，但企业控制了这些资产，同样表明企业能够从资产中获取经济利益，符合会计上对资产的定义。例如，企业以融资租赁方式租入的固定资产，应当将其视同企业自有资产予以确认、计量和报告。

（3）资产预期会给企业带来经济利益。

这是“未来”层面的资产特征。是指资产具有在未来期间直接或者间接为企业带来现金和现金等价物的能力。这既可以来自企业日常的生产经营活动，也可以来自非日常活动；带来经济利益可以直接就是现金或者现金等价物形式，也可以是通过转化才能成为现金或者现金等价物的形式，或者是可以减少现金或者现金等价物流出的形式。

资产预期会为企业带来经济利益是资产的重要特征。例如，企业的产成品或者提供的劳务对外出售后收回的货款，即为企业所获得的经济利益。如果某一项目预期不能给企业带来经济利益，那么就不能将其确认为企业的资产。前期已经确认为资产的项目，如果不能再为企业带来经济利益或者不能带来账面所记载那么多的经济利益，就不能够再确认为企业的资产，或者就应冲减其账面价值。以后的内容中会介绍“待处理财产损失”和“资产减值损失”的处理。

2）资产的分类

资产按流动性不同，分为流动资产和非流动资产。流动资产是指预计在一个正常营业周期内变现、出售或耗用，主要为了交易目的而持有或者预计自资产负债表日起一年内（含一年）变现的资产，以及自资产负债表日起一年内交换其他资产或清偿负债的能力不受限制的现金或现金等价物。包括货币资金、交易性金融资产、应收票据、应收账款、预付款项、应收利息、其他应收款和存货等资产项目。营业周期是指企业的资金随着生产经营活动的进行，从货币资金开始，中间经历储备资金、生产资金、成品资金各种形式，又回到货币资金形式所需要的时间。一般行业企业的一个营业周期不超过一年，特殊行业企业的营业周期超过一年。

非流动资产是指流动资产以外的资产，主要包括持有至到期投资、长期股权投资、固定资产、在建工程、工程物资、无形资产及其开发支出等资产项目。

持有至到期投资是指到期日固定、回收金额固定或可确定，且企业有明确意图和能力持有至到期的非衍生金融资产。

长期股权投资是指企业持有的对子公司、合营企业及联营企业的权益性投资以及企业持有的对被投资单位不具有控制、共同控制或重大影响，并且在活跃市场中没有报价、公允价值难以可靠计量的权益性投资。

固定资产是指同时具有以下特征的有形资产：一是为生产商品、提供劳务、出租或经营管理而持有的资产；二是使用寿命超过一个会计年度的资产。

无形资产是指企业拥有或控制的没有实物形态的可辨认的非货币性资产，如专利权、非专利技术、商标权、著作权和土地使用权等。商誉虽然是没有实物形态的非货币性资产，但由于其不可辨认性，不属于会计概念中的无形资产。

2. 负债

财务状况的另一方面就是资金的筹集情况或者说资金的来源情况，分为负债和所有者权益两大来源。负债是指由企业过去的交易或者事项形成的、预期会导致经济利益流出企业的现时义务。这也是从过去、现在和未来三个层面对负债的定义。

1）负债的特征

（1）负债是由企业过去的交易或者事项形成的。

这是“过去”层面的负债特征，负债应当由企业过去的交易或者事项所形成。只有过去的交易或者事项才形成负债，企业将在未来发生的承诺、签订的合同等交易或者事项，不形成负债。

（2）负债是企业承担的现时义务。

这是“现在”层面的负债特征。负债必须是企业承担的现时义务，这是负债的一个基本特征。负债是指企业在现行条件下已承担的义务，未来发生的交易或者事项形成的义务，不属于现时义务，不应当确认为负债。

这里所指的义务可以是法定义务，也可以是推定义务。法定义务是指对其具有约束力的合同或者法律法规规定的义务，通常必须依法执行。例如，企业的应付账款、银行借款以及按照税法规定应交纳的税费等，均属于企业的法定义务，需要依法予以偿还。推定义务是指根据企业多年来的习惯做法、公开的承诺或者公开宣布的政策而导致企业将承担的责任，这些责任也使有关各方形成了企业将履行义务的合理预期。例如，某企业的销售政策一直都有售后保修的条款，那么预期将为售出商品提供的保修服务就属于推定义务，应当将其确认为一项负债。

（3）负债预期会导致经济利益流出企业。

这是“未来”层面的负债特征。预期会导致经济利益流出企业也是负债的一个本质特征，只有企业在履行义务时会导致经济利益流出企业的，才符合负债的定义，如果不会导致企业经济利益流出，就不符合负债的定义。在履行现时义务清偿负债时，导致经济利益流出企业的形式多种多样，可以是用现金偿还或以实物资产形式偿还、以提供劳务形式偿还、以一部分转移资产另一部分提供劳务形式偿还和将负债转为资本等形式。

2）负债的分类

负债按流动性即偿还期不同，分为流动负债和非流动负债。流动负债是指预计在一个正常营业周期内清偿、或者主要为交易目的而持有、或者自资产负债表日起一年内（含一年）到期应予以清偿、或者企业无权自主地将清偿推迟至资产负债表日后一年以上的负债。主要包括短期借款、应付票据、应付账款、预收款项、应付职工薪酬、应交税费、应付利息、应付股利和其他应付款等项目。

非流动负债是指流动负债以外的负债，主要包括长期借款、应付债券和长期应付款等项目。

3. 所有者权益

所有者权益是资金来源的另一方面。所有者权益是指企业资产扣除负债后，由所有者享有的剩余权益，公司的所有者权益又称为股东权益。所有者权益是所有者对企业资产的剩余索取权，是企业资产中扣除债权人权益后应由所有者享有的部分，既可反映所有者投入资本的保值增值情况，又体现了保护债权人权益的理念。

1）所有者权益的特征

（1）除非发生减资、清算或分派现金股利，企业不需要偿还所有者权益。

这是与负债比较而言的特征，负债债权人有到期要求偿还的权益。而所有者权益在企业持续经营期间，一般不存在约定的偿还日期，因而是企业长期使用的资金。

（2）企业清算时，只有在清偿所有负债后，所有者权益才返还给所有者。

法律规定债权人对企业资产的要求权优先于投资者，所以，所有者权益是从企业资产中扣除债权人权益后应由所有者享有部分的权益，故又称为剩余权益。

（3）所有者凭借所有者权益能够参与企业利润的分配。

这是指投资者享有的按其投入资本及其运用所产生的盈余或亏损的权益，既按其出资的份额参与企业利润的分配甚至企业的经营，与此同时也要承担企业经营的风险。

2）所有者权益的来源构成

所有者权益的来源包括所有者投入的资本、直接计入所有者权益的利得和损失、留存收益等，包括实收资本（或股本）、资本公积（含资本溢价或股本溢价、其他资本公积）、盈余公积和未分配利润四个部分。商业银行等金融企业在税后利润中提取的一般风险准备，也构成所有者权益。

所有者投入的资本是指所有者投入企业的资本部分，既包括构成企业注册资本或者股本部分的金额，也包括超过注册资本或者股本部分的金额，即资本溢价或者股本溢价，这部分投入资本在我国《企业会计准则》体系中被计入资本公积。

直接计入所有者权益的利得和损失，是指不应计入当期损益、会导致所有者权益发生增减变动的、与所有者投入资本或者向所有者分配利润无关的利得或者损失。其中，利得是指由企业非日常活动所形成的、会导致所有者权益增加的、与所有者投入资本无关的经济利益的流入，包括直接计入所有者权益的利得和直接计入当期利润的利得；损失是指由企业非日常活动所发生的、会导致所有者权益减少的、与向所有者分配利润无关的经济利益的流出，包括直接计入所有者权益的损失和直接计入当期利润的损失。例如，可供出售金融资产的公允价值变动额就属于直接计入所有者权益的利得或损失。

留存收益是企业历年实现的净利润留存于企业的部分，包括盈余公积和未分配利润两部分。这样对所有者权益的分类能够分别反映投资者投入的资本和资本运用所产生的盈余（或亏损）。

4. 收入

经营成果是指企业在一定时期内利用资产从事经营活动所取得的成果，是企业资金运动显著变动状态的体现。反映企业经营成果的会计要素是收入、费用和利润三项。收入是指企业在日常活动中形成的、会导致所有者权益增加的、与所有者投入资本无关的经济利益的总流入，一般分为主营业务收入和其他业务收入。按照收入的定义，其特征如下。

1）收入是企业在日常活动中形成的经济利益流入

日常活动是指企业为完成其经营目标所从事的经常性活动以及与之相关的活动。例如，工业企业制造并销售产品、商业企业销售商品、服务性企业提供各项服务，均属于企业的日常活动。明确界定日常活动是为了将收入与利得相区分，因为企业非日常活动所形成的经济利益的流入不能确认为收入，而应当计入利得。

2）收入会导致所有者权益的增加

与收入相关的经济利益的流入应当会导致所有者权益的增加，不会导致所有者权益增加的经济利益的流入不符合收入的定义，不能确认为收入。例如，企业向银行借入款项，尽管导致了企业经济利益的流入，但该流入并不导致所有者权益的增加，反而使企业承担了一项现时义务，因此不应将其确认为收入，应当确认为一项负债。

3）收入是与所有者投入资本无关的经济利益的总流入

收入应当会导致经济利益的流入，从而导致资产的增加。但是，经济利益的流入有时是所有者投入资本的增加所导致的，所有者投入资本的增加不应当确认为收入，应当将其直接确认为所有者权益。例如，企业销售商品，应当收到现金或者在未来有权收到现金，而且与所有者投入资本无关，才表明该交易符合收入的定义。

5. 费用

费用是指企业在日常活动中发生的、会导致所有者权益减少的、与向所有者分配利润无关的经济利益的总流出。针对会计要素而言，费用是指与收入要素相配比的耗费和支出，包括主营业务成本、其他业务成本、营业税金和附加、销售费用、管理费用、财务费用和资产减值损失等内容。按照费用的定义，其特征如下。

1）费用是企业在日常活动中形成的经济利益流出

费用必须是企业在其日常活动中所形成的，这些日常活动的界定与收入定义中涉及的日常活动的界定相一致。因日常活动所产生的费用通常包括主营业务成本、其他业务成本、管理费用等。将费用界定为是日常活动所形成的，目的是为了与损失相区分，企业非日常活动所形成的经济利益的流出不能确认为费用，而应当计入损失。

2）费用会导致所有者权益的减少

与费用相关的经济利益的流出应当会导致所有者权益的减少，不会导致所有者权益减少的经济利益的流出不符合费用的定义。例如，用银行存款购置资产，虽然导致经济利益流出，但不会使所有者权益减少，故不应确认为费用。

3）费用是与向所有者分配利润无关的经济利益的总流出

费用的发生应当会导致经济利益的流出，从而导致资产的减少或者负债的增加（最终也会导致资产的减少），其表现形式包括现金或者现金等价物的流出，存货、固定资产和无形资产等的流出或者消耗等。鉴于企业向所有者分配利润也会导致经济利益的流出，而该经济利益的流出显然是所有者权益中的抵减项目，不应确认为费用，所以应当将其排除在费用的定义之外。

6. 利润

利润是指企业在一定会计期间的经营成果，包括收入减去费用后的净额、直接计入当期利润的利得和损失等。其中，收入减去费用后的净额反映的是企业日常活动的经营业绩；直接计入当期利润的利得和损失反映的是企业非日常活动的业绩。直接计入当期利润的利得和损失，是指应当计入当期损益、最终会引起所有者权益发生增减变动的、与所有者投入资本或者向所有者分配利润无关的利得或者损失。在我国利润表中，利润分为营业利润、利润总额、净利润和每股收益四个层次。企业应当严格区分收入和利得、费用和损失，以更加全面和准确地反映企业的经营业绩。

利润是评价企业管理层业绩的一项重要指标，也是投资者等财务报告使用者进行决策时的重要参考。通常情况下，如果企业实现了利润，表明企业的所有者权益将增加，业绩得到提升；反之，如果企业发生了亏损，表明企业的所有者权益将减少，业绩下滑。

2.1.3　会计等式

会计要素反映了资金运动的静态和动态两个方面，二者具有密切的联系，在数量上存在着特定的平衡关系，即会计等式。会计等式是反映会计要素之间平衡关系的计算公式，是各种会计核算方法的理论基础。

1. 静态会计等式

资产＝负债＋所有者权益。

这是资金运动相对静止状态时的会计等式，是最基本的会计等式，又称为存量会计等式。在某一特定日期，等式的左边，资产是指企业过去的交易或者事项形成的、由企业拥有或者控制的、预期会给企业带来经济利益的资源；同时，等式的右边，负债和所有者权益是指企业经济资源的取得和形成的渠道，即债权人权益和所有者权益，简称权益。左右两边是从两个不同方面反映同一笔资金的占用和来源，当然是相等的；而且，无论企业发生任何经济业务，怎样引起会计要素的增减变动，均不会破坏资产等于权益的恒等关系。

这一等式所反映的资产、负债和所有者权益之间的关系，是复式记账法的理论基础，也是编制资产负债表的依据。

2. 动态会计等式

利润＝收入－费用＋（计入当期损益的利得－计入当期损益的损失）。

企业经营的目的是为了获取收入，实现盈利。企业经过一定时期的生产经营，其结果的主要部分等于收入扣除费用后的余额，对于非日常活动的利得和损失，按会计准则的规定计入当期损益的部分也应该计入。这一等式是反映动态资金运动的结果，又称为增量会计等式。

这一等式反映的收入、费用和利润之间的关系，是编制利润表的依据。

2.2 会计基本假设与记账基础

2.2.1 会计基本假设

由于会计环境的复杂性，企业面对的是千变万化的经济事项。如同大多数经济理论都有限定成立的条件一样，为了保证会计核算工作的顺利进行，必须对一些不确定因素做出合理的假设。会计基本假设是企业会计确认、计量和报告的前提，是对会计核算所处时间、空间环境等所做的合理设定，又称为会计核算的基本前提，包括会计主体、持续经营、会计分期和货币计量四项假设。

1）会计主体假设

这是在空间范围上设定的会计假设。会计主体，是指企业会计确认、计量和报告的空间范围，是指进行会计工作服务的特定单位，又称为会计实体。为了向财务报告使用者反映企业财务状况、经营成果和现金流量，提供与其决策有用的信息，会计核算和财务报告的编制应当集中反映特定对象的活动，并将其与其他经济实体区别开来，才能实现财务报告的目标，而这个特定的对象就是会计工作服务的单位。

在会计主体假设下，企业应当对其本身发生的交易或者事项进行会计确认、计量和报告，反映企业本身所从事的各项生产经营活动。明确界定会计主体是开展会计确认、计量和报告工作的重要前提。只有明确会计主体，才能将会计主体的交易或者事项与会计主体所有者的交易或者事项以及其他会计主体的交易或者事项区分开来。

会计主体不同于法律主体。一般来说，法律主体必然是一个会计主体。例如，一个企业作为一个法律主体，应当建立财务会计系统，独立反映其财务状况、经营成果和现金流量。但是，会计主体不一定是法律主体。例如，就企业集团而言，母公司拥有若干子公司，母、子公司虽然是不同的法律主体，但是为了全面反映企业集团的财务状况、经营成果和现金流量，有必要将企业集团作为一个会计主体，编制合并财务报表，在这种情况下，尽管企业集团不属于法律主体，但它却是会计主体。再如，由基金公司管理的各项证券投资基金，尽管不属于法律主体，但属于会计主体，应当对每项基金分别进行会计确认、计量和报告。

2）持续经营假设

这是在时间范围内设定的会计假设。企业一经成立到底可以经营多长时间，是三年五载，还是百年老厂、百年老店，这是不确定的。为了能够保证会计核算（如对固定资产的核算）的进行，就必须假定企业能够正常经营的时间，否则难以进行几年甚至几十年的固定资产折旧核算。持续经营，是指一般情况下，在可以预见的将来，企业将会按当前的规模和状态继续经营下去，不会停业，也不会大规模削减业务。在持续经营前提下，会计确认、计量和报告应当以企业持续、正常的生产经营活动为前提。企业会计准则体系是以企业持续经营为前提加以制定和规范的，涵盖了从企业成立到清算（包括破产）前的整个期间的交易或者事项的会计处理。如果有确凿证据表明企业不能持续经营时，会计确认、计量和报告将以特殊的程序进行，否则便不能客观地反映企业的财务状况、经营成果和现金流量，会误导会计信息使用者的经济决策。

3）会计分期

这是指在持续经营假设的基础上，人为地划分若干个财务报告期间。会计分期，是指将一个企业持续经营的生产经营活动划分为一个个连续的、长短相同的期间。其目的在于通过会计期间的划分，将持续经营的生产经营活动划分成连续、相等的期间，据以结算盈亏，按期编制财务报告，从而及时向财务报告使用者提供有关企业财务状况、经营成果和现金流量的信息。

根据持续经营假设，一个企业将按当前的规模和状态持续经营下去。但是，会计信息使用者不仅需要准确的信息，还需要及时的信息，因此需要分期确认、计量和报告企业的财务状况、经营成果和现金流量。会计分期假设的意义重大，会计分期产生了当期与以前期间、以后期间的差别，使不同类型的会计主体有了记账的基础，进而出现了折旧、摊销等会计处理方法。

在会计分期假设下，企业应当划分会计期间，分期结算账目和编制财务报告。会计期间通常分为年度和中期，中期是指短于一个完整的会计年度的报告期间。我国规定以公历年度确定会计年度，此外还有半年、季度和月份等中期会计期间。

4）货币计量

货币计量，是指会计主体在财务会计确认、计量和报告时以货币计量，反映会计主体的生产经营活动。

计量尺度（计量单位）主要有三种，实物计量、劳动计量和货币计量。在会计的确认、计量和报告过程中之所以选择货币为基础进行计量，是由货币的本身属性决定的。货币是商品的一般等价物，是衡量一般商品价值的共同尺度，具有价值尺度、流通手段、贮藏手段和支付手段等特点。其他计量尺度，如实物尺度的重量、长度、容积、台、件等，或者劳动尺度的生产工时、小时等，只能从一个侧面反映企业的生产经营情况，无法在量上进行汇总和比较，不便于会计计量和经营管理。只有选择货币进行计量，才能充分反映企业的生产经营情况，才能进行各指标之间的比较、分析，所以，《企业会计准则——基本准则》规定，会计确认、计量和报告选择货币作为计量单位。

在有些情况下，仅仅采用货币计量也有缺陷。例如，对于实物资产的货币计量不能完全反映其实际存量，所以还应该辅之实物尺度计量；又如，某些影响企业财务状况和经营成果的因素，如企业经营战略、研发能力、市场竞争力等，往往难以用货币来计量，但这些信息对于使用者决策来讲也很重要，企业可以在财务报告中补充披露有关的非财务信息来弥补类似的缺陷。

2.2.2 会计记账基础

企业会计的确认、计量和报告应当以权责发生制为基础。权责发生制，是指凡是当期已经实现的收入和已经发生或应当负担的费用，无论款项是否收付，都应当作为当期的收入和费用，计入利润表；凡是不属于当期的收入和费用，即使款项已在当期收付，也不应当作为当期的收入和费用。权责发生制又称为应收应付制或应计制。

在实务中，企业交易或者事项的发生时间与相关货币收支时间常常不一致。例如，款项已经收到，但销售并未实现；或者款项已经支付，但并不是为本期生产经营活动而发生的代价。为了更加真实、公允地反映特定会计期间的财务状况和经营成果，基本准则明确规定，企业在会计确认、计量和报告中应当以权责发生制为基础。

收付实现制是与权责发生制相对应的一种会计基础，是以款项的实际收付为计算标准，确定本期收益和费用业务的一种制度，又称为实收实付制或现金制。即凡是本期实际收到款项的收益和支出款项的费用，不论经济权利、经济责任是否应属于本期，均作为本期的收入和费用处理。采用收付实现制，在期末无需对收益和费用进行调整，核算手续简单。目前，我国的行政单位会计采用收付实现制，事业单位会计除经营业务可以采用权责发生制外，其他大部分业务也采用收付实现制。

2.3 会计要素的确认与计量

2.3.1 会计要素确认

1. 会计确认

会计确认是将经济事项作为资产、负债、收入和费用等要素，正式加以记录和列入报表的过程，即把企业发生的交易或事项与一定的会计要素联系起来加以认定的过程。例如，企业销售商品收到货款 5 000 元。会计确认就是一方面认定收入要素增加，另一方面认定资产要素增加的过程。

会计要素确认的原则是既要符合会计要素的定义，又要同时满足以下的确认条件：

（1）相关的经济利益很可能流入或者流出企业；

（2）经济利益流入或者流出的金额能够可靠计量。

2. 会计要素确认

1）资产的确认

《企业会计准则——基本准则》规定，将一项资源确认为资产，需要符合资产的定义，即企业过去的交易或者事项形成的、由企业拥有或者控制的、预期会给企业带来经济利益的资源。同时，还应满足以下两个条件：

（1）与该资源有关的经济利益很可能流入企业。

资产的定义是指其本质特征——能带来经济利益。但在现实生活中，与资源有关的经济利益能否流入企业或者能够流入多少，带有不确定性。因此，资产的确认还应与经济利益流入的不确定性程度的判断结合起来，在编制财务报表时，与资源有关的经济利益很可能流入企业，那么就应当将其作为资产予以确认；反之，不能确认为资产。

（2）该资源的成本或者价值能够可靠地计量。

财务会计系统是一个确认、计量和报告的系统，可计量性是所有会计要素确认的重要前提，因此，只有当有关资源的成本或者价值能够可靠地计量时，资产才能予以确认。例如，企业购买或者生产的存货。企业购置的厂房或者设备等，对于这些资产，只要实际发生的购买成本或者生产成本能够可靠计量，就视为符合了资产确认的可计量条件。在某些情况下，企业取得的资产没有发生实际成本或者发生的实际成本很小，如企业持有的某些衍生金融工具形成的资产，对于这些资产，尽管它们没有实际成本或者发生的实际成本很小，但是如果其公允价值能够可靠计量的话，也被认为符合了资产可计量性的确认条件。

2）负债的确认

负债的确认，也是既要符合负债的定义，即企业过去的交易或者事项形成的、预期会导致经济利益流出企业的现时义务，同时也要满足以下两个条件：

（1）与该义务有关的经济利益很可能流出企业。

负债的一个本质特征是预期会导致经济利益流出企业。履行义务所需流出的经济利益带有不确定性，因此，负债的确认应当与经济利益流出的不确定性程度的判断结合起来。如果有确凿证据表明，与现时义务有关的经济利益很可能流出企业，就应当将其作为负债予以确认；反之，虽然企业承担了现时义务，但是导致经济利益流出企业的可能性已不复存在，就不符合负债的确认条件，不应将其作为负债予以确认。

（2）未来流出的经济利益的金额能够可靠地计量。

负债的确认在考虑经济利益流出企业的同时，对于未来流出的经济利益的金额应当能够可靠计量。

3）所有者权益的确认

所有者权益体现的是所有者在企业中的剩余权益，因此，所有者权益的确认主要依赖于其他会计要素，尤其是资产和负债的确认；所有者权益金额的确定也主要取决于资产和负债的计量。例如，企业接受投资者投入的资产，在该资产符合企业资产确认条件时，就相应地符合了所有者权益的确认条件；当该资产的价值能够可靠计量时，所有者权益的金额也就可以确定。

所有者权益反映的是企业所有者对企业资产的索取权，负债反映的是企业债权人对企业资产的索取权，两者在性质上有本质区别，因此企业在会计确认、计量和报告中应当严格区分负债和所有者权益，以便如实反映企业的财务状况，尤其是企业的偿债能力和产权比率等。在实务中，企业某些交易或者事项可能同时具有负债和所有者权益的特征，在这种情况下，企业应当将属于负债和所有者权益的部分分别核算和列报。例如，企业发行的可转换公司债券，应当将其中的负债部分和权益性工具部分进行分拆，分别确认负债和所有者权益。

4）收入的确认

收入是指企业在日常活动中形成的、会导致所有者权益增加的、与所有者投入资本无关的经济利益的总流入。收入的确认除了应当符合定义外，也应该满足确认条件。企业收入的来源渠道多种多样，不同收入来源的特征有所不同，其收入确认条件也不同，如销售商品、提供劳务、让渡资产使用权等。一般而言，收入只有在经济利益很可能流入从而导致企业资产增加或者负债减少、经济利益的流入额能够可靠计量时才能予以确认。即收入的确认应当同时符合以下条件：一是与收入相关的经济利益应当很可能流入企业；二是经济利益流入企业的结果会导致资产的增加或者负债的减少；三是经济利益的流入额能够可靠计量。

5）费用的确认

费用是指企业在日常活动中发生的、会导致所有者权益减少的、与向所有者分配利润无关的经济利益的总流出。费用的确认除了应当符合定义外，也应当满足严格的条件，即费用只有在经济利益很可能流出从而导致企业资产减少或者负债增加、经济利益的流出额能够可靠计量时才能予以确认。因此，费用的确认至少应当符合以下条件：一是与费用相关的经济利益应当很可能流出企业；二是经济利益流出企业的结果会导致资产的减少或者负债的增加；三是经济利益的流出额能够可靠计量。

6）利润的确认条件

利润是指企业在一定会计期间的经营成果，包括收入减去费用后的净额、直接计入当期利润的利得和损失等。因此，利润的确认主要依赖于收入和费用以及利得和损失的确认，其金额的确定也主要取决于收入、费用、利得、损失金额的计量。

2.3.2　会计要素的计量

1. 会计计量

会计计量是指采用一定的尺度确定会计要素的增减变动，即对经营事项所涉及的会计要素进行数量上的反映，包括货币计量、实物计量和劳动计量。如前所述，为了对经营事项及其成果进行综合反映，会计计量侧重于货币计量。例如，企业销售商品收到货款 5 000 元。在确认的基础上进行计量，即可认定此项业务一方面会使收入增加 5 000 元，另一方面会使资产增加 5 000 元。

会计计量是为了将符合确认条件的会计要素登记入账并列报于财务报表而确定其金额的过程。企业应当按照规定的会计计量属性进行计量，确定相关金额。计量属性是指对于某一要素特性方面的衡量，如钢材的长度、水泥的件数、厂房的面积等。从会计角度，计量属性反映的是会计要素金额的确定基础，按照《企业会计准则——基本准则》，包括历史成本、重置成本、可变现净值、现值和公允价值五种计量属性。不同的计量属性，会使相同的计量对象表现为不同的货币数量。

2. 会计要素的计量属性

根据我国《企业会计准则》，会计要素计量原则一般应当采用历史成本计量属性，如果采用重置成本、可变现净值、现值、公允价值计量的，应当保证所确定的会计要素金额能够取得并可靠计量。

1）历史成本

历史成本，又称为实际成本，就是取得或制造某项财产物资时所实际支付的现金或其他等价物。在历史成本计量下，资产按照其购置时支付的现金或现金等价物的金额，或者按照购置资产时所付出的对价的公允价值计量；负债按照其因承担现时义务而实际收到的款项或者资产的金额，或者承担现时义务的合同金额，或者按照日常活动中为偿还负债预期需要支付的现金或者现金等价物的金额计量。这是传统的会计计量属性，因为历史成本计量属性提供的数据是客观的、可验证的，且易于确认。而且过去商品的价格较为稳定，一般不会出现大幅变动现象，但是现在情况发生了改变，故我国《企业会计准则》规定符合规定的条件时，可以采用其他计量属性。

2）重置成本

重置成本又称现行成本，是指按照当前市场条件，重新取得同样一项资产所需支付的现金或现金等价物金额。在重置成本计量下，资产按照现在购买相同或者相似资产所需支付的现金或者现金等价物的金额计量。负债按照现在偿付该项债务所需支付的现金或者现金等价物的金额计量。在实务中，重置成本通常应用于盘盈固定资产的计量等。

3）可变现净值

可变现净值，是指在正常生产经营过程中，以预计售价减去进一步加工成本和预计销售费用以及相关税费后的净值。在可变现净值计量下，资产按照其正常对外销售所能收到现金或者现金等价物的金额扣减该资产至完工时估计将要发生的成本、估计的销售费用以及相关税费后的金额计量。可变现净值通常应用于存货资产减值情况下的后续计量，根据持有存货的目的具体确定。

4）现值

现值，是指对未来现金流量以恰当的折现率进行折现后的价值，是考虑货币时间价值的一种计量属性。在现值计量下，资产按照预计从其持续使用和最终处置中所产生的未来净现金流入量的折现金额计量；负债按照预计期限内需要偿还的未来净现金流出量的折现金额计量。现值通常用于非流动资产可收回金额和以摊余成本计量的金融资产价值的确定等。例如，在资产减值核算时，需要确定固定资产、无形资产等可收回金额，有时需要计算资产预计未来现金流量的现值；对于持有至到期投资、贷款等以摊余成本计量的金融资产，通常需要使用实际利率法将这些资产在预期存续期间或适用的更短期间内的未来现金流量折现，再通过相应的调整确定其摊余成本。

5）公允价值

公允价值，是指在公平交易中，熟悉情况的交易双方自愿进行资产交换或者债务清偿的金额。在公允价值计量下，资产和负债按照在公平交易中熟悉情况的交易双方自愿进行资产交换或者债务清偿的金额计量。在既要与国际财务报告准则本质趋同，又要结合我国国情的综合考虑下，目前我国只是适度、谨慎和有条件地引入公允价值这一计量属性，公允价值主要应用于交易性金融资产、可供出售金融资产和投资性房地产等计量过程中。

《企业会计准则——基本准则》规定，公允价值需要按照三个级次采用：第一，资产或负债等存在活跃市场的，活跃市场中的报价应当用于确定其公允价值；第二，不存在活跃市场的，参考熟悉情况并自愿交易的各方最近进行的市场交易中使用的价格或参照实质上相同或相似的其他资产或负债等的市场价格确定其公允价值；第三，不存在活跃市场，且不满足上述两个条件的，应当采用估值技术等确定公允价值。

2.4　会计信息质量要求

财务报告的目标是向财务报告使用者提供与企业财务状况、经营成果和现金流量等有关的会计信息，反映企业管理层受托责任履行情况，有助于财务报告使用者做出经济决策。会计信息质量要求是对企业财务报告中所提供会计信息质量的基本要求，是使财务报告中所提供会计信息对投资者等使用者决策有用应具备的基本特征，又称为会计信息质量特征。

《企业会计准则——基本准则》规定，会计信息质量要求包括可靠性、相关性、可理解性、可比性、实质重于形式、重要性、谨慎性和及时性等。其中，可靠性、相关性、可理解性和可比性是会计信息的首要质量要求，是企业财务报告中所提供会计信息应具备的基本质量特征；实质重于形式、重要性、谨慎性和及时性是会计信息的次级质量要求，是对可靠性、相关性、可理解性和可比性等首要质量要求的补充和完善，尤其是在对某些特殊交易或者事项进行处理时，需要根据这些质量要求来把握其会计处理原则。另外，及时性还是会计信息相关性和可靠性的制约因素，企业需要在相关性和可靠性之间寻求一种平衡，以确定信息及时披露的时间。

2.4.1　可靠性

可靠性要求企业应当以实际发生的交易或者事项为依据进行确认、计量和报告，如实反映符合确认和计量要求的各项会计要素及其他相关信息，保证会计信息真实可靠、内容完整。具体要求如下：第一，客观性。企业应当如实反映所发生的交易或事项，将正确地在会计报表中反映会计要素。第二，可验证性。企业应当做到以实际发生的交易或者事项为依据进行确认、计量，如实反映，不得虚构。第三，完整性。在符合重要性和成本效益原则的前提下，保证会计信息的完整性，其中包括编制报表及其附注内容等应当保持完整。一般来说，以历史成本计量会计要素可以有利于提高会计信息的可靠性。

2.4.2　相关性

相关性要求企业提供的会计信息应当与投资者等财务报告使用者的经济决策需要相关，有助于投资者等财务报告使用者对企业过去、现在或者未来的情况做出评价或者预测。相关性的质量由决策有用性、预测价值和反馈价值决定。决策有用性是指对于相关性的主体财务报告使用者来说，应该满足所有信息使用者的通用信息；预测价值是指帮助决策者预测未来的可能结果，提高决策的准确性；反馈价值是指能够把过去决策所产生的实际结果反馈给决策者，以验证过去决策是否有误。一般来说，公允价值的计量可以有利于提高会计信息的相关性。

会计信息质量的相关性要求，需要企业在确认、计量和报告会计信息的过程中，充分考虑使用者的决策模式和信息需要。但是，相关性是以可靠性为基础的，两者之间并不矛盾，不应将两者对立起来。会计信息在可靠性前提下，尽可能地保证相关性，以满足投资者等财务报告使用者的决策需要。

2.4.3　可理解性

可理解性要求企业提供的会计信息清晰、明了，能够被各方的财务报告使用者理解和使用。由于会计信息是一种专业性较强的信息产品，财务报告有不同的使用者，而且其使用目的也不同，为了提高会计信息的有用性，实现财务报告的目标，满足向财务报告使用者提供决策有用信息的要求，会计信息必须清晰、明了，易于理解。

2.4.4　可比性

可比性要求企业提供的会计信息应当相互可比。这包括既要纵向一致，又要横向可比。

1）同一企业不同时期可比

要求同一企业不同时期发生的相同或者相似的交易或者事项，应当采用一致的会计政策，不得随意变更。以便于财务报告使用者了解企业财务状况、经营成果和现金流量的变化趋势，比较企业不同时期的财务报告信息，可以分期地、客观地评价过去、预测未来，从而做出决策。如果出现会计政策变更的情况，应当在附注中予以说明。

2）不同企业相同会计期间可比

不同企业同一会计期间发生的相同或者相似的交易或者事项，应当采用统一规定的会计政策，确保会计信息口径一致、相互可比，以使不同企业按照一致的确认、计量和报告要求提供有关会计信息。

2.4.5　实质重于形式

实质重于形式具体是指经济实质大于法律形式，要求企业应当按照交易或者事项的经济实质进行会计确认、计量和报告，不能仅仅以交易或者事项的法律形式为依据。

企业发生的交易或事项在多数情况下其经济实质和法律形式是一致的，但在有些情况下也会出现不一致。例如，企业按照销售合同销售商品但又签订了售后回购协议，虽然从法律形式上看实现了收入，但如果企业没有将商品所有权上的主要风险和报酬转移给购货方，没有满足收入确认的各项条件，即使签订了商品销售合同或者已将商品交付给购货方，也不应当确认销售收入。又如，融资租入的固定资产应该视同自有资产进行核算。

2.4.6　重要性

重要性要求企业提供的会计信息一方面对于所有重要交易或者事项要加以充分、准确的反映，另一方面对于次要的交易或者事项可以适当简化处理。可以理解为提供的会计信息根据其性质的重要程度和金额的大小，有详有略地确认和计量。

重要性的应用需要进行职业判断，企业应当根据其所处环境和实际情况，从项目的性质和金额大小两方面加以判断。具有重要性的会计信息是指财务报告如果省略或者错报会影响使用者做出决策的那些会计信息。

2.4.7　谨慎性

谨慎性要求企业进行会计确认、计量和报告时保持应有的谨慎，对于可能发生的交易和事项，不允许高估资产或者收益，不允许低估负债或者费用，又称为稳健性要求。会计信息质量的谨慎性要求会计人员在面临不确定性因素的情况做出职业判断时，需要保持应有的谨慎，充分估计到各种风险和损失，既不高估资产或者收益，也不低估负债或者费用。例如，要求企业对提供售后服务的产品、可能发生的费用支出确认为一项预计负债。但是谨慎性并不允许歪曲或任意使用，如不允许企业提取秘密准备。否则将会损害会计信息质量，扭曲企业实际的财务状况和经营成果，从而对使用者的决策产生误导。

2.4.8　及时性

及时性要求企业对于已经发生的交易或者事项，应当及时进行确认、计量和报告，不得提前或者拖后，即保证会计信息的时效性。即使是可靠的、相关的会计信息，如果不及时提供，失去了时效性，对于使用者的效用就大大降低，甚至不再具有实际意义。

及时性包括：一是及时收集会计信息，即在经济交易或者事项发生后，及时收集整理各种原始单据或者凭证；二是及时处理会计信息，即按照会计准则的规定，及时对经济交易或者事项进行确认或者计量，并编制财务报告；三是及时传递会计信息，即按照国家规定的有关时限，及时地将编制的财务报告传递给财务报告使用者，便于其及时使用和决策。

思　考　题

1. 财务报告的概念是什么？其组成内容包括哪儿部分？
2. 财务报表的概念是什么？其组成内容包括哪儿部分？
3. 资产负债表和利润表分别反映什么内容？
4. 会计的基本假设有哪几项？
5. 企业记账基础是什么？
6. 反映财务状况的会计要素有哪几个？
7. 反映经营成果的会计要素有哪几个？
8. 会计要素的一般确认条件是什么？
9. 会计要素的计量属性主要有哪几个？
10. 财务会计信息应具备哪些质量要求？

第3章 复式记账法及其应用

3.1 会计核算方法体系

3.1.1 会计方法及会计核算

会计方法是指用来核算和监督会计对象，完成会计任务的手段。它是从实践中总结出来的，并随着会计实践的发展而发展。会计方法可以分为会计核算方法、会计分析方法、会计检查方法、会计预测方法、会计决策方法。它们相互依赖，相辅相成，形成了一个完整的、科学的会计方法体系。

会计核算方法是指对价值运动中所产生的各种数据进行连续、系统的加工处理，直至提供综合、全面的会计信息所使用的专门方法；会计分析方法是指运用会计核算提供的资料，说明并考核各会计主体经济活动及其结果所使用的专门方法；会计检查方法是指运用会计资料检查各单位经济活动及其结果是否合理、合法、有效以及会计资料是否正确所使用的专门方法；会计预测方法是指通过会计核算及会计分析所提供的资料与环境等因素的相关性，对会计主体财务指标的未来发展趋势做出预测、预计和估计等所使用的专门方法；会计决策方法是指运用会计核算的有用资料对企业的经济活动做出合理、科学的决定的方法。其中，会计核算方法是会计工作中最基本、最主要的方法。

3.1.2 会计核算方法

会计核算方法主要包括：设置会计科目及账户、复式记账、填制和审核凭证、登记账簿、成本计算、财产清查和编制会计报表。下面简要阐述这些方法的内容。

1. 设置会计科目及账户

设置会计科目及账户，是对会计对象具体内容——会计要素进行分类核算的专门方法。会计对象包含的内容纷繁复杂，设置会计科目及账户就是根据会计对象具体内容的不同特点和经济管理的不同要求，选择一定的标准进行分类，对每一类取其简要名称(科目)，并在账簿中开设相应的账户，这样就可以取得所需要的核算指标。

正确科学地设置会计科目及账户，是满足经营管理需要、完成会计核算任务的基础。

2. 复式记账

复式记账是对每一项经济业务，都以相等的金额同时在两个或两个以上相关账户中进行记录的方法。复式记账法使得每项经济业务所涉及的两个或两个以上的账户之间产生一种平衡关系，可以了解和掌握经济业务的来龙去脉，检查会计记录的正确性。同时，采用复式记账法记录各项经济业务，能够全面、系统地反映各项经济业务之间的联系，反映经济活动的全貌。

3. 填制和审核凭证

填制和审核凭证是为会计记录提供完整、真实的原始资料，保证账簿记录正确、完整的方法。会计凭证是记录经济业务和明确经济责任的书面证明，是登记账簿的依据。填制和审核凭证是保证会计资料真实性、正确性的有效手段。

4. 登记账簿

登记账簿是根据填制和审核无误的记账凭证，在账簿上进行全面、连续、系统记录的方法。账簿是用来记录经济业务发生的簿籍，登记账簿应该以记账凭证为依据，按规定的会计科目开设账户，并将记账凭证中所反映的经济业务分别记入有关账户。这样，账簿记录就对会计凭证中分散记录的经济业务内容进行了进一步的分类、汇总，使之系统化，能够更加适应经济管理的需要。账簿记录的各种数据资料还是编制会计报表的重要依据，登记账簿是会计核算的主要方法。

5. 成本计算

成本计算是指对生产经营过程中发生的耗费按照成本对象归集，从而计算总成本和单位成本所使用的专门方法。各项资产的取得都要花费一定代价，所有资金耗费形成该项资产取得的成本。为此，应对每项资产取得时的资金耗费归集、记录，计算它们的成本。通常，外购材料、生产和销售的产品都应单独进行成本计算。通过成本计算，可以对会计核算对象进行正确计价，考核经济活动中的耗费程度，为经营管理中正确计算盈亏提供数据资料。

6. 财产清查

财产清查是指通过实物盘点、往来款项核对来检查财产和资金实有数额的方法。在财产清查中发现财产、账面数额与实有数额不符的情况，应及时调整账簿记录，使账存数与实存数保持一致，并查明账实不符的原因，明确责任。财产清查是保证会计核算资料的真实性、正确性的一种手段。

7. 编制会计报表

编制会计报表是根据账簿记录的数据资料，采用一定的表格形式，概括地、综合地反映各单位在一定时期内经济活动过程和结果的一种方法。编制会计报表是对日常核算的总结，是在账簿记录基础上对会计核算资料的进一步加工整理。会计报表提供的资料是进行会计分析、会计检查的重要依据。

会计核算方法相互联系、相互配合，构成了一个完整的方法体系。在企业经济业务发生时，首先，要取得或填制原始凭证并进行审核，按会计科目在账簿中设置账户，根据审核无误的记账凭证用复式记账法登记账簿，对经营中产生的各项耗费按成本构成项目进行成本计算；其次，通过财产清查核实账簿记录；最后，根据账簿记录编制会计报表。

3.2　复式记账法

3.2.1　复式记账法的概念

前面已经介绍，我们用资产负债表描述企业某一时点的财务状况，用利润表描述企业一定时期的经营成果。而企业日常发生的经济业务，总会产生新的财务状况，形成新的经营成果。为了记录企业繁多的业务对企业资产负债状况和损益情况的影响及结果，必须依据一定的方法加以记录，这就需要采用一定的记账方法将经济业务的内容进行记录。

记账的方法就是根据一定的原理、记账符号、记账规则，采用一定的计量单位，利用文字和数字记录经济业务的一种专门方法。记账方法可以分为单式记账法和复式记账法两类。由于企业业务的繁多与庞杂，需要记账方法系统本身具有平衡功能，项目之间存在勾稽关系，可以检查记录中出现的一些错误，以保证经济业务记录的准确性。复式记账法正是满足这一记录要求而设计的记账方法。

复式记账法，就是对于每一项经济业务都要以相等的金额，在相互关联的两个或两个以上的账户中进行登记的一种记账方法。

复式记账法有借贷记账法、增减记账法、收付记账法。其中，借贷记账法是世界各国普遍采用的一种记账方法。我国《企业会计准则》规定，企业均采用借贷记账法记账。

3.2.2　会计恒等式——复式记账法的理论依据

如前所述，会计要素之间存在着数额相等的关系。从企业资产与权益的关系来看，企业拥有一定数额的资产，就必定有一定数额的权益，一个企业的资产总额与权益（负债和所有者权益）总额必定彼此相等，从任何一个时点来看，二者之间必然保持数量上的平衡关系，这种平衡关系，可以用等式表示：

资产＝权益

＝债权人权益＋所有者权益

＝负债＋所有者权益

同时，从企业的经营成果来看，一定时期的利润与收入、费用的关系可表示为

利润＝收入－费用

企业经过一段时间的生产经营活动，其所有者权益会因为企业实现的利润而增长，而另一方面，由于在任何一个时点上，“资产＝负债＋所有者权益”这一等式不会被破坏，因此我们可以得出，如果将期初资产负债表表述为

T_0 资产＝T_0 负债＋T_0 所有者权益

当在此期间所有者权益除了利润的影响，没有其他变化时，那么期末资产负债表可以表述为

$$T_1 \text{资产} = T_1 \text{负债} + T_1 \text{所有者权益}$$
$$= T_1 \text{负债} + T_0 \text{所有者权益} + \text{本期收入} - \text{本期费用}$$

从上述等式中我们可以清楚地看出，在资产、负债、所有者权益、收入和费用之间存在着必然的联系，为了使得等式成立、保持平衡，所记录的每一笔业务，都必须确保在对应的两个方面同时进行登记。以上等式在任何时点上都成立，所以称其为会计恒等式。这一恒等式是复式记账法的基本理论依据。

3.2.3　经济业务对会计恒等式的影响

为了分析企业经济业务对会计恒等式的影响，首先分析描述企业财务状况的资产负债情况。

【例 3-1】　ABC 公司 20×8 年 12 月 31 日拥有资产 1 500 万元。其中，现金 2 万元，银行存款 58 万元，应收账款 120 万元，固定资产 650 万元，存货 670 万元，无形资产 100 万元。该企业实收投资者投资 800 万元，银行短期借款 200 万元，长期借款 400 万元，应付账款 100 万元，该企业资产、负债及所有者权益的平衡关系，如表 3-1 所示。

表 3-1　资产负债表

单位：ABC 公司　　　　20×8 年 12 月 31 日　　　　单位：万元

项　目	金　额	项　目	金　额
现金	2	短期借款	200
银行存款	58	应付账款	100
应收账款	120	长期借款	400
存货	570	股本	800
固定资产	650		
无形资产	100		
资产合计	1 500	负债及所有者权益合计	1 500

表 3-1 所示资产、负债及所有者权益为 1 500 万元，双方相等，随着经济业务的发生，有关项目会发生变化。企业发生的经济业务有四种情况对会计恒等式产生影响，但无论如何变化，双方总额总是保持平衡的。

（1）经济业务发生引起会计恒等式左右两方等额增加，即资产增加，负债或所有者权益也增加；

（2）经济业务发生引起会计恒等式左右两方等额减少，即资产减少，负债或所有者权益也减少；

（3）经济业务发生引起会计恒等式左方各项目之间发生增减变化，增减金额相等，即资产中某一项目增加，另一项目减少；

（4）经济业务发生引起会计恒等式右方各项目之间发生增减变化，增减金额相等，即负债中某一项目增加，另一项目减少，或所有者权益中某一项目增加，另一项目减少，或者是负债项目和所有权益项目之间此增彼减。

依据例 3-1 的资料，ABC 公司第二年 1 月份发生以下几笔业务：

（1）购入固定资产 40 万元，款项尚未向供货方支付。

该业务发生后，使企业资产和权益双方同时等额增加，企业资产＝1 500 万元＋新购入固定资产价值 40 万元＝1 540 万元；企业负债＝700 万元＋尚未支付的购买固定资产款项 40 万元＝740 万元；所有者权益没有变化，所以，资产（1 540 万元）＝负债（740 万元）＋所有者权益（800 万元），等式没有被破坏。

（2）投资者收回投资 30 万元，企业开出转账支票支付。

该业务发生后，企业资产和权益双方同时等额减少，企业在银行的存款减少 30 万元，投资人的权益（股本）减少 30 万元，负债总额不变，所以，资产(1 510 万元)＝负债（740 万元）＋所有者权益（770 万元），等式没有被破坏。

（3）企业从银行提取现金 5 000 元。

这一业务使资产内部有增有减，增减金额相等，企业在银行的存款减少5 000元，现金增加 5 000 元，银行存款和现金都是企业资产，因此没有引起企业资产总额的变化，资产总额仍为 1 510 万元，而负债和所有者权益也没有发生变化，依然存在资产（1 510 万元）＝负债（740 万元）＋所有者权益（770 万元）这样的平衡关系。

（4）企业应付购买固定资产的货款 40 万元，经过与供货方的协商，转作供货方对企业的投资。

这项业务使权益内部有增有减，增减金额相等。企业应付的欠款减少，也就是企业负债减少 40 万元，企业实际收到的投资增加，所有者权益增加金额为 40 万元，而企业资产总额不变，资产（1 510 万元）＝负债（700 万元）＋所有者权益（810 万元）。

经过上述变化后的企业资产负债表，如表 3-2 所示。

表 3-2　资产负债表

单位：ABC 公司　　20×9 年 1 月 31 日　　单位：万元

项　目	金　额	项　目	金　额
现金	2.5	短期借款	200
银行存款	27.5	应付账款	100
应收账款	120	长期借款	400
存货	570	股本	810
固定资产	690		
无形资产	100		
资产合计	1 510	负债及所有者权益合计	1 510

3.2.4　会计科目及账户

1. 会计科目的概念及分类

会计科目是指对会计对象的具体内容进行分类核算的标志或项目。会计对象就是资产、负债、所有者权益、收入、费用、利润等会计要素。在企业的生产经营活动过程中，会计要素的具体内容必定发生数量、金额的增减变化。由于企业的经济业务非常复杂，所以，引起的各会计要素的内部构成和各会计要素之间的增减变化也错综复杂，表现为不同形式，因此，为了对会计对象的具体内容进行会计核算和监督，就需要根据其各自不同的特点，分门别类地确定项目。由于会计要素反映的经济内容有很大不同，在经营管理中当然也会有不同的要求，在会计核算中除要按各会计要素的不同特点，还应根据经济管理的要求进行分类别、分项目的核算。

会计科目按其反映的经济内容不同。可分为资产类、负债类、共同类、所有者权益类、成本类和损益类六大类。以制造企业为例，企业基本会计科目如表 3-3 所示。

表 3-3　会计科目表

顺序号	编　号	名　称	顺序号	编　号	名　称
		一、资产类	32	1602	累计折旧
1	1001	库存现金	33	1603	固定资产减值准备
2	1002	银行存款	34	1604	在建工程
3	1012	其他货币资金	35	1605	工程物资
4	1101	交易性金融资产	36	1606	固定资产清理
5	1121	应收票据	37	1621	生产性生物资产
6	1122	应收账款	38	1622	生产性生物资产累计折旧
7	1123	预付账款	38	1623	公益性生物资产
8	1131	应收股利	38	1701	无形资产
9	1132	应收利息	38	1702	累计摊销
10	1221	其他应收款	38	1703	无形资产减值准备
11	1231	坏账准备	39	1711	商誉
12	1401	材料采购	40	1801	长期待摊费用
13	1402	在途物资	41	1811	递延所得税资产
14	1403	原材料	42	1901	待处理财产损益
15	1404	材料成本差异			二、负债类
16	1405	库存商品	43	2001	短期借款
17	1406	发出商品	44	2101	交易性金融负债
18	1407	商品进销差价	45	2201	应付票据
19	1408	委托加工物资	46	2202	应付账款
20	1411	周转材料	47	2203	预收账款
21	1421	消耗性生物资产	48	2211	应付职工薪酬
22	1471	存货跌价准备	49	2221	应交税费
23	1501	持有至到期投资	50	2231	应付利息
24	1502	持有至到期投资减值准备	51	2232	应付股利
25	1503	可供出售金融资产	52	2241	其他应付款
26	1511	长期股权投资	53	2401	递延收益
27	1512	长期股权投资减值准备	54	2501	长期借款
28	1521	投资性房地产	55	2502	应付债券
29	1531	长期应收款	56	2701	长期应付款
30	1532	未实现融资收益	57	2702	未确认融资费用
31	1601	固定资产	58	2711	专项应付款

续表

顺序号	编　号	名　称	顺序号	编　号	名　称
59	2801	预计负债	73	5301	研发支出
60	2901	递延所得税负债			六、损益类
		三、共同类	74	6001	主营业务收入
61	3101	衍生工具	75	6051	其他业务收入
62	3201	套期工具	76	6101	公允价值变动损益
63	3202	被套期项目	77	6111	投资收益
		四、所有者权益类	78	6301	营业外收入
64	4001	实收资本	79	6401	主营业务成本
65	4002	资本公积	80	6402	其他业务成本
66	4101	盈余公积	81	6403	营业税金及附加
67	4103	本年利润	82	6601	销售费用
68	4104	利润分配	83	6602	管理费用
69	4201	库存股	84	6603	财务费用
		五、成本类	85	6701	资产减值损失
70	5001	生产成本	86	6711	营业外支出
71	5101	制造费用	87	6801	所得税费用
72	5201	劳务成本	88	6901	以前年度损益调整

会计科目按隶属关系分类，可以分为总账科目、子目和细目。总账科目反映了各种经济业务的总括情况，子目是对总账科目做的进一步分类，细目是对子目做的进一步分类。

2. 会计科目设置的原则

由于会计科目的设置是实现企业对发生的经济业务进行分类核算的一种方法，所以，在对企业发生的经济业务进行反映之前，必须要设置会计科目。设置会计科目时，应考虑以下几个原则：

(1) 能分类、系统地核算和监督会计内容；

(2) 会计科目要简明、通俗、易懂；

(3) 与企业的经营特点和经营规模相适应。

3. 账户的概念及设置

账户是根据会计科目开设的，具有一定结构，用来系统、连续地记载各项经济业务的一种手段。会计科目仅仅是分类核算的项目或标志，而核算的具体数据资料，则是通过账户记录取得的。所以，设置会计科目以后，还必须根据会计科目开设一系列反映不同经济内容的账户，用来对各项经济业务进行分类记录。

会计科目是账户的名称，账户是会计科目的运用，会计科目反映的经济内容就是账户登记的内容，两者分类的口径一致，分类的方法和结果也是一致的。但是，会计科目只能反映经济内容是什么，账户不仅能说明经济内容而且还可以系统反映、监督经济业务内容的增减变化及结余情况；会计科目不存在结构问题，而账户必须具备一定的结构。

与会计科目一样，账户同样可以划分为资产类账户、负债类账户、所有者权益类账户、成本类账户和损益类账户。

4. 账户的结构

账户的设置需要一定的结构，账户的结构就是账户的格式。由于经济业务所引起的会计要素的变动从数量上看不外乎有增加和减少两种情况，因此，用来记录经济业务的账户，在结构上也应该分为两个基本部分：一方反映数据的增加，一方反映数据的减少。账户的基本结构，通常划分为左、右两方，每一方根据实际需要分成若干栏次，用来分类登记经济业务及其会计要素的增加与减少、增减变动结果。在借贷记账法下，账户的左边一般称为借方，右边称为贷方，根据账户性质的不同，不同账户的增减变化记录在不同的方向，该部分将在本节的借贷记账法中详细介绍。

账户的格式设计一般包括以下内容：

(1) 账户名称（会计科目）；

(2) 日期和摘要（记录经济业务的日期和概括地说明经济业务内容）；

(3) 凭证号数（说明记账的依据）；

(4) 金额。

账户的一般格式如表 3-4 所示。

表 3-4 账户名称

年		凭证号数	摘要	借方	贷方	借或贷	余额
月	日						

上列账户的结构，在教学上通常用简化了的“丁”字账户表示。

5. 账户的分类

每一个账户只能记录企业经济活动的某一方面，不可能对企业的全部经济业务加以记录，企业的经济活动作为一个整体，是需要一个相互联系的账户体系加以反映的，账户的分类就是为了研究这个账户体系中各账户之间存在的共性，寻求其规律，探明每一个账户在账户体系中的地位和作用，以便加深对账户的认识，更好地运用账户对企业经济业务进行反映。

账户的分类标准一般有按经济内容分类、按用途和结构分类、按提供指标的详细程度分类等。

1) 账户按经济内容分类

账户的经济内容，就是账户核算和监督的会计对象的具体内容。按经济内容将账户分为“资产类”、“负债类”、“所有者权益类”、“成本类”、“损益类”五大类。通过对账户按经济内容分类，可以确切了解每一个账户反映和控制的是什么，做到正确区分账户的经济性质，以便建立适应各单位经济管理的特点、满足各单位管理需要的完善的账户体系。

账户按经济内容分类与会计科目的分类一致。

2）账户按用途和结构分类

账户的用途，是指设置和运用账户的目的是什么，即通过账户的记录能够提供什么指标。账户的结构是指账户中怎样记录经济业务，才能取得各种必要的核算指标，也就是账户的借方和贷方登记的内容、余额的方向及其表示的内容。

账户按用途和结构分类是在账户按经济内容分类的基础上进行分类的，账户按用途和结构，分为三大类、九小类。

三大类是：①基本账户；②调整账户；③业务账户。九小类是：①盘存账户；②结算账户；③跨期摊配账户；④资本账户；⑤调整账户；⑥集合分配账户；⑦成本计算账户；⑧集合配比账户；⑨财务成果计算账户。

3）账户按提供指标详细程度分类

企业生产经营管理所需要的会计核算资料是多方面的，不仅要求会计核算能够提供一些总括指标，而且还要求会计核算能够提供一些详细指标，按提供指标的详细程度对账户的分类，可以将账户分为总分类账户和明细分类账户。

总分类账户是对企业经济活动的具体内容进行总括核算的账户。总分类账户又称为一级账户、总账账户，它是根据总账科目开设的。总分类账户一般只能以货币表示所提供的某一内容的总括核算资料。明细分类账户是对企业某一具体内容进行明细核算的账户，它是根据明细科目开设的，是对总分类账户的补充说明，是根据某一总分类账户的核算内容，按实际需要进行详细的分类分别设置的。除了可以提供货币指标外，有的明细账户还可以提供相应实物指标。

总分类账户是所属明细分类账户的资料的统合，是明细分类账户的统驭账户，对明细分类账户起着控制作用；明细分类账户是有关总分类账户的具体化，是总分类账户的从属账户，对总分类账户起着辅助和补充作用。总分类账户和明细分类账户两者结合起来能概括而详细地反映出同一经济业务的内容，所以总分类账户与明细分类账户应是平行登记的。

总分类账户和明细分类账户平行登记概括为以下三点：

（1）对发生的各项经济业务，要根据会计凭证，一方面在有关总分类账户中进行登记，另一方面要在有关明细分类账户中进行明细登记；

（2）登记总分类账户及其所属明细分类账户时，借贷记账方向必须一致；

（3）登记总分类账户及其所属明细分类账户时，总分类账户的金额必须与记入其所属的一个或几个明细分类账户的金额的合计数相等。

例如，“原材料”是总分类账户，各种原材料按种类设置明细分类账户。ABC 公司月初有原材料 200 万元。其中，甲材料 300 公斤，价值 120 万元；乙材料 100 立方米，价值 60 万元；丙材料 200 米，价值 20 万元。则该企业应设置和登记原材料总分类账户，以金额综合反映甲、乙、丙三种原材料的期初结存、本期购入、生产领用和期末结存等总金额，同时还应分别设置和登记甲、乙、丙三种原材料的明细分类账户，具体反映各种材料的期初结存、本期购入、生产领用和期末结存的数量和金额，三个明细分类账户的金额总和应等于原材料总分类账户的金额。

除总分类账户和明细分类账户之外，有时还需要设置二级账户。二级账户是介于总分类账户和明细分类账户之间的账户，它提供的资料比明细分类账户概括，比总分类账户详细。

3.2.5 借贷记账法

1. 借贷记账法的概念

借贷记账法是以“借”、“贷”为记账符号的一种复式记账法。大约在公元13世纪，意大利的商品经济，特别是地中海沿岸城市的海上贸易有了很大的发展，为了适应商品资本和借贷资本经济发展需要，这种记账方法产生了，以后被逐步推广到世界各地。

在现代会计中，“借”和“贷”已失去了本来含义，只是单纯的会计符号，作为会计符号它们包含了三个意思和三个用途：

（1）指账户借方和贷方两个对立部分，以用来指明账户中应记入的两个不同方向；

（2）指构成会计分录中的两个或两个以上对应账户的相互关系，可用来了解一笔经济业务所引起的资金增减变化的来龙去脉；

（3）指已登记在账户中的两个对立部分的数字所包含的不同经济内容，可用来说明账户的性质。

2. 借贷记账法的理论基础

借贷记账法的对象是会计要素的增减变化过程及其结果。资产、负债、所有者权益是重要的会计要素，它们之间存在着数量关系，即会计恒等式：

资产＝负债＋所有者权益

这个公式是借贷记账法的理论基础，借贷记账法以会计恒等式所揭示的会计要素之间的平衡原理为依据，按照资金运动规律，反映资金的增减变化，描述会计要素的运动轨迹，保证记录经济业务的完整性。

3. 记账符号与记账规则

借贷记账法以“借”、“贷”二字作为记账符号。在借贷记账法下，任何账户都分为借方和贷方两个基本部分，左为借方，右为贷方，每一个账户的借方和贷方都按相反的方向记录，即一方登记增加额，一方则登记减少额。

借贷记账法的记账规则可以概括为：“有借必有贷，借贷必相等”。借贷记账法的记账规则是根据以下两方面来确定的。

（1）根据复式记账法原理，对任何一项经济业务都必须以相等的金额在两个或两个以上相互联系的账户中进行登记；

（2）根据借贷记账法账户的结构，对每一项经济业务都应当做借贷相反的记录，因此，借贷记账法要求对每一项经济业务都要按借贷相反的方向，以相等的金额，在两个或两个以上相互联系的账户中进行登记。具体地说，如果一个账户中记借方，就必须同时在与其相对应的一个或几个账户中记贷方；或在一个账户中记贷方，必须同时在与其相对应的一个或几个账户中记借方。记入借方账户的金额合计与记入贷方账户的金额合计必须相等。

在实际运用借贷记账法的记账规则记录一项经济业务时，要考虑以下三方面的问题：

(1) 分析经济业务的性质，根据经济业务的内容，确定它所涉及的账户类型（资产账户、负债账户、所有者权益账户、成本账户、损益账户）；

(2) 确定经济业务涉及哪几个账户，应在哪个账户反映增加，哪个账户反映减少；

(3) 根据账户的结构，确定记账的方向，即哪个账户记借方，哪个账户记贷方。

4. 借贷记账法下账户的登记方向

在借贷记账法下，任何账户都分为借方和贷方两个基本部分，左为借方，右为贷方，所有账户的借方和贷方都按相反的方向记录，即一方登记增加额，另一方则登记减少额，如果规定用借方登记增加额，则贷方就用来登记减少额；如果规定借方登记减少额，则贷方就登记增加额，即一个账户的借贷两方必须做相反方向的记录。究竟哪一方来登记增加额，哪一方登记减少额，要看账户反映的经济业务的内容和账户的性质。

1) 资产类账户

资产类账户的结构是：账户的借方记录资产的增加额，贷方记录资产的减少额。在一个会计期间内（年、季、月），借方记录的合计数称作借方发生额，贷方记录的合计数称作贷方发生额，在每期期末将借贷方发生额与期初余额比较，其差额称作期末余额。资产类账户的期初余额一般在借方。借方期末余额在下一期就成为借方期初余额。用公式表示为

资产类账户借方期末余额＝借方期初余额＋本期借方发生额－本期贷方发生额

用“丁”字账户来表示，如表3-5所示。

表3-5　资产类账户

借方	贷方
期初余额　××× (1) 增加额　××× (2) 增加额　×××	(1) 减少额　××× (2) 减少额　×××
本期发生额　×××	本期发生额　×××
期末余额　×××	

2) 负债类及所有者权益类账户

由会计恒等式“资产＝负债＋所有者权益”所决定，负债类及所有者权益类账户的结构与资产类账户的结构正好相反，其贷方记录负债或所有者权益的增加额，借方记录负债或所有者权益的减少额，期末余额一般在贷方。用公式表示为

负债/所有者权益类账户贷方期末余额＝贷方期初余额＋本期贷方发生额－本期借方发生额

用“丁”字账户表示，如表3-6所示。

表 3-6　负债、所有者权益类账户

借方	贷方
	期初余额　×××
(1) 减少额　×××	(1) 增加额　×××
(2) 减少额　×××	(2) 增加额　×××
本期发生额　×××	本期发生额　×××
	期末余额　×××

3）费用成本类与收益类账户

费用成本类账户的结构与资产类账户的结构基本相同，账户的借方记录费用成本的增加额，账户的贷方记录费用成本的减少额，由于借方与贷方记录的成本费用的差额一般都要通过贷方转出，所以通常没有期末余额。如果因某种情况有余额，也表现为借方余额。

费用成本类账户用“丁”字账户表示，如表 3-7 所示。

表 3-7　费用成本类账户

借方	贷方
(1) 增加额　×××	减少额　×××
(2) 增加额　×××	
	转出额　×××
本期发生额　×××	本期发生额　×××

收益类账户的结构与负债类账户和所有者权益类账户的结构基本相同，收入的增加额记入账户的贷方，收入的转出（减少额）记入账户的借方，期末时，本期收入的增加额减本期收入的减少额后的差额一般要通过借方转出，所以账户通常也没有期末余额。如果因某种情况有余额，也表现为贷方余额。

收益类账户的结构用“丁”字账户表示，如表 3-8 所示。

表 3-8　收益类账户

借方	贷方
减少额　×××	(1) 增加额　×××
	(2) 增加额　×××
转出额　×××	
本期发生额　×××	本期发生额　×××

5. 借贷记账法的运用

1）会计分录

在会计实际工作中，为了保证账户记录的正确性，在将经济业务记入账户之前，应先根据原始凭证在记账凭证中编制会计分录。会计分录是指对每项经济业务，按复式记账法的要求确定并列示应借应贷账户的名称及其金额的一种记录，简称分录。

会计分录的内容包括：

(1) 一组对应的记账符号：“借”、“贷”；

(2) 借贷双方相互联系的账户名称，并且一方记借，另一方记贷；

(3) 借贷双方相等的金额。

会计分录的作用在于简单明确地指明每笔经济业务应借、应贷的账户名称及其应登记的金额，作为记账的准备，这样既有利于保证记账的准确性，又便于事后检查。

下面通过举例来说明会计分录的编制，以 ABC 公司 20×8 年 1 月发生的业务为例。

【例 3-2】 ABC 公司 1 月 5 日从银行借入长期借款 1 000 000 元，存入银行。

分析：这笔业务使企业资产“银行存款”增加，同时又使企业负债“长期借款”增加，根据账户结构，编制的会计分录为：

借：银行存款　　1 000 000

　　贷：长期借款　　1 000 000

【例 3-3】 ABC 公司 1 月 9 日从银行提取现金 15 000 元。

分析：这笔业务使企业在银行的存款减少，同时企业持有的现金增加，所编会计分录为：

借：现金　　15 000

　　贷：银行存款　　15 000

【例 3-4】 ABC 公司 1 月 15 日开出转账支票支付前次购货款项 400 000 元。

分析：这笔业务发生后，企业的资产“银行存款”减少，同时企业的债务“应付账款”也相应减少，会计分录为：

借：应付账款　　400 000

　　贷：银行存款　　400 000

【例 3-5】 ABC 公司 1 月 20 日收到投资者投入的资金 500 000 元，存入银行。

分析：这项业务使企业资产“银行存款”增加，企业的所有者权益“股本”也增加，编制的会计分录为：

借：银行存款　　500 000

　　贷：股本　　500 000

【例 3-6】 ABC 公司 1 月 24 日以固定资产 800 000 元对外投资。

分析：这项业务使企业资产“固定资产”减少，企业的另一项资产“长期股权投资”增加，会计分录为：

借：长期股权投资　　800 000

　　贷：固定资产　　800 000

会计分录有简单和复合之分。简单会计分录，又称为单项分录，是指只有两个相互对应的账户的分录。上述几笔分录都是简单分录。复合分录，是指两个以上相互对应的账户的分录，也就是把一个账户的借方和几个账户的贷方或一个账户的贷方和几个账户的借方相对应的会计分录。

2) 过账

为了连续、系统地反映经济活动的影响，在对经济业务进行分析、做会计分录的基础上，还应将会计分录的数据登记到相应的账户中去，这一过程就是过账。

以上述例 3-2～例 3-6 的经济业务为例，假设 ABC 公司 20×8 年 1 月 1 日总账各分类账户余额如表 3-9 所示。

表 3-9　ABC 公司 20×8 年 1 月 1 日总账各账户余额　　单位：元

资　产		负债及所有者权益	
现金	10 000	负债：	
银行存款	1 350 000	应付账款	2 300 000
应收账款	1 500 000	长期借款	3 000 000
原材料	1 600 000	负债合计	5 300 000
产成品	800 000	所有者权益：	
长期股权投资	400 000	股本	5 000 000
固定资产	5 600 000	未分配利润	960 000
		所有者权益合计	5 960 000
总计	11 260 000	总计	11 260 000

现将上述编制的会计分录记入有关账户：

借方　现金　贷方

借方	贷方
期初余额 10 000	
③15 000	
本期发生额 15 000	
期末余额 25 000	

借方　银行存款　贷方

借方	贷方
期初余额 1 350 000	
②1 000 000	③ 15 000
⑤ 500 000	④400 000
本期发生额 1 500 000	本期发生额 415 000
期末余额 2 435 000	

借方　应收账款　贷方

借方	贷方
期初余额 1 500 000	
期末余额 1 500 000	

借方　原材料　贷方

借方	贷方
期初余额 1 600 000	
期末余额 1 600 000	

借方　长期股权投资　贷方

借方	贷方
期初余额 400 000	
⑥800 000	
本期发生额 800 000	
期末余额 1 200 000	

借方　产成品　贷方

借方	贷方
期初余额 800 000	
期末余额 800 000	

借方　固定资产　贷方

借方	贷方
期初余额 5 600 000	
	⑥800 000
	本期发生额 800 000
期末余额 4 800 000	

借方　应付账款　贷方

借方	贷方
	期初余额 2 300 000
④400 000	
本期发生额 400 000	
	期末余额 1 900 000

借方　股本　贷方

借方	贷方
	期初余额 5 000 000
	⑤500 000
	本期发生额 500 000
	期末余额 5 500 000

借方　长期借款　贷方

借方	贷方
	期初余额 3 000 000
	②1 000 000
	本期发生额 1 000 000
	期末余额 4 000 000

借方　未分配利润　贷方

借方	贷方
	期初余额 960 000
	期末余额 960 000

3）试算平衡

由于借贷记账法以会计恒等式为理论基础，按照“有借必有贷，借贷必相等”的记账规则记账，这就保证了每一项经济业务所编会计分录的借贷两方发生额必然相等。在一定时期内（如一个月），所有账户的借方发生额合计与贷方发生额合计分别是每一项经济业务的会计分录的借方金额和贷方金额的积累，所以二者必然保持平衡，所有账户的借方期末余额合计与贷方期末余额合计又是以一定的累计发生额为基础计算的结果，因此，它们二者也必然是相等的。在实际工作中，人们往往通过编制试算平衡表进行试算平衡以检查记账是否正确。根据前述过账内容编制的企业总分类账试算平衡表，如表 3-10 所示。

表 3-10　ABC 公司总分类账试算平衡表

20×8 年 1 月 31 日　　单位：元

会计科目	期初余额		本期发生额		期末余额	
	借方	贷方	借方	贷方	借方	贷方
现金	10 000		15 000		25 000	
银行存款	1 350 000		1 500 000	415 000	2 435 000	
应收账款	1 500 000				1 500 000	
原材料	1 600 000				1 600 000	
产成品	800 000				800 000	
长期股权投资	400 000		800 000		1 200 000	
固定资产	5 600 000			800 000	4 800 000	
应付账款		2 300 000	400 000			1 900 000
长期借款		3 000 000		1 000 000		4 000 000
股本		5 000 000		500 000		5 500 000
未分配利润		960 000				960 000
合计	11 260 000	11 260 000	2 715 000	2 715 000	12 360 000	12 360 000

通过试算平衡表来检查账簿记录是否正确并不是绝对的。如果借贷不平衡，就可以肯定账户的记录或计算有错误，但是，如果借贷平衡，也不能排除记录或计算的错误，因为有些错误并不影响借贷双方平衡，如果在有关账户中重复记录或者漏记某些经济业务，或使用错误的账户以及借贷记账方向弄反时，那么，都不能通过试算平衡表来发现记账中的这些错误。

3.3　主要经济业务举例

3.3.1　企业的经营活动

企业的经营活动或业务活动，总是表现和反映为一定的资金运动，而资金运动则表现为资金投入、资金循环与周转和资金退出三个阶段。

1. 资金投入

资金投入包括企业所有者作为资本投入的资金（所有者权益）和债权人作为债权投

入的资金（负债）。从资金占用来说，投入的资金一部分用于购买原材料、支付职工工资以及支付经营活动中发生的其他支出，构成流动资产；一部分用于构建厂房、设备、技术等，形成非流动资产。

2. 资金循环与周转

资金投入企业后，随着生产经营活动的进行，以货币资金—储备资金—生产资金—成品资金—货币资金的形式不断运动，依次经过供应、生产和销售三个过程。

在供应过程，企业要以货币购买材料物资进行生产储备，发生原材料购买费用，与供货单位发生资金结算关系。这时资金从货币资金形态转化为储备资金形态。

在生产过程中，企业将购进的各种原材料投入生产，通过劳动者制造产品，其中发生原材料消耗、固定资产的耗费、支付生产工人的劳动报酬和其他费用等生产费用。随着生产费用的支出，流动资金从储备资金形态转化为生产资金形态；固定资金随着固定资产的磨损，以折旧形式逐渐地、部分地转化为生产资金。通过生产过程生产出产成品，资金由生产资金形态转化为成品资金形态。

在销售过程中，企业将生产的产品销售出去，实现商品的价值，资金由成品资金形态又转化为货币资金形态。这其中要发生销售费用，要收回销售货款，支付各项税金，企业要与购货单位发生货款结算关系，与税务部门发生税款结算关系。同时，收入抵补各项费用后形成财务成果即利润。

3. 资金退出

资金投入企业后，经过循环和周转，使资金增值，企业收入和利润增加，为此企业要偿付各种负债，向国家上交税金以及向所有者分配利润等。通过负债的清偿、税金的上交和利润的分配等，部分资金退出企业，游离于企业的资金循环之外。

企业的经营活动及资金循环，如图 3-1 所示。

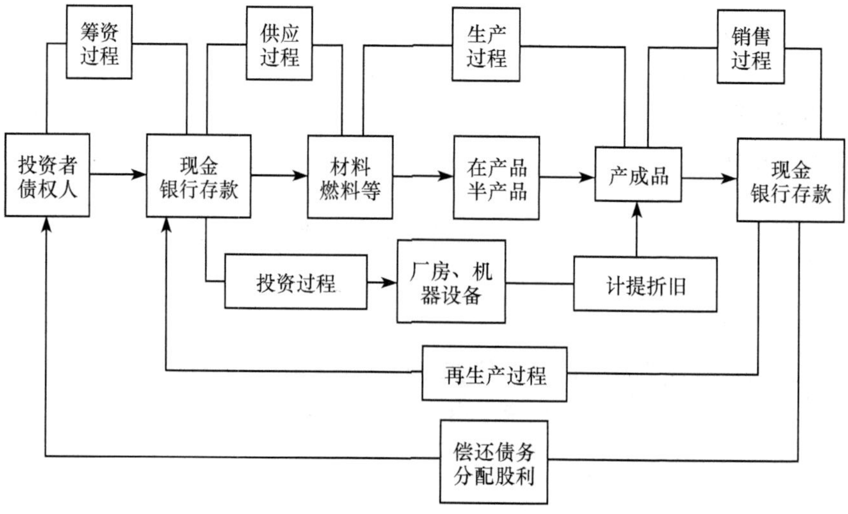

图 3-1　企业经营活动及资金循环图

以上资金运动过程构成了企业的主要经济业务，按各类业务的特点可分为资金投入企业的业务、供应过程的业务、生产过程的业务、销售过程的业务、利润形成及利润分配的业务、资金退出企业的业务。下面将运用借贷复式记账法，进一步阐述各类经济业务的账户设置及账务处理。

3.3.2　资金投入企业的核算

1. 资金投入企业核算设置的账户

为了组织资金投入的核算，应根据投入资金的来源，具体设置以下账户：

(1) “实收资本”账户，是所有者权益类账户。用来核算企业实际收到的投资人投入的资本。当企业收到投资人投入的现金、银行存款、房屋机器设备等实物及无形资产、材料物资等，记入该账户的贷方；投资人收回投资记入该账户的借方；期末贷方余额表示企业实际收到的投入资本总额。

(2) “短期借款”账户，是负债类账户。用来核算企业借入的期限在一年以下的各种借款，如生产周转借款、临时借款、结算借款等。企业向银行借入各种短期借款时，记入该账户的贷方；归还借款时，记入该账户的借方；期末贷方余额表示企业尚未归还的短期借款数。

(3) “长期借款”账户，是负债类账户。用来核算企业借入的期限在一年以上的各种借款。企业借入长期借款时，记入该账户的贷方；归还借款时，记入该账户的借方；期末贷方余额反映企业借入的尚未归还的长期借款数额。

(4) “应付债券”账户，是负债类账户。用来核算企业发行的期限在一年以上的各种债券。企业发行债券收到借款时，记入该账户的贷方；偿还债务收回债券时，记入该账户的借方；期末贷方余额反映企业发行的尚未收回的债券数额。

2. 资金投入企业经济业务的账务处理

1) 资金投入企业经济业务的账务处理程序

当企业收到投资人投入资本时，资产和所有者权益同时增加。企业应根据投入资本的种类，分别借记“银行存款”、“现金”、“固定资产”、“无形资产”、“原材料”等资产类账户，贷记“实收资本”账户；当企业从债权人那里借入款项时，资产和负债同时增加，应借记“银行存款”账户，贷记“短期借款”、“长期借款”或“应付债券”账户。其会计处理程序如图 3-2 所示。

2) 资金投入企业经济业务的账务处理举例

【例 3-7】 国家投入资本 3 000 000 元，存入银行。

这项经济业务发生，一方面使投资者投入资本这项所有者权益增加，另一方面使银行存款资产增加，应分别记入“实收资本”账户和“银行存款”账户。做会计分录如下：

借：银行存款	3 000 000	
贷：实收资本——国家投资		3 000 000

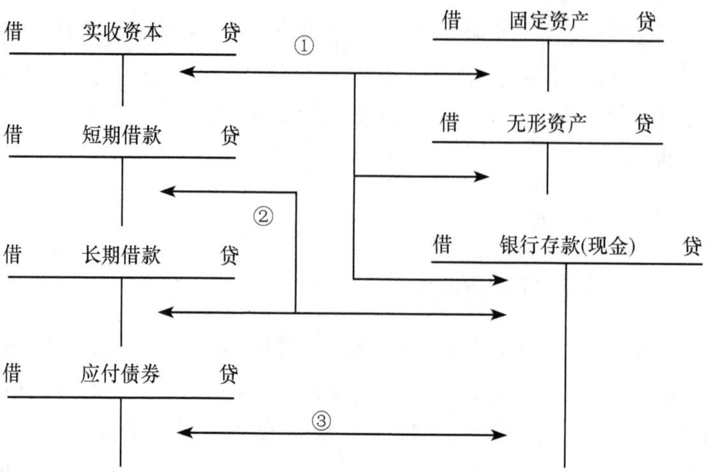

图 3-2　资金投入处理程序

业务说明：① 收到投资人投入固定资产、无形资产、货币资金等资本；② 向银行或非银行的金融机构借入短期借款、长期借款；③ 发行债券筹集资金

【例 3-8】 某企业向 ABC 公司投入全新设备一台，经评估确认价值为800 000元。

这项经济业务发生，一方面使投资人投入资本这项所有者权益增加，另一方面使固定资产增加，应分别记入“实收资本”账户和“固定资产”账户。做会计分录如下：

借：固定资产　　800 000

　　贷：实收资本——××单位投资　　800 000

【例 3-9】 其他单位投资转入一项专利权，双方确认价值 200 000 元。

这项经济业务的发生，一方面使投资人投入资本这项所有者权益增加，另一方面使无形资产增加，应分别记入“实收资本”账户和“无形资产”账户。做会计分录如下：

借：无形资产　　200 000

　　贷：实收资本——××单位投资　　200 000

【例 3-10】 ABC 公司向银行借入生产周转贷款 600 000 元，存入银行，借款期限 6 个月。

这项经济业务的发生，一方面使流动负债短期借款增加，另一方面使银行存款资产增加，应分别记入“短期借款”账户和“银行存款”账户。做会计分录如下：

借：银行存款　　600 000

　　贷：短期借款　　600 000

【例 3-11】 ABC 公司向建设银行借入 1 000 000 元，借款期限 2 年，用于新建水塔一座。所借款项立即全部付承建单位。

根据“存贷分户”的规定，企业向银行借入贷款，应先转入“银行存款”账户后支用。因此这项经济业务的发生，一方面，使得银行存款资产和长期借款负债增加，应分别记入“银行存款”账户和“长期借款”账户；另一方面，该笔借款用于支付建水塔款，又使得银行存款资产减少，在建工程成本增加，应分别记“银行存款”账户和“在建工程”账户。做会计分录如下：

借：银行存款　　　　1 000 000
　　贷：长期借款　　　　1 000 000
借：在建工程　　　　1 000 000
　　贷：银行存款　　　　1 000 000

【例 3-12】 ABC 公司平价发行债券 5 000 000 元，借款期限 5 年，募集资金存入银行，用于企业扩大再生产。

借：银行存款　　　　5 000 000
　　贷：应付债券　　　　5 000 000

3.3.3 供应过程的核算

1. 供应过程核算设置的账户

为了组织供应过程的核算，需要设置和运用以下账户：

(1)“在途物资”账户，是资产类账户。用来核算企业购入的各种物资（材料、商品等）的买价、采购费用，据以计算物资采购成本。企业支付的购入物资的买价和采购费用，记入该账户的借方；贷方登记完成采购过程，验收入库的物资的实际成本；月末若有借方余额，则表示企业已支付货款或已开出承兑商业汇票，但尚未验收入库的在途物资。

为了进行采购物资的分类核算，在该账户下还需按物资种类设置明细账。

(2)“原材料”账户，是资产类账户。用来核算企业库存的各种材料的收入、发出和结存情况。它的借方反映完成采购过程，已验收入库的材料物资的实际成本；贷方反映材料发出或减少的实际成本；期末借方余额表示库存材料的实际成本。

在“原材料”账户下，按照材料的品种、规格设置明细分类账，具体反映每种材料的库存和增减变动情况。

(3)“应交税费”账户，是负债类账户。用来核算企业应交纳的各种税金，包括增值税、消费税、营业税和所得税等。

增值税的核算在该账户下设置“应交增值税”明细账户。借方反映企业购进货物和接受应税劳务支付的增值税进项税额、已交纳的增值税；贷方反映企业销售货物或提供应税劳务应交纳的增值税额、出口货物退税、转出已支付或应分担的增值税；期末将本期多交或未交增值税由本账户转出后，该账户期末借方余额反映企业尚未抵扣的增值税。

(4)“应付账款”账户，是负债类账户。用来核算企业因采购材料物资和接受劳务供应而付给供应单位的款项。它的贷方反映采购物资或接受劳务发生的应付未付的款项数额；借方反映实际偿还的应付款项数额；期末贷方余额表示企业欠供应单位的款项数额。

为了具体反映企业与供应单位货款的结算情况，在该账户下应按供应单位名称设置明细分类账户。

(5)“应付票据”账户，是负债类账户。用来核算企业因购买材料物资等而开出承兑的商业汇票，贷方反映企业因购买物资而开出承兑的商业汇票；借方反映已支付的商业汇票；期末贷方余额反映尚未到期支付的商业汇票金额。

2. 供应过程经济业务的账务处理

1）供应过程经济业务的账务处理程序

供应过程中，企业的主要经济业务是采购材料，支付采购费用，计算采购成本，与供货单位发生货款结算业务，支付增值税进项税额等。

企业采购材料时，将材料买价及采购费用记入“在途物资”账户的借方，支付的增值税记入“应交税费——应交增值税”账户的借方，同时反映货款的结算，根据款项的结算方式，贷记“银行存款”账户或“应付票据”、“应付账款”等账户。

当材料采购完毕，验收入库，结转材料采购成本时，应借记“原材料”账户，贷记“在途物资”账户。

供应过程经济业务的账务处理程序如图 3-3 所示。

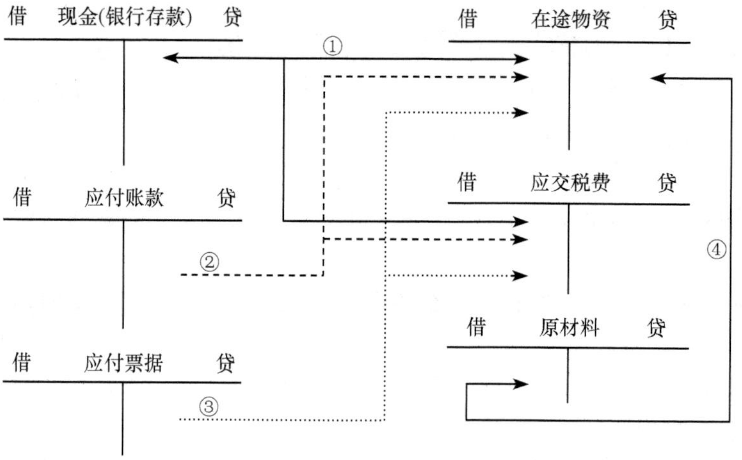

图 3-3　供应过程经济业务的账务处理程序

业务说明：① 购入材料，支付材料货款，增值税进项税额及采购费用；② 购入材料，应付材料货款及增值税进项税额；③ 购入材料，以应付票据结算材料货款及增值税进项税额；④ 结转材料采购成本

2）供应过程经济业务的账务处理举例

以下举例均为一般纳税人企业的业务。

【例 3-13】 ABC 公司购入甲材料 20 000 公斤，单价 40 元，计 800 000 元；乙材料 40 000 公斤，单价 10 元，计 400 000 元。增值税率 17%，应付增值税额 204 000 元，价款、税款已通过银行支付，材料已到达入库。

这项经济业务的发生，一方面甲、乙两种材料的买价共计 1 200 000 元，表明采购成本增加，应记入“在途物资”账户的借方，应向供货方支付的增值税额 204 000 元，应记入“应交税费——应交增值税”账户的借方；另一方面表明价款、税款已用银行存款支付，银行存款资产减少，应记入“银行存款”账户的贷方。做会计分录如下：

借：在途物资　　1 200 000

　　应交税费——应交增值税（进项税额）　　204 000

　　贷：银行存款　　1 404 000

【例 3-14】 ABC 公司购入丙材料 10 000 公斤，单价 50 元，计 500 000 元，增值税率 17%，应支付增值税 85 000 元。材料已验收入库，开出商业承兑汇票一张，约定 3 个月付款。

这项经济业务的发生，一方面采购丙材料支出 500 000 元，表明采购成本增加，应记入“在途物资”账户的借方，向供货方支付的增值税 85 000 元，应记入“应交税费——应交增值税”账户的借方；另一方面表明价款、税款以商业承兑汇票结算，使得企业对供应单位的负债增加，应记入“应付票据”账户的贷方。做会计分录如下：

借：在途物资　　500 000
　　应交税费——应交增值税（进项税额）　　85 000
　　贷：应付票据　　585 000

【例 3-15】 ABC 公司以银行存款支付甲、乙、丙三种材料的运输杂费14 000元。

这项经济业务的发生，一方面运费发生 14 000 元，表明采购成本增加，应记入“在途物资”账户的借方；另一方面运费以银行存款支付，表明银行存款资产减少，应记入“银行存款”账户的贷方。做会计分录如下：

借：在途物资　　14 000
　　贷：银行存款　　14 000

【例 3-16】 ABC 公司购入丁材料 1 000 吨，单价 100 元，计 100 000 元，增值税率 17%，增值税额 17 000 元，材料已验收入库，货款未付。

这项经济业务的发生，一方面丁材料买价 100 000 元，表明采购成本增加，应记入“在途物资”账户的借方，应付增值税 17 000 元，应记入“应交税费——应交增值税”账户的借方；另一方面价税款未付，表明企业对供应单位的负债增加，应记入“应付账款”账户的贷方。做会计分录如下：

借：在途物资　　100 000
　　应交税费——应交增值税（进项税额）　　17 000
　　贷：应付账款　　117 000

【例 3-17】 上述丁材料发票账单已到，ABC 公司用银行存款支付货款117 000元，同时支付搬运费 1 000 元。

这项经济业务的发生，一方面归还了前欠供应单位货款，使得企业对供应单位的负债减少，应记入“应付账款”账户的借方，发生搬运费 1 000 元，使得采购成本增加，应记入“在途物资”账户的借方；另一方面，货款、搬运费都用银行存款支付，银行存款资产减少，应记入“银行存款”账户的贷方。做会计分录如下：

借：应付账款　　117 000
　　在途物资　　1 000
　　贷：银行存款　　118 000

【例 3-18】 结转四种材料的实际采购总成本 1 815 000 元（1 200 000＋500 000＋14 000＋100 000＋1 000）。

这项经济业务的发生，表明甲、乙、丙、丁四种材料的采购过程已经完成，应将实际采购总成本由“在途物资”账户的贷方转入“原材料”账户的借方，以反映入库材料的实际成本。做会计分录如下：

借：原材料　　　　　　　　　　　　　　　　1 815 000

　　贷：在途物资　　　　　　　　　　　　　　　1 815 000

为了简化核算，企业通常在月末时将本月全部购进并入库的材料采购成本汇总起来一起结转。

3. 材料采购成本的计算

材料采购成本的计算就是将供应过程中发生的材料的买价、采购费用，按一定种类进行归集和分配，确定各种材料的实际成本。

1） 材料采购成本的构成

材料采购成本由下列各项组成：

（1） 材料的买价。指供货单位发票价格。

（2） 运杂费。包括运输费、装卸费、保险费、包装费、仓储费等。

（3） 材料损耗。指运输途中的合理损耗。

（4） 整理挑选费用。指材料入库前整理挑选中发生的损耗，扣除回收的下脚废料价值。

（5） 购入材料负担的税金及其他费用，如进口材料负担的关税，购入材料负担的不能抵扣的增值税等。

2） 材料采购成本的计算方法

在计算材料采购成本时，上述第（1）、（5）项一般可直接记入各种材料的采购成本；第（2）、（3）、（4）项，凡能分清属某种材料发生的，可直接计入该种材料的采购成本，不能分清属于哪种材料发生的，应按材料的重量或买价为标准，分摊计入各种材料的采购成本。

下面根据前面例 3-13～例 3-18，说明材料采购成本的计算方法。

企业购进甲、乙、丙、丁四种材料的各项支出如表 3-11 所示。

表 3-11　企业购进甲、乙、丙、丁四种材料的各项支出

材料名称	重　量	单　价	买　价	运杂费
甲	20 000 公斤	40 元	800 000 元	
乙	40 000 公斤	10 元	400 000 元	14 000 元
丙	10 000 公斤	50 元	500 000 元	
丁	1 000 吨	100 元	100 000 元	1 000 元

根据上列资料，材料的买价可直接计入各种材料的采购成本。丁材料的搬运费则可直接计入丁材料的采购成本。而甲、乙、丙三种材料共同发生的运杂费 14 000 元则需按一定标准在三种材料之间进行分配，然后再计入各种材料的采购成本。

（1） 下面按重量分摊共同运杂费：

$$每公斤材料应负担的运杂费=\frac{待分配的采购费用}{各受益材料重量之和}$$

$$=\frac{14\ 000}{20\ 000+40\ 000+10\ 000}$$

$=0.2$ 元

所以：

甲材料应分摊的运费=20 000×0.2=4 000 元

乙材料应分摊的运费=40 000×0.2=8 000 元

丙材料应分摊的运费=10 000×0.2=2 000 元

(2) 编制材料采购成本计算表，如表 3-12 所示。

表 3-12　材料采购成本计算表

成本项目	甲材料		乙材料		丙材料		丁材料	
	总成本	单位成本	总成本	单位成本	总成本	单位成本	总成本	单位成本
1. 买价	800 000	40	400 000	10	500 000	50	100 000	100
2. 采购费用	4 000	0.2	8 000	0.2	2 000	0.2	1 000	1
材料采购成本	804 000	40.2	408 000	10.2	502 000	50.2	101 000	101

根据材料采购成本计算表，例 3-18 的会计分录可列明细科目：

借：原材料——甲材料　　804 000

　　　　——乙材料　　408 000

　　　　——丙材料　　502 000

　　　　——丁材料　　101 000

　贷：在途物资　　1 815 000

3.3.4　生产过程的核算

1. 生产过程核算设置的账户

为了组织生产过程的核算，应根据经济业务的具体内容设置以下账户：

(1)“生产成本”账户，是成本类账户。用来核算产品生产过程中发生的一切费用，并据以确定产品实际生产成本。它的借方登记月份内生产过程中发生的全部生产费用。其中，直接费用如直接材料、直接人工可直接记入，其他间接费用如厂房设备折旧费、水电费、修理费等先在“制造费用”账户汇集，月份终了，再按一定的分配标准，分配计入该账户的借方；该账户贷方登记结转的完工入库产品的实际生产成本。月末借方余额表示生产过程中尚未完工的产品的实际生产成本。

为了具体核算和监督各种产品生产耗费的发生情况和实际生产成本，在“生产成本”总分类账户下，应以产品种类为成本计算对象设置明细分类账户，进行明细分类核算。

(2)“制造费用”账户，是成本类账户。用来归集和分配企业为生产产品和提供劳务而发生的各项间接费用。包括车间管理人员的工资及提取的福利费、水电费、机物料消耗、房屋和机器设备应提取的折旧费、修理费、办公费、照明费、劳动保护费及低值易耗品摊销等。它的借方登记月份内发生的上述各种制造费用；贷方登记分配结转应由各种产品生产负担的制造费用，分配完毕后，该账户月末一般应无余额。

(3)"库存商品"账户，是资产类账户。用来核算和监督企业库存的各种商品（外购和自制）的实际成本。企业生产完工验收入库的各种产品的实际生产成本登记在该账户借方；已经出售的各种产品的实际生产成本登记在贷方；月末借方余额表示库存商品的实际成本。

为了具体反映各种商品的收、发和结存情况，应按库存商品为品种或类别开设库存商品明细分类账户，进行库存商品的明细分类核算。

(4)"应付职工薪酬"账户，是负债类账户。用来反映应付和已付给职工的各种薪酬，企业按规定从净利润中提取的职工奖励及福利基金也反映在内。可按企业应该支付给职工的各种薪酬明细核算，如"工资"、"职工福利"、"社会保险费"、"住房公积金"、"工会经费"、"职工教育经费"、"非货币性福利"、"辞退福利"、"股份支付"等明细科目核算。它的贷方登记当月职工薪酬的应发数（按用途分配的应付职工薪酬）；借方反映当月实际支付职工的薪酬。期末贷方余额表示应付未付的职工薪酬。

(5)"累计折旧"账户，属资产类账户，是固定资产的抵减账户。用来反映固定资产因磨损而减少的价值。固定资产磨损价值又称为固定资产折旧额，它是以折旧费的形式转移的，为生产产品而发生的固定资产折旧构成产品生产成本的一部分，与制造产品无直接关系的固定资产折旧构成管理费用的一部分。

"累计折旧"账户的结构与负债类账户相同，贷方反映计提的固定资产折旧额（固定资产折旧的增加数）；借方反映调出或报废的固定资产折旧的减少或转销数额；贷方余额表示现有固定资产已提折旧的累计数额。

"固定资产"账户是反映固定资产原始价值的，该账户借方反映增加固定资产的原始价值；贷方反映减少固定资产的原始价值；借方余额表示现有固定资产的原始价值。将反映固定资产原值的"固定资产"账户的借方余额与反映固定资产磨损价值的"累计折旧"账户的贷方余额相抵，即为现有固定资产净值。

2. 生产过程经济业务的账务处理

1) 生产过程经济业务的账务处理程序

生产过程主要经济业务有：生产领用原材料，计算和分配职工薪酬，从银行提取现金发放工资，预付待摊费用，计提固定资产折旧，分配制造费用，计算和结转完工产品生产成本等。

生产过程中发生的直接材料、直接人工耗费，借记"生产成本"账户，贷记"原材料"、"应付职工薪酬"等账户。

生产过程发生的其他间接费用，首先记入"制造费用"账户的借方，同时记入有关账户（"原材料"、"应付职工薪酬"、"累计折旧"、"银行存款"等）的贷方；月末计算产品成本时，将制造费用分配计入各产品的生产成本，由"制造费用"账户的贷方转入"生产成本"账户的借方。

产品完工入库后，将完工产品的生产成本由"生产成本"账户的贷方转入"库存商品"账户的借方。

生产过程经济业务的账务处理程序如图 3-4 所示。

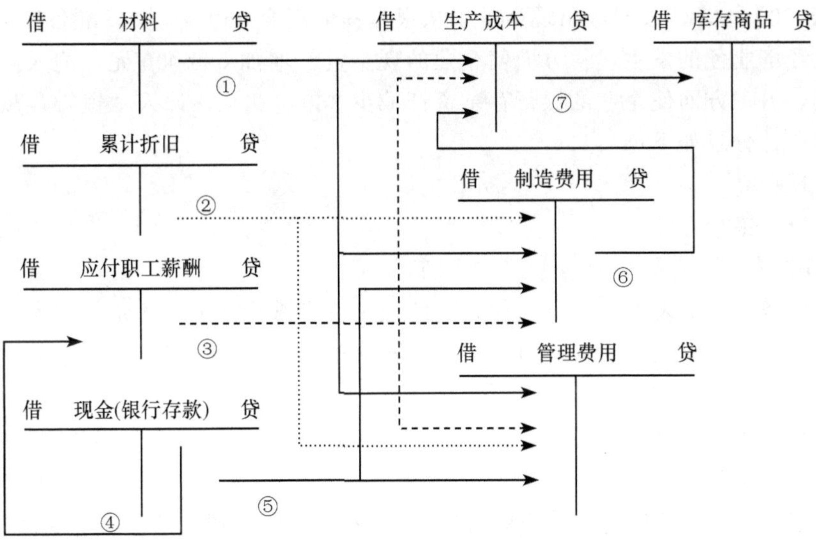

图 3-4　生产过程经济业务的账务处理程序

业务说明：① 车间、管理部门领用材料；② 计提固定资产折旧；③ 结算应付职工薪酬；④ 发放职工薪酬；⑤ 支付其他费用；⑥ 结转制造费用；⑦ 结转完工产品入库

2）生产过程经济业务的账务处理举例

【例 3-19】 ABC 公司仓库发出下列材料，用于生产 A、B 两种产品和其他一般耗用，如表 3-13 所示。

表 3-13　生产 A、B 两种产品和其他一般耗用

项　目	甲材料		乙材料		丙材料		金额
	数量	金额	数量	金额	数量	金额	合计
制造 A 产品耗用	1 000	400 000	1 500	150 000	4 000	200 000	750 000
制造 B 产品耗用	500	200 000	1 000	100 000	2 000	100 000	400 000
小　计	1 500	600 000	2 500	250 000	6 000	300 000	1 150 000
车间一般耗用			500	50 000			50 000
管理部门耗用			400	40 000			40 000
合　计	1 500	600 000		340 000		300 000	1 240 000

这项经济业务的发生，一方面使企业的库存原材料减少了 1 240 000 元，应计入“原材料”账户的贷方；另一方面材料投入生产，增加了生产费用，其中直接用于 A、B 产品生产耗用的材料 1 150 000 元，应计入“生产成本”账户的借方，车间一般耗用的材料 50 000 元，属于间接费用，应计入“制造费用”账户的借方，管理部门耗用材料 40 000 元，属于期间费用，记入“管理费用”账户的借方。做会计分录如下：

借：生产成本——A 产品　　750 000
　　　　　　——B 产品　　400 000
　　制造费用　　50 000
　　管理费用　　40 000
　　贷：原材料　　1 240 000

【例 3-20】 ABC 公司开出现金支票从银行提取现金 360 000 元，准备发放工资。

这项经济业务的发生，一方面使企业的现金资产增加 360 000 元，记入“现金”账户的借方，另一方面使企业的银行存款资产减少 360 000 元，计入“银行存款”账户的贷方。做会计分录如下：

借：现金　　360 000
　　贷：银行存款　　360 000

【例 3-21】 以现金 360 000 元发放职工工资。

这项经济业务的发生，一方面使企业的现金资产减少 360 000 元，记入“现金”账户的贷方；另一方面使企业应支付给职工的薪酬负债减少 360 000 元，记入“应付职工薪酬”账户的借方。做会计分录如下：

借：应付职工薪酬　　360 000
　　贷：现金　　360 000

【例 3-22】 结算本月应付职工薪酬 360 000 元。其中，制造 A 产品工人薪酬 200 000 元，制造 B 产品工人薪酬 100 000 元，车间管理人员薪酬 20 000 元，厂部管理人员薪酬 40 000 元。

这项经济业务的发生，一方面使企业应付给职工的薪酬负债增加 360 000 元，记入“应付职工薪酬”账户的贷方；另一方面，职工薪酬作为一项费用，使生产成本增加 300 000 元，制造费用增加 20 000 元，管理费用增加 40 000 元，分别记入“生产成本”、“制造费用”、“管理费用”账户的借方。做会计分录如下：

借：生产成本——A 产品　　200 000
　　　　　　——B 产品　　100 000
　　制造费用　　20 000
　　管理费用　　40 000
　　贷：应付职工薪酬　　360 000

【例 3-23】 以现金支付车间购买办公用品费 400 元，厂部购买办公用品费1 000 元，共计 1 400 元。

这项经济业务的发生，一方面使现金资产减少 1 400 元，记入“现金”账户的贷方；另一方面使费用增加 1 400 元，记入“制造费用”、“管理费用”账户的借方。做会计分录如下：

借：制造费用　　400
　　管理费用　　1 000
　　贷：现金　　1 400

【例 3-24】 按照规定的固定资产折旧率，计提本月固定资产折旧 143 000 元，其中，车间固定资产折旧 120 000 元，厂部管理部门固定资产折旧 23 000 元。

这项经济业务的发生，一方面要反映折旧费用增加，记入“制造费用”、“管理费用”账户的借方；另一方面要反映固定资产折旧额增加，记入“累计折旧”账户的贷方。做会计分录如下：

借：制造费用　　120 000

管理费用　　23 000

贷：累计折旧　　143 000

【例 3-25】 以银行存款支付水电费 14 000 元。其中，车间用水电费 10 000 元，厂部管理部门用水电费 4 000 元。

这项经济业务的发生，一方面使银行存款资产减少，记入“银行存款”账户的贷方；另一方面使生产产品的间接费用和期间费用增加，记入“制造费用”、“管理费用”账户的借方。做会计分录如下：

借：制造费用　　10 000

管理费用　　4 000

贷：银行存款　　14 000

【例 3-26】 将本月发生的制造费用 200 400 元转入生产成本。

制造费用是产品成本的组成部分，月末应将“制造费用”账户归集的各种间接生产费用由贷方转入“生产成本”账户的借方，以反映产品生产成本。本期制造费用总额 200 400 元（50 000＋20 000＋400＋120 000＋10 000），按 A、B 两种产品生产工人工资比例分配，A 产品分摊制造费用 133 600 元，B 产品分摊制造费用 66 800 元。做会计分录如下：

借：生产成本——A 产品　　133 600

——B 产品　　66 800

贷：制造费用　　200 400

【例 3-27】 本月 A 产品投产 1 000 台已全部完工，并已验收入库，按其实际生产成本 1 083 600 元转账。

产品生产完工验收入库后，要将产品的生产成本从“生产成本”账户的贷方转入“库存商品”账户的借方。做会计分录如下：

借：库存商品　　1 083 600

贷：生产成本　　1 083 600

另外，B 产品尚未制造完工，月末“生产成本”账户的借方余额 566 800 元为 B 产品的在产品成本。

有关制造费用的分配及产品生产成本的计算将在第 12 章详细介绍。

3.3.5　销售过程的核算

1. 销售过程核算设置的账户

为了组织销售过程的核算，需设置以下账户：

(1)“主营业务收入”账户，是损益类账户。用来核算企业销售商品、提供劳务等主营业务的收入。贷方登记企业对外销售商品、提供劳务等所获得的主营业务收入；借方登记由于销售退回及其他原因应冲减的收入及期末转入“本年利润”账户的数额，结转后本账户应无余额。

(2)“主营业务成本”账户，是损益类账户。用来核算企业经营主营业务所发生的实际成本。它的借方登记已售商品及提供劳务的实际成本；贷方登记因销售退回减少的主营业务成本及期末转入“本年利润”账户的数额，结转后本账户应无余额。

以上两个账户均可按主营业务种类设置明细账，进行明细分类核算。

(3)“营业税金及附加”，是损益类账户。用来核算企业因销售商品、提供劳务等经营活动发生的税金和附加。包括除增值税以外的消费税、营业税、城市维护建设税、资源税和教育费附加等相关税费。它的借方登记按规定税率计算应负担的营业税金及附加；贷方登记期末转入“本年利润”账户的数额，结转后本账户应无余额。

(4)“其他业务收入”账户，是损益类账户。用来核算企业除主营业务收入以外的其他经营活动实现的收入，包括出租固定资产、出租无形资产、出租包装物和商品、销售材料、用材料进行非货币性交换或债务重组等实现的收入。贷方登记发生的其他业务收入；借方登记转入“本年利润”账户的数额，结转后本账户应无余额。

(5)“其他业务成本”账户，是损益类账户。用来核算企业除主营业务活动以外的其他经营活动所发生的支出，包括销售材料的成本、出租固定资产的折旧额、出租无形资产的摊销额、出租包装物的成本和摊销额等，除主营业务以外的其他经营活动发生的相关税费，在“营业税金及附加”科目反映。它的借方登记发生的其他业务成本，贷方登记转入“本年利润”账户的数额，结转后本账户应无余额。

(6)“销售费用”账户，是损益类账户。用来核算企业销售产品、提供劳务等日常经营过程中发生的费用及专设销售机构的各项费用，包括运输费、装卸费、包装费、保险费、展览费和广告费、商品维修费、预计产品质量保证损失等，以及为销售本企业商品而专设的销售机构的职工薪酬、业务费、折旧费等经常费用。它的借方登记发生的销售费用数额，贷方登记转入“本年利润”账户的数额，结转后本账户应无余额。

(7)“应收账款”账户，是资产类账户。用来核算企业销售产品、应向购货单位或接受劳务单位收取的款项。它的借方登记应向购货方收取的销货款（为购买方代垫的运杂费也记入借方）；收回货款和代垫运杂费时，记入贷方；期末借方余额反映购货单位暂欠的货款。该账户按欠款单位设置明细分类账，进行明细分类核算。

(8)“应收票据”账户，是资产类账户。用来核算企业因销售产品、提供劳务等而收到的商业汇票，包括银行承兑汇票和商业承兑汇票。借方登记企业因销售产品、提供劳务而收到的承兑的商业汇票；贷方登记商业汇票到期收回的款项；期末借方余额反映企业应收取的商业汇票票面金额。

2. 销售过程经济业务的账务处理

1) 销售过程经济业务的账务处理程序

销售过程中发生的主要经济业务有：销售产品、进行货款及增值税销项税额的结算、支付销售费用，计算营业税金及附加等。

当企业销售产品并将实现的销售收入按不含税售价计算记入“主营业务收入”账户的贷方时，将售价乘上规定的税率计算出应交增值税，记入“应交税金”账户的贷方；同时，根据货款的结算方式，记入“银行存款”、“应收账款”、“应收票据”等账户的借方。

产品的消费税、城市维护建设税、教育费附加等计算出来后，记入“营业税金及附加”账户的借方；同时记入“应交税费”账户的贷方。

发生的销售费用记入“销售费用”账户的借方；同时记入“银行存款”、“现金”等账户的贷方。

会计期末将已售产品的生产成本由“库存商品”账户的贷方转入“主营业务成本”账户的借方。

销售过程经济业务的账务处理程序如图 3-5 所示。

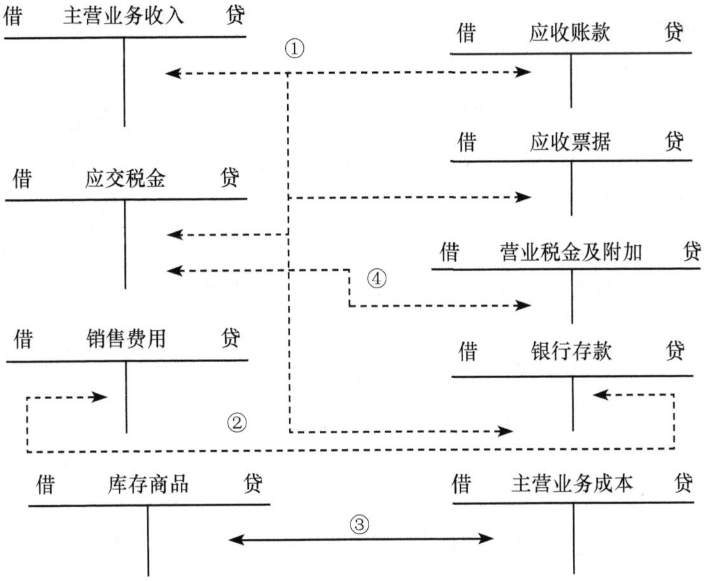

图 3-5　销售过程经济业务的账务处理程序

业务说明：① 销售产品结算货款及增值税销项税额；② 支付产品销售费用；③ 结转已售产品的生产成本；④ 计算应交纳的营业税金及附加

2）销售过程经济业务的账务处理举例

【例 3-28】 向某工厂出售 A 产品 1 000 台，每台售价 1 800 元，计 1 800 000 元，产品已发出，货款尚未收到。该项产品应交消费税税率为 10%，应交增值税税率为 17%。

这笔业务的发生，一方面表明主营业务收入增加 1 800 000 元。应交增值税增加 306 000 元（1 800 000×17%），分别计入“主营业务收入”及“应交税费——应交增值税”账户的贷方，同时反映应收回价款及增值税 2 106 000 元（1 800 000+306 000），计入“应收账款”账户的借方；另一方面表明消费税金支出 180 000（1 800 000×10%），应由销售产品负担，记入“营业税金及附加”账户的借方；同时记入“应交税费——应交消费税”账户的贷方。做会计分录如下：

借：应收账款　　2 106 000

　　贷：主营业务收入　　1 800 000

　　　　应交税费——应交增值税（销项税额）　　306 000

借：营业税金及附加　　180 000

　　贷：应交税费——应交消费税　　180 000

【例 3-29】 以银行存款 12 000 元支付销售 A 产品的广告费。

这笔经济业务的发生，使银行存款资产减少，销售费用增加，做会计分录如下：

借：销售费用　　12 000

　　贷：银行存款　　12 000

【例 3-30】 以现金 1 800 元支付 A 产品包装费、运费。

这笔经济业务的发生，使现金资产减少，销售费用增加，做会计分录如下：

借：销售费用　　1 800

　　贷：现金　　1 800

【例 3-31】 结转已售 A 产品 1 000 台的实际生产成本 1 083 600 元。

这笔业务的发生，一方面表明库存商品减少，应记入“库存商品”账户的贷方；另一方表明销售成本增加，应计入“主营业务成本”账户的借方。做会计分录如下：

借：主营业务成本　　1 083 600

　　贷：库存商品　　1 083 600

【例 3-32】 出售材料一批，价值 4 500 元，该材料增值税税率 17%，计 765 元。款项已收到，存入银行。

这笔业务属于产品销售以外的其他销售，应计入“其他业务收入”、“应交税费”账户的贷方和“银行存款”账户的借方。做会计分录如下：

借：银行存款　　5 265

　　贷：其他业务收入　　4 500

　　　　应交税费——应交增值税（销项税额）　　765

【例 3-33】 结转出售材料的实际成本 3 900 元。

这笔业务一方面反映销售材料实际成本增加，应记入“其他业务成本 ”账户的借方；另一方面表明库存材料减少，应记入“原材料 ”账户的贷方。做会计分录如下：

借：其他业务成本　　3 900

　　贷：原材料　　3 900

【例 3-34】 企业销售产品应交的城市维护建设税、应交的教育费附加，按应交增值税、消费税的一定比例计算假定分别为 12 653.55 元和 5 422.95 元。

这项经济业务的发生，反映城市维护建设税增加、教育费附加增加，应借记“营业税金及附加”账户，贷记“应交税费”账户。做会计分录如下：

借：营业税金及附加　　18 076.5

　　贷：应交税费——城建税　　12 653.55

　　　　应交税费——教育费附加　　5 422.95

有关税金的具体计算将在第 9 章介绍。

3.3.6 利润的核算

1. 利润核算设置的账户

为了组织企业利润的核算应设置以下账户：

(1)“营业外收入”账户，是损益类账户。用来核算企业发生的与企业生产经营无直接关系的各项收入，主要包括非流动资产处置利得、非货币性资产交换利得、债务重组利得、政府补助、盘盈利得、捐赠利得等。贷方登记各项营业外收入的发生数；借方登记期末转入“本年利润”账户的数额，结转后本账户应无余额。

(2)“营业外支出”账户，是损益类账户。用来核算企业发生的与生产经营无直接关系的各项支出，包括非流动资产处置损失、非货币性资产交换损失、债务重组损失、公益性捐赠支出、非常损失、盘亏损失等。借方登记各项营业外支出的发生额；贷方登记期末转入“本年利润”账户的数额，结转后本账户应无余额。

(3)“投资收益”账户，是损益类账户。用来核算企业对外投资取得的收益或发生的损失。贷方登记对外投资分得的利润、股利和债券利息等；借方登记投资发生的损失；月末余额在贷方，表示投资净收益；余额在借方表示投资的净损失，期末将该账户余额转入“本年利润”账户，结转后该账户应无余额。

(4)“本年利润”账户，是所有者权益类账户。用来核算企业本年度实现的利润(或亏损)总额及净利润。它的贷方登记由“主营业务收入”、“其他业务收入”、“营业外收入”等账户转入的余额；借方登记由“主营业务成本”、“营业税金及附加”、“销售费用”、“管理费用”、“财务费用”、“其他业务成本”、“营业外支出”、“资产减值损失”等账户及“所得税费用”账户转入的余额；企业发生的投资收益(或投资损失)，从“投资收益”账户的借方(或贷方)转入“本年利润”账户的贷方(或借方)。年度终了，将“本年利润”账户借贷两方相抵后结出余额，贷方余额表示净利润，借方余额表示亏损。“本年利润”账户的余额即净利润或亏损全部转入“利润分配”账户，结转后该账户应无余额。

“本年利润”账户的核算内容和结构如表 3-14 所示。

表 3-14　“本年利润”账户的核算内容和结构

借方	本年利润　　　　　　贷方
发生额：	发生额：
主营业务成本	主营业务收入
营业税金及附加	其他业务收入
销售费用	营业外收入
管理费用	投资收益
财务费用	
其他业务成本	
营业外支出	
投资损失	
所得税	
资产减值损失	
年终转出净利润	年终转出的亏损

2. 利润核算的账务处理

1) 利润核算的账务处理程序

利润核算的主要经济业务有：期末结转本期各项收入、收益；期末结转本期各项成本费用；计算并结转所得税及本期净利润。

会计期末，企业应将各收入、收益类账户的余额由借方转入“本年利润”账户的贷方；将成本、费用类账户的余额由贷方转入“本年利润”账户的借方，借贷两方相抵后的余额为利润总额。根据利润总额及纳税调整数和规定税率计算并结转所得税，将利润总额减去所得税后计算出本期实现的净利润或亏损。将本期实现的净利润（或亏损）由“本年利润”账户的借方（或贷方）转入“利润分配”账户的贷方（或借方）。

利润核算的账务处理程序如图 3-6 所示。

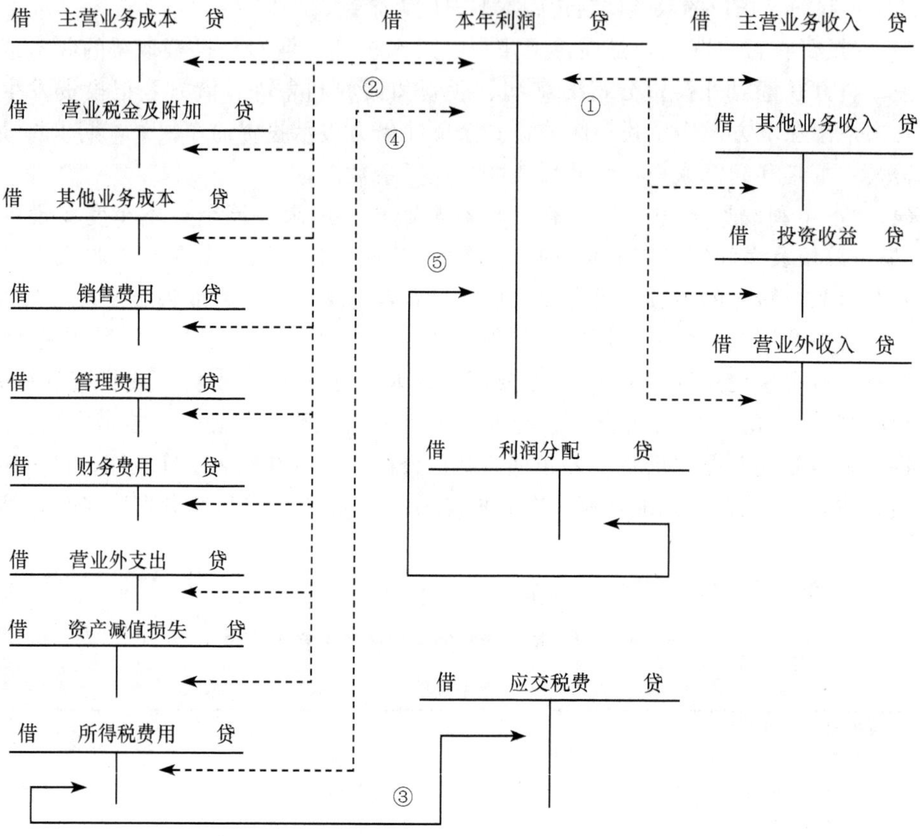

图 3-6　利润核算的账务处理程序

业务说明：① 期末结转本期各项收入；② 期末结转本期各项成本费用；③ 计算本期应交所得税；④ 结转所得税费；⑤ 结转本期实现的净利润

2）利润核算的账务处理举例

【例 3-35】 经批准将确实无法支付的应付 A 公司的货款 2 000 元转作营业外收入。

这笔经济业务的发生使得应付账款减少，营业外收入增加。做会计分录如下：

借：应付账款　　2 000

　　贷：营业外收入　　2 000

【例 3-36】 企业以现金 1 000 元支付公益性捐赠。

这笔经济业务发生使现金减少，营业外支出增加。做会计分录如下：

借：营业外支出　　1 000
　　贷：现金　　1 000

【例 3-37】 会计期末将收入、成本费用类账户余额结转“本年利润”账户。

本期收入类账户贷方余额如下：

“主营业务收入”　　1 800 000
“其他业务收入”　　4 500
“营业外收入”　　2 000

本期成本费用类账户借方余额如下：

“主营业务成本”　　1 083 600
“营业税金及附加”　　198 076.5
“其他业务成本”　　3 900
“营业外支出”　　1 000
“销售费用”　　13 800
“管理费用”　　108 000

根据各账户余额做会计分录如下：

借：主营业务收入　　1 800 000
　　其他业务收入　　4 500
　　营业外收入　　2 000
　　贷：本年利润　　1 806 500
借：本年利润　　1 408 376.5
　　贷：主营业务成本　　1 083 600
　　　　营业税金及附加　　198 076.5
　　　　其他业务成本　　3 900
　　　　营业外支出　　1 000
　　　　销售费用　　13 800
　　　　管理费用　　108 000

【例 3-38】 计算、结转本期所得税 99 530.88 元（(1 806 500－1 408 376.5)×25%）。

计算出所得税时，一方面使作为负债的应交所得税款增加 99 530.88 元，另一方面使作为费用的所得税费增加 99 530.88 元。做会计分录如下：

借：所得税　　99 530.88
　　贷：应交税费——应交所得税　　99 530.88

所得税作为费用，会计期末应转入“本年利润”账户，结转本期所得税的会计分录如下：

借：本年利润　　99 530.88
　　贷：所得税　　99 530.88

【例 3-39】 结转本期实现的净利润 298 592.62 元（398 123.5－99 530.88）。

会计期末，企业应将实现的净利润，由“本年利润”账户借方转入“利润分配”账户贷方。做会计分录如下：

借：本年利润　　　　　　　　　　　　298 592.62

　　贷：利润分配　　　　　　　　　　　　298 592.62

3.3.7　资金退出企业的核算

1. 资金退出企业的经济业务的账务处理程序

企业的资金退出，有上交各种税金、支付给投资者利润、归还借款、向其他单位投资、调出不需用固定资产等。资金退出企业的经济业务的账务处理程序如图 3-7 所示。

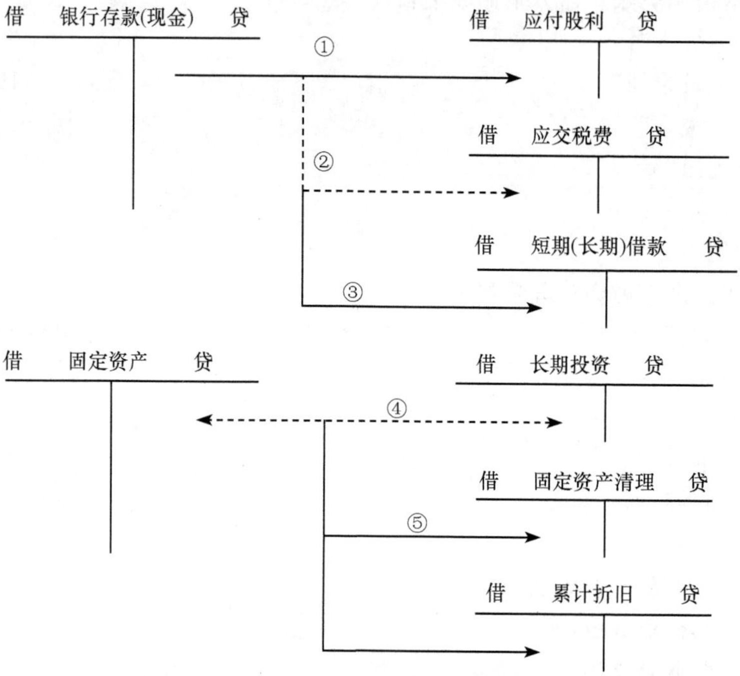

图 3-7　资金退出企业的经济业务的账务处理程序

业务说明：①支付股东股利；②缴纳税费；③归还借款；
④固定资产对外投资；⑤清理固定资产

2. 资金退出企业的经济业务的账务处理举例

以下举例仅为资金退出企业的一些基本业务，其他一些资金退出企业的经济业务将在以后有关章节讲述。

【例 3-40】 以银行存款支付股东股利 180 000 元。

这项经济业务的发生，一方面使得银行存款资产减少，记入“银行存款”账户的贷方；另一方面使得企业应付投资者的股利减少，记入“应付股利”账户的借方。做会计分录如下：

借：应付股利　　　　　　　　　　　　180 000

　　贷：银行存款　　　　　　　　　　　　180 000

【例 3-41】 用银行存款归还短期借款 100 000 元。

这项经济业务的发生，一方面使银行存款资产减少 100 000 元，记入“银行存款”

账户的贷方；另一方面使企业欠银行的债务减少 100 000 元，记入“短期借款”账户的借方。做会计分录如下：

借：短期借款　　100 000

　　贷：银行存款　　100 000

【例 3-42】 本期应交消费税 180 000 元，应交增值税 753 元。以银行存款付讫。

这项经济业务的发生，一方面企业交纳了税金，使得负债减少，记入“应交税费”账户的借方；另一方面银行存款资产减少，记入“银行存款”账户的贷方。做会计分录如下：

借：应交税费——消费税　　180 000

　　　　　　——增值税（已交税金）　　753

　　贷：银行存款　　180 753

思　考　题

1. 会计核算方法包括哪些基本内容，为什么说这些方法是构成会计核算的完整方法体系？
2. 简述会计科目与会计账户的关系。
3. 什么是借贷记账法，其特点有哪些？
4. 什么是会计恒等式，它与复式记账法有什么关系？
5. 简述工业企业的经济业务和核算内容。

练　习　题

1. 练习供应过程的核算。

资料：某公司 20×8 年 5 月发生下列经济业务：

（1）向 A 工厂购进甲材料 1 000t，每吨 1 500 元，增值税率 17%，运费 5 000 元。款项以银行存款支付，材料尚未到达。

（2）A 工厂的甲材料运到，以现金支付装卸费 1 200 元。材料验收入库。

（3）向 B 公司购进乙材料 500t，每吨 1 200 元，增值税率 17%，运杂费 2 000 元。材料验收入库，款项尚未支付。

（4）以银行存款预付 C 公司丙材料款 300 000 元。

（5）以银行存款支付前欠 B 公司乙材料款。

（6）C 公司发送来丙材料 8 000kg，每公斤 30 元。增值税率 17%，运杂费由对方负担。材料验收入库，余额 C 公司退回存入银行。

要求：根据上述经济业务编制会计分录。

2. 练习生产过程的核算。

资料：某公司 20×8 年 5 月份发生下列经济业务：

（1）本月领用材料情况如下表所示。

项目	甲材料	乙材料	丙材料	合计
基本生产车间：A 产品	850 000	400 000		1 250 000
B 产品	380 000	160 000	150 000	690 000
车间一般耗用		23 000	56 000	79 000
公司管理部门耗用			25 000	25 000
合　计	1 230 000	583 000	231 000	2 044 000

（2）结算本月职工工资 800 000 元。其中，A 产品工人工资 350 000 元，B 产品工人工资 320 000 元，车间管理人员工资 60 000 元，公司管理人员工资 70 000 元。

（3）计算本月固定资产折旧。其中，车间承担折旧费 100 000 元，公司管理部门承担折旧费 60 000元。

（4）月末，计算结转本月制造费用，按生产工人工资比例分配计入 A、B 产品成本。

（5）本月生产 A 产品 1 000 台、B 产品 500 件全部完工，验收入库，按实际生产成本结转。

要求：根据上述经济业务编制会计分录。

3. 练习销售过程的核算。

资料：某公司 20×8 年 5 月份发生下列经济业务：

（1）销售给 E 公司 A 产品 400 台，每台售价 2 000 元。增值税率 17%，商品发出，款项尚未收到。

（2）销售 B 产品 300 件给 F 工厂，每件售价 2 800 元，增长税率 17%，商品发出，收到一张期限为 3 个月的银行承兑汇票。

（3）销售甲材料 5 吨，每吨售价 1 800 元，增值税率 17%，款项存入银行。

（4）以银行存款支付广告费 12 000 元。

（5）收到 E 公司支付的 A 产品全部货款，款项存入银行。

（6）计算本月应交城市维护建设税 8 000 元，教育费附加 6 000 元。

（7）结转已销售 A 产品和 B 产品销售成本（已知 A 产品生产成本每台 1 700 元，B 产品生产成本每件 2 200 元）。

（8）结转已销售甲材料销售成本（已知每吨进价 1 500 元）。

要求：根据上述经济业务编制会计分录。

4. 练习资金退出的核算。

资料：某公司 20×8 年 5 月份发生下列经济业务：

（1）公布 20×7 年度股利分配，现金股利 2 000 000 元，将于本月支付。

（2）以银行存款支付现金股利 2 000 000 元。

（3）本期应交增值税 36 000 元，城市维护建设税 8 000 元，教育费附加 6 000 元，以银行存款交纳。

（4）归还银行短期借款 1 600 000 元，以银行存款支付。

要求：根据上述经济业务编制会计分录。

5. 综合练习题。

（1）某企业有关账户资料见下表。

单位：元

账户名称	期初余额	本期借方发生额	本期贷方发生额	期末余额
现金	3 160	56 000		6 500
银行存款	1 875 000		3 745 600	958 000
应收账款		1 853 000	2 632 000	1 456 000
短期借款	2 000 000	1 560 000	1 836 000	
应付账款	985 600	756 800		967 500
原材料	1 258 000	6 245 000	6 687 000	
固定资产	4 612 000	156 800	875 600	
实收资本		1 000 000	0	5 000 000
库存商品	2 125 000		8 657 000	2 456 000

要求：根据各账户的结构关系，计算每个账户的未知数据。

(2) 某工厂20×8年 5 月 1 日有关账户余额如下：

单位：元

现金	5 000	固定资产	4 500 000
银行存款	680 000	短期借款	900 000
应收账款	929 000	应付账款	1 150 000
其他应收款	2 000	应交税费	120 000
原材料	560 000	实收资本	4 820 000
库存商品	360 000	生产成本	418 000

本月该厂发生下列经济业务：

① 从银行提取现金 8 000 元；

② 以现金支付采购员差旅费借款 5 000 元；

③ 以银行存款上交税费 50 000 元；

④ 从 A 公司购入材料 80 000 元，款项尚未支付；

⑤ B 公司投入新机器一台，价值 35 000 元；

⑥ 以银行存款归还短期借款 300 000 元；

⑦ 以银行存款支付 A 公司材料款 60 000 元；

⑧ 收到 C 工厂归还前欠货款 25 000 元，存入银行；

⑨ 生产车间领用材料 16 000 元，用于产品生产；

⑩ 收到 B 公司包装物押金 500 元，现金收讫。

要求：

① 开设各有关账户（“丁”字账户）登记期初余额；

② 编制会计分录并登记入账；

③ 结出各账户本期发生额和期末余额。

第 4 章　会计凭证与账簿

4.1　会计凭证

4.1.1　会计凭证的种类和意义

通常，我们说记账要“有根有据”，就是说进入会计系统中的任何一个数据，都要有相应的来源。这里，数据的“来源”或者“根据”就是会计凭证。

那么，究竟什么是会计凭证呢？所谓会计凭证，是用来接收、记录经济业务的内容，以明确经济责任并作为登记账簿依据的书面文件。从具体的会计工作来看，构成会计凭证的书面文件很多。例如，经济业务发生时，从对方单位取得相应的发票；企业内部发生经济活动时，为明确双方之间的经济责任而形成的书面文件；本单位会计部门根据发票所形成的、用来作为记账依据的文件，等等。这些会计凭证总体可以分为两大类：一类是经济业务发生或完成时所形成的、可以证明经济责任的原始凭证；一类是本单位会计人员根据原始凭证所填制的作为登记账簿依据的记账凭证。

强化会计凭证的管理，对整个会计系统的运行有以下三点意义：

第一，通过会计凭证的审核，对企业所发生的经济业务的合法性和有效性进行检查、监督，可以有效地保护企业财产的安全、完整。

第二，根据严格审核的会计凭证登记账簿，其他一切数据均不得自行入账。这样，可以提高会计核算的正确性，从而提高财务报告的真实性和公允性。

第三，会计凭证可以用来明确经济责任。通过对会计凭证的管理，可以加强内部经济责任的有效执行，为提高企业经济效益服务，从根本上提高会计的地位和作用。

4.1.2　原始凭证的填制和审核

1. 原始凭证的定义与特征

所谓原始凭证，是指经济业务发生或者完成时所形成的、用来证明经济业务的发生、明确经济责任并作为记账依据的书面证明文件。也就是说，原始凭证就是经济业务发生取得的相关单据。例如，企业采购一批商品，取得相应的购货发票，这里的发票就是原始凭证，它可以证明经济业务的发生；又如，企业内部两个部门如仓库与柜台在发生领发商品时所填制的发货单，就可以证明柜台向仓库领货这一经济业务，期末清点仓库商品时，发货单可以用来证明商品的去向。

经济业务发生时，可能形成的书面文件有很多种，但并不是所有这些书面文件都是会计上的原始凭证。与经济业务发生有关的书面文件，能够作为会计上的原始凭证的，必须同时符合以下两项特征：

第一，要有法律证明效力。原始凭证的一个重要特征就是要在法律上有证明效力，即能证明经济业务发生时双方的经济权利和责任。例如，上面的购货发票，只要手续齐全，就可以证明一项交易的存在，同时还可以用来明确购销双方的经济权利和责任：购货方及时支付货款，销货方按时、保质、保量地发出商品。如果其中一方未能全面履行责任，另外一方有权根据这张发票加以追究。

第二，要有货币计价。会计信息系统的一个最根本特征是用货币作为统一量度单位来综合报告会计主体的经济活动。因此，所有会计核算的交易或者事项，都必须能用货币计量，否则，就无法将其纳入会计信息系统。原始凭证最终是要作为记账依据的，如果原始凭证所代表、反映的经济业务，不能用货币加以计量，也就无法进入会计信息系统进行核算、报告。例如，上述的两张凭证都有交易的金额，这些金额即是货币计量的结果。也正因为如此，实际经济生活中很多重要的凭证，如签订了购销合同的意向书，它有法律约束力，对会计主体未来的经营活动也非常重要，但由于合同本身的价值无法用货币具体化，且带有很大的不确定性，因此，不能直接作为会计上的原始凭证，也不能直接进入会计信息系统进行核算。

2. 原始凭证的种类

从数量上来看，原始凭证为数很多。恰当的归类，将有助于更加有效地认识、使用原始凭证并更加合理地管理与保管。不同的分类标准，有不同的分类结果。

按照取得来源的不同，企业所有的原始凭证可以分为两大类：一类是来自于企业外部的，称为外来凭证。外来凭证有购货发票、增值税专用发票等。增值税专用发票如表 4-1 所示。另一类是企业内部各部门所填制的，称为自制凭证，如生产企业的领料单。领料单如表 4-2 所示。

表 4-1　增值税专用发票

开票日期:20××年 2 月 10 日　　　　No01643375

购货单位	名　称	宏兴机械厂			纳税人登记号		3570248546	
	地址、电话	68352048			开户银行及账号		开发银行 3255787221	
商品或应税劳务名称		规格型号	计量单位	数量	单价	金额	税率(%)	税额
圆钢 ϕ25mm			公斤	1 500	4	6 000	17	1 020
圆钢 ϕ10mm			公斤	2 500	4	4 000	17	680
合　计						10 000		1 700
价税合计(大写)		佰　拾　壹万壹仟柒佰零拾零元零角零分					￥　11 700	
销售单位	名				纳税人登记号		0765445712	
	地址、	9			开户银行及账号		工商银行 2879643521	

利和股份公司财务专用章

销货单位(章)　　　　收款人 李敏　复核 张林　开票人 洪顺

表 4-2 领料单

领料单位：第一车间　　　　20××年 2 月 3 日　　　　凭证编号：0010
用　　途：生产 A 产品　　　　　　　　　　　　　　仓　　库：2 号

材料类别	材料编号	材料名称	规格	计量单位	数量		单价	金额
					请领	实领		
型钢	0345	圆钢	25mm	公斤	1 500	1 500	4.40	6 600
型钢	0348	圆钢	10mm	公斤	1 000	1 000	4.40	4 400
合计					2 500	2 500	4.40	11 000

发料 姜同　领料 王立　领料单位负责人 刘宁　记账 赵东

无论是外来凭证，还是自制凭证，它们都可以作为记账的依据。但就法律效力而言，外来凭证的法律证明力通常要高于自制原始凭证。

根据填制手续的不同，原始凭证又可以分为一次凭证和累计凭证。所谓一次凭证，是指经济业务发生过程中，一次填制完成的原始凭证，购货发票、增值税专用发票等都是一次凭证；累计凭证则相反，指经济业务发生过程中，反复多次填制才完成的原始凭证，制造企业的限额领料单是累计凭证，限额领料单如表 4-3 所示。

表 4-3 限额领料单

领料部门：生产车间　　　　20××年 2 月　　　　发料仓库：2 号
用　　途：B 产品生产　　　　　　　　　　　　编　　号：008

材料类别	材料编号	材料名称及规格	计量单位	领料限额	实际领用	单价	金额	备注
型钢	0348	圆钢 ϕ10mm	公斤	500	480	4.40	2 112	

日期	请领		实发			限额结余	退库	
	数量	签章	数量	发料人	领料人		数量	退库单
2.3	200		200	姜同	王立	300		
2.12	100		100	姜同	王立	200		
2.20	180		180	姜同	王立	20		
合计	480		480			20		

供应部门负责人 李微　生产计划部门负责人 佟伟　仓库负责人签章 刘俊

显然，企业极少有与外单位发生大量重复同一类型经济业务的现象，因此，外来凭证通常都是一次凭证；累计凭证主要是自制凭证，当然，除了累计凭证外，自制凭证也包括了大量的一次凭证。

3. 原始凭证的内容

无论什么类型的原始凭证，作为记账的依据，都必须是对有关经济业务的完整反映。按照这一要求，任何一张原始凭证，都必须具备下列基本内容：

（1）原始凭证的名称。例如，购货发票、领料单等，都是原始凭证的名称。明确凭证的名称，将有助于会计人员判断该凭证代表了什么样的业务、它的证明力如何等。

（2）交易双方的名称。任何一项经济业务都必须要有买卖双方。明确地列示买卖双方，确定责任主体，也是明确经济责任的一个方面。

（3）经济业务发生的日期。一般说来，原始凭证是在经济业务发生或者完成时所取得的，因而，原始凭证的填制，要求与经济业务的发生基本同步。每一张原始凭证中都要注明日期。这里还要强调的是，会计信息提供是否及时，是影响会计信息有用性的一个前提条件。不及时的信息，其有用性随不及时程度的提高而相应降低，以致毫无用途。从整个会计信息加工、生成环节来看，取得原始凭证是第一步。原始凭证的填制、取得要及时。

（4）摘要。原始凭证就是用来证明经济业务的，因此，应当在原始凭证上简明、扼要地说明经济业务的内容。

（5）经济业务的数量、单价、金额等。原始凭证应当明确地给定经济业务的有关数据。

（6）有关经办人员的签名、盖章。任何一笔经济业务的发生，都必须要有具体的经办人员。要求这些经办人员的签名、盖章，是为了明确具体的责任。同时，为体现原始凭证的法律证明力，对于外来凭证，还要求对方单位加盖单位的公章。

4. 原始凭证的填制和审核

原始凭证的填制，更多的是强调内容。从填制内容来看，要求根据各项基本内容逐项完整、如实填写，做到内容完整、真实。除完整、真实外，还要求书写工整、易于辨认，金额的书写必须按规定大写，大小写金额一致。原始凭证不允许涂改。

对会计人员来说，取得原始凭证后，应该首先加以审核。只有通过审核的原始凭证，才能输入到会计信息系统中去。因此，原始凭证的审核，是会计信息真实、可靠的必要保证。

原始凭证的审核，包括形式审核和实质审核两个步骤。形式上的审核，也就是对原始凭证的外表加以审核，审核填写是否完整、各项内容填写是否符合要求、所记载各项内容是否正确。只有外表形式上完全正确的原始凭证，才能通过形式审核的环节。经过形式上的审核后，下一环节是实质审核。实质审核，又包括了两方面的内容：一是审核原始凭证所反映的经济业务，是否符合国家的有关方针、政策和财经制度；二是审核原始凭证所代表的经济业务是否真实。也就是，原始凭证本身是真实的还是虚假的。这一审核平时一般只是凭借会计人员的经验判断，特殊情况下，还可以向对方单位进行询证，以确定该凭证的真实性。

4.1.3　记账凭证的填制与审核

1. 记账凭证及其种类

所谓记账凭证，是由本单位财会部门根据已审核的原始凭证所填制的载有会计分录，并作为登账依据的书面文件。与原始凭证相比，记账凭证有两点不同：第一，记账凭证是本单位内部所填写的，并作为登记账簿的依据，它不能用来证明经济业务的发生，不具备法律的证明效力；第二，记账凭证上一定要列明如何对经济业务进行处理的会计分录，这是对原始凭证进行处理、将原始数据输入会计信息系统的第一步。

一般来说，记账凭证数量的多少，是随企业规模大小和各期经济业务发生数量的多寡而定的。如果企业规模小、业务量少，所需填制的记账凭证数量不多，企业可以只设置通用格式的记账凭证，所有经济业务的处理，只需要填制通用格式的记账凭证即可。通用格式的记账凭证如表 4-4 所示。

表 4-4 记账凭证

20××年 2 月 5 日　　　　编号 3

摘　要	一级科目	二级或明细科目	借方金额	贷方金额	记　账
销售甲产品	银行存款		23 400		
	主营业务收入	A 材料		20 000	
	应交税金	应交增值税		3 400	
合　计					

附件贰张

会计主管 李鸣　记账 张清　稽核 沈严　填制 方新　出纳 廉明　交（领）款人 赵伟

如果企业规模大，经济业务数量多，需要填制的凭证数量也相应增多。如果不做一定的分类，仍然对所有经济业务都编制通用格式的记账凭证，将不利于对记账凭证的管理。因此，在经济活动频繁的情况下，对记账凭证按一定方式加以分类，是必要的。

就企业的全部经济活动而言，它们会涉及企业财产的各个方面。但是，如果进一步地分析，发现在企业所有财产物资中，货币资金是中心。企业每个会计期间所发生的全部经济活动中，有相当多的比重是与货币资金有关的，或者增加货币资金，或者减少货币资金。因此，以对货币资金的影响来分，所有经济业务可以分为三类：增加货币资金，减少货币资金，不影响货币资金。填制记账凭证时，将导致货币资金增加的经济业务，填制收款凭证；导致货币资金减少的经济业务，填制付款凭证；不影响货币资金的经济业务，则填制转账凭证。

收款凭证、付款凭证、转账凭证如表 4-5、表 4-6、表 4-7 所示。

表 4-5 收款凭证

借方科目：银行存款　　　　20××年 3 月 25 日　　　　编号：　收 字第 3 号

摘　要	贷方科目		金额	记账符号
	总账科目	明细科目		
收回前欠货款	应收账款	东方工厂	100 000	
合　计				

附件贰张

会计主管 李鸣　记账 张清　稽核 沈严　填制 方新　出纳 廉明　交款人 赵伟

表 4-6　付款凭证

贷方科目：现金　　　　20××年 2 月 12 日　　　　编号：付 字第 10 号

摘　要	借方科目		金额	记账符号
	总账科目	明细科目		
购买办公用品	管理费用	办公用品费	100	
合　计			100	

附件壹张

会计主管 李鸣　记账 张清　稽核 沈严　填制 方新　出纳 廉明　领款人 赵伟

表 4-7　转账凭证

20××年 2 月 15 日　　　　编号：转 字第 8 号

摘　要	借方科目		贷方科目		金额	记账符号
	总账科目	明细科目	总账科目	明细科目		
生产用料	生产成本	A 产品	原材料	甲材料	5 000	
合　计					5 000	

附件壹张

会计主管 李鸣　记账 张清　稽核 沈严　填制 方新

收款凭证是增加货币资金的，而货币资金一般只有库存现金和银行存款，因此，所有收款凭证的会计分录，其借方不是库存现金科目，就是银行存款科目；同样，所有付款凭证的贷方总是库存现金或银行存款科目中的一个。所以，收款凭证和付款凭证在格式上的一个相同之处，就是将其科目固定的一方列在表外，具体说，收款凭证的借方和付款凭证的贷方列示在记账凭证的左上方。至于转账凭证，可能涉及库存现金和银行存款科目以外的所有科目，没有固定的借方或贷方，因此，科目的位置不做特别处理。

记账凭证的格式只根据对货币资金的影响，可分为三种类型。对规模特别大、经济业务数量繁多的企业来说，还可以将货币资金中的库存现金和银行存款分别处理，这样，就产生了五种格式的记账凭证：现金收款凭证、现金付款凭证、银行存款收款凭证、银行存款付款凭证和转账凭证。

需要注意的是，库存现金与银行存款相互划转的经济业务，如从银行提取现金或将现金存入银行。对于这类业务填制什么类型的记账凭证呢？目前实务中普遍应用的是同样按贷方编制付款凭证，也就是从银行提取现金的经济业务，填制银行存款付款凭证；将现金存入银行，则编制库存现金付款凭证。

2. 记账凭证的基本内容

记账凭证有两种归类方式：一种是不区分经济业务、编制统一格式的记账凭证；另一种是根据经济业务与货币资金的关系，设置收款、付款和转账等三种格式的记账凭证，还可以扩展为五种格式的记账凭证。但是，无论采用什么格式和类型的记账凭证，都应具备一些基本的内容，这些内容分别是：

（1）企业名称。会计上对经济业务的处理，总是站在特定利益主体的立场上。如果不明确这一主体，对于经济业务的处理是否恰当，缺乏客观的评价标准。主体的立场贯穿整个会计循环。作为这一循环过程的起始环节，编制记账凭证也需要明确特定的主体。

（2）凭证的名称。对于统一格式的记账凭证来说，凭证的名称就是记账凭证；对三种或五种格式的记账凭证，则需要进一步明确是收款、付款还是转账凭证。明确了具体凭证的名称，特别是收款、付款凭证，可以更好地了解该凭证的内容。

（3）凭证填制的日期。每一张记账凭证上还应标明凭证填制的日期。通过日期可以说明：①记账凭证所处理的经济业务应该记入哪一个会计期间；②与所附的原始凭证相对照，还可以说明企业会计处理的效率。如果记账凭证填制的日期与原始凭证的日期接近，则表明企业对经济业务的处理非常及时，从而可以提高会计信息的有用性；相反，如果记账凭证所列明的日期远远迟于原始凭证的日期，则表明企业会计工作运行效率低下，最终所生成的会计信息的作用也因此而降低。

（4）凭证的编号。记账凭证的正确编号，不仅有助于对记账凭证的有效管理，还能清晰地体现凭证、账簿之间的勾稽关系，提高会计工作的运行效率。具体对记账凭证编号时，需要针对不同的记账凭证设置方式，区别进行。

如果企业采用的是通用格式的记账凭证，编号比较简单，根据记账凭证的填制顺序，按顺序编号即可。

对三种格式的记账凭证来说，其编号就要区分收款、付款和转账三个序列，分别编号。例如，收字×号、付字×号和转字×号等分别连续编号。有时，一笔业务需要同时编制两张以上的记账凭证，应区别两种情况：一是编制两张不同类型的记账凭证，如同时编制一张收款凭证和一张转账凭证，则分别在各自的序列中连续编号；二是同时编制两张同一类型的记账凭证，如转账凭证，编号时可按下述方式处理：转字 19 1/2 号；转字 19 2/2 号。

如果采用的是五种格式的记账凭证，其编号方式要分别按现收字×号、现付字×号、银收字×号、银付字×号和转字×号分别独立，连续编号。

（5）经济业务的摘要。记账凭证的主要目的是对经济业务进行会计处理，因此，在记账凭证中简明、扼要地说明所处理的经济业务的内容，将有助于对会计分录的理解。对摘要的填写注意适度：过于简化，不足以反映经济业务的内容；过于详细，会浪费记账人员的时间。

（6）会计分录。这是一张记账凭证的主要内容。任何一张记账凭证，都必须要载有完整的会计分录。

（7）附件。所有的记账凭证的右方都列有：“附件×张”。这里的附件就是通过审核的原始凭证。会计上，除了少数账项调整、结账和更正错误的记账凭证外，其他所有记账凭证都应该有附件。将附件和记账凭证相对照，可以发现会计分录处理是否恰当、与附件是否一致。此外，附件也是确定会计信息真实、可靠的主要依据。

（8）有关人员的签名、盖章。填制好的记账凭证在登记账簿以前，应先经过专门人员的审核，以保证记入账簿数据的正确性。会计主管人员还应定期对记账凭证进行抽查，以确保凭证编制的合理性。所有这些人员在履行相应职责后，应签名、盖章，以示负责。

3. 记账凭证的填制和审核

在会计实务中，会计人员对原始凭证只需进行审核，因为，很多原始凭证并不是由会计人员填制的；而记账凭证重视的是填制和审核，这是整个会计循环工作的开始。如果记账凭证填制环节执行不好，会影响到最终会计工作的质量。

在具体填制记账凭证时，应该做到：

第一，根据审核无误的原始凭证填制。只有这样，才能保证会计系统的数据的正确性。

第二，记账凭证应逐项填写，不应遗漏。记账凭证的所有内容要全面填写，其中遗漏任何一项，都会导致记账凭证所反映的经济业务不完整，从而对账簿登记产生影响。

第三，记账凭证的填制应该及时。

第四，有关手续应完备。在记账凭证填写完后，还应进行审核。只有经过审核的记账凭证，才能据以登记账簿。

记账凭证的审核，应该注意：摘要填写是否恰当；会计分录的编制是否正确，与所附的附件是否一致；附件是否齐备。

4. 会计凭证的传递和保管

1）会计凭证的传递

各种会计凭证所记载的经济业务不同，涉及的部门和人员不同，据以办理的业务手续也不同。因此，会计凭证的传递应该有一个合适的程序。各种会计凭证还应该根据其办理业务手续所需的时间，明确传递的时间，以便使各个工作环节环环相扣，相互监督，以提高工作效率。正确组织会计凭证的传递，对及时处理业务和加强会计监督具有重要作用。

（1）正确组织会计凭证的传递，便于有关部门和人员及时沟通情况，加速业务的处理过程。

（2）正确组织会计凭证的传递，有利于实行会计监督。会计凭证的传递既体现了部门和人员之间的分工协作关系，又可发挥会计的监督作用。

在制定合理的凭证传递程序和时间时，通常要考虑下列几个方面：

（1）要根据经济业务的特点，企业内部的机构设置和人员分工情况以及管理上的要求等，具体规定各种凭证的传递程序，使有关部门既能按规定手续处理业务，又能利用凭证资料掌握情况，提供数据，协调一致。同时，还要注意流程合理，避免不必要的环节，以加快传递速度。

（2）要根据有关部门和人员办理业务的必要手续时间，确定凭证的传递时间。时间过紧，会影响业务手续的完成，过松则影响工作效率。

（3）要通过调查研究和协商来制定会计凭证的传递程序和传递时间。原始凭证大多涉及本单位内部各个部门和经办人员，因此，会计部门应会同有关部门和人员共同协商凭证传递的程序和时间。记账凭证是会计部门的内部凭证，可由会计主管会同制证、出纳、记账、审核等有关人员商定凭证传递的程序和时间。

会计凭证的传递程序和传递时间确定后，可分别为若干主要业务绘成流程图或流程表，有关人员应遵守执行，执行中如有不合理的地方，可随时根据实际情况加以修改。

2）会计凭证的保管

会计凭证是一个单位重要的经济档案，必须妥善保管，以备日后查考。保管的方法和要求是：

（1）每月记账完毕，要将本月的记账凭证按编号顺序整理，检查有无缺号和附件是否齐全，然后加上封面封底，装订成册，以防散失。为了防止任意拆装，在装订处要加上封签，加盖印章。最后，在凭证封面上注明年度、月份、册数和起讫号数，以备日后查阅。

（2）某些原始凭证数量过多的，可以另行装订或单独保管，但应在记账凭证中注明。

（3）遇到特殊情况，需要某项凭证时，应复制，避免抽出原凭证，致使原册残缺。

（4）会计凭证要集中保管，按年分月顺序排列，以便查阅。查阅应有一定的手续制度，一般不得外借。

（5）凭证的销毁要按规定办理。

4.2　会计账簿

4.2.1　会计账簿的意义和种类

1. 设置会计账簿的意义

除正确填制和审核会计凭证外，还须借助于登记账簿这个专门方法，把分散在会计凭证上的大量核算资料登记到账簿中去，加以集中和归类整理，以便为经济管理提供系统的核算资料。

账簿是由一定格式、相互联系的账页所组成，用来序时地、分类地记录和反映经济业务的会计簿记。

任何一个会计主体，都需要设置一定的账簿。但就一个具体的会计主体而言，需要设置的账簿的种类及数量，又取决于该企业的特点和管理要求。通常，通过设置账簿，可以达成如下目的：

（1）连续、系统、全面、综合地反映企业经济活动。这也是会计系统本身的存在目的之一。这一目的只有通过合理的账簿体系，才能有效实现。

（2）为管理当局或其他信息使用者提供他们所需要的信息。连续、系统地反映企业经济活动的信息，能够满足管理当局及其他信息使用者的共同需要。但是管理当局和其他信息使用者可能还有一些特别的信息需要。

（3）账簿是企业编制会计报表的依据。会计报表的资料来源于会计账簿。会计报表中所反映的数字是否真实、正确，编制的会计报表的报送是否及时，都与账簿的记录有密切的关系。正是通过会计账簿对会计凭证所反映的大量经济业务序时地、分类地记录和加工，才使会计信息逐步系统化，从而为编制会计报表提供了依据。

2. 会计账簿的种类

会计账簿按其用途分为序时账簿、分类账簿和备查簿。

序时账簿是指按照经济业务发生时间的先后顺序来登记的账簿，也称为“日记账簿”。企业最常用的日记账簿是“现金日记账簿”和“银行存款日记账簿”，前者专门用来逐日、逐笔地登记现金的收支情况；后者则用于反映银行存款的收入、支出和结存情况。分类账簿是用来对企业经济活动进行归类登记反映的。按照其分类的详细程度的不同，可以分为总分类账簿和明细分类账簿。其中，总分类账簿是根据总分类账户设置的，而明细分类账簿是根据明细分类账户设置的。备查簿又称为辅助账簿，是序时账簿、分类账簿之外，对一些不经常发生或特殊事项辅助登记反映的账簿。

需要辨明的是，“账户”与“账簿”是有一定联系又有所区别的概念。账户是根据企业自身的特点和管理要求对会计要素的具体化，它通常指应予分录处理的类别，因而，构成日常核算的主要会计信息。每一个账户都代表企业核算的一种方法，并构成账簿的基础；账簿则不然，它是用于连续、系统地反映经济活动的一种手段。账簿的设置和登记把账户这一核算方法具体化了。更具体地说，它是反映和控制经济活动所使用的簿籍。当然，它们也是有联系的，分类账簿的设置，就以账户为根据分别设置账页；同样，设置账户并用以反映企业的经济活动，实际上是借助于账簿来体现的。在这一点上，账簿与账户之间又是联系紧密的。也正是因为如此，这两个概念时常被混淆。

账簿除了按性质和用途分类外，还可以按照外表形式和账页格式等标准进行分类。

按外表形式可将账簿分为订本式账簿、活页式账簿和卡片式账簿三种。

所谓订本式账簿，是指将许多具有相同格式并连续编号的账页固定装订在一起形成的簿籍。订本式账簿的这一特点，使得它具有可靠的安全性，任何对账页的拆、换，都无法做到不留痕迹。因此，它适用于那些容易流失的财产的登记与保管，如现金日记账、银行存款日记账都采用订本式账簿。此外，总分类账簿起着统驭、控制企业全部账簿体系的作用，因而，总分类账簿也采用订本式账簿。

活页式账簿，是将许多具有相同格式的账页放置在活页夹内所形成的。活页式账簿的优点是可以根据需要增加或减少账页，因此，对一些需要连续登记的账簿来说，一本账簿中将同时登记多个账户。采用订本式账簿时，如果为每一个账户预留的账页不足，该账页登记满后，就要启用新账簿；相反，如为每一个账户预留的账页过多，当期用不完的话，又将造成浪费现象。采用活页式账簿便于企业内部会计人员的分工，以提高会计核算的效率。一般企业的明细分类账簿都采用活页式账簿。为了保证账簿登记的安全性，每一会计年度结束后，应将活页式账簿连续编号，并装订成册，归档保存。

将具有相同格式的账页放置在卡片箱内所形成的账簿，称为“卡片账”。与上述两种账簿相比，卡片式账簿的账页格式不是固定的，其大小也随需要决定。最常见的卡片式账簿是“固定资产明细账”。企业一般为每一件固定资产设置卡片，详细登记该项固定资产的原值、预计使用年限、预计残值、折旧计提及修理记录等，放在卡片箱内。当某固定资产被处置时，该卡片也随之移出。

4.2.2 账页的格式

根据核算的需要，账页的格式有三栏式、多栏式和数量金额式三种。

最常见的账页的格式是三栏式，即在账页上列明借方、贷方和余额。三栏式账页主要用于总分类账、日记账以及往来明细账等。三栏式账页格式如表4-8所示。

表4-8 现金日记账

日期	摘要	凭证号	收入	支出	余额
4.1	月初余额	（略）			683.55
4.2	从银行提取现金	（略）	1 000.00		1 683.55
4.4	购买办公用品	（略）		420.12	1 263.43
4.10	李四预支差旅费	（略）		500.00	763.43
4.15	收到零星收入	（略）	622.50		1 385.93
4.16	拨付备用金	（略）		800.00	585.93
4.18	李四报销差旅费	（略）		123.45	462.48
4.22	从银行提取现金	（略）	1 000.00		1 462.48
4.28	收到零星收入	（略）	880.00		2 342.48
4.30	多余现金存入银行	（略）		1 600.00	742.48
4.30	本月合计	（略）	3 502.50	3 433.57	742.48

多栏式账页格式是在三栏式的基础上，根据需要对三栏式的扩展与补充。例如，为了反映成本、费用发生的内容，便于对成本、费用进行分析，需要根据成本、费用的构成项目设置多栏，来登记成本、费用的明细账。多栏式账页格式如表4-9所示。

表4-9 管理费用明细账

日期	摘要	凭证号	人工费	办公费	折旧费	招待费	交通费	其他	合计
4.1	购买办公用品	（略）		320					320.00
4.5	分配工资	（略）	900						900.00
4.6	招待客户	（略）				650			650.00
4.10	张三报差旅费	（略）					736		736.00
4.12	王五报邮寄费	（略）						98	98.00
4.14	领办公用品	（略）		200					200.00
4.17	招待客户	（略）				515			515.00
4.20	支付咨询费	（略）						120	120.00
略	（略）	（略）	（略）	（略）	（略）	（略）	（略）	（略）	（略）
4.30	计提折旧	（略）			600				600.00
4.30	合计		1 500	1 250	600	1 600	1 356	656.20	6 962.20

相比而言，数量金额式账页在明细账中用途比较固定：专门用于同时提供实物数量和金额两方面的信息。日常的会计工作中，需要提供这方面信息的，主要限于各类存货。表 4-10 就是一张用来登记材料的数量金额的账页。

表 4-10　材料明细账

材料种类：甲材料

日期	摘要	凭证号	收入			发出			结存		
		（略）	数量（公斤）	单价（元/公斤）	金额（元）	数量（公斤）	单价（元/公斤）	金额（元）	数量（公斤）	单价（元/公斤）	金额（元）
4.1	期初余额	（略）							100	2	200
3	购入	（略）	200	2	400				300	2	600
4	生产领用	（略）				250	2	500	50	2	100
12	购入	（略）	300	2	600				350	2	700
13	生产领用	（略）				280	2	560	70	2	140
20	购入	（略）	240	2	480				310	2	620
21	生产领用	（略）				200	2	400	110	2	220
30	本月合计及结存		740	2	1480	730	2	1460	110	2	220

4.2.3　账簿使用的规则

1. 启用账簿的规则

账簿是重要的会计档案。为了确保账簿记录的合规和完整，明确记账的责任，在企业新创立或新的会计年度开始时，应启用新账簿。启用账簿时，应在账簿封面上写明单位名称和账簿的名称。在账簿扉页上应附有“账簿启用登记表”以登记有关内容。

启用订本式账簿，对于未印制序号的账簿，应从第一页到最后一页顺序编定页码，不得跳页、缺号。使用活页式账簿，应按账页顺序编号，并须定期装订成册。装订后再按实际使用的账页编定页码，另加目录，记录每个账户的名称和页次。

2. 登记账簿的规则

进行账簿登记时，一般应遵循下列 9 项原则：

（1）登记账簿时，将会计凭证日期、编号、摘要、金额和其他有关资料逐项记入相应账户。要求做到数字准确，摘要清楚，登记及时。

（2）登记完毕后，要在会计凭证上签名或盖章、并注明已经记账的符号“√”。

（3）账簿中书写的文字和数字不应过大，大小约占全格的 1/2 左右，上面要留有适当空间。

（4）登记账簿时必须使用蓝色或黑色墨水书写，不得使用铅笔或圆珠笔登账；除结账、错账更正外，一律不能使用红色墨水。

（5）各种账簿的账页必须按页次顺序连续登记，不得跳行、隔页。如果发生跳行、隔页，应将空行或空页画线注销，并在摘要处注明“此行空白”或“此页空白”，同时记账人员签名或盖章。

(6) 凡是需要结出余额的账户，结出余额后，应在“借或贷”栏内注明“借”或“贷”字样，以标明余额的方向；没有余额的账户，应在“借或贷”栏内注明“平”字，并在余额栏内用“0”表示。企业日记账必须逐笔、逐日结出余额。

(7) 经济业务登记至每一账页的倒数第二行，在最后一行应结出本页的发生额的合计数和余额，并在摘要栏注明“转次页”字样；然后，将本页最后一行结出的发生额的合计数和余额填写到下页第一行相应的栏目内，并在下页第一行的摘要栏注明“承前页”字样。

(8) 账簿不允许涂改、挖补、刮擦，账簿登记错误应按会计规定的方法更正。

(9) 账簿登记到期末时，应正确办理结账手续。

3. 总分类账和明细分类账的平行登记规则

企业的分类账簿体系是由总分类账簿和明细分类账簿构成的。其中，总分类账簿用于总括地反映所有经济活动的货币信息；明细分类账簿是在总分类账簿的基础上，补充提供有关财产物资、债权债务等的详细变动情况的。总分类账对其所属的明细分类账起着统驭和控制的作用；明细分类账对总分类账起着补充和说明的作用。企业根据核算的需要既要登记总分类账簿又要登记明细分类账簿。

所谓平行登记，是指在经济业务发生时，根据会计凭证，一方面要登记有关的总分类账户，另一方面要登记该总分类账户所属的明细分类账户。总分类账和明细分类账的平行登记要注意以下要点：

(1) 有关总分类账户及其所属的明细分类账户的登记都应以相同的会计凭证为依据。

(2) 有关总分类账户及其所属的明细分类账户登记的方向应当相同。同一笔经济业务如应记入总分类账户的借方，也应同时记入其所属的明细分类账户的借方；同样，如一笔经济业务记入总分类账户的贷方，也应同时记入其所属的明细分类账户的贷方。

(3) 记入总分类账户的金额与记入其所属的各明细分类账户的金额相等。对一笔经济业务来说，记入总分类账户的金额与记入其所属的各明细分类账户的金额之和相等；在某一期间，总分类账簿中某一具体账户的借方发生额合计、贷方发生额合计和余额要和其所属的全部明细分类账户的借方发生额合计、贷方发生额合计和余额的合计数相等。根据总分类账和其所属明细分类账的平行登记，总分类账和其所属明细分类账之间存在以下关系：

总账本期借方发生额＝所属明细分类账本期借方发生额合计

总账本期贷方发生额＝所属明细分类账本期贷方发生额合计

总账期末余额＝所属明细分类账期末余额合计

如果总分类账户和其所属的明细分类账的合计数不相等，表明记账过程中存在错误。

综上所述，总分类账和及其所属明细分类账的平行登记，可以概括为：依据相同、方向一致、金额相等。

【例 4-1】 ABC 公司应付账款和原材料账户的期初余额如表 4-11 所示。

表 4-11　有关科目余额表

会计科目	借方余额	会计科目	贷方余额
原材料	5 000 000	应付账款	1 000 000
——甲材料	2 000 000	——A 企业	600 000
——乙材料	3 000 000	——B 企业	400 000

该企业当月发生下列经济业务：

(1) 向 A 企业购买甲材料 700t，单价 1 000 元，共计 700 000 元；乙材料 100t，单价 5 000 元，共计 500 000 元，材料已经验收入库，尚未付款。(假设不考虑增值税)

(2) 企业以银行存款 500 000 偿还 A 企业的货款。

(3) 向 B 企业购买甲材料 500t，单价 1 000 元，共计 500 000 元；乙材料 120t，单价 5 000 元，共计 600 000 元，材料已经验收入库，尚未付款。(假设不考虑增值税)

(4) 企业以银行存款 800 000 偿还 B 企业的货款。

根据以上经济业务编制会计分录如下：

(1) 借：原材料——甲材料　700 000
　　　　　　——乙材料　500 000
　　贷：应付账款——A 企业　1 200 000

(2) 借：应付账款——A 企业　500 000
　　贷：银行存款　500 000

(3) 借：原材料——甲材料　500 000
　　　　　　——乙材料　600 000
　　贷：应付账款——B 企业　1 100 000

(4) 借：应付账款——B 企业　800 000
　　贷：银行存款　800 000

根据上述会计分录登记有关总分类账户和明细分类账户如表 4-12～表 4-17 所示。

表 4-12　应付账款总账

日期	凭证号	摘要	借方	贷方	借或贷	余额
(略)	(略)	期初余额			贷	1 000 000
(略)	(略)	向 A 企业购买材料		1 200 000	贷	2 200 000
(略)	(略)	偿还 A 企业的货款	500 000		贷	1 700 000
(略)	(略)	向 B 企业购买材料		1 100 000	贷	2 800 000
(略)	(略)	偿还 B 企业的货款	800 000		贷	2 000 000
(略)	(略)	发生额及余额	1 300 000	2 300 000	贷	2 000 000

表 4-13　应付账款——A 企业

日期	凭证号	摘要	借方	贷方	借或贷	余额
(略)	(略)	期初余额			贷	600 000
(略)	(略)	向 A 企业购买材料		1 200 000	贷	1 800 000
(略)	(略)	偿还 A 企业的货款	500 000		贷	1 300 000
(略)	(略)	发生额及余额	500 000	1 200 000	贷	1 300 000

表 4-14　应付账款——B 企业

日期	凭证号	摘要	借方	贷方	借或贷	余额
（略）	（略）	期初余额			贷	400 000
（略）	（略）	向 B 企业购买材料		1 100 000	贷	1 500 000
（略）	（略）	偿还 B 企业的货款	800 000		贷	700 000
（略）	（略）	发生额及余额	800 000	1 100 000	贷	700 000

表 4-15　原材料总账

日期	凭证号	摘要	借方	贷方	借或贷	余额
（略）	（略）	期初余额			借	5 000 000
（略）	（略）	购进	1 200 000		借	6 200 000
（略）	（略）	购进	1 100 000		借	7 300 000
（略）	（略）	合计	2 300 000		借	7 300 000

表 4-16　原材料——甲材料

凭证	摘要	收入			发出			结存		
		数量	单价	金额	数量	单价	金额	数量	单价	金额
（略）	期初							2 000	1 000	2 000 000
（略）	购进	700	1 000	700 000				2 700	1 000	2 700 000
（略）	购进	500	1 000	500 000				3 200	1 000	3 200 000
（略）	合计	1 200		1 200 000				3 200	1 000	3 200 000

表 4-17　原材料——乙材料

凭证	摘要	收入			发出			结存		
		数量	单价	金额	数量	单价	金额	数量	单价	金额
（略）	期初							600	5 000	3 000 000
（略）	购进	100	5 000	500 000				700	5 000	3 500 000
（略）	购进	120	5 000	600 000				820	5 000	4 100 000
（略）	合计			1 100 000				820	5 000	4 100 000

4.2.4　错账更正的方法

账簿不允许涂改、挖补、刮擦，账簿登记错误应按会计规定的方法更正。错账更正的方法有三种：

1）画线更正法

如果发现账簿记录中有错误，而其依据的记账凭证没有错误，即纯属记账时的笔误，应采用画线更正法进行更正。更正的方法是：将错误的文字或数字划一条红线注销，但必须使原有字迹仍可辨认；然后，将正确的文字或数字用蓝色或黑色的墨水填写在错误部分的上方，并由记账人员签名或盖章，以明确责任。采用画线更正法进行更正时，应注意：对于文字部分的错误，只要将错误的文字划去；对于数字错误，应将完整的错误数字划去，并将完整的正确数字用蓝色或黑色的墨水填写在错误数字的上方。

2）红字更正法

在会计上，以红字记录标明对原记录的冲销。红字更正法适用于以下两种情况：

（1）记账凭证出现应借、应贷的会计科目错误或记账的方向错误，账簿记录与错误记账凭证吻合，应采用红字更正法。更正的方法是：先用红字金额填制一张与原错误记账凭证内容完全相同的记账凭证，并据以登记账簿，冲销原有的错误的账簿记录；然后，用蓝字或黑字填制一张正确的记账凭证，并据以登记账簿。采用红字更正法时应注意：若错误的记账凭证中只有一个会计科目错误，也必须根据复式记账原理，将原有错误的账簿记录全部冲销，不得只冲销错误的部分。

【例 4-2】 ABC 公司业务人员预支差旅费，企业开出现金支票，金额 2 000 元。

企业会计人员所做记账凭证的分录为

借：其他应收款——××× 2 000

　　贷：库存现金 2 000

此业务应贷记“银行存款”而不是“库存现金”，应采用红字更正法更正，具体做法是：

先用红字金额填制一张与原错误记账凭证内容完全相同的记账凭证，并据以登记账簿

借：其他应收款——××× [2 000]（加方框表示该金额为红色）

　　贷：库存现金 [2 000]

然后，用蓝字或黑字填制一张正确的记账凭证，并据以登记账簿

借：其他应收款——××× 2 000

　　贷：银行存款 2 000

（2）记账凭证出现应借、应贷的会计科目及记账的方向都正确，只是错误金额比正确金额大，导致账簿记录出现错误，应采用红字冲销法更正。更正的方法是：将多记的金额用红字填制一张与原错误记账凭证应借、应贷的会计科目及记账的方向相同的记账凭证，并据以登记账簿，冲销账簿多记的金额，以求得正确的金额。

【例 4-3】 ABC 公司生产产品领用原材料 4 000 元。

企业会计人员所做记账凭证的分录为

借：生产成本 40 000

　　贷：原材料 40 000

此业务应记的金额是 4 000 元，多记 36 000 元，应采用红字冲销法更正，具体做法是：

将多记的金额用红字填制一张与原错误记账凭证应借、应贷的会计科目及记账的方向相同的记账凭证，并据以登记账簿。

借：生产成本 [36 000]

　　贷：原材料 [36 000]

3）补充登记法

记账凭证出现应借、应贷的会计科目及记账的方向都正确，只是错误金额比正确金

额小，导致账簿记录出现错误，应采用补充登记法更正。更正的方法是：将少记的金额用蓝字或黑字填制一张与原错误记账凭证应借、应贷的会计科目及记账的方向相同的记账凭证，并据以登记账簿，来补充少记的金额。

【例 4-4】 ABC公司会计人员计算本月银行短期借款利息5 950元。

企业会计人员所做记账凭证的分录为

借：财务费用　　5 650

　　贷：应付利息　　5 650

此业务应记的金额是5 950元，少记300元，应采用补充登记法更正，具体做法是：

将少记的金额用蓝字或黑字填制一张与原错误记账凭证应借、应贷的会计科目及记账的方向相同的记账凭证，并据以登记账簿。

借：财务费用　　300

　　贷：应付利息　　300

4.2.5　对账和结账

1. 对账

对账，简而言之就是核对账目。它是指在会计核算中，对账簿有关记录进行的核对工作。通过对账，及时发现记账过程中的错误，以保证账簿记录正确无误，最终为编制会计报表提供真实可靠的会计核算资料。每个企业、事业行政单位，都应建立对账制度，以保证账簿记录和会计报表的真实、可靠、正确和完整。

对账主要包括以下几个方面：

(1) 账证核对。即各种账簿的记录与据以记账的会计凭证核对。这种核对主要在日常编制凭证和记账的过程中进行。做到随时发现错误，随时查明纠正。

(2) 账账核对。即各种账簿之间的有关数字的相互核对。这种核对至少每月核对一次，具体核对的内容包括：

① 总分类账各账户的借方发生额合计数与贷方发生额合计数，期末借方余额合计数和贷方余额合计数分别核对；

② 各种明细分类账和现金、银行存款日记账中的本期发生额合计数以及期末余额合计数，与有关总分类账户的相应数字核对；

③ 会计部门有关财物明细账的结存数，与财物保管或使用部门的有关保管账（卡）的结存数的核对。

(3) 账实核对。各账户的记录与各项财产物资、货币资金等的实有数相互核对。具体内容包括：

① 现金日记账余额与库存现金核对；

② 银行存款日记账与银行存款对账单核对；

③ 财产物资明细账的结存数与财产物资实存数核对；

④ 各种债权、债务与有关结算单位核对。

2. 结账

结账就是在会计期末计算并结转各账户的本期发生额和期末余额。各会计期间内所发生的经济业务，在该会计期间全部登记入账以后，即可通过账簿记录了解经济业务的发生和完成情况，但管理是需要掌握各会计期间的经济活动情况及其结果，并编制各会计期间的财务报告。而根据会计凭证将经济业务记入账簿后，还不能直观地获取所需要的各项数字资料，必须通过结账的方式，把各种账簿记录结算清楚，才能提供所需的各项信息资料。会计分期一般实行日历制，月末进行计算，季末进行结算，年末进行决算。结账在各会计期末进行，所以，结账分为月结、季结和年结。

结账时，应结出每个账户的期末余额。需要结出当月（季、年）发生额的（如各项收入、费用），应当单列一行进行发生额的登记，在摘要栏内注明“本月（季）合计”字样，并在下面划一通栏单红线；需要结出本年累计发生额的，为了反映自年初直本月末为止的累计发生额，还应在月（季）结下面再单列年度累计发生额的登记，并在下面划一通栏单红线。具体的方法是：

（1）月结。办理月结时，应在各账户本月份最后一笔记录下面划一通栏单红线，表示本月结束；然后，在红线下面结算出本月发生额和月末余额（没有余额的，可在“借或贷”栏内注明“平”字，在“余额”栏内注明“0”），并在“摘要”栏内注明“××月份发生额及余额”或“本月合计”字样；最后，再在下面划一通栏单红线，表示完成月结工作。

（2）季结。办理季结时，应在各账户本季度最后一个月结下面划一通栏单红线，表示本季结束；然后，在红线下面结算出本季发生额和季末余额，并在“摘要”栏内注明“××季度发生额及余额”或“本季合计”字样；最后，再在下面划一通栏单红线，表示完成季结工作。

（3）年结。办理年结时，应在 12 月份月结下面（需办理季结的，应在第 4 季度的季结下面，需结出本年累计发生额的，应在“本年累计”下面）划一通栏单红线，表示年度终了；然后，在红线下面结算填列全年 12 个月份的月结发生额或 4 个季度的季结发生额，并在“摘要”栏内注明“年度发生额及余额”或“本年合计”字样；在此基础上，将年初借（贷）方余额抄列在“年度发生额及余额”或“本年合计”下一行的借（贷）方余额栏内，并在“摘要”栏注明“年初余额”字样，同时将年末借（贷）方余额列入下一行的贷（借）方栏内，并在“摘要”栏注明“结转下年”字样；最后，加计借贷两方合计数，并在合计数下面划一通栏双红线，表示完成年结工作。需要更换新账簿的，应在进行年结的同时，在新账簿中的有关账户的第一行的“摘要”栏注明“上年结转”或“年初余额”字样，并将上年末余额以相同的方向登记在新账簿的余额栏内。新旧账簿有关账户余额的结转，不需要编制记账凭证。

4.3　账务处理程序

账务处理程序也称为会计核算组织程序或会计核算形式，是指会计凭证、会计账簿、会计报表相结合的方式，包括会计凭证和账簿的种类、格式，会计凭证与账簿之间的联系方法，由原始凭证到编制记账凭证、登记明细分类账和总分类账、编制会计报表的工作程序和方法等。科学合理地选择适用于本单位的账务处理程序，对有效地组织会计核算具有重要意义。

常用的账务处理程序主要有记账凭证账务处理程序、汇总记账凭证账务处理程序、科目汇总表账务处理程序和多栏式日记账账务处理程序。

4.3.1 记账凭证账务处理程序

记账凭证账务处理程序是指对发生的所有经济业务，都要根据原始凭证或汇总原始凭证编制记账凭证，然后，根据记账凭证逐笔登记总分类账的一种账务处理程序。它是最基本的账务处理程序，其一般程序是：

（1）根据原始凭证或汇总原始凭证编制记账凭证；

（2）根据收、付款凭证逐笔登记现金日记账和银行存款日记账；

（3）根据原始凭证和汇总原始凭证、记账凭证，登记各种明细分类账；

（4）根据记账凭证逐笔登记总分类账；

（5）期末，将现金日记账、银行存款日记账和明细分类账的余额与有关总分类账的余额进行核对；

（6）期末，根据总分类账和明细分类账的记录，编制会计报表，如图 4-1 所示 。

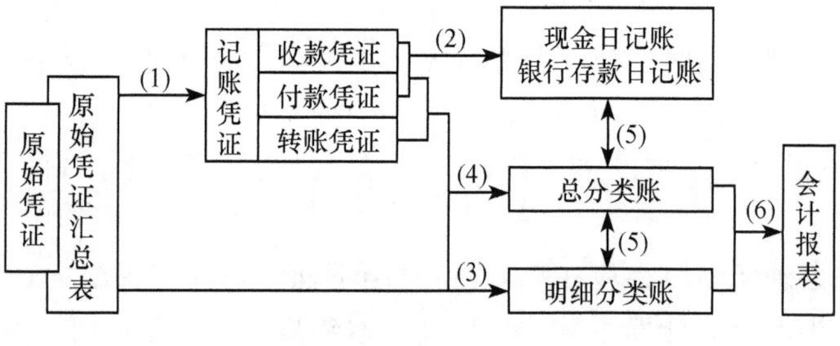

图 4-1 记账凭证账务处理程序

记账凭证账务处理程序简单明了，易于理解，总分类账可以详细反映经济业务的发生情况。但是，登记总分类账的工作量大。记账凭证账务处理程序适用于规模小、经济业务量较少的企业。

4.3.2 汇总记账凭证账务处理程序

汇总记账凭证账务处理程序是根据原始凭证或汇总原始凭证编制记账凭证，定期根据记账凭证分类编制汇总收款凭证、汇总付款凭证、汇总转账凭证，再根据汇总记账凭证登记总分类账的一种账务处理程序。其一般程序是：

（1）根据原始凭证或汇总原始凭证编制记账凭证；

（2）根据收、付款凭证逐笔登记现金日记账和银行存款日记账；

（3）根据原始凭证和汇总原始凭证、记账凭证，登记各种明细分类账；

（4）根据各种记账凭证编制有关汇总记账凭证；

(5) 根据各种汇总记账凭证登记总分类账；

(6) 期末，现金日记账、银行存款日记账和明细分类账的余额与有关总分类账的余额核对；

(7) 期末，根据总分类账和明细分类账的记录，编制会计报表，如图 4-2 所示。

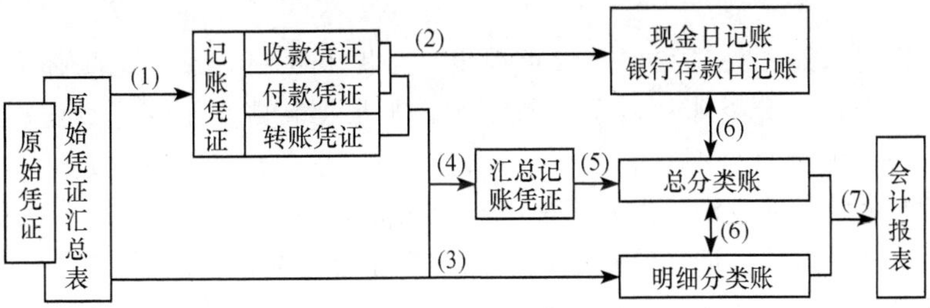

图 4-2　汇总记账凭证账务处理程序

汇总记账凭证账务处理程序减轻了登记总分类账的工作量，便于了解账户之间的对应关系。其缺点是：按每一贷方科目编制汇总转账凭证，不利于会计核算的日常分工，当转账凭证较多时，编制汇总转账凭证的工作量较大。汇总记账凭证账务处理程序适用于规模较大、经济业务量较多的企业。

4.3.3　科目汇总表账务处理程序

科目汇总表账务处理程序是先根据记账凭证定期编制科目汇总表，再根据科目汇总表来登记总分类账的一种账务处理程序。其一般程序是：

(1) 根据原始凭证或汇总原始凭证编制记账凭证；

(2) 根据收、付款凭证逐笔登记现金日记账和银行存款日记账；

(3) 根据原始凭证和汇总原始凭证、记账凭证，登记各种明细分类账；

(4) 根据各种记账凭证编制科目汇总表；

(5) 根据科目汇总表登记总分类账；

(6) 期末，现金日记账、银行存款日记账和明细分类账的余额与有关总分类账的余额核对；

(7) 期末，根据核对无误的总分类账和明细分类账的记录资料，编制会计报表，如图 4-3 所示。

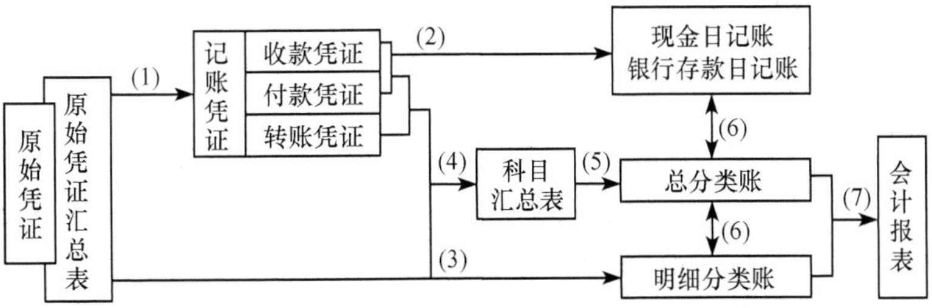

图 4-3　科目汇总表账务处理程序

科目汇总表账务处理程序减轻了总分类账的登记工作量，并可做到试算平衡，简明易懂，方便易学。其缺点是科目汇总表不能反映账户之间的对应关系，不便于查对账目。科目汇总表账务处理程序适用于经济业务较多的企业。

4.3.4　多栏式日记账账务处理程序

多栏式日记账账务处理程序，要求现金日记账和银行存款日记账都采用多栏式日记账，并据以登记总分类账；对于转账业务，则根据转账凭证逐笔登记总分类账，或者根据转账凭证编制科目汇总表，据以登记总分类账。其一般程序是：

（1）根据原始凭证或汇总原始凭证编制记账凭证；

（2）根据收、付款凭证逐笔登记现金日记账和银行存款日记账；

（3）根据原始凭证和汇总原始凭证、记账凭证，登记各种明细分类账；

（4）根据转账凭证编制科目汇总表，转账业务不多的企业可不必编制科目汇总表；

（5）根据多栏式现金日记账、多栏式银行存款日记账和转账凭证科目汇总表或转账凭证，登记总分类账；

（6）期末，现金日记账、银行存款日记账和明细分类账的余额与有关总分类账的余额核对；

（7）期末，根据核对无误的总分类账和明细分类账的记录资料，编制会计报表，如图 4-4 所示。

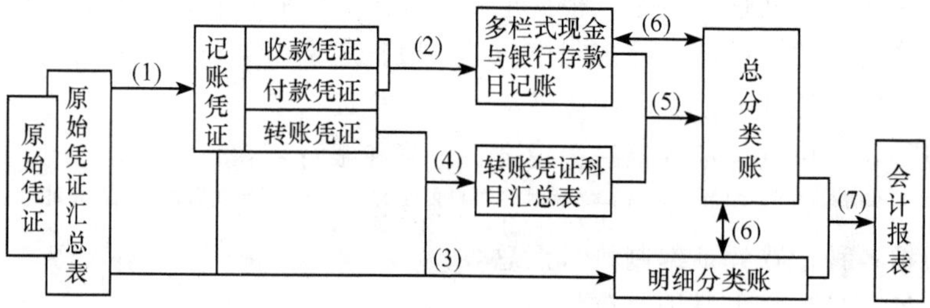

图 4-4　多栏式日记账账务处理程序

多栏式日记账账务处理程序，可以简化总分类账的登记工作；同时多栏式现金日记账、多栏式银行存款日记账较好地反映了账户之间的对应关系。但是多栏式日记账中会计科目的数量受到一定的限制，不可太多。因此，多栏式日记账账务处理程序主要适用于经济业务种类较少的企业。

思　考　题

1. 什么是会计凭证？可分为哪些类别？
2. 什么是原始凭证？原始凭证的特征是什么？
3. 试述原始凭证的要素，并联系具体的凭证加以说明。
4. 记账凭证有哪些不同的设置方法？其依据是什么？
5. 记账凭证的要素有哪些？
6. 比较原始凭证和记账凭证的审核有什么不同？

7. 什么是账簿？会计主体为什么要设置账簿？

8. 账簿体系是如何构成的？试简要说明。

9. 如何对总分类账和明细分类账进行平行登记？

10. 如何更正账簿登记的错误？

练　习　题

1. ABC 公司 21×1 年 3 月份发生的部分经济业务如下：

(1) 1 日从 A 公司购入钢材 1 000t，每吨 2 500 元，价款 2 500 000 元，增值税 425 000 元，钢材已经验收入库，尚未付款；

(2) 3 日职工张三出差，预支差旅费 6 000 元，企业开出现金支票；

(3) 6 日发出钢材 200t，每吨 2 500 元，用于甲产品的生产；

(4) 9 日销售甲产品 15 件，每件售价 4 000 元，增值税 10 200 元，已收到货款，并存入银行；

(5) 10 日从银行提取现金 80 000 元，以备用；

(6) 16 张三出差报销差旅费 7 200 元，补给现金 1 200 元；

(7) 收到 B 公司前欠货款 120 000 元，存入银行；

(8) 23 日向银行贷款 200 000 元；

(9) 24 日接受 D 公司投资新的设备一批，价值 1 500 000 元；

(10) 30 日支付 1 日从 A 公司支付购买钢材的货款 2 925 000 元，通过银行转账支付。

要求：根据上述资料编制记账凭证（用收、付、转三种格式）。

2. ABC 公司在 3 月份对账中，发现下列经济业务的凭证或账簿记录有误：

(1) 6 日发出钢材 200t，每吨 2 500 元，用于甲产品的生产。填制记账凭证时所做会计分录为

借：制造费用　　　　50 000

　　贷：原材料——钢材　　　　50 000（已登记入账）

(2) 10 日从银行提取现金 80 000 元，以备用。记账凭证无误，并已登记入账。月末结账前发现登记账簿时，把金额误记为 8 000 元。

(3) 30 日支付 1 日从 A 公司支付购买钢材的货款 2 925 000 元，通过银行转账支付。填制记账凭证时误将金额记为 2 295 000 元，并已登记入账。

(4) 若资料 (3) 中的错误是将记账凭证中金额记为 2 995 000 元，并已登记入账。

要求：将账簿中上述各项经济业务的错误登记，分别采用适当的方法予以更正。

第5章　货币资金及应收项目

5.1　货币资金

货币资金是企业以货币状态存在的资产，按其存放地点和用途不同，可以分为库存现金、银行存款和其他货币资金。它们在企业的所有资产中是流动性最强的。在企业的各项经济活动中，货币资金起着很重要的作用。加强货币资金的管理和核算，是管好、用好货币资金的重要环节。

5.1.1　库存现金

库存现金是指通常存放于企业财会部门、由出纳经管的货币。库存现金是企业流动性最强的资产，容易成为贪污挪用的对象，因此，企业应当严格遵守国家有关现金管理制度，正确进行现金收支的核算，以保证现金使用的合法性和合理性。一般说来，企业的货币资金除按规定限额保留一定的现金之外，其余都必须送存银行。企业应付款项，除允许以现金支付的以外，其余都必须通过银行转账结算。

1. 现金管理制度

根据国务院发布的《现金管理暂行条例》的规定，现金管理制度主要包括以下内容：

1）现金的使用范围

企业可用现金支付的款项有：

（1）职工工资、津贴；

（2）个人劳务报酬；

（3）根据国家规定颁发给个人的科学技术、文化艺术、体育等各种奖金；

（4）各种劳保、福利费用以及国家规定的对个人的其他支出；

（5）向个人收购农副产品和其他物资的款项；

（6）出差人员必须随身携带的差旅费；

（7）结算起点以下的零星支出；

（8）中国人民银行确定需要支付现金的其他支出。

除以上款项可以以现金支付外，其他款项的支付应通过银行转账结算。

2）现金的库存限额

现金的库存限额是指为了保证企业日常零星开支的需要，允许单位留存现金的最高数额。这一限额由开户银行根据企业的实际需要核定，一般按照企业3～5天的日常零星开支的需要确定，边远地区和交通不便地区的企业，可放宽限额，但最长不得超过

15 天的日常零星开支。库存限额一旦核定，企业必须严格遵守，不得任意超出，超过限额的现金应及时送存银行。

3）现金收支的规定

企业收入的现金应于当天送存开户银行，当日送存有困难的，由开户银行确定送存时间。企业支付现金，可以从本单位库存现金中支付或从开户银行提取，不得从本单位的现金收入中直接支付，即不得“坐支”现金，企业如因特殊情况需要坐支现金的，应事先报经开户银行审查批准，由开户银行核定坐支范围和限额。为了加强银行的监督，企业在向银行送存现金时，应当在送款簿上注明款项的来源，支取现金时，应当在现金支票上注明款项的用途，由本单位财务部门负责人签字盖章，经开户银行审核后，予以支付现金。

此外，不准用不符合国家统一的会计制度的凭证顶替库存现金，即不得“白条抵库”；不准谎报用途套用现金；不准用银行账户代其他单位和个人存入或支取现金；不准“公款私存”，不得设置“小金库”等。银行对于违反上述规定的单位，将按照违规金额的一定比例予以处罚。

2. 现金的核算

1）现金的总分类核算

为了进行现金的总分类核算，企业应当设置“库存现金”账户，该账户为资产类账户，借方登记现金的增加，贷方登记现金的减少，期末余额在借方，表示库存现金期末的结存数。企业内部各部门周转使用的备用金，可设置“备用金”或并入“其他应收款”账户进行核算。

企业收到现金时，根据审核无误的记账凭证，借记“库存现金”科目，贷记相关科目。

企业支出现金时，则应根据审核无误的记账凭证，借记相关科目，贷记“库存现金”科目。

2）现金的序时核算

为了加强对现金的管理，随时掌握现金收付的动态和库存现金余额，保证现金的安全，企业必须设置“现金日记账”。“现金日记账”一般采用收、支、余三栏式，由出纳根据审核后的收、付款凭证，按照业务发生的先后顺序逐日逐笔登记。每日终了，应当计算出当日的现金收入合计额、现金支出合计额和结余额，并将现金日记账的账面余额与实际库存现金金额相核对，保证账款相符；月度终了，现金日记账的余额应与现金总账的余额核对，做到账账相符。

3）现金的清查

企业一般采用实地盘点法来清查现金，对于清查的结果应当编制“现金盘点报告单”。如有挪用现金、白条抵库的情况，应当及时予以纠正；如账款不符，发现现金短缺或溢余的，应先通过“待处理财产损溢”账户核算，报经批准后，分别以下情况处理：

（1）如是现金短缺，属于应由责任人或保险公司赔偿的部分，计入“其他应收款”，属于无法查明原因的，计入“管理费用”；

(2) 如为现金溢余，属于应支付给其他单位或个人的，计入“其他应付款”，属于无法查明原因的，计入“营业外收入”。

5.1.2 银行存款

银行存款是企业存入银行或其他金融机构的各种款项。企业应根据需要，按规定在其所在地银行开设账户，运用所开设的账户，进行存款、取款以及各种转账业务的结算。

1. 银行结算方式

1) 银行汇票结算方式

银行汇票结算方式是汇款人将款项交给银行，由银行签发给汇款人持往异地办理转账结算或支取现金的票据。

银行汇票一律记名，可背书转让，并具有使用灵活、票随人到、兑付性强等特点，适用于先收款后发货或钱货两清的商品交易。单位和个人的各种款项结算，均可使用银行汇票。

银行汇票可用于转账，填明“现金”字样的银行汇票也可以用于支付现金。银行汇票的提示付款期限为自出票日起一个月内。超过付款期限提示付款的持票人须在票据权利时效内向出票银行做出说明，并提供本人身份证件或单位证明，持银行汇票和解讫通知向出票银行请求付款。

企业支付购货款等款项时，应向出票银行填写“银行汇票申请书”填明收款人名称、支付金额、申请人、申请日期等事项并签章，签章为其预留银行印签。银行受理“银行汇票申请书”，收妥款项后签发银行汇票，并用压数机压印出票金额，然后将银行汇票和解讫通知一并交给汇款人。申请使用现金银行汇票的，其申请人和所有人必须是个人。申请人或者收款人为单位的，银行不予签发现金银行汇票。

申请人取得银行汇票后即可持银行汇票向填明的收款单位办理结算。银行汇票的收款人可以将银行汇票背书转让给他人。背书转让以不超过出票金额的实际结算额为限，未填明实际结算金额或实际结算金额超出出票金额的银行汇票不得背书转让。

持票人应妥善保管银行汇票，一旦丧失，失票人可以凭人民法院出具的其享有票据权利的证明，向出票银行请求付款或退款。

2) 商业汇票结算方式

商业汇票是由收款人、付款人或承兑申请人签发，由承兑人承兑，并于指定日期无条件向收款人或持票人支付票款的票据。在银行开立存款账户的法人及其他组织之间须具有真实的交易关系或债权债务关系，才能使用商业汇票。商业汇票的付款期限由交易双方商定，但最长不超过 6 个月。商业汇票的提示付款期限自汇票到期日起 10 日内。

商业汇票可以由付款人签发并承兑，也可由收款人签发交由付款人承兑。定日付款或者出票后定期付款的商业汇票，持票人应当在汇票到期日前向付款人提示承兑；见票后定期付款的汇票，持票人应当自出票日起 1 个月内向付款人提示付款承兑。汇票未按规定期限提示承兑的，持票人丧失对其前手的追索权。付款人应当自收到提示承兑的汇票之日起 3 日内承兑或拒绝承兑。付款人拒绝承兑的，必须出具拒绝承兑的证明。

商业汇票可以背书转让。符合条件的商业承兑汇票的持票人可持未到期的商业承兑汇票连同贴现凭证，向银行申请贴现。

商业汇票按承兑人的不同，可以分为商业承兑汇票和银行承兑汇票。

(1) 商业承兑汇票。

商业承兑汇票是指由收款人签发、经付款人承兑或由付款人签发并承兑的汇票。

商业承兑汇票可分别由双方约定签发。如由收款人签发的商业承兑汇票，应有付款人承兑；如由付款人签发的商业承兑汇票应由付款人承兑。付款人须在商业承兑汇票正面签署“承兑”字样并加盖预留银行印章后，将商业承兑汇票交给收款人。付款人应于商业承兑汇票到期前将票款足额交齐开户银行，银行于到期日凭票将款项从付款人账户划转给收款人或贴现银行。付款人对其所承兑的汇票负有到期无条件支付票款的责任。如果票据到期时，付款人银行账户不足支付票款，银行将不承担付款责任而只负责将汇票退给收款人，由收付双方自行处理。同时，银行对付款人按照签发空头支票的有关处罚规定，处以票面额1%的罚金。

(2) 银行承兑汇票。

银行承兑汇票是指由承兑申请人签发，并由承兑申请人向开户银行申请，经银行审查同意承兑的汇票。使用银行承兑汇票进行结算时，由承兑申请人持银行承兑汇票和购销合同向其开户银行申请承兑。银行按照有关政策规定对申请人进行审查，符合承兑条件的，银行即可与承兑申请人签订承兑契约，并在汇票上签章，用压数机压印票面金额后，将银行承兑汇票和解讫通知交给承兑申请人转交收款人。承兑银行将按票面金额的万分之一向承兑申请人收取手续费。

汇票到期前，承兑申请人应将票款足额交存开户银行，以备承兑银行在汇票到期日或到期日后的见票当日支付票款。收款人应当在汇票到期时，将汇票连同进账单送交开户银行，以便转账收款。如果汇票到期日承兑申请人未能足额交存票款时，承兑银行应向收款人或贴现银行无条件履行支付责任。同时根据承兑契约对承兑申请人执行扣款，并对未扣回的承兑金额每天按万分之五计收罚息。

采用商业汇票结算方式，有利于维护和发展市场经济，对于付款企业，由于可以延期付款，则可在资金暂时不足的情况下及时购入所需物资，保证生产顺利进行；对于收款企业，可以疏通商品渠道，扩大销售，促进生产。汇票经过承兑，信用较高，可按期收回款项，防止拖欠；在急需资金时，又可向银行申请贴现，比较灵活。

3) 银行本票结算方式

银行本票是指申请人将款项交存银行，由银行签发给申请人凭票办理转账结算或支取现金的票据。

银行汇票一律记名，可背书转让。银行汇票由银行签发并保证兑付，而且见票即付，信誉高，支付功能强。用银行本票购买材料物资，销货方可以见票即付，购货方可以凭票提货；债权债务双方可以凭票清偿；收款人将本票交存银行，银行即可为其入账。无论单位或个人，在同一票据区域内支付各种款项，都可以使用银行本票。

银行本票分定额本票和不定额本票两种。定额本票面值分别为1 000元、5 000元、10 000元和50 000元。在票面上划去转账字样的，为现金本票，现金本票只能用于支取现金。

银行本票的付款期限为出票日起最长不超过 2 个月，在付款期限内银行对银行本票见票即付。超过提示付款期限不付款的，在票据权利时效内向出票银行做出说明，并提供本人身份证或单位证明，可持银行本票向银行请求付款。

企业支付购货等款项时，应向银行提交“银行本票申请书”，填明收款人名称、申请人名称、支付金额、申请日期等事项并签章。申请人或收款人为单位的，银行不予签发现金银行本票。出票银行受理“银行本票申请书”后，收妥款项，签发银行本票。不定额银行本票用压数机压印出票面金额，出票银行在银行本票上签章后交给申请人。

申请人取得银行本票后，即可向填明的收款单位办理结算。收款单位可以根据需要在票据交换区域内背书转让银行本票。

持票人应当妥善保管银行本票，如果本票丧失，只有现金银行本票才能到银行办理挂失止付手续，转账的银行本票只能到法院办理公示催告或提起诉讼。

4）支票结算方式

支票是指单位或个人签发的、委托办理支票存款业务的银行在见票时无条件支付确定的金额给收款人或持票人的票据。

单位、个人在同城或票据交换地区的商品交易或劳务供应以及其他款项的结算，都可使用支票。支票具有手续简单、结算快速、使用灵活的特点，是被广泛采用的一种结算方式。支票由银行统一印制，支票上印有“现金”字样的为现金支票，现金支票只能用于支取现金。支票上印有“转账”字样的为转账支票，转账支票只能用于转账，未印有“现金”或“转账”字样的为普通支票，普通支票可以用于支取现金，也可以用于转账。在普通支票左上角划两条平行线的为画线支票，画线支票只能用于转账，不能用于支取现金。

支票的提示付款期限为自出票日起 10 日内，中国人民银行另有规定的除外。超过提示付款期限的，持票人开户银行不予受理，付款人不予付款。转账支票可以根据需要在票据交换区域内背书转让。

企业财会部门在签发支票前，应认真查明银行存款的账面余额，防止签发超过存款余额的空头支票。签发空头支票的，银行除退票外，还按票面金额处以 5%但不低于 1 000 元的罚款。持票人有权要求出票人支付支票金额 2%的赔偿金。

5）汇兑结算方式

汇兑是指汇款人委托银行将款项汇给外地收款人的结算方式，适用于单位、个人异地之间的各种款项的结算。汇兑分为信汇、电汇两种，信汇是指汇款人委托银行通过邮寄方式将款项划给收款人，电汇是指汇款人委托银行通过电报方式将款项划给收款人，这两种汇兑方式由汇款人根据用款的缓急选择使用。

6）委托收款结算方式

委托收款是指收款人委托银行向付款人收取款项的结算方式。

委托收款便于收款人主动付款。该结算方式适用范围十分广泛，无论是同城还是异地都可使用。既适用于在银行开立账户的单位、个人，也适用于水电、邮电、电话等劳务款项的结算，单位和个人凭已承兑的商业汇票、债券、存单等付款人债务证明办理款项的结算，均可使用委托收款方式。

委托收款结算款项划回的方式分为邮寄和电报两种。邮寄划回是以邮寄方式由付款人开户银行向收款人开户银行转送委托收款凭证，提供收款依据，电报划回是以电报方式由付款人开户银行向收款人开户银行转送委托收款凭证，提供收款依据。这两种方式由收款人选用。

7）托收承付结算方式

托收承付亦称异地托收承付，是指根据购销合同由收款人发货后，委托开户银行向异地付款人收取款项，由付款人向银行承诺付款的结算方式。

办理托收承付必须同时符合以下规定：①使用该结算方式的收款单位和付款单位，必须是国有企业、供销合作社以及经营管理较好、并经开户银行审查同意的城乡集体所有制工业企业；②办理结算的款项，必须是商品交易以及因商品交易而产生的劳务供应的款项。代销、寄销、赊销商品的款项，事先没有订立购销合同或合同上没有注明使用托收承付结算方式款项的，不得办理托收承付结算。

托收承付款项划回方式分为邮寄和电报两种，由收款人根据需要选择使用。收款单位办理托收承付，必须具有商品发出的证件或其他证明，托收承付结算每笔的金额起点是 1 万元，新华书店系统每笔金额起点为 1 000 元。

托收承付分为托收和承付两个阶段。根据《支付结算办法》的规定，承付货款分为验单承付和验货承付两种，这在双方签订合同时约定。验单承付的承付期为 3 天，验货承付的承付期为 10 天。承付期满，如付款单位即便是拒绝付款，银行视为承付，并在承付期满的次日上午按收款单位指定的划款方式，主动将款项从付款单位账户付出。如果付款单位在承付期内发现有下列情况之一的，可向银行提出全部或部分拒绝付款：

（1）未签订合同或合同中未订明托收承付方式；

（2）未经双方事先达成协议，收款人提前交货或逾期交货且付款人不再需要该货物；

（3）未按合同规定的到货地发货的款项；

（4）代销、寄销、赊销商品的款项；

（5）验单承付，发现所列货物的品种、规格、数量与合同不符；

（6）验货承付，经验货与合同或发货清单不符；

（7）货款已支付或计算有错误。

8）信用卡结算方式

信用卡是指商业银行向个人和单位发行的，凭以向特约单位购物消费和向银行存取现金，且具有消费信用的特制载体卡片。

信用卡按适用对象分为单位卡和个人卡；按信誉等级分为金卡和普通卡。

凡在中国境内金融机构开立基本存款账户的单位可申领单位卡。单位卡可申领若干张，持卡人资格由申领单位法定代表人或其委托的代理人书面指定和注销，持卡人不得出租或转借信用卡。单位卡账户的资金一律从其基本存款账户转账存入，在使用过程中，需要向其账户续存资金的，也一律从其基本存款账户中转账存入，不得交存现金，不得将销货收入的款项存入其账户。单位卡一律不得用于 10 万元以上的商品交易、劳务供应款项的结算，不得支取现金。

信用卡在规定的限额和期限内允许善意透支，透支额金卡最高不超过 10 000 元，普通卡最高不得超过 5 000 元。透支期限最长为 60 天，透支利息，自签单日或银行记账日起 15 日内按日息万分之五计算，超过 15 日按日息万分之十计算，透支利息不分段，按最后期限或者最高透支额的最高利率档次计息。超过规定限额或规定期限，并且经发卡银行催收无效的透支行为成为恶意透支。持卡人使用信用卡不得发生恶意透支。严禁将单位的款项存入个人卡账户中。

2. 银行存款的核算

1）银行存款的总分类核算

为了总括反映企业银行存款的收支和结余情况，企业应设置“银行存款”账户，该账户为资产类账户，其借方登记收入的银行存款数额，贷方登记付出的存款数额，期末余额在借方，反映企业银行存款的结余数额。

2）银行存款的序时核算

企业可按开户银行和其他金融机构、存款种类等设置“银行存款日记账”进行序时核算。“银行存款日记账”一般采用收、支、余三栏格式，由出纳根据审核后的收付款凭证，按照业务发生的先后顺序逐笔登记。每日终了应结出余额。“银行存款日记账”应定期与银行送来的“银行对账单”核对，至少每月核对一次。如发现双方余额不一致，除记账错误外，还可能是由于未达账项引起的。所谓未达账项，是指企业与银行之间，由于凭证的传递时间不同，一方已经登记入账，而另一方尚未入账的款项。未达账项一般有以下四种情况：

（1）银行已收款入账，而企业尚未入账的款项，如银行支付给企业的存款利息 3 000元；

（2）银行已付款入账，而企业尚未付款入账的款项，如银行向企业收取的借款利息 10 000 元；

（3）企业已收款入账，而银行尚未收款入账的款项，如企业存入其他单位的转账支票 5 000 元；

（4）企业已付款入账，而银行尚未入账的款项，如企业开出转账支票，对方尚未到银行办理转账手续的款项 2 500 元。

在核对账目时，如有未达账项，企业应编制“银行存款余额调节表”进行调节。调节后双方余额应相等，如不等，表明记账有误，需要进一步核对，找出原因，更正错误的记录。

银行存款余额调节表只是为了核对账目，并不能作为调整银行存款账面余额的记账依据。

【例 5-1】 ABC 公司 20×8 年 3 月 31 日银行存款日记账余额为 46 300 元，而银行对账单上企业存款为 36 800 元，经逐笔核对，发现有以上四种情况相应的未达账项，根据这些内容，可编制“银行存款余额调节表”，如表 5-1 所示。

表 5-1　银行存款余额调节表

20×8 年 3 月 31 日

项　目	金　额	项　目	金　额
企业银行存款日记账余额	46 300	银行对账单余额	36 800
加：银行已收、企业未收款	3 000	加：企业已收、银行未收款	5 000
减：银行已付、企业未付款	10 000	减：企业已付、银行未付款	2 500
调节后银行存款余额	39 300	调节后银行存款余额	39 300

经过上述调整后的银行存款余额，表示公司可动用的银行存款的数额。

5.1.3　其他货币资金

其他货币资金是指企业除库存现金、银行存款以外的各种货币资金，主要包括外埠存款、银行汇票存款、银行本票存款、信用卡存款、信用证保证金存款、存出投资款等。

为反映和监督其他货币资金的收支和结存情况，企业应当设置“其他货币资金”账户，借方登记其他货币资金的增加数，贷方登记其他货币资金的减少数，期末余额在借方，反映企业实际持有的其他货币资金。本账户一般按其他货币资金的种类设置明细账户。

1）外埠存款

外埠存款是指企业到外地进行临时或零星采购时，汇往采购地银行开立采购专户的款项。企业汇出款项时，须填写汇款委托书，注明“采购资金”字样。汇入银行对汇入的采购款项，以汇款单位名义开立采购账户。采购资金存款不计利息，除采购人员差旅费可以支出少量的现金外，一律转账。采购专户支付不收，付完清户。

【例 5-2】　ABC 公司采购员需到上海采购，委托开户银行汇款 18 000 元给采购地银行开立专户时，根据银行汇款回单：

借：其他货币资金——外埠存款　　18 000
　　贷：银行存款　　18 000

采购员在上海采购了物资，购货金额为 15 000 元，增值税为 2 550 元，根据发票账单等：

借：材料采购　　15 000
　　应交税费——应交增值税（进项税额）　　2 550
　　贷：其他货币资金——外埠存款　　17 550

采购员完成采购任务，将多余的外埠存款转回时，根据银行收款通知：

借：银行存款　　450
　　贷：其他货币资金——外埠存款　　450

2）银行汇票存款

银行汇票存款是指企业为取得银行汇票，按规定存入银行的款项。

【例 5-3】　ABC 公司向开户银行申请办理银行汇票并将 12 000 元交存银行时，根据银行汇票委托书存根：

借：其他货币资金——银行汇票存款　　12 000
　　贷：银行存款　　12 000

企业使用银行汇票购买了材料物资，计货款 10 000 元，增值税 1 700 元，根据专用发票账单及余额退回单：

借：材料采购　　10 000
　　应交税费——应交增值税（进项税额）　　1 700
　　银行存款　　300
　　贷：其他货币资金——银行汇票存款　　12 000

3）银行本票存款

银行本票存款是指企业为取得银行本票按规定存入银行的款项。

企业填写"银行本票申请书"、将款项交存银行时，借记"其他货币资金——银行本票"科目，贷记"银行存款"科目；企业持银行本票购货、收到发票账单时，借记"材料采购"等科目，贷记"其他货币资金——银行本票"科目。

4）信用卡存款

信用卡存款是指企业为取得信用卡而存入银行信用卡专户的款项。

【例 5-4】 ABC 公司申请办理信用卡，按规定交存 50 000 元，开立信用卡存款账户，发给信用卡，根据银行盖章退回的进账单：

借：其他货币资金——信用卡存款　　50 000
　　贷：银行存款　　50 000

企业用信用卡购买办公用品一批计 500 元：

借：管理费用　　500
　　贷：其他货币资金——信用卡存款　　500

5）信用证保证金存款

企业填写"信用证申请书"，将信用证保证金交存银行时，应根据银行盖章退回的"信用证申请书"回单，借记"其他货币资金——信用证保证金"科目，贷记"银行存款"科目。企业接到开证行通知，根据供货单位信用证结算凭证及所附发票账单，借记"材料采购"等科目，贷记"其他货币资金——信用证保证金"科目；将未用完的信用证保证金存款余额转回开户银行时，借记"银行存款"科目，贷记"其他货币资金——信用证保证金"科目。

6）存出投资款

存出投资款是指企业已存入证券公司但尚未进行投资的资金。

企业向证券公司划出资金时，应按实际划出的金额，借记"其他货币资金——存出投资款"科目，贷记"银行存款"科目；购买股票、债券等时，借记"交易性金融资产"等科目，贷记"其他货币资金——存出投资款"科目。

5.2 应收账款

应收账款是指企业因销售商品、提供劳务等经营活动，应向购货单位或接受劳务单位收取的款项，主要包括企业销售商品或提供劳务应向有关债务人收取的价款及代购货单位垫付的包装费、运杂费等。

5.2.1　应收账款的确认与计价

1. 应收账款的确认

应收账款的确认是指对应收账款的范围和入账时间的确定。应收账款的范围一般包括销售商品、提供劳务等应收取的款项、增值税税款和代垫的运杂费等。

企业在各种非主要经营业务中发生的应收款项，如应收的押金和保证金、预付给职工或股东的款项、预付的购货定金等均不属于应收账款的核算范围。此外，企业采用商业汇票结算方式销售商品形成的债权也不在应收账款中核算。

应收账款的入账时间应结合收入实现的时间确认，确认时还需依据一些标明商品或劳务提供过程已经完成、债权债务关系已经成立的书面文件，如购销合同、商品出库单、发票和发运单等。

2. 应收账款的计价

应收账款作为一种在未来能够收回的债权，应该按照未来可得现金的现值入账，但是，由于应收账款转化为现金的期限一般不会超过一年，其现值与交易发生日确定的金额不会有很大差别，所以，在实际工作中，遵循重要性原则，对应收账款都是以其成交价格加以计量，即按照交易日的实际发生额确认应收账款的入账价值。同时，在计算应收账款的入账金额时，还要考虑折扣因素。

在现行会计实务中，企业通用的折扣办法主要有商业折扣和现金折扣两种。

1）商业折扣

商业折扣是指企业根据市场供需情况，或针对不同的顾客，对商品价目单中所列的价格给予的扣除，该项折扣通常用百分数表示，如5%、10%等，扣除商业折扣后的净额才是实际销售价格。

商业折扣一般在交易发生时即已确定，它仅仅是确定实际销售价格的一种手段，不在买卖双方任何一方的账上反映，所以商业折扣对应收账款的入账价值没有什么实质性影响。因此，在有商业折扣的情况下，企业应收账款入账金额应按扣除商业折扣以后的实际售价加以确认和计量。

2）现金折扣

现金折扣是指销货企业为了鼓励客户在规定的期限内早日付款，而向其提供的按销售价格的一定比率所做的扣除。现金折扣通常发生在以赊销方式销售商品及提供劳务的交易中，一般表示为“2/10，1/20，*n*/30”，即10天内付款给予2%折扣，第11～20天内付款给予1%折扣，第21～30天内付款则不给折扣，付款期限为30天。

在现金折扣的情况下，应收账款入账金额的计价有两种方法，一种是总价法，另一种是净价法。

（1）总价法。总价法是将应收账款按未扣减现金折扣前的金额作为入账价值。在这种方法下，销售企业把给予客户的现金折扣视为融资的理财费用，会计上作为财务费用处理。

（2）净价法。净价法是将应收账款按扣减最大现金折扣后的金额作为入账价值。这种方法是把客户取得现金折扣视为正常现象，认为客户一般都会提前付款，而将由于客户超过折扣期限而多收入的金额，视为提供信贷获得的收入，在会计上作为冲减财务费用处理。

在我国目前的会计实务中，现金折扣的计价采用总价法。

5.2.2　应收账款的核算

为总括反映应收账款的发生和收回情况，企业应设置“应收账款”账户进行核算。该账户属于资产类账户，借方登记企业应收取的各种款项；贷方登记企业已收回或转作商业汇票支付方式的应收账款以及已转销的坏账损失；期末借方余额反映企业尚未收回的各种应收账款。企业可按对方单位或个人名称设置应收账款明细账，以详细反映和监督应收账款的发生和回收情况。

举例说明应收账款的核算如下：

【例 5-5】 企业赊销商品一批，售价为 100 000 元，增值税 17 000 元，为对方代垫运费 1 000 元，已办妥托收手续。

借：应收账款　　118 000
　　贷：主营业务收入　　100 000
　　　　应交税费——应交增值税（销项税额）　　17 000
　　　　银行存款　　1 000

上述应收账款改用商业汇票结算，企业已收到对方开具的汇票。

借：应收票据　　118 000
　　贷：应收账款　　118 000

【例 5-6】 企业赊销商品一批，售价 40 000 元，增值税 6 800 元，规定的现金折扣条件为 2/10，n/30，产品交付并办妥托收手续。

（1）办妥托收手续时

借：应收账款　　46 800
　　贷：主营业务收入　　40 000
　　　　应交税费——应交增值税（销项税额）　　6 800

（2）如果上述款项在 10 天内收到

借：银行存款　　46 000
　　财务费用　　800
　　贷：应收账款　　46 800

（3）如果上述款项在超过现金折扣的最后期限收到

借：银行存款　　46 800
　　贷：应收账款　　46 800

【例 5-7】 企业赊销商品一批，按价目表标明的价格为 40 000 元，企业给予对方

10%的商业折扣，增值税率为 17%。

借：应收账款　　42 120

　　贷：主营业务收入　　36 000

　　　　应交税费——应交增值税（销项税额）　　6 120

5.2.3　坏账及其核算

1. 坏账确认的条件

在企业的应收账款中，由于种种原因，会有一部分应收账款无法收回。这些无法收回的应收账款称为坏账，由此产生的损失，称为坏账损失。

根据我国现行有关法规的规定，企业的应收账款符合下列条件之一的，应确认为坏账：

（1）因债务人破产或死亡，以其破产财产或遗产清偿后，仍不能收回的应收账款；

（2）因债务人逾期未履行偿债义务，已经超过 3 年仍不能收回的应收账款。

对于已确认为坏账的应收账款，并不意味着企业放弃了追索权，一旦重新收回，应及时入账。

2. 坏账损失的核算方法

对于坏账损失的核算，会计上曾经有两种方法可以选择，即直接转销法和备抵法。

（1）直接转销法。

直接转销法是在实际发生坏账时，确认坏账损失，将实际损失数直接计入管理费用，同时冲销应收账款。这种核算方法平时的账务处理比较简单、实用，但是不符合权责发生制和配比原则。

（2）备抵法。

备抵法是指先按期估计坏账损失，形成坏账准备，当某一应收账款全部或部分被确认为坏账时，再冲减坏账准备，同时转销相应的应收账款的一种核算方法。

采用备抵法核算坏账损失避免了直接转销法的缺点。企业在会计核算中遵循谨慎性原则和配比原则的要求对应收账款提取坏账准备金，可以将预计未来不能收回的应收账款作为坏账损失计入费用，既保持了成本、费用的稳定性，避免企业虚盈实亏，又在一定程度上消除或减少了坏账损失给企业带来的风险，在会计报表上列示应收账款的净额，可以及时反映企业应收账款可能发生的坏账损失，从而能更加清楚地反映企业真实的财务状况。

按照我国现行会计制度的要求，企业应采用备抵法核算坏账损失。

为了反映和监督坏账准备金的计提和结转情况，企业需设置"坏账准备"账户，提取坏账准备时，记入该账户的贷方，实际发生坏账损失或冲回多提的坏账准备金时，记入该账户的借方，期末贷方余额反映企业已提取而尚未转销的坏账准备数额。该账户是"应收账款"的备抵账户。

企业采用备抵法进行坏账核算时，估计坏账损失的方法有应收账款余额百分比法、账龄分析法和销货百分比法等。坏账准备提取方法一经确定，不得随意变更；如需变更，应当在会计报表附注中予以说明。

① 应收账款余额百分比法。

应收账款余额百分比法是根据会计期末应收账款的余额和估计的坏账率，估计坏账损失，计提坏账准备的方法。

会计期末，企业应将“应收账款”的期末余额乘以计提比率，计算出“坏账准备”账户应保持的余额。如果应保持的余额大于“坏账准备”账户贷方余额的，按其差额补提坏账准备；如果应保持的余额小于“坏账准备”账户贷方余额的，按其差额冲回多提的坏账准备；此外，当“坏账准备”账户出现借方余额时，则按应保持的余额与“坏账准备”账户借方余额之和提取坏账准备。

② 账龄分析法。

账龄分析法是根据应收账款入账时间的长短，并结合以往的经验来估计坏账损失、计提坏账准备的一种方法。一般来说，账款拖欠的时间越长，则发生坏账的可能性就越大。这种方法可以比较客观地反映应收账款的估计可回收净额，但并没有把应收账款的估计坏账损失与该应收账款相应的营业收入反映在同一会计期间，而是在发生该应收账款以后的某个会计期间才反映的，从而在一定程度上影响了各个会计期间利润计算的准确性。

③ 销货百分比法。

销货百分比法又称赊销百分比法，是根据赊销金额的一定百分比来估计坏账损失、计提坏账准备的一种方法。采用销货百分比法估计坏账损失百分比可能不适应企业生产经营情况的不断变化，因此需要经常检查百分比是否能反映企业坏账损失的实际情况，若发现估计坏账百分比过高或过低，应及时予以修正。

值得一提的是，除有确凿证据表明该项应收账款不能收回或收回的可能性不大，如债务单位已撤销、破产、资不抵债、现金流量严重不足、发生严重的自然灾害等导致停产而在短期内无法偿付债务等以及三年以上的应收账款外，下列各种情况不能全额提取坏账准备：当年发生的应收款项；计划对应收款项进行重组；与关联方发生的应收款项；其他已逾期，但无确凿证据表明不能收回的应收款项。

备抵法下核算坏账损失的账务处理是：提取坏账准备时，借记“资产减值损失”科目，贷记“坏账准备”科目；冲销多提的坏账准备时，借记“坏账准备”科目，贷记“资产减值损失”科目；实际发生坏账冲销坏账准备金时，借记“坏账准备”科目，贷记“应收账款”科目；已经准销的坏账如果又收回，应首先借记“应收账款”科目，贷记“坏账准备”科目，然后再借记“银行存款”科目，贷记“应收账款”科目。

【例 5-8】 ABC公司 20×8 年末应收账款余额为 1 850 000 元，按 5‰计提坏账准备，20×9 年 5 月发生一笔坏账 3 000 元，年末应收账款余额为 2 000 000 元。

（1）20×8 年末计提坏账准备时，

借：资产减值损失　　　　9 250

　　贷：坏账准备　　　　　　9 250

(2) 20×9年5月发生坏账损失时，

借：坏账准备　　3 000

　　贷：应收账款　　3 000

(3) 20×9年末计提坏账准备时，

借：资产减值损失　　3 750

　　贷：坏账准备　　3 750

【例5-9】 若上例企业20×9年5月发生的坏账为10 000元，则

(1) 20×9年5月发生坏账损失时，

借：坏账准备　　10 000

　　贷：应收账款　　10 000

(2) 20×9年末计提坏账准备时，

借：资产减值损失　　10 750

　　贷：坏账准备　　10 750

【例5-10】 若例5-8中ABC公司20×9年末应收账款的余额为1 000 000元，则2007年末计提坏账准备时，

借：坏账准备　　1 250

　　贷：资产减值损失　　1 250

5.3 应收票据

在我国会计实务中，支票、银行本票和银行汇票均为见票即付的票据，又称即期票据，可以即刻收款或存入银行成为货币资金，所以，无须将其列为应收票据进行会计处理。因此，应收票据仅指企业因销售商品、提供劳务而收到的商业汇票。

5.3.1 应收票据的分类

1. 不带息商业汇票和带息商业汇票

商业汇票按是否计息，可分为带息商业汇票和不带息商业汇票两种。带息商业汇票是注明票面金额、付息日期及利率的票据，不带息商业汇票是到期只按票面金额支付，不再计算利息的票据。

2. 商业承兑汇票和银行承兑商业汇票

商业汇票按承兑人不同，可分为商业承兑汇票和银行承兑商业汇票。商业承兑汇票是由收款人签发，经付款人承兑或付款人签发并承兑的票据。银行承兑汇票是由收款人或承兑申请人签发，并由承兑申请人向银行申请，经由银行审查同意承兑的票据。

5.3.2 应收票据的入账价值

应收票据入账价值的确定有两种方法：一种是按照票据的面值入账，另一种是按照票据未来现金流量的现值入账。由于我国目前使用的商业汇票的期限一般较短，最长为

6个月，商业票据利息金额相对来说不大，因此，根据重要性原则，为了简化核算手续，应收票据以其面值作为入账价值，但对于带息的商业汇票，应于期末（中期期末或年度终了）按应收票据的票面价值和确定的利率计提利息，计提的利息应增加应收票据的账面价值，并同时冲减财务费用。

相对于应收账款来说，应收票据发生坏账的风险较小，因此，我国现行制度规定不对应收票据计提坏账准备。如超过承兑期的应收票据转作应收账款，这时可对应收账款计提坏账准备。

5.3.3 应收票据的到期值和票据利息

应收票据的到期值是指商业汇票到期时可兑现的金额。对于不带息汇票，其到期值即面值；对于带息汇票，其到期值为票据的面值和利息之和。

到期应计利息＝应收票据票面金额×票面利率×期限

式中，“利率”一般指年利率，“期限”指签发日至到期日的时间间隔，分按日计算和按月计算两种。在实际工作中，为了计算方便，通常把一年定为360天。票据期限按日表示时，应从出票日起按实际持有天数计算。通常出票日和到期日，只能计算其中的一天，即“算头不算尾”或“算尾不算头”。同时，计算利息使用的利率要相应换算成日利率（年利率/360）；票据期限按月表示时，应以到期月份中与出票日相同的那一天为到期日。与此同时，计算利息使用的利率要换算成月利率（年利率/12）。

【例5-11】 ABC公司收到商业汇票的面值为100 000元，年利率为9%，出票日为20×8年3月1日，3个月期，则商业汇票到期日为20×8年6月1日

到期票据利息：100 000×（9%÷12）×3＝2 250（元）

票据到期值：100 000＋2 250＝102 250（元）

5.3.4 应收票据的核算

为了总括反映应收票据的取得、转让和款项的收回情况，企业应设置“应收票据”账户，该账户属于资产类账户，借方登记取得的应收票据面值及计提的利息，贷方登记到期收回或未到期向银行贴现的应收票据的面值，期末借方余额反映企业尚未收回的票据面值和应计利息。

为便于管理和分析各种应收票据的具体情况，企业可设置“应收票据登记簿”，逐笔记录每一应收票据的种类、号数和出票日期，面值、到期日和利息，交易合同号，付款人、承兑人、背书人的姓名或单位名称，贴现日期、贴现率和贴现净额以及收款日期和收款金额等。应收票据到期收清票款后，应在“应收票据登记簿”内逐笔注销。

1. 不带息应收票据的核算

企业收到不带息商业汇票时，应借记“应收票据”科目，贷记有关科目。应收票据到期收回票款时，应按票面金额，借记“银行存款”科目，贷记“应收票据”科目。商业承兑汇票到期，承兑人无力偿付或违约拒付，收款企业应将到期票据的票面金额转入“应收账款”科目。

【例 5-12】 ABC 公司销售产品一批，价款 50 000 元，增值税 8 500 元。收到一张对方已承兑的商业汇票。则

（1）收到商业汇票时：

借：应收票据　　58 500

　　贷：主营业务收入　　50 000

　　　　应交税费——应交增值税（销项税额）　　8 500

（2）上述汇票到期，企业按期收回款项时：

借：银行存款　　58 500

　　贷：应收票据　　58 500

（3）若到期对方无力付款：

借：应收账款　　58 500

　　贷：应收票据　　58 500

2. 带息应收票据的核算

带息应收票据，应于中期期末和年度终了，按规定计提票据利息，并增加应收票据的账面价值，同时冲减“财务费用”。

【例 5-13】 ABC 公司于 20×8 年 3 月 30 日销售产品一批，价款 1 000 000 元，增值税 170 000 元。收到一张商业汇票，年利率为 6%，期限为 5 个月。

（1）收到票据时：

借：应收票据　　1 170 000

　　贷：主营业务收入　　1 000 000

　　　　应交税费——应交增值税（销项税额）　　170 000

（2）中期末（6 月 30 日）计算应收票据利息时：

1 170 000×（6%÷12）×3＝17 550（元）

借：应收票据　　17 550

　　贷：财务费用　　17 550

（3）票据到期（8 月 30 日）收回款项时：

到期值＝1 170 000＋1 170 000×（6%÷12）×5

＝1 199 250（元）

应计入下半年度的票据利息＝1 170 000×（6%÷12）×2

＝11 700（元）

借：银行存款　　1 199 250

　　贷：应收票据　　1 187 550

　　　　财务费用　　11 700

3. 应收票据贴现的核算

贴现是指票据持有人在票据到期前因资金需要向银行贴付一定的利息所做出的票据转让。贴现给银行的利息称为贴现利息，贴现利息实际是企业的一种费用支出，作为财

务费用列支。

贴现所得金额＝票据到期值－贴现利息

贴现利息＝票据到期值×贴现利率×贴现期限

式中，贴现利率由银行统一规定，贴现期限则是从贴现日起至票据到期前的实际天数。

企业持未到期的不带息应收票据向银行贴现，应按扣除其贴现息后的净额，借记“银行存款”科目，按贴现息部分，借记“财务费用”科目，按应收票据的面值，贷记“应收票据”科目。

企业持未到期的带息应收票据向银行贴现，应按实际收到的金额，借记“银行存款”科目，按应收票据的账面价值，贷记“应收票据”科目，按其差额，借记或贷记“财务费用”科目。

【例 5-14】 ABC公司于 20×8 年 4 月 1 日销售产品一批，收到一张承兑的商业汇票，票面价值为 10 000 元，3 个月到期，5 月 1 日公司持该汇票向银行贴现，贴现利率为 12%。

票据到期值＝10 000 元

贴现利息＝10 000×12%×2/12＝200 元

贴现金额＝10 000－200＝9 800 元

借：银行存款	9 800	
财务费用	200	
贷：应收票据		10 000

如果贴现的商业汇票到期，承兑人的银行存款不足支付，银行即将已贴现的票据退回申请贴现的企业，同时从贴现企业的银行存款中将票据款划回。此时，申请贴现的企业按所付本息，借记“应收账款”科目，贷记“银行存款”科目，如果申请贴现企业的银行存款不足支付，银行将作为逾期贷款处理，申请贴现的企业应借记“应收账款”科目，贷记“短期借款”科目。

4. 应收票据的转让

企业持有的应收票据在到期前，除了可向银行申请贴现外，还可以背书转让，以取得所需物资。当取得物资时，背书企业借记“材料采购”、“库存商品”等科目，按发票上注明的增值税，借记“应交税费——应交增值税（进项税额）”科目，按应收票据的账面价值，贷记“应收票据”科目，如有差额，借记或贷记“银行存款”等科目。

5.4　预付及其他应收款项

5.4.1　预付账款

预付账款是企业按照购货合同或劳务合同的规定预先支付给供货单位或提供劳务方的账款。

为核算预付账款的增减变动及结存情况，企业应设置“预付账款”账户，该账户属于资产类账户，借方登记企业向供货方预付的货款，贷方登记企业收到所购物品应结转的预付货款，期末借方余额反映企业向供货方预付的货款，贷方余额反映企业应向供货方补付的货款。

预付账款不多的企业，也可以将预付的货款记入“应付账款”科目的借方。但在编制会计报表时，仍然要将“预付账款”和“应付账款”的金额分开报告。

企业应在“预付账款”总账科目下，按供货单位的名称设置明细账，进行预付账款的明细分类核算。企业按购货合同的规定预付货款时，按预付金额借记“预付账款”科目，贷记“银行存款”科目。收到所购物品时，应根据发票账单的金额，借记“原材料”、“库存商品”等科目，按专用发票上注明的增值税，借记“应交税费——应交增值税（进项税额）”科目，按应付的金额，贷记“预付账款”科目；补付货款时，借记“预付账款”科目，贷记“银行存款”科目；收到退回的多付货款时，借记“银行存款”科目，贷记“预付账款”科目。

5.4.2　其他应收款

其他应收款是指企业除应收票据、应收账款和预付账款以外的各种应收、暂付其他单位或个人的各种款项。主要包括：预付给企业内部单位或个人的备用金，应收的各种赔款、罚款，存出的保证金，应向职工收取的各种垫付款项，应收、暂付上级单位或所属单位的款项等。其他应收款应按实际发生额入账。

为反映其他应收款的增减变动及结存情况，企业设置“其他应收款”账户，该账户属于资产类账户，借方登记企业发生的各项其他应收款，贷方登记企业收回和结转的其他应收款，期末借方余额反映企业应收未收的各项其他应收款项。

“其他应收款”科目应按项目分类，并按不同的债务人设置明细账，进行明细核算。企业发生其他应收款时，按应收金额借记“其他应收款”科目，贷记有关科目。收回各种款项时，借记有关科目，贷记“其他应收款”科目。

企业发生的其他应收款业务，同企业的应收账款业务一样，存在着难以收回的可能性。企业应当定期或者至少于每年年度终了时，对其他应收款项目进行检查，预计其可能发生的坏账损失，计提坏账准备。

思　考　题

1. 企业应如何进行库存现金限额管理？
2. 银行结算方式有哪些？各有何特点？
3. 何谓未达账项？它包括哪几种情况？
4. 什么是现金折扣？其会计处理方法有哪些？

练　习　题

根据以下经济业务编制会计分录。

1. ABC 公司发生以下经济业务：

（1）向 B 单位销售产品，货款 20 000 元，增值税额 3 400 元，共计 23 400 元。取得不带息商业承兑汇票一张，面值 23 400 元。

（2）向 C 公司销售产品，货款 60 000 元，增值税额 10 200 元，共计 70 200 元。取得期限为 3 个月的带息银行承兑汇票一张，出票日期为 2007 年 11 月 1 日，票面利息为 10%。

（3）B 单位承兑的商业汇票到期，企业收回款项 23 400 元，存入银行。

（4）向 D 公司销售产品，货款 40 000 元，增值税额 6 800 元。共计 46 800 元，取得期限为 2 个月的带息商业承兑汇票一张，出票日期为 2007 年 12 月 1 日，票面利息为 9%。

（5）2007 年 12 月 31 日，计提 C 公司和 D 公司商业汇票利息。

（6）向 C 公司销售产品所收的银行承兑汇票到期，企业收回款项，面值 40 200 元，利息 1 755 元，共计 71 955 元。

（7）向 D 公司销售产品的银行承兑汇票到期，D 公司无力偿还票款。

（8）向 E 单位销售产品，货款 45 000 元，增值税额 7 650 元，共计 52 650 元。收取期限为 4 个月的商业承兑汇票，面值为 5 265 元，出票日期为 2008 年 3 月 1 日。

（9）向 F 企业销售产品，货款 80 000 元，增值税额 13 600 元，共计 93 600 元。收取期限为 3 个月的商业承兑汇票一张，面值为 93 600 元，票面利率为 10%，出票为 2008 年 4 月 1 日。

（10）2008 年 6 月 10 日，将持有 E 单位不带息的商业承兑汇票一张到银行贴现，面值为 93 600 元，票面利率为 10%，期限为 3 个月，出票日为 2008 年 4 月 1 日。银行年贴现率为 12%。

（11）企业将持有的账面价值为 11 700 元的商业汇票背书转让，以取得货款为 10 000 元，增值税额为 1 700 元的材料。

2. ABC 公司采用“应收款项余额百分比法”核算坏账损失，坏账准备的提取比例为 2%。有关资料如下：

（1）2008 年 12 月应收账款期初余额为 1 000 000 元，坏账准备贷方余额为 20 000 元；

（2）12 月 7 日，向 B 公司销售产品 210 件，单价 10 000 元，增值税率 17%，单位销售成本 6 000 元，销售货款未收到；

（3）12 月 20 日，因产品质量问题，B 公司退回 10 件商品，A 公司同意退货，并办理了退货手续和开具红字专用发票；

（4）12 月 24 日发生坏账损失 30 000 元；

（5）12 月 29 日收回前期已确认的坏账 20 000 元，并存入银行；

（6）2008 年末计提坏账准备。

第6章　存　　货

6.1　存货的确认和初始计量

6.1.1　存货的定义与确认条件

1. 存货的定义

存货，是指企业在日常活动中持有以备出售的产品或商品、处在生产过程中的产品、在生产过程或提供劳务过程中耗用的材料和物料等。其核算内容主要由《企业会计准则第1号——存货》具体准则规范。

存货区别于固定资产等非流动资产的最基本特征是，企业持有存货的最终目的是为了出售，不论是可供直接出售，如企业的产成品、商品等；还是需要经过进一步加工才能出售，如原材料。

企业的存货通常包括以下内容：

（1）原材料，指企业在生产过程中经加工改变其形态或性质并构成产成品主要实体的各种原料、辅助材料、外购半成品（外购件）、修理用备件（备品备件）、包装材料、燃料等。为建造固定资产等各项工程而储备的各种材料，虽然同属于材料，但是由于用于建造固定资产等各项工程，不符合存货的定义，因此，不能作为企业的存货进行核算。

（2）在产品，指企业正在制造尚未完工的产品，包括正在各个生产工序加工的产品，已加工完毕但尚未检验或已检验但尚未办理入库手续的产品。

（3）半成品，指经过一定生产过程并已经检验合格交付半成品仓库保管，但尚未制造完成为产成品，仍然需要进一步加工的中间产品。

（4）产成品，指制造企业已经完成全部生产过程并验收入库，可以按照合同规定的条件送交订货单位，或者可以作为商品对外销售的产品。企业接受外来原材料加工制造的代制品和为外单位加工修理的代修品，制造和修理完成验收入库后，应视同企业的产品。

（5）商品，指商品流通企业外购或委托加工完成，验收入库用于销售的各种商品。

（6）周转材料，指企业能够多次使用、逐渐转移其价值仍保持原有形态不确认为固定资产的材料，包括包装物、低值易耗品以及企业（建造承包商）的钢模板、木模板、脚手架等。

2. 存货的确认条件

存货必须在符合定义的前提下同时满足下列两个条件，才能予以确认。

1）与该存货有关的经济利益很可能流入企业

资产最主要的特征是预期会给企业带来经济利益。如果某一项目预期不能给企业带来经济利益，就不能确认为企业的资产。存货是企业最重要的流动资产，因此，对存货的确认，关键是判断其是否很可能给企业带来经济利益或其包含的经济利益是否很可能流入企业。通常，拥有存货的受益权是与该存货有关的经济利益很可能流入企业的一个重要标志。一般情况下，根据销售合同已经售出（取得现金或收取现金的权利）、所有权已经转移的存货，因所含经济利益已不能流入企业，因而，不能再作为企业的存货进行核算，即使该存货尚未运离企业。企业在判断与该存货有关的经济利益能否流入企业时，通常应结合考虑该存货所有权的归属，而不应当仅仅看其存放的地点等。

2）该存货的成本能够可靠地计量

成本或者价值能够可靠地计量是确认资产的一项基本条件。存货作为企业资产的组成部分，要予以确认也必须能够对其成本进行可靠地计量。存货的成本可靠地计量必须以取得确凿证据为依据，并且具有可验证性。如果存货成本不能可靠地计量，则不能确认为一项存货。例如，企业承诺的订货合同，由于并未实际发生，不能可靠确定其成本，因此不能认定为购买企业的存货。

6.1.2　存货数量的盘存方法

正确确定存货收入、发出、结存的价值，即对存货进行计量，是存货核算的核心。而计量还取决于存货数量的确定是否准确。企业存货数量是通过盘存来确定的，常用的盘存方法包括定期盘存法和永续盘存法。

1. 定期盘存法

定期盘存法又称定期盘存制、实地盘存制，它是指企业在每个会计期间收入的存货，要依据会计凭证，依次记入存货明细分类账及其总分类账，但对于各个会计期间销售或耗用的存货平时不予记录；会计期末，通过实地盘点，确定存货的期末结存数量，并按一定的存货计价方法确定期末存货的金额，然后通过倒挤的方法确定本期已经销售或耗用的存货数量和金额。所以，定期盘存法又称为“以存计耗”、“以存计销”。

“以存计耗”、“以存计销”以下列存货基本等式为依据：

期初存货＋本期购货＝本期耗用（或销售）＋期末存货

用实际成本计价，则上述等式可以改写为

本期耗用（或销售）成本＝期初存货成本＋本期购货成本－期末存货成本

期初、期末存货成本和本期购货成本都不难从账上取得，待通过实地盘点，确定期末存货成本，则本期耗用（或销售）即可用上述等式计算。

2. 永续盘存法

永续盘存法也称为账面盘存，指对存货设置明细分类账，逐笔或逐日地登记收入、发出数，并随时结出结存数的一种存货盘存方法。采用这一方法，存货明细分类账要按每一种品名规格设置。在明细分类账中，要登记收入、发出、结存数量和金额，为验证明细分类账记录的正确性，每年至少应对存货进行一次全面实地盘点。如果实地盘点数与账面数不相符合，应根据具体情况做出相应的会计处理。采用这一方法，盘点一般不定期进行，通常在营业的间隙盘点一部分存货。

6.1.3　存货的初始计量

存货应当按照成本进行初始计量。存货成本包括采购成本、加工成本和其他成本三个组成部分。企业存货的取得主要是通过外购和自制两个途径。

1. 外购的存货

原材料、商品、低值易耗品等通过购买而取得的存货的初始成本由采购成本构成。存货的采购成本，包括购买价款、相关税费、运输费、装卸费、保险费以及其他可归属于存货采购成本的费用。

商品流通企业在采购商品过程中发生的运输费、装卸费、保险费以及其他可归属于存货采购成本的费用等，应当计入存货的采购成本，也可以先进行归集，期末再根据所购商品的存销情况进行分摊。对于已售商品的进货费用，计入当期损益；对于未售商品的进货费用，计入期末存货成本。企业采购商品的进货费用金额较小的，可以在发生时直接计入当期损益。

(1) 购买价款，是指企业购入材料或商品的发票账单上列明的价款，但不包括按规定可以抵扣的增值税税额。

(2) 相关税费，是指企业购买、自制或委托加工存货所发生的消费税、资源税和不能从增值税销项税额抵扣的进项税额。

(3) 其他可归属于存货采购成本的费用，即采购成本中除了上述各项以外的可归属于存货采购成本的费用，如在存货采购过程中发生的仓储费、包装费、运输途中的合理损耗、入库前的挑选整理费用等。这些费用能分清负担对象的，应直接计入存货的采购成本；不能分清负担对象的，应选择合理的分配方法，分配计入有关存货的采购成本。分配方法通常包括按所购存货的重量或采购价格的比例进行分配。

但是，对于采购过程中发生的物资毁损、短缺等，除合理的损耗应作为存货的“其他可归属于存货采购成本的费用”计入采购成本外，应区别不同情况进行会计处理：①应从供应单位、外部运输机构等收回的物资短缺或其他赔款，冲减物资的采购成本；②因遭受意外灾害发生的损失和尚待查明原因的途中损耗，不得增加物资的采购成本，应暂作为待处理财产损溢进行核算，在查明原因后再做处理。

2. 通过进一步加工而取得的存货

通过进一步加工而取得的存货的成本由采购成本、加工成本以及使存货达到目前场地和状态所发生的其他成本构成。

1) 委托外单位加工的存货

委托外单位加工完成的存货，以实际耗用的原材料或者半成品、加工费、运输费、装卸费等费用以及按规定应计入成本的税金，作为实际成本。

2) 自行生产的存货

自行生产的存货的初始成本包括投入的原材料或半成品、直接人工和按照一定方法分配的制造费用。

3. 投资者投入存货的成本

投资者投入存货的成本，应当按照投资合同或协议约定的价值确定，但合同或协议约定价值不公允的除外。

6.1.4 存货发出的计价

企业应当根据各类存货的实物流转方式、企业管理的要求、存货的性质等实际情况，合理地选择发出存货成本的计算方法，以合理确定当期发出存货的实际成本。

企业可以采用先进先出法、加权平均法（包括移动加权平均法和月末一次加权平均法）或者个别计价法确定发出存货的实际成本。

1. 先进先出法

先进先出法，指发出存货按最先进货的那批单价进行计价的一种方法。这种方法的成本流转假设是先进货的存货先发出，如果发出的批量超过最先进货的那一批时，超过部分要依次按下一批进货的单价计算。

【例 6-1】 ABC 公司按先进先出法发出存货，20×8 年 3 月甲材料明细分类账如表 6-1 所示。

表 6-1 原材料明细分类账

（先进先出法）

存货类别：　　计量单位：公斤

存货编号：　　最高存量：

存货名称及规格：甲　　最低存量：

20×8 年		凭证编号	摘要	收入			发出			结存		
月	日			数量	单价	金额	数量	单价	金额	数量	单价	金额
3	1		期初余额							300	5	1 500
	10	略	购入	900	6	5 400				300 900	5 6	1 500 5 400
	11		发出				300 500	5 6	1 500 3 000	400	6	2 400
	18		购入	600	7	4 200				400 600	6 7	2 400 4 200
	20		发出				400 400	6 7	2 400 2 800	200	7	1 400
	23		购入	200	8	1 600				200 200	7 8	1 400 1 600
	31		本期发生额及余额	1 700		11 200	1 600		9 700	200 200	7 8	1 400 1 600

2. 移动加权平均法

移动加权平均法，是指以本批进货数量加账面结存数量为权数，重计加权平均单位成本，用于发出存货计价的一种方法。采用这一方法，发出存货的单位成本随每次进货而变动。计算平均单位成本的公式如下：

存货的平均单位成本＝（原有库存存货的实际成本＋本次进货存货的实际成本）÷（原有库存存货的数量＋本次进货存货的数量）

本次发出存货的成本＝本次发出存货的数量×本次发货前的存货单位成本

【例 6-2】 续用上例，20×8 年 3 月甲材料明细分类账如表 6-2 所示。

表 6-2　原材料明细分类账

（移动加权平均法）

存货类别：　　　　计量单位：公斤

存货编号：　　　　最高存量：

存货名称及规格：甲　　　　最低存量：

20×8 年		凭证编号	摘要	收入			发出			结存		
月	日			数量	单价	金额	数量	单价	金额	数量	单价	金额
3	1		期初余额							300	5	1 500
	10	略	购入	900	6	5 400				1 200	5.75	6 900
	11		发出				800	5.75	4 600	400	5.75	2 300
	18		购入	600	7	4 200				1 000	6.50	6 500
	20		发出				800	6.50	5 200	200	6.50	1 300
	23		购入	200	8	1 600				400	7.25	2 900
	31		本期发生额及余额	1 700		11 200	1 600		9 800	400	7.25	2 900

3. 月末一次加权平均法

月末一次加权平均法，是指以月初存货数量加当月全部进货数量作为权数，用于发出存货计价的一种方法。计算平均单价的公式如下：

存货的平均单位成本＝（原有库存存货的实际成本＋本次进货存货的实际成本）÷（原有库存存货的数量＋本次进货存货的数量）

本月发出存货的成本＝本月发出存货的数量×存货的平均单位成本

【例 6-3】 续用上例，20×8 年 3 月发出甲材料的成本计算如下：

甲材料本月平均单位成本＝(1 500＋5 400＋4 200＋1 600)
÷(300＋900＋600＋200) ＝6.35（元/公斤）

本月发出甲材料成本＝1 600×6.35＝10 160（元）

期末甲材料成本＝400×6.35＝2 540（元）

采用这一方法，发出存货的单价要在月末才能确定，因此，发出存货的成本只有在月末才能确定，平时从账上无法提供存货结存金额，不利于加强对存货的管理。

4. 个别计价法

个别计价法，亦称为个别认定法、分批实际法、具体辨认法，其特征是注重所发出的存货具体项目的实物流转与成本流转之间的联系，逐一辨认各批次发出存货和期末存货所属购入批别或生产批别，分别按其购入或生产时所确定的单位成本作为计算各批发出存货和期末存货的成本，即按每一种存货的实际成本作为计算发出存货和期末存货成本的基础。对于不能替代使用的存货、为特定项目专门购入或制造的存货以及提供的劳务，通常采用个别计价法确定发出存货的成本。

企业发出的存货，可以按实际成本核算，也可以按计划成本核算，但资产负债表日均应调整为按实际成本。

5. 计划成本法

计划成本法，是指存货的收入、发出和结存都按企业制订的计划成本计算，同时，将实际成本和计划成本的差额单独反映，待期末将发出存货和期末存货由计划成本调整为实际成本的方法。

调整的基本公式如下：

实际成本＝计划成本±成本差异

成本差异＝发出存货的计划成本×存货成本差异率

本期存货成本差异率＝（月初结存的存货成本差异＋本月进货的存货成本差异）÷（月初结存的存货计划成本＋本月进货的存货计划成本）×100％

上期存货成本差异率＝月初结存的存货成本差异÷月初结存的存货计划成本×100％

【例 6-4】 ABC 公司 20×8 年 3 月有关甲材料的资料如下：

日期 事项	数量（公斤）	实际单位成本	实际成本	计划单位成本	计划成本	成本差异
3 月 1 日期初结存	300	5	1 500	6.5	1 950	－450
3 月 10 日购入	900	6	5 400	6.5	5 850	－450
3 月 11 日发出	800			6.5	5 200	
3 月 18 日购入	600	7	4 200	6.5	3 900	300
3 月 20 日发出	800			6.5	5 200	
3 月 23 日购入	500	8	4 000	6.5	3 250	750
3 月 30 日期末结存	700			6.5	4 550	

3 月发出甲材料的实际成本和期末结存甲材料的实际成本，计算如下：

本月材料成本差异率＝(－450－450＋300＋750)÷(1 950＋5 850＋3 900＋3 250)×100％＝150÷14 950×100％＝1％

本月发出材料应分配的差异额＝（5 200＋5 200）×1％＝104

本月发出材料实际成本＝（5 200＋5 200）＋104＝10 504

期末结存的实际成本＝4 550×（1＋1％）＝4 595.5

商品流通企业发出的存货，通常还可以采用毛利率法或售价金额核算法等方法进行核算。

6. 毛利率法

毛利率法，指根据本期销售净额乘以前期实际毛利率匡算本期销售毛利，并计算发出存货成本的一种方法。计算公式如下：

毛利率＝销售毛利÷销售净额×100％

销售净额＝商品销售收入－销售退回与折让

销售毛利＝销售净额×毛利率

销售成本＝销售净额－销售毛利

期末存货成本＝期初存货成本＋本期购货成本－本期销售成本

【例 6-5】 某商场月初纺织品存货 146 000 元，本期购货成本 850 000 元，本期销售收入 1 200 000 元，销售退回与折让 10 000 元，上季度该类商品毛利率为 25％，计算本月已销售存货和月末存货的成本。

本月销售净额＝1 200 000－10 000＝1 190 000（元）

销售毛利＝1 190 000×25％＝297 500（元）

销售成本＝1 190 000－297 500＝892 500（元）

月末存货成本＝146 000＋850 000－892 500＝103 500（元）

用毛利率法计算本期销售成本和期末存货成本，在商业企业较为常见，特别是商业批发企业，若按每种商品计算并结转销售成本，工作量较为繁重，而且，商业企业的同类商品毛利率大致相同，采用这种存货计价方法也比较接近于实际。

采用这种方法，商品销售成本按商品大类销售额计算，在大类商品账上结转成本，计算手续简便。商品明细分类账平时只记录数量不记金额，每季末的最后一个月再根据月末结存数量，按照先进先出法等方法，先算出月末存货成本，然后再计算该季度的商品销售成本，用该季度的商品销售成本减去前两个月已结转的销售成本，计算第三个月应结转的销售成本，从而对前两个月用毛利率计算的销售成本进行调整。

7. 售价金额核算法

售价金额核算法，是通过设置“商品进销差价”科目进行处理的，平时商品存货的进、销、存均按售价记账，售价与进价的差额记入“商品进销差价”科目，期末通过计算进销差价率的办法计算本期已销售商品应分摊的进销差价，并据以调整本期销售成本。进销差价率的计算公式如下：

进销差价率＝(期初库存商品进销差价＋本期购入商品进销差价)
÷(期初库存商品售价＋本期购入商品售价）×100％

本期已销售商品应分摊的进销差价＝本期销售收入×进销差价率

本期已销售商品的销售成本＝本期销售收入－本期已销售商品应分摊的进销差价

期末存货成本＝期初库存商品成本＋本期购入商品成本
－本期已销售商品的销售成本

【例 6-6】 某商店 3 月份的期初存货成本 100 000 元，售价总额 125 000 元；本期购货成本 450 000 元，售价总额 675 000 元；本期销售收入 640 000 元。计算本月已销售存货和月末存货的成本。

本月进销差价率＝（25 000＋225 000）÷（125 000＋675 000）×100％＝31.25％

本月已销售商品应分摊的进销差价＝640 000×31.25％＝200 000（元）

本月已销售商品的销售成本＝640 000－200 000＝440 000（元）

期末存货成本＝100 000＋450 000－440 000＝110 000（元）

对于性质和用途相似的存货，应当采用相同的成本计算方法确定发出存货的成本。

6.2　存货的核算

6.2.1　原材料的核算

1. 材料按实际成本的核算

材料按实际成本的核算，是指材料的收发全部按照实际成本计价。

材料按实际成本的核算，应设置“原材料”账户和“在途物资”账户。

“原材料”账户反映企业库存的各种材料的实际成本。“原材料”账户的借方登记企业验收入库的材料的实际成本；贷方登记发出材料的实际成本，余额在借方，反映企业期末库存材料的实际成本。“原材料”账户应按照材料的保管地点、材料的类别、品种和规格等进行明细核算。

“在途物资”账户企业采用实际成本进行材料、商品等物资的日常核算、已取得所有权但尚未验收入库的各项物资的采购成本。“在途物资”账户借方登记企业购入材料、商品应计入的采购成本的金额；贷方登记验收入库的材料、商品的采购成本；余额在借方，反映企业期末在途材料、商品的采购成本。“在途物资”账户可按供应单位和物资品种进行明细核算。

1）购入材料的核算

购入材料由于结算方式和采购地点不同等原因，材料的入库和货款的支付在时间上很不一致，因而，在不同的情况下，购入材料的账务处理也有所不同。

（1）已办理结算，材料已验收入库。

对于结算凭证等单据与材料同时到达的采购业务，企业在材料验收入库时，应根据有关结算凭证，借记“原材料”和“应交税费——应交增值税（进项税额）”科目，贷记“银行存款”（或应付账款、应付票据、其他货币资金等）科目。

【例 6-7】 ABC 公司购入原材料一批，增值税专用发票注明的价款为 500 000 元，增值税税额为 85 000 元，另外 D 公司代垫运杂费 10 000 元（不考虑增值税）。全部货款都已转账支付，材料验收入库。

借：原材料	510 000	
应交税费——应交增值税（进项税额）	85 000	
贷：银行存款		595 000

（2）已办理结算，材料未验收入库。

对于结算凭证等单据已到达、材料未验收入库的采购业务，企业应根据，应先根据有关结算凭证，借记“在途物资”和“应交税费——应交增值税（进项税额）”科目，贷记“银行存款”（或应付账款、应付票据、其他货币资金等）科目；待材料到达并验收入库时，再借记“原材料”科目，贷记“在途物资”科目。

【例 6-8】 上例中，如果材料未验收入库，则应做如下处理：

借：在途物资　　510 000

　　应交税费——应交增值税（进项税额）　　85 000

　　贷：银行存款　　595 000

待材料到达并验收入库时：

借：原材料　　510 000

　　贷：在途物资　　510 000

（3）材料已验收入库，未办理结算。

这种情况，往往是由于结算凭证传递的时间多于材料运送的时间造成的，一般在短时间内，发票账单都不能到达企业，所以平时可以不进行核算。只有到月末，结算凭证仍然未到达企业时，企业才按照材料的合同价格或计划成本暂估入账，借记“原材料”科目，贷记“应付账款”科目。下月初，用红字金额做同样的记账凭证，予以冲回，以便结算凭证到达时，企业办理结算手续后，按正常核算程序，借记“原材料”和“应交税费——应交增值税（进项税额）”科目，贷记“银行存款”（或应付账款、应付票据、其他货币资金等）科目。

【例 6-9】 3 月 27 日，ABC 公司从外地购进原材料一批，材料已经验收入库，但结算凭证未到，货款未付。3 月 31 日暂估价 300 000 元。

借：原材料　　300 000

　　贷：应付账款——应付暂估价　　300 000

4 月 1 日，用红字金额冲销 3 月 31 日所做处理：

借：原材料　　[300 000]

　　贷：应付账款——应付暂估价　　[300 000]

收到上月末估价入账的材料的发票账单，增值税专用发票账注明的价款为 300 000 元，增值税税额为 51 000 元，开出银行承兑汇票承付。

借：原材料　　300 000

　　应交税费——应交增值税（进项税额）　　51 000

　　贷：应付票据　　351 000

2）发出材料的核算

企业发出的材料，应根据材料的用途分别借记“生产成本”、“制造费用”、“委托加工物资”、“管理费用”等科目，贷记“原材料”科目。

【例 6-10】 ABC 公司本月发出材料汇总表如表 6-3 所示。

表 6-3 发出材料汇总表

材料类别	领料部门及用途				合计
	生产成本	制造费用	管理费用	委托加工物资	
原料及主要材料	500 000			80 000	580 000
修理用备件		2 500			2 500
燃料			1 600		1 600
合计	500 000	2 500	1 600	80 000	584 100

借：生产成本　　500 000
　　制造费用　　2 500
　　委托加工物资　　80 000
　　管理费用　　1 600
　　贷：原材料　　584 100

材料按实际成本计价的核算，可以直接提供材料资金的结存数额以及为计算产品成本直接提供实际材料费数额，但计价的工作量相当繁重而且不能从账簿中反映出材料业务成果。

2. 材料按计划成本的核算

材料按计划成本的核算，是指材料的收发和结存都按照各项材料的计划成本进行核算。材料按计划成本的核算较实际成本的核算，材料的计价较为简化。

材料按计划成本核算时，“原材料”账户对于材料的收发和结存均按计划成本记录，同时还应另外设置“材料采购”和“材料成本差异”两个账户。

“材料采购”账户核算企业采用计划成本进行材料的日常核算购入材料的采购成本(材料的实际成本)。“材料采购”账户的借方反映购入材料实际支付的金额；贷方反映验收入库的材料的计划成本；购入材料的实际成本与计划成本的差异分别从该账户的借方或贷方转入“材料成本差异”账户；期末余额在借方，反映企业在途材料的采购成本。企业应按供应单位和物资品种进行明细核算。

“材料成本差异”账户核算企业采用计划成本进行材料的日常核算材料的实际成本与计划成本的差额。“材料成本差异”账户的借方登记验收入库的材料实际成本大于计划成本的差异和结转的发出材料的计划成本大于实际成本的差额；贷方登记验收入库的材料实际成本小于计划成本的差异和结转的发出材料的计划成本小于实际成本的差额。期末借方余额反映库存材料的实际成本大于计划成本的差额；期末贷方余额反映库存材料的实际成本小于计划成本的差额。企业可以按照存货的类别或品种进行明细核算。

1) 购入材料的核算

购入材料在不同的情况下，应分别进行账务处理。

(1) 已办理结算，材料已验收入库。

对于结算凭证等单据与材料同时到达的采购业务，企业在材料验收入库时，应根据有关结算凭证，借记“材料采购”科目和“应交税费——应交增值税（进项税额)”科目，贷记“银行存款”(或应付账款、应付票据、其他货币资金等）科目；同时，应根据计划成本借记“原材料”科目，贷记“材料采购”科目；实际成本大于计划成本的差额，借记“材料成本差异”科目，贷记“材料采购”科目，实际成本小于计划成本的差额，则做相反的会计分录。

【例 6-11】 ABC公司购入原材料一批，增值税专用发票账注明的价款为500 000元，增值税税额为85 000元，另外D公司代垫运杂费10 000元（不考虑增值税）。全部货款都已转账支付，材料验收入库，该批材料的计划成本为500 000元。

借：材料采购　　510 000
　　应交税费——应交增值税（进项税额）　　85 000
　　贷：银行存款　　595 000

验收入库时：

借：原材料　　500 000
　　贷：材料采购　　500 000
借：材料成本差异　　10 000
　　贷：材料采购　　10 000

（2）已办理结算，材料未验收入库。

对于结算凭证等单据已到达、材料未验收入库的采购业务，企业应先根据有关结算凭证，借记“在途物资”和“应交税费——应交增值税（进项税额）”科目，贷记“银行存款”（或应付账款、应付票据、其他货币资金等）科目；待材料到达并验收入库时，再借记“原材料”科目，贷记“在途物资”科目。

【例 6-12】 上例中，如果材料未验收入库，则应做如下处理：

借：材料采购　　510 000
　　应交税费——应交增值税（进项税额）　　85 000
　　贷：银行存款　　595 000

材料到达并验收入库，如果该材料的计划成本为520 000元时：

借：原材料　　520 000
　　贷：材料采购　　520 000
借：材料采购　　10 000
　　贷：材料成本差异　　10 000

（3）材料已验收入库，未办理结算。

这种情况，往往是由于结算凭证传递的时间多于材料运送的时间造成的，一般在短时间内，发票账单都不能到达企业，所以平时可以不进行核算。只有到月末，结算凭证仍然未到达企业时，企业才按照材料的合同价格或计划成本暂估入账，借记“原材料”科目，贷记“应付账款”科目。下月初，用红字金额做同样的记账凭证，予以冲回，以便结算凭证到达时，企业办理结算手续后，按正常核算程序，借记“材料采购”和“应交税费——应交增值税（进项税额）”科目，贷记“银行存款”（或应付账款、应付票据、其他货币资金等）科目。

【例 6-13】 3月27日，ABC公司从外地购入原材料一批，材料已经验收入库，该批材料的计划成本是300 000元，但结算凭证未到，货款未付。3月31日按照计划成本

300 000 元暂估入账。

借：原材料　　300 000

　　贷：应付账款——应付暂估价　　300 000

4 月 1 日，用红字金额冲销 3 月 31 日所做处理：

借：原材料　　[300 000]

　　贷：应付账款——应付暂估价　　[300 000]

收到上月末估价入账的材料的发票账单，增值税专用发票账注明的价款为3 200 000 元，增值税税额为 54 400 元，开出银行承兑汇票承付。

借：材料采购　　320 000

　　应交税费——应交增值税（进项税额）　　54 400

　　贷：应付票据　　374 400

借：原材料　　300 000

　　贷：材料采购　　300 000

借：材料成本差异　　20 000

　　贷：材料采购　　20 000

2）发出材料的核算

企业发出的材料，应根据材料的用途按照材料的计划成本分别借记“生产成本”、“制造费用”、“委托加工物资”、“管理费用”等科目，贷记“原材料”科目。在反映原材料发出的同时，在月末企业还应结转发出材料应分配的材料成本差异，如果发出材料的实际成本大于计划成本，则按照发出材料应分配的差额，分别借记“生产成本”、“制造费用”、“委托加工物资”、“管理费用”等科目，贷记“材料成本差异”科目；如果发出材料的实际成本小于计划成本，则按照发出材料应分配的差额，做相反的会计分录。

【例 6-14】 ABC 公司本月发出材料汇总表如表 6-4 所示。

表 6-4　发出材料汇总表

（计划成本）

材料类别	领料部门及用途				
	生产成本	制造费用	管理费用	委托加工物资	合计
原料及主要材料	500 000			80 000	580 000
修理用备件		2 500			2 500
燃料			1 600		1 600
合计	500 000	2 500	1 600	80 000	584 100

本月材料成本差异率为 1%。

借：生产成本　　500 000

　　制造费用　　2 500

　　委托加工物资　　80 000

　　管理费用　　1 600

　　贷：原材料　　584 100

发出材料应分配的差异额为：

生产成本	500 000×1%＝5 000
制造费用	2 500×1%＝25
委托加工物资	80 000×1%＝800
管理费用	1 600×1%＝16

借：生产成本　5 000
　　制造费用　25
　　委托加工物资　800
　　管理费用　16
　　贷：材料成本差异　5 841

6.2.2　委托加工物资的核算

委托外单位加工完成的存货，以实际耗用的原材料或者半成品、加工费、运输费、装卸费等费用以及按规定应计入成本的税金作为实际成本。其在会计处理上主要包括拨付加工物资、支付加工费用和税金、收回加工物资和剩余物资等几个环节。

为了反映和监督合同的执行和加工材料的管理与核算，企业应设置“委托加工物资”账户，对委托加工物资进行总分类核算，同时应按照委托加工物资的种类、型号等进行明细分类核算。“委托加工物资”账户的借方登记委托加工物资耗用的材料的实际成本（或计划成本）以及支付的加工费、运杂费、相关的其他税费等；贷方登记加工完成验收入库的材料或其他存货的实际成本；余额在借方，反映尚在加工的物资的成本。

按照消费税征收的相关规定，需要缴纳消费税的委托加工的物资，于委托方提货时，由受托方代收代交税款。委托方加工的物资收回后，用于连续生产的应税消费品，其已经交纳的税款准予按照规定从连续生产的应税消费品应纳消费税额中抵扣，按代收代交的税额，记入“应交税费——应交消费税”账户的借方。回收后直接出售的委托方加工的物资，不再征收消费税，已交纳的税款应记入委托加工物资的成本。

【例6-15】 ABC公司委托B企业加工材料一批（属于应税消费品）。原材料成本为20 000元，支付的加工费为7 000元（不含增值税），消费税税率为10%，材料加工完成并验收入库，加工费用等已经支付。双方适用的增值税税率为17%。ABC公司按实际成本核算原材料，有关账务处理如下：

（1）发出委托加工材料：

借：委托加工物资　20 000
　　贷：原材料　20 000

（2）支付加工费用和税金：

消费税组成计税价格＝(20 000＋7 000)÷(1－10%)＝30 000（元）

受托方代收代交的消费税税额＝30 000×10%＝3 000（元）

应交增值税税额＝7 000×17%＝1 190（元）

① 收回加工后的材料用于连续生产应税消费品时：

借：委托加工物资　　7 000
　　应交税费——应交增值税（进项税额）　　1 190
　　　　　　——应交消费税　　3 000
　　贷：银行存款　　11 190

② 收回加工后的材料直接用于销售时：

借：委托加工物资（7 000+3 000）　　10 000
　　应交税费——应交增值税（进项税额）　　1 190
　　贷：银行存款　　11 190

（3）加工完成，收回委托加工材料。

① 收回加工后的材料用于连续生产应税消费品时：

借：原材料（20 000+7 000）　　27 000
　　贷：委托加工物资　　27 000

② 收回加工后的材料直接用于销售时：

借：原材料（或库存商品）（20 000+10 000）30 000
　　贷：委托加工物资　　30 000

委托加工物资也可以按照计划成本核算。

6.2.3　自行生产的存货的核算

自行生产的存货的初始成本包括投入的原材料或半成品、直接人工和按照一定方法分配的制造费用。制造费用，是指企业为生产产品和提供劳务而发生的各项间接费用，包括企业生产部门（如生产车间）管理人员的薪酬、折旧费、办公费、水电费、机物料消耗、劳动保护费、季节性和修理期间的停工损失等。在生产车间只生产一种产品的情况下，企业归集的制造费用可直接计入该产品成本；在生产多种产品的情况下，企业应采用与该制造费用相关性较强的方法对其进行合理分配。通常采用的方法有：生产工人工时比例法、生产工人工资比例法、机器工时比例法和按年度计划分配率分配法等，还可以按照耗用原材料的数量或成本、直接成本及产品产量分配制造费用。

为核算自行生产的存货，企业应设置“生产成本”账户和“制造费用”账户。“生产成本”账户用来核算生产中发生的直接生产费用，借方登记生产中投入的原材料或半成品、直接人工和按照一定方法分配的制造费用；贷方登记生产完工验收入库的存货的成本；余额在借方，表示期末在产品的成本；企业应按照生产的产品的种类、型号等设置明细分类账户进行明细分类核算。“制造费用”账户反映企业为生产产品和提供劳务而发生的各项间接费用，借方登记在生产中发生的各项间接生产费用；贷方登记期末应分配的本期累计的间接生产费用；期末余额为零。

【例 6-16】　ABC 公司生产车间分别以甲、乙两种材料生产两种产品 A 和 B，3 月，投入甲材料 80 000 元生产 A 产品，投入乙材料 50 000 元生产 B 产品，当月生产 A 产品发生直接人工费用 20 000 元，生产 B 产品发生直接人工费用10 000元，该生产车间归集的制造费用总额为 30 000 元。假定，当月投入生产的 A、B 两种产品均于当月完工，ABC 公司生产车间的制造费用按生产工人工资比例进行分配，则：

A 产品应分摊的制造费用＝30 000×[20 000÷(20 000＋10 000)]＝20 000（元）
B 产品应分摊的制造费用＝30 000×[10 000÷(20 000＋10 000)]＝10 000（元）
A 产品完工成本（既 A 存货的成本）＝80 000＋20 000＋20 000＝120 000（元）
B 产品完工成本（既 B 存货的成本）＝50 000＋10 000＋10 000＝70 000（元）

借：生产成本——A 产品　　80 000
　　　　　　——B 产品　　50 000
　贷：原材料——甲材料　　80 000
　　　　　　——乙材料　　50 000
借：生产成本——A 产品　　20 000
　　　　　　——B 产品　　10 000
　贷：应付职工薪酬　　30 000
借：生产成本——A 产品　　20 000
　　　　　　——B 产品　　10 000
　贷：制造费用　　30 000
借：库存商品——A 产品　　120 000
　　　　　　——B 产品　　70 000
　贷：生产成本——A 产品　　120 000
　　　　　　　——B 产品　　70 000

6.3　存货的期末计量

6.3.1　存货期末计量原则

资产负债表日，存货应当按照成本与可变现净值孰低计量。存货成本高于其可变现净值的，应当计提存货跌价准备，计入当期损益。其中，可变现净值是指日常活动中，存货的估计售价减去至完工时估计将要发生的成本、估计的销售费用以及相关税费后的金额；存货成本是指期末存货的实际成本。例如，企业在存货成本的日常核算中采用计划成本法、售价金额核算法等简化核算方法，则成本应为经调整后的实际成本。

企业预计的销售存货现金流量，并不完全等于存货的可变现净值。存货在销售过程中可能发生的销售费用和相关税费以及为达到预定可销售状态还可能发生的加工成本等相关支出，构成现金流入的抵减项目。企业将预计的销售存货现金流量，扣除这些抵减项目后，才能确定存货的可变现净值。

企业应以确凿证据为基础计算确定存货的可变现净值。

6.3.2　存货期末计量方法

1. 存货减值迹象的判断

存货存在下列情况之一的，表明存货的可变现净值低于成本：
(1) 该存货的市场价格持续下跌，并且在可预见的未来无回升的希望；

（2）企业使用该项原材料生产的产品的成本大于产品的销售价格；

（3）企业因产品更新换代，原有库存原料已不适应新产品的需要，而该原材料的市场价格又低于其账面成本；

（4）因企业所提供的商品或劳务过时或消费者偏好改变而使市场的需求发生变化，导致市场价格逐渐下跌；

（5）其他足以证明该项存货实质上已经发生减值的情形。

存货存在下列情况之一的，表明存货的可变现净值为零：

（1）已霉烂变质的存货；

（2）已过期且无转让价值的存货；

（3）生产中已不再需要，并且已无使用价值和转让价值的存货；

（4）其他足以证明已无使用价值和转让价值的存货。

2. 可变现净值的确定

1）企业确定存货的可变现净值时应考虑的因素

企业确定存货的可变现净值，应当以取得的确凿证据为基础，并且考虑持有存货的目的、资产负债表日后事项的影响等因素。

（1）存货可变现净值的确凿证据。存货可变现净值的确凿证据，是指对确定存货的可变现净值有直接影响的客观证明，如产成品或商品的市场销售价格、与产成品或商品相同或类似商品的市场销售价格、销售方提供的有关资料和生产成本资料等。

（2）持有存货的目的。由于企业持有存货的目的不同，确定存货可变现净值的计算方法也不同。例如，用于出售的存货和用于继续加工的存货，其可变现净值的计算就不相同。因此，企业在确定存货的可变现净值时，应考虑持有存货的目的。一般来讲，企业持有存货的目的，一是持有以备出售，如商品、产成品，其中又分为有合同约定的存货和没有合同约定的存货；二是将在生产过程或提供劳务过程中耗用，如材料等。

（3）资产负债表日后事项等的影响。在确定资产负债表日存货的可变现净值时，不仅要考虑资产负债表日与该存货相关的价格与成本波动，而且还应该考虑未来的相关事项。也就是说，不仅限于财务报告批准报出日之前发生的相关价格与成本波动，还应考虑以后期间发生的相关事项。

2）不同情况下存货可变现净值的确定

（1）产成品、商品等（不包括用于出售的材料）直接用于出售的商品存货，没有销售合同约定的，其可变现净值应当为在正常生产经营过程中，产成品或商品的一般销售价格（市场销售价格）减去估计的销售费用和相关税费等后的金额。

【例 6-17】 20×8 年 12 月 31 日，ABC 公司 A 型号机器的账面价值（成本）为 2 160 000元，数量为 12 台，单位成本为 180 000 元/台。20×8 年 12 月 31 日，A 型号机器的市场销售价格为 200 000 元/台。ABC 公司没有签订有关 A 型号机器的销售合同。

本例中，由于 ABC 公司没有就 A 型号机器签订销售合同，因此，在这种情况下，A 型号机器的可变现净值就是一般销售价格总额 2 400 000 元（200 000×12）。

（2）用于出售的材料等，应当以市场价格减去估计的销售费用和相关税费等后的金额作为其可变现净值。这里的市场价格是指材料等的市场销售价格。

【例 6-18】 20×8 年，ABC 公司根据市场需求的变化，决定停止生产 B 型号机器。为减少不必要的损失，ABC 公司决定将原材料中专门用于生产 B 型号机器的外购原材料——钢材全部出售，20×8 年 12 月 31 日其账面价值（成本）为 900 000 元，数量为 10 吨。根据市场调查，此种钢材的市场销售价格为 60 000 元/吨，同时销售这 10 吨钢材可能发生销售费用及税金 5 000 元。

本例中，由于企业已决定不再生产 B 型号机器，因此，该批钢材的可变现净值不能再以 B 型号机器的销售价格作为其计量基础，而应按钢材的市场销售价格作为计量基础。因此，该批钢材的可变现净值应为 595 000 元（60 000×10－5 000）。

（3）需要经过加工的材料存货，如原材料、在产品、委托加工材料等，由于持有该材料的目的是用于生产产成品，而不是出售，该材料存货的价值将体现在用其生产的产成品上。因此，在确定需要经过加工的材料存货的可变现净值时，需要以其生产的产成品的可变现净值与该产品的成本进行比较，如果该产成品的可变现净值高于其成本，则该材料应当按照其成本计量。

【例 6-19】 20×8 年 12 月 31 日，ABC 公司库存原材料——A 材料的账面价值（成本）为 1 500 000 元，市场购买价格总额为 1 400 000 元，假设不发生其他购买费用；用 A 材料生产的产成品——B 型机器的可变现净值高于成本。确定 20×8 年 12 月 31 日 A 材料的价值。

本例中，20×8 年 12 月 31 日，虽然 A 材料的账面价值（成本）高于其市场价格，但是由于用其生产的产成品——B 型机器的可变现净值高于其成本，即用该原材料生产的最终产品此时并没有发生价值减损。因而，在这种情况下，A 材料即使其账面价值（成本）已高于市场价格，也不应计提存货跌价准备，仍应按其原账面价值（成本）1 500 000元列示在 20×8 年 12 月 31 日资产负债表的存货项目之中。

如果材料价格的下降表明以其生产的产成品的可变现净值低于成本，则该材料应当按可变现净值计量。其可变现净值为在正常生产经营过程中，以该材料所生产的产成品的估计售价减去至完工时估计将要发生的成本、估计的销售费用以及相关税费后的金额确定。

【例 6-20】 20×8 年 12 月 31 日，ABC 公司库存原材料——C 材料的账面价值（成本）为 600 000 元，市场购买价格总额为 550 000 元，假设不发生其他购买费用。由于 C 材料的市场销售价格下降，用 C 材料生产的 D 型机器的市场销售价格总额由 1 500 000 元下降为 1 350 000 元，但其生产成本仍为 1 400 000 元，将 C 材料加工成 D 型机器尚需投入 800 000 元，估计销售费用及税金为50 000 元。确定 20×8 年 12 月 31 日 C 材料的价值。

根据上述资料，其可按以下步骤进行确定：

第一步，计算用该原材料所生产的产成品的可变现净值。

D 型机器的可变现净值＝D 型机器估计售价－估计销售费用及税金

＝1 350 000－50 000＝1 300 000（元）

第二步，将用该原材料所生产的产成品的可变现净值与其成本进行比较。

D型机器的可变现净值1 300 000元小于其成本1 400 000元，即C材料价格的下降和D型机器销售价格的下降表明D型机器的可变现净值低于其成本，因此，C材料应当按可变现净值计量。

第三步，计算该原材料的可变现净值，并确定其期末价值。

C材料的可变现净值＝D型机器的估计售价－将C材料加工成D型机器尚需投入的成本－估计销售费用及税金

＝1 350 000－800 000－50 000＝500 000（元）

C材料的可变现净值500 000元小于其成本600 000元，因此，C材料的期末价值应为其可变现净值500 000元，即C材料应按500 000元列示在20×8年12月31日资产负债表的存货项目之中。

（4）为执行销售合同或者劳务合同而持有的存货，其可变现净值应当以合同价格，而不是估计售价减去估计的销售用和相关税费等后的金额确定。

企业与购买方签订了销售合同（或劳务合同，下同），并且销售合同订购的数量大于或等于企业持有的存货数量，在这种情况下，与该项销售合同直接相关的存货的可变现净值，应当以合同价格为计量基础。即如果企业就其产成品或商品签订了销售合同，则该批产成品或商品的可变现净值应当以合同价格作为计量基础；如果企业销售合同所规定的标的物还没有生产出来，但持有专门用于生产该标的物的材料，则其可变现净值也应当以合同价格作为计量基础。

【例6-21】 20×8年8月10日，ABC公司与乙公司签订了一份不可撤销的销售合同，双方约定，20×9年2月15日，ABC公司应按200 000元/台的价格向乙公司提供A型号的机器10台。20×8年12月31日，ABC公司A型号机器的账面价值（成本）为1 360 000元，数量为8台，单位成本为170 000元/台。20×8年12月31日，A型号机器的市场销售价格为190 000元/台。

本例中，根据ABC公司与乙公司签订的销售合同，ABC公司该批A型号机器的销售价格已由销售合同约定，并且其库存数量小于销售合同订购的数量。在这种情况下，计算库存A型号机器的可变现净值时，应以销售合同约定的价格1 600 000元（200 000×8）作为计量基础，即估计售价为1 600 000元。

【例6-22】 20×8年12月20日，ABC公司与乙公司签订了一份不可撤销的销售合同，双方约定，20×9年3月15日，ABC公司应按200 000元/台的价格向B公司提供10台B型号的机器。20×8年12月31日，A公司还没有生产该批B型号机器，但持有专门用于生产该批10台B型号机器的库存原材料——钢材，其账面价值（成本）为900 000元，市场销售价格总额为700 000元。

本例中，根据ABC公司与乙公司签订销售合同，ABC公司该批B型号机器的销售价格已由销售合同约定，虽然ABC公司还未生产，但持有专门用于生产该批B型号机器的库存原材料——钢材，且可生产的B型号机器的数量不大于销售合同订购的数量。在这种情况下，计算该批原材料——钢材的可变现净值时，应以销售合同约定的B型号机器的销售价格总额2 000 000元（200 000×10）作为计量基础。

如果企业持有的同一项存货的数量多于销售合同或劳务合同订购的数量的，应分别确定其可变现净值，并与其相对应的成本进行比较，分别确定存货跌价准备的计提或转回金额。超出合同部分的存货的可变现净值，应当以一般销售价格为基础计算。

【例 6-23】 20×8 年 9 月 10 日，ABC 公司与乙公司签订了一份不可撤销的销售合同，双方约定，20×9 年 2 月 15 日，ABC 公司应按 180 000 元/台的价格向 B 公司提供 A 型号的机器 10 台。20×8 年 12 月 31 日，ABC 公司 A 型号机器的账面价值（成本）为 1 920 000 元，数量为 12 台，单位成本为 160 000 元/台。2007 年 12 月 31 日，A 型号机器的市场销售价格为 200 000 元/台。

本例中，根据 ABC 公司与乙公司签订的销售合同，ABC 公司该批 A 型号机器的销售价格已由销售合同约定，但是其库存数量大于销售合同约定的数量。在这种情况下，对于销售合同约定数量内（10 台）的 A 型号机器的可变现净值应以销售合同约定的价格总额 1 800 000 元（180 000×10）作为计量基础；而对于超出部分（2 台）的 A 型号机器的可变现净值应以一般销售价格总额 400 000 元（200 000×2）作为计量基础。

3. 存货跌价准备的核算

为核算存货跌价准备，企业应设置“存货跌价准备”和“资产减值损失”两个账户来核算。“存货跌价准备”账户的借方登记已计提的存货跌价准备转回的金额；贷方登记可变现净值低于成本的差额；余额在贷方，反映企业已计提但尚未转销的存货跌价准备。“资产减值损失”账户核算企业计提的各项资产减值准备所形成的损失；企业的各项资产发生减值的，按减值的金额借记“资产减值损失”账户；相关的资产的价值又得以回复的，应转回减值损失，转回时贷记“资产减值损失”账户，期末应将余额转入“本年利润”账户，结转后该账户无余额。

1）存货跌价准备的计提

资产负债表日，存货的成本高于其可变现净值的，企业应当计提存货跌价准备。

企业通常应当按照单个存货项目计提存货跌价准备。即资产负债表日，企业将每个存货项目的成本与其可变现净值逐一进行比较，按较低者计量存货，对其中可变现净值低于成本的，两者的差额即为应计提的存货跌价准备，然后再与已提数进行比较，若应提数大于已提数，则应予补提。企业计提的存货跌价准备，应计入当期损益。

但是，对于数量繁多、单价较低的存货，可以按照存货类别计提存货跌价准备。与在同一地区生产和销售的产品系列相关、具有相同或类似最终用途或目的、且难以与其他项目分开计量的存货，可以合并计提存货跌价准备。

【例 6-24】 ABC 公司采用成本与可变现净值孰低法对期末存货进行计量，存货成本与可变现净值的比较采用单项比较法。20×8 年 12 月 31 日，A、B 两种存货的成本分别为 300 000 元、210 000 元，可变现净值分别为 280 000 元、250 000 元。

对于 A 存货，其成本 300 000 元高于可变现净值 280 000 元，应计提存货跌价准备 20 000 元（300 000－280 000）。

对于 B 存货，其成本 210 000 元低于可变现净值 250 000 元，不需计提存货跌价准备。

因此，该企业对 A、B 两种存货计提的跌价准备共计为 20 000 元，在当日资产负债表中列示的存货金额为490 000元（280 000＋210 000）。

【例6-25】 ABC公司采用成本与可变净值孰低法对A存货进行期末计价。2007年末，A存货的账面成本为100 000元，由于本年以来A存货的市场价格持续下跌，并在可预见的将来无回升的希望。根据资产负债表日状况确定的A存货的可变现净值为95 000元，“存货跌价准备”科目余额为零，应计提的存货跌价准备为5 000元（100 000－95 000）。相关账务处理如下：

借：资产减值损失　　　　5 000

　　贷：存货跌价准备　　　　5 000

假设20×9年年末，A存货的种类和数量、账面成本和已计提的存货跌价准备均未发生变化，20×9年年末，A存货的可变现净值为97 000元，计算出应计提的存货跌价准备为3 000元（100 000－97 000）。由于A存货已计提存货跌价准备5 000元，因此，应冲减已计提的存货跌价准备2 000元（5 000－3 000）。相关账务处理如下：

借：存货跌价准备　　　　2 000

　　贷：资产减值损失　　　　2 000

2）存货跌价准备的转回

当以前减记存货价值的影响因素已经消失，减记的金额就当予以恢复，并在原已计提的存货跌价准备金额内转回，转回的金额计入当期损溢（资产减值损失）。

在核算存货跌价准备的转回时，转回的存货跌价准备与计提该准备的存货项目或类别应当存在直接关系。在原已计提的存货跌价准备金额内转回，意味着转回的金额以将存货跌价准备的余额冲减至零为限。

【例6-26】 沿用例6-25，假设2×10年年末，存货的种类和数量、账面成本和已计提的存货跌价准备均未发生变化，但是，2×10年以来A存货市场价格持续上升，市场前景显好转，至2×10年年末根据当时状态确定的A存货的可变现净值为110 000元。根据以上资料，可以判断以前造成减记存货价值的影响因素已经消失，减记的金额应当在原已计提的存货跌价准备金额3 000元（5 000－2 000）内予以恢复。相关账务处理以下：

借：存货跌价准备　　　　3 000

　　贷：资产减值损失　　　　3 000

需要注意的是，导致存货跌价准备转回的是以前减记存货的影响因素的消失，而不是在当期造成存货可变现净值高于其成本的其他影响因素。如果本期导致存货可变现净值高于其成本的影响因素不是以前减记该存货价值的影响因素，则《企业会计准则》不允许将该存货跌价准备转回。

3）存货跌价准备的结转

企业计提了存货跌价准备，如果其中有部分存货已经销售，则企业在结转销售成本时，应同时结转对其已计提的存货跌价准备。

【例6-27】 20×8年，ABC公司库存A机器5台，每台成本为5 000元，已经计提的存货跌价准备为6 000元，20×9年，A公司将库存的5台机器全部以每台6 000元的价格售出。假定不考虑可能发生的销售费用及税金的影响，A公司应将这5台A机器已经计提的跌价准备在结转其销售成本的同时，全部予以结转。

A 公司的相关账务处理如下：

借：主营业务成本　　19 000

　　存货跌价准备　　6 000

　　贷：库存商品——A 机器　　25 000

如果按存货类别提存货跌价准备的，也应按比例结转相应的存货跌价准备。

6.4　存货的清查

存货的清查，是企业财产中的主要内容之一。通过清查，可以反映企业物资的实有数额，保证存货核算的真实性，对监督物资的安全完整和进一步发掘企业内部资源起着重要的作用。

存货清查会有两种结果：一是账实相符，二是账实不符。账实不符又存在两种情况：盘盈和盘亏。所谓盘盈指清查的结果是实存数大于账存数；盘亏指清查的结果是实存数小于账存数。

对于存货盘盈和盘亏，在查明原因，分清责任之前，先通过“待处理财产损溢”账户结转差异，调整账面存货记录；按规定程序经有关部门批准后，再根据不同的原因和处理结果做出账务处理。

“待处理财产损溢”账户，是用来核算企业在财产清查过程中查明的各种财产物资的盘盈和盘亏。借方登记各种财产物资的盘亏的损失和经批准后处理转出盘盈的金额；贷方登记各种财产物资的盘盈的价值和经批准后处理转出盘亏的损失。企业的财产损溢，在期末结账前处理完毕，处理后“待处理财产损溢”账户应无余额。

6.4.1　盘盈的核算

发生盘盈的存货，经查明是由于收发计量或核算上的误差等原因造成的，应及时办理存货入账的手续，调整存货的实存数，按盘盈的存货的计划成本或估计的金额记入“待处理财产损溢——待处理流动资产损溢”账户。经有关部门批准后，再冲减管理费用。

【例 6-28】　ABC 公司盘盈钢材 500 公斤。经查明是由于收发计量的错误所造成的，按计划成本 2.5 元/公斤入账，所做处理为：

（1）批准前

借：原材料　　1 250

　　贷：待处理财产损溢——待处理流动资产损溢　　1 250

（2）批准后

借：待处理财产损溢——待处理流动资产损溢　　1 250

　　贷：管理费用　　1 250

6.4.2　盘亏的核算

发生盘亏的存货，在报经批准以前，应按发生盘亏的存货的账面记录转入“待处理财产损溢——待处理流动资产损溢”账户。经有关部门批准后，再分别按以下情况处理：

（1）属于自然损耗产生的定额内损耗，经有关部门批准后，作为管理费用；

（2）属于管理不善和超定额损耗造成的存货短缺，应先扣除残料价值、可以收回的保险和过失人的赔偿，然后将净损失记入管理费用；

（3）属于自然灾害或意外事故造成的存货毁损，应先扣除残料价值和可以收回的保险，然后将净损失转作营业外支出。

需要注意的是，按照增值税的相关规定：非正常损失购入的物资和在产品产成品所耗用的购进物资或者应税劳务的所支付的增值税不予抵扣销项税额，应作为“进项税额转出”处理。

【例 6-29】 ABC 公司遭遇火灾，经盘点，共计损失材料 500 000 元。抢救出的损害材料，销售取得 2 000 元，保险公司将理赔 80%的损失，保管员也负有一定责任，酌情赔偿 1 000 元。企业所做处理如下：

（1）批准前

借：待处理财产损溢——待处理流动资产损溢	585 000	
贷：原材料		500 000
应交税费——应交增值税（进项税额转出）		85 000

（2）批准后

借：银行存款	2 000	
其他应收款——过失人	1 000	
——保险公司	468 000	
营业外支出——非常损失	114 000	
贷：待处理财产损溢——待处理流动资产损溢		585 000

思 考 题

1. 存货确认的条件是什么？
2. 存货的初始计量的原则是什么？
3. 存货的成本包括哪些内容？不同方式取得的存货，其成本如何确定？
4. 发出存货的计价方法有哪些？制造企业常用的有哪几种？
5. 什么是材料成本差异？如何计算？
6. 存货发生减值的迹象主要有哪些？
7. 可变现净值的含义是什么？举例说明如何计算确定存货的可变现净值。

练 习 题

1. ABC 公司为增值税的一般纳税人企业，采用实际成本对材料进行日常核算。3 月 1 日有关账户期初余额如下：在途物资 20 万元；预付账款——D 企业 2 万元；委托加工物资——E 企业 4 万元；周转材料——包装物 4 万元；原材料 100 万元（其中包括上月末材料已到但发票账单未到而暂估入账的 5 万元）。3 月份该企业发生如下业务：

（1）1 日，冲回上月末暂估入账的原材料；

（2）3日，在途物资全部收到，验收入库；

（3）8日，从D公司购入材料，增值税专用发票账注明的价款为100万元，增值税税额为17万元，另外D公司代垫运杂费1万元（不考虑增值税）。全部货款都已转账支付，材料验收入库；

（4）10日，收到委托E企业加工的包装物并验收入库，入库成本为4万元；

（5）12日，持银行汇票30万元，从C公司购入材料一批，增值税专用发票账注明的价款为20万元，增值税税额为3.4万元，支付运杂费（不考虑增值税）0.8万元，材料验收入库，A企业收回剩余票款存入银行；

（6）18日，收到上月末估价入账的材料的发票账单，增值税专用发票账注明的价款为5万元，增值税税额为0.85万元，开出银行承兑汇票承付；

（7）23日，收到D企业发来的材料，并验收入库，增值税专用发票账注明的价款为4万元，增值税税额为0.68万元，对方代垫运杂费（不考虑增值税）0.4万元。为购买该材料上月向D企业预付2万元货款，收到材料后补付剩余货款；

要求：根据上述业务编制会计分录。

2. ABC公司为增值税的一般纳税人企业，采用计划成本对材料进行日常核算，材料成本差异逐项结转。3月初原材料计划成本为500万元，材料成本差异为借方余额10.69万元，B企业3月份发生下列业务：

（1）5日，购入材料一批，增值税专用发票账注明的价款为60万元，增值税税额为10.2万元，B企业开出金额为70.2万元的商业承兑汇票承付，期限三个月，材料未收到；

（2）8日，上述材料运达B企业，并验收入库，该材料的计划成本为65万元；

（3）20日，用银行存款买入原材料一批，增值税专用发票账注明的价款为100万元，增值税税额为17万元，另外，用银行存款支付运杂费（不考虑增值税）、保险费共5万元，原材料计划成本为104万元，材料已验收入库；

（4）31日，汇总本月领用原材料的计划成本共计150万元。其中，生产领用140万元，管理部门领用8万元，车间领用2万元。

要求：根据上述业务进行账务处理。

第7章 投 资

7.1 投资概述

7.1.1 投资的概念

随着我国市场经济的发展，特别是资本市场的建立和快速发展，企业生产经营日趋多元化，除了传统的日常生产经营活动以外，越来越多地采用投资、收购、兼并、重组等方式扩大企业规模、拓宽生产经营渠道、提高获利能力。其中，通过投资取得的利润占利润总额的比例越来越大。

投资是企业为了获得收益、实现资本增值或其他目的向被投资单位投放资金的经济行为。投资的目的有多种，企业可以有效地利用闲置的资金，充分发挥企业资金的使用效率；可以通过投资影响甚至控制其他相关企业的生产经营，为本企业创造更有利的外部环境；还可以实现经营战略的转移和多元化经营。

投资有广义和狭义之分。广义的投资包括对外投资和对内投资。对外投资是指企业以现金、实物、无形资产或者购买股票、债券等有价证券的方式向其他单位的投资；对内投资是指向本企业的投资，如对本企业固定资产投资、存货投资等。狭义的投资指的是对外投资。本章主要介绍的是对外投资和对内投资中的房地产投资，主要由《企业会计准则2号——长期股权投资》、《企业会计准则22号——金融工具确认和计量》、《企业会计准则3号——投资性房地产》和《企业会计准则8号——资产减值》等具体准则规范。

7.1.2 投资的分类

投资是企业将货币资金、实物或无形资产等资产让渡给其他单位，然后通过从其他单位获取利息、股利（利润）或对其影响控制等形式，实现经营规模扩张和资产增值的行为。它是企业常用的一种资本营运手段。按照不同标准，对外投资可以做如下分类。

1. 按投资形式分类

对外投资可分为股权投资、债权投资、混合投资和基金投资四类。股权投资是为获取另一企业的所有者权益进行的投资。其特点是：一般没有确定的投资回收期和股利收入，投资只能通过证券市场等产权市场转让，而不能从被投资企业中直接抽回；投资者有权参与被投资企业的经营管理；投资风险较高。一般情况下，企业进行股权投资是为了获得另一企业的控制权，或者看好另一企业的发展前景，认为股权投资能获得较高回报。

债权投资是为取得债权进行的投资，如购买国库券或其他企业的债券，委托银行向其他企业贷款等。其特点是：一般有固定的投资回收期和利息收入；投资可以通过金融市场、以多种方式予以转让而获得现金，如卖出债券、以债权向银行贴现贷款等；投资者无权参与被投资企业的经营管理；投资的风险较小。债权投资的目的一般是在减少投资风险的前提下，获取高于银行存款利率的利息，并可以按期收回本息。

混合投资是企业通过购买混合性证券，如可转换公司债券等进行的投资。它兼有股权投资和债权投资的性质，投资风险低于股权投资而高于债权投资。

基金投资是企业以现金购买证券投资基金份额进行的投资。

2. 按投资的期限分类

投资可分为短期投资和长期投资。短期投资是能够随时变现并且持有时间不准备超过1年的投资。长期投资是短期投资以外的投资，即企业不准备随时变现，持有时间在1年以上的投资，包括长期股权投资、长期债权投资和其他长期投资。

3. 按投资的方式分类

投资可分为直接投资和间接投资。直接投资是将资金及非货币资产直接投资于另一企业，并参与其生产经营管理的一种投资活动；间接投资是企业用资金购买股票、债券、基金等金融资产，而不直接参与其他企业生产经营管理的一种投资活动。

4. 按投资的持有意图分类

投资可以分为交易性投资、可供出售投资、持有至到期投资等。这是按照《企业会计准则》的规定，企业配合自身业务和风险管理对金融性投资进行的分类。

7.1.3 投资的确认

各类投资都是企业的资产，按照资产确认的原则，其确认首先要符合投资的定义，同时还要满足资产确认的两个条件。投资是企业为了获得收益或实现资本增值向其他单位投放资金的经济行为。其确认条件是：

（1）与该项投资有关的经济利益很可能流入企业；

（2）该项投资成本或者价值能够可靠地计量。

7.1.4 投资的初始与后续计量

各类投资的计量原则是：初始计量均以公允价值为计量基础，但是交易费用处理有所不同；后续计量则是混合模式，既有公允价值也有摊余成本计量。

（1）交易性金融资产的计量：其初始投资成本按照公允价值计量，投资时的税费计入当期损益，后续的期末账面价值按照公允价值计量，公允价值的变动计入当期损益；

（2）持有至到期投资的计量：其初始投资成本按照买价和税费计量，后续计量按照摊余成本计量；

（3）可供出售的金融资产的计量：其初始投资成本按照买价和税费计量，后续的期末账面价值按照公允价值计量，且公允价值的变动计入所有者权益；

(4) 长期股权投资的计量：其初始投资成本按照取得时的成本和税费计量，后续计量分为成本法和权益法两种。

(5) 投资性房地产的计量：其初始投资成本也是历史成本，后续计量有成本和公允价值两种计量模式。

7.2 交易性金融资产

7.2.1 金融资产概述

1. 金融资产概念

金融资产是指库存现金、应收款项、应收票据、贷款等货币债权，债权、股权、基金等对外投资，以及由衍生金融工具交易所产生的净债权等。

《企业会计准则》按照企业从持有目的、意图以及便于风险管理等方面对金融资产进行分类，类别不同计量基础不同。具体划分为：以公允价值计量且其变动计入当期损益的金融资产、持有至到期投资、贷款和应收款项、可供出售的金融资产等四类。金融资产的分类一旦确定，不得随意改变。企业在初始确认时将某金融资产或某金融负债划分为以公允价值计量且其变动计入当期损益的金融资产或金融负债后，不能重分类为其他类金融资产或金融负债；其他类金融资产或金融负债也不能重分类为以公允价值计量且其变动计入当期损益的金融资产或金融负债。持有至到期投资、贷款和应收款项、可供出售金融资产等三类金融资产之间，也不得随意重分类。其中，以公允价值计量且其变动计入当期损益的金融资产包括交易性金融资产和直接指定为以公允价值计量且其变动计入当期损益的金融资产。直接指定为以公允价值计量且其变动计入当期损益的金融资产，主要是指企业基于风险管理、战略投资需要等而将其直接指定为以公允价值计量且其公允价值变动计入当期损益的金融资产。

2. 公允价值概念与确定

我国《企业会计准则》是谨慎和有条件地采用公允价值计量属性的，其中允许部分金融资产采用公允价值计量，因此在金融工具确认与计量的准则中再次规范了公允价值的概念和确定的方法。公允价值是指在公平交易中，熟悉情况的交易双方自愿进行资产交换或者债务清偿的金额。在公平交易中，交易双方应当是持续经营企业，不打算或不需要进行清算、重大缩减经营规模，或在不利条件下仍进行交易。

根据会计准则的规定，公允价值按照以下原则确定：

(1) 存在活跃市场的金融资产，活跃市场中的报价应当用于确定其公允价值。活跃市场中的报价是指易于定期从交易所、经纪商、行业协会等处获得的价格。

(2) 不存在活跃市场的，企业应当采用估值技术确定其公允价值。估值技术包括参考熟悉情况并自愿交易的各方最近进行的市场交易中使用的价格、参照实质上相同的其他金融工具的当前公允价值、现金流量折现法和期权定价模型等。

7.2.2 交易性金融资产概念

交易性金融资产是以赚取价差为目的的金融资产，如有活跃市场报价的股票、债券、基金投资、有效套期工具以外的衍生工具，如期货等。这类金融资产在各行业的企业中都会涉及，是企业的流动资产。对于一般企业来说，满足以下条件之一即可认定为交易性金融资产：

(1) 从取得该金融资产的目的来看，主要是为了近期内出售、回购或赎回，如企业以赚取差价为目的从二级市场购入的股票、债券和基金等。

(2) 属于进行集中管理的可辨认金融工具组合的一部分，且有客观证据表明企业近期采用短期获利方式对该组合进行管理。

(3) 有效套期工具以外的衍生工具。

因为交易性金融资产是为了近期内出售的金融资产，会计处理时着重于反映该金融资产与金融市场的紧密结合性，反映相关市场变量变化对其价值的影响，所以这类资产的核算以公允价值计量且其变动计入当期损益。

7.2.3 交易性金融资产的核算

企业设置“交易性金融资产”科目，核算企业为交易目的所持有的债券投资、股票投资、基金投资等交易性金融资产的公允价值。企业持有的直接指定为以公允价值计量且其变动计入当期损益的金融资产，也在此科目核算，不另外设置其他科目。其明细核算按交易性金融资产的类别和品种，分别设置“成本”、“公允价值变动”等明细科目进行。

1) 交易性金融资产取得的核算

交易性金融资产取得的核算的关键在于初始计量。企业从各种渠道取得的交易性金融资产，按其公允价值借记“交易性金融资产”科目。例如，企业从二级市场购入一批公司债券，其支付的价款（不含交易费用）就可以认为是该公司债券的公允价值；按发生的交易费用，借记“投资收益”科目。交易费用，是指可直接归属于购买、发行或处置金融工具的增量外部费用，包括支付给代理机构、咨询公司、券商等的手续费和佣金及其他必要支出。按已到付息期但尚未领取的利息或已宣告但尚未发放的现金股利，借记“应收利息”或“应收股利”科目。按实际支付的金额，贷记“银行存款”等科目。

从以上规定可以看出，对于交易性金融资产其初始计量取得时的公允价值，而同时发生的交易费用不计入其成本，计入当期损益，这样初始计量可以清晰地反映初始和期末公允价值的价差。

【例 7-1】 ABC 公司于 20×8 年 3 月 30 日按面值购入甲公司于当日发行的面值 150 000元的债券，作为交易性金融资产，并支付交易费用 1 500 元。

借：交易性金融资产——甲公司债券（成本）	150 000	
投资收益	1 500	
贷：银行存款		151 500

【例 7-2】 ABC 公司于 20×8 年 4 月 30 日以每股 12 元的价格购入 F 上市公司股票 50 万股，作为交易性金融资产核算，当时已经宣布按每股 0.5 元发放的现金股利。购

买该股票支付手续费等 100 000 元，5 月 5 日，收到该上市公司发放的现金股利。ABC 公司此项投资的会计分录如下：

借：交易性金融资产——F 公司股票（成本）　　5 750 000
　　应收股利　　250 000
　　投资收益　　100 000
　　贷：银行存款　　6 100 000
借：银行存款　　250 000
　　贷：应收股利　　250 000

2）交易性金融资产持有的核算

企业的交易性金融资产在持有期间获得的收益应该计入投资收益。如果被投资企业宣布发放现金股利，或在资产负债表日按分期付息、一次还本债券投资的票面利率计算的利息，借记“应收股利”或“应收利息”科目，贷记“投资收益”科目。

【例 7-3】 ABC 公司对持有的某债券面值 150 000 计提利息，时间（半年）和利率（6%/年），利息暂未收到。

应计债券利息：150 000×6%÷2＝4 500（元）

借：应收利息　　4 500
　　贷：投资收益　　4 500

3）交易性金融资产处置的核算

出售交易性金融资产，应按实际收到的金额，借记“银行存款”等科目，按该金融资产的账面余额，贷记“交易性金融资产”，按其差额，贷记或借记“投资收益”科目。同时，将原计入该金融资产的公允价值变动转出，借记或贷记“公允价值变动损益”科目，贷记或借记“投资收益”科目。

【例 7-4】 ABC 公司将持有的某公司股票出售，实收款 230 000 元。当日某股票账面价值 240 000 元（初始成本 255 000 元）。

股票处置损益＝230 000－240 000＝－10 000（元）

借：银行存款　　230 000
　　投资收益　　10 000
　　交易性金融资产——某公司股票（公允价值变动）　　15 000
　　贷：交易性金融资产——某公司股票（成本）　　255 000
同时：
借：投资收益　　15 000
　　贷：公允价值变动损益　　15 000

4）交易性金融资产期末计价的核算

金融资产的后续计量主要是指资产负债表日对金融资产的计量，即期末计价。不同类别的金融资产，其后续计量采用的计量基础也不完全相同。

资产负债表日，交易性金融资产以期末公允价值计价。当交易性金融资产的公允价值高于其账面余额的差额，借记“交易性金融资产”（公允价值变动），贷记“公允价值变动损益”科目；公允价值低于其账面余额的差额做相反的会计处理。“交易性金融资产”的期末借方余额，反映企业持有的交易性金融资产的公允价值。

【例7-5】 沿用例7-2，购入的股票当年6月30日的市价为每股11元。

借：公允价值变动损益　　　　250 000

　　贷：交易性金融资产——F公司股票（公允价值变动）　　　　250 000

7.3　持有至到期投资

7.3.1　持有至到期投资概念

持有至到期投资是指到期日固定、回收金额固定或可确定，且企业有明确意图和能力持有至到期的非衍生金融资产。通常情况下，企业持有的、在活跃市场上有公开报价的国债、企业债券、金融债券等当有意图和能力持有至到期时，可以划分为持有至到期投资。

准则规定可以将持有至到期投资重分类为可供出售金融资产。企业将持有至到期投资在到期前处置或重分类，通常表明其违背了将投资持有到期的最初意图。如果处置或重分类为其他类金融资产的金额相对于该类投资（企业全部持有至到期投资）在出售或重分类前的总额较大，则企业在处置或重分类后应立即将其剩余的持有至到期投资（全部持有至到期投资扣除已处置或重分类的部分）重分类为可供出售金融资产。

7.3.2　持有至到期投资的核算

企业设置“持有至到期投资”科目核算持有至到期投资的摊余成本。按持有至到期投资的类别和品种，分别“成本”、“利息调整”、“应计利息”等进行明细核算。

1）持有至到期投资取得的核算

企业取得的持有至到期投资，应按该投资的面值，借记“持有至到期投资（成本）”科目，按支付的价款中包含的已到付息期但尚未领取的利息，借记“应收利息”科目，按实际支付的金额，贷记“银行存款”等科目，按其差额，借记或贷记“持有至到期投资（利息调整）”科目。

【例7-6】 ABC公司20×8年1月1日购入H公司当日发行的五年期债券，准备持有至到期。债券的票面利率为12%，债券面值1 000元，企业按1 050元的价格购入80张。

20×8年1月1日：

借：持有至到期投资——H公司债券（成本）　　　　80 000

　　　　　　　　　——H公司债券（利息调整）　　　　4 000

　　贷：银行存款　　　　84 000

2）持有至到期投资持有期间的核算

资产负债表日，持有至到期投资为分期付息、一次还本债券投资的，应按票面利率计算确定的应收未收利息，借记“应收利息”科目，按持有至到期投资摊余成本和实际利率计算确定的利息收入，贷记“投资收益”科目，按其差额，借记或贷记“持有至到期投资（利息调整）”科目。关于实际利率的计算将在后续课程《财务管理》中详细介绍，本课程不再赘述。

持有至到期投资为一次还本付息债券投资的，对于资产负债表日按票面利率计算确定的应收未收利息，是长期的应收未收资产，所以借记“持有至到期投资（应计利息）”科目。按持有至到期投资摊余成本和实际利率计算确定的利息收入，贷记“投资收益”科目，按其差额，借记或贷记“持有至到期投资（利息调整）”科目。

【例 7-7】 沿用上例，ABC公司20×8年1月1日购入H公司当日发行的五年期债券，准备持有至到期。债券的票面利率为12%，债券面值1 000元，企业按1 050元的价格购入80张。该债券每年年末付息一次，最后一年还本并付最后一次利息。假设公司按年计算利息。该债券的实际利率为10.66%，假定不考虑相关税费。

持有各期间摊余成本的计算和会计处理如下：

(1) 20×8年12月31日

借：应收利息　　9 600

　　贷：投资收益　　8 954 (84 000×10.66%)

　　　　持有至到期投资——H公司债券（利息调整）　　646

收到利息时：

借：银行存款　　9 600

　　贷：应收利息　　9 600

(2) 20×9年12月31日

借：应收利息　　9 600

　　贷：投资收益　　8 886 ((84 000－646)×10.66%)

　　　　持有至到期投资——H公司债券（利息调整）　　714

收到利息时：

借：银行存款　　9 600

　　贷：应收利息　　9 600

(3) 2×10年12月31日

借：应收利息　　9 600

　　贷：投资收益　　8 809 ((84 000－646－714)×10.66%)

　　　　持有至到期投资——H公司债券（利息调整）　　791

收到利息时：

借：银行存款　　9 600

　　贷：应收利息　　9 600

(4) 2×11年12月31日

借：应收利息　　9 600

　　贷：投资收益　　8 725 (84 000－646－714－791)×10.66%

　　　　持有至到期投资——H公司债券（利息调整）　　875

收到利息时：

借：银行存款　　9 600

　　贷：应收利息　　9 600

(5) 2×12 年 12 月 31 日

借：应收利息　　9 600

　　贷：投资收益　　8 626

　　　　持有至到期投资——H 公司债券（利息调整）

　　　　　　974（4 000－646－714－791－875）

收到利息和本金时：

借：银行存款　　89 600

　　贷：应收利息　　9 600

　　　　持有至到期投资——H 公司债券（成本）　　80 000

3）*持有至到期投资处置的核算*

出售持有至到期投资，应按实际收到的金额，借记“银行存款”等科目，按其账面余额，贷记“持有至到期投资（成本、利息调整、应计利息）”科目，按其差额，贷记或借记“投资收益”科目。已计提减值准备的，同时还应结转减值准备。

【例 7-8】 20×9 年 1 月 10 日，ABC 公司将某公司债券提前出售，取得转让收入 510 000 元。债券转让日，此债券账面摊余成本为 508 405 元（20×8 年年末情况。其中，成本为 500 000 元，利息调整为 8 405 元）。

债券处置损益：510 000－508 405＝1 595（元）

借：银行存款　　510 000

　　贷：持有至到期投资——某公司债券（成本）　　500 000

　　　　　　　　　　　——某公司债券（利息调整）　　8 405

　　　　投资收益　　1 595

4）*持有至到期投资期末计价的核算*

“持有至到期投资”科目期末借方余额，反映企业持有至到期投资的摊余成本。参见例 7-7 每年末的会计处理。

7.4　可供出售金融资产

7.4.1　可供出售金融资产概念

可供出售金融资产，是指初始确认时即被指定为可供出售的非衍生金融资产，以及没有划分为持有至到期投资、贷款和应收款项、以公允价值计量且其变动计入当期损益的金融资产。通常情况下，划分为此类的金融资产应当在活跃的市场上有报价，因此，企业从二级市场上购入的、有报价的债券投资、股票投资、基金投资等都可以划分为可供出售金融资产。

7.4.2　可供出售金融资产的核算

企业设置“可供出售金融资产”科目核算企业持有的可供出售金融资产的公允价

值，包括划分为可供出售的股票投资、债券投资等金融资产。按可供出售金融资产的类别和品种，分别对“成本”、“利息调整”、“应计利息”、“公允价值变动”等进行明细核算。可供出售金融资产发生减值的，可以单独设置“可供出售金融资产减值准备”科目。

1）可供出售金融资产取得的核算

企业取得可供出售的金融资产，初始计量应按其公允价值与交易费用之和，借记“可供出售金融资产（成本）”科目，按支付的价款中包含的已宣告但尚未发放的现金股利，借记“应收股利”科目，按实际支付的金额，贷记“银行存款”等科目。

企业取得的可供出售金融资产为债券投资的，应按债券的面值，借记“可供出售金融资产（成本）”科目，按支付的价款中包含的已到付息期但尚未领取的利息，借记“应收利息”科目，按实际支付的金额，贷记“银行存款”等科目，按差额借记或贷记“可供出售金融资产（利息调整）”科目。

【例 7-9】 20×8 年 4 月 10 日，ABC 公司从股票二级市场以每股 15 元的价格购入 G 公司发行的股票 200 000 股，包括宣布发放每股 0.2 元的现金股利。占有 G 公司表决权股份的 5%，另外支付印花税等 30 000 元。对 G 公司无重大影响，划分为可供出售金融资产。当月 25 日 ABC 公司收到现金股利。

（1）20×8 年 4 月 10 日购入股票：

借：应收股利	40 000	
可供出售金融资产——G 公司股票（成本）	2 990 000	
贷：银行存款		3 030 000

（2）20×8 年 4 月 25 日收到现金股利

借：银行存款	40 000	
贷：应收股利		40 000

2）可供出售金融资产持有收益的核算

可供出售的股票投资的金融资产持有期间，被投资企业宣布发放现金股利的，按照应享有的份额，借记“应收股利”科目，贷记“投资收益”科目；实际收到时借记“银行存款”科目，贷记“应收股利”科目。

【例 7-10】 沿用例 7-9 20×9 年 4 月 G 公司宣布并发放现金股利，每股0.4 元。

（1）现金股利宣布日：

借：应收股利	80 000	
贷：投资收益		80 000

（2）现金股利收到日：

借：银行存款	80 000	
贷：应收股利		80 000

可供出售债券投资持有期间收益的核算，根据债券付息的方式不同，进行不同的会计处理。当可供出售债券是分期付息、一次还本债券投资的，资产负债表日，应按票面利率计算确定应收未收的利息，借记“应收利息”科目，按可供出售债券的摊余成本和实际利率计算确定的利息收入，贷记“投资收益”科目，按其差额，借记或贷记“可供

出售金融资产（利息调整）”科目。

当可供出售债券是一次还本付息债券投资的，因为是到期才能收到利息，属于长期资产，所以应于资产负债表日按票面利率计算确定的应收未收利息，借记“可供出售金融资产（应计利息）”科目，按可供出售债券的摊余成本和实际利率计算确定的利息收入，贷记“投资收益”科目，按其差额，借记或贷记“可供出售金融资产（利息调整）”科目。

3）可供出售金融资产期末计价的核算

可供出售金融资产期末计价，即后续计量的问题，应当以资产负债表日的公允价值计量，公允价值变动损益计入所有者权益。当可供出售金融资产的公允价值高于其账面余额时，其差额，借记“可供出售金融资产（公允价值变动）”科目，贷记“资本公积——其他资本公积”科目；当公允价值低于其账面余额时，其差额做相反的会计分录。期末借方余额，反映企业可供出售金融资产的公允价值。

确定可供出售金融资产发生减值的，按应减记的金额，借记“资产减值损失”科目，按应从所有者权益中转出原计入资本公积的累计损失金额，贷记“资本公积——其他资本公积”科目，按其差额，贷记“可供出售金融资产（公允价值变动）”科目。

【例 7-11】 20×8 年 12 月 31 日，沿用例 7-9，G 公司股票的市场价格为每股 13 元。ABC 公司预计该股票的价格下跌是暂时的。

20×8 年 12 月 31 日确认股票公允价值变动

借：资本公积——其他资本公积　　390 000

　　贷：可供出售金融资产——G 公司股票（公允价值变动）　　390 000

【例 7-12】 20×9 年，G 公司因违反相关证券法规，受到证券监管部门查处。受此影响，G 公司股票的价格发生下跌。至 20×9 年 12 月 31 日，该股票的市场价格下跌到每股 8 元。

借：资产减值损失　　1 360 000

　　贷：资本公积——其他资本公积　　360 000

　　　　可供出售金融资产——G 公司股票（公允价值变动）　　1 000 000

【例 7-13】 2×10 年，G 公司整改完成，加之股市行情好转，至 12 月 31 日，该股票的市场价格上升到每股 11 元。

2×10 年 12 月 31 日确认股票价格上涨

借：可供出售金融资产——G 公司股票（公允价值变动）　　600 000

　　贷：资本公积——其他资本公积　　600 000

4）可供出售金融资产处置的核算

处置可供出售的金融资产，应将实际收到的价款与该项资产账面价值的差额计入投资损益；并将原计入所有者权益的公允价值变动累积额中的对应部分也转至投资损益。具体处理如下：应按实际收到的金额，借记“银行存款”等科目，按其账面余额，贷记“可供出售金融资产（成本、公允价值变动、利息调整、应计利息）”科目，按应从所有者权益中转出的公允价值累计变动额，借记或贷记“资本公积——其他资本公积”科目，按其差额，贷记或借记“投资收益”科目。

【例 7-14】 20×8 年 12 月，ABC 公司将持有的 B 公司股票售出，实收款 850 000 元，账面价值 785 000 元。其中，成本 735 000 元，公允价值变动 50 000 元。公司将原直接计入“资本公积”的公允价值变动的金额 50 000 元计入投资收益。

股票处置损益：850 000－785 000＝65 000（元）

借：银行存款	850 000	
贷：可供出售金融资产——B 公司股票（成本）		735 000
——B 公司股票（公允价值变动）		50 000
投资收益		65 000
借：资本公积——其他资本公积	50 000	
贷：投资收益		50 000

7.5　长期股权投资

7.5.1　长期股权投资概念

长期股权投资是指投资者为了长期持有、不准备随时出售，以股东的身份按持股比例分享收益并承担责任的权益性投资，包括对子公司投资、对合营企业投资、对联营企业投资以及对被投资单位不具有控制、共同控制或重大影响且在活跃市场中没有报价、公允价值不能可靠计量的权益性投资。

7.5.2　长期股权投资内容

长期股权投资也属于企业金融资产，但是因为其固有的特征，与交易性金融资产、持有至到期投资、可供出售金融资产的会计处理有很大的区别，因此掌握长期股权投资的具体内容很重要。

1. 对子公司投资

企业持有的能够对被投资单位实施控制的权益性投资，即对子公司投资。子公司的标志就是企业对被投资单位能够实施控制。控制，是指有权决定一个企业的财务和经营政策，并能据以从该企业的经营活动中获取利益。控制通常具有如下特征：

（1）控制的主体是唯一的，不是两方或多方。即对被投资单位的财务和经营政策的提议不必要征得其他方同意，就可以形成决议，付诸被投资单位执行。

（2）控制的内容是另一个企业的日常生产经营活动的财务和经营政策，这些财务和经营政策一般是通过表决权来决定的。在某些情况下，也可以通过法定程序严格限制董事会、受托人或管理层对特殊目的主体经营活动的决策权，如规定除设立者或发起人外，其他人无权决定特殊目的主体经营活动的政策。

（3）控制的目的是为了获取经济利益，包括为了增加经济利益、维持经济利益、保护经济利益，或者降低所分担的损失等。

（4）控制的性质是一种权力，可以是一种法定权力，也可以是通过公司章程或协议、投资者之间的协议授予的权力。这种权力可以实际行使，也可以不实际行使。有权力实施控制力并不一定意味着有能力实施控制力。

2. 对合营企业投资

企业持有的能够与其他合营方一同对被投资单位实施共同控制的权益性投资，即对合营企业投资。合营企业的标志是企业能够和其他合营方对被投资单位实施共同控制。共同控制，是指按照合同约定对某项经济活动共有的控制。其实质是通过合同约定建立起来的、合营各方对合营企业共有的控制。一般在合营企业设立时，合营各方在投资合同或协议中约定：在所设立合营企业的重要财务和生产经营决策制定过程中，必须由合营各方均同意才能通过，合营各方均受到合营合同的限制和约束。该约定可能体现为不同的形式，如可以通过在合营企业的章程中规定，也可以通过制定单独的合同做出约定。

3. 对联营企业投资

企业持有的能够对被投资单位施加重大影响的权益性投资，即对联营企业投资。联营企业的标志是企业对被投资单位能够实施重大影响。重大影响，是指对一个企业的财务和经营政策有参与决策的权力，但并不能够控制或者与其他方一起共同控制这些政策的制定。一般情况下，投资企业直接或通过子公司间接拥有被投资单位20%以上，但低于50%的表决权股份时具有重大影响。除非有明确的证据表明该种情况下不能参与被投资单位的生产经营决策，才不形成重大影响。

具体实务中，通常可以通过以下一种或几种情形来判断具有重大影响：①在被投资单位的董事会或类似权力机构中派有代表。派有代表并享有相应的实质性的参与决策权，通过在被投资单位生产经营决策制定过程中的发言权实施重大影响。②参与被投资单位的政策制定过程，包括股利分配政策等的制定。这种情况下，因可以参与被投资单位的政策制定过程，在制定政策过程中可以为其自身利益提出建议和意见，从而可以对被投资单位施加重大影响。③与被投资单位之间发生重要交易。有关的交易因对被投资单位的日常经营具有重要性，进而一定程度上可以影响到被投资单位的生产经营决策。④向被投资单位派出管理人员。这种情况下，通过投资企业对被投资单位派出管理人员，管理人员有权力负责被投资单位的财务和经营活动，从而能够对被投资单位施加重大影响。⑤向被投资单位提供关键技术资料。因被投资单位的生产经营需要依赖投资企业的技术或技术资料，表明投资企业对被投资单位具有重大影响。

投资企业拥有被投资单位有表决权股份的比例低于20%的，一般认为对被投资单位不具有重大影响。在确定能否对被投资单位施加重大影响时，一方面应考虑投资企业直接或间接持有被投资单位的表决权股份，同时要考虑企业及其他方持有的现行可执行潜在表决权在假定转换为对被投资单位的股权后产生的影响，如被投资单位发行的现行可转换的认股权证、股份期权及可转换公司债券等的影响。

4. 对被投资单位不具有控制、共同控制或重大影响，并且在活跃市场中没有报价、公允价值不能可靠计量的权益性投资

除以上四项外，企业持有的其他权益性投资，按照金融工具会计准则的有关规定处

理，分别划分为交易性金融资产、可供出售金融资产等。

7.5.3 长期股权投资取得的核算

企业持有的长期股权投资，涉及的主要核算问题包括初始投资成本的确定、持有期间的后续计量及处置损益的结转等几个方面。长期股权投资的核算方法有成本法和权益法，应该设置“长期股权投资”科目对企业持有的长期股权投资，进行总分类核算，同时按照被投资单位进行明细分类核算。

1. 企业合并取得的长期股权投资

企业的长期股权投资可以通过企业合并或合并以外的其他方式取得，取得方式不同，确认与计量也不相同。企业合并，是指将两个或者两个以上单独的企业合并形成一个报告主体的交易或事项，分为同一控制下的企业合并和非同一控制下的企业合并，由于两种合并的特点不同，会计处理有很大的区别。

1）同一控制下企业合并形成的长期股权投资

同一控制下的企业合并是指参与合并的企业在合并前后均受同一方或相同的多方最终控制，而且该控制不是暂时性的。同一控制下的企业合并，在合并日取得对其他参与合并企业控制权的一方为合并方，参与合并的其他企业为被合并方。合并日，是指合并方实际取得对被合并方控制权的日期。

同一控制下企业合并形成的长期股权投资，由于合并前后的控制方并没有改变，为了防止合并过程中的人为操纵现象，应在合并日按取得被合并方所有者权益账面价值的份额，借记“长期股权投资”科目，按享有被投资单位已宣告但尚未发放的现金股利或利润，借记“应收股利”科目，按支付的合并对价的账面价值，贷记有关资产或借记有关负债科目，按其差额，贷记“资本公积——资本溢价或股本溢价”科目；为借方差额的，借记“资本公积——资本溢价或股本溢价”科目，资本公积（资本溢价或股本溢价）不足冲减的，借记“盈余公积”、“利润分配——未分配利润”科目。

【例 7-15】 ABC 公司出资 1 000 万元，取得了 B 公司 80%的控股权，假如购买股权时 B 公司的账面净资产价值为 1 500 万元，A、B 公司合并前后同受一方控制。则 ABC 公司会计分录为：

借：长期股权投资——B 公司	12 000 000	
贷：银行存款		10 000 000
资本公积		2 000 000

2）非同一控制下企业合并形成的长期股权投资

非同一控制下的企业合并是指参与合并的各方在合并前后不受同一方或相同的多方最终控制的合并方式。非同一控制下的企业合并，在购买日取得对其他参与合并企业控制权的一方为购买方，参与合并的其他企业为被购买方。购买日，是指购买方实际取得对被购买方控制权的日期。

非同一控制下企业合并形成的长期股权投资，应在购买日按企业合并成本（不含应自被投资单位收取的现金股利或利润），借“长期股权投资”科目，按享有被投资单位已宣告但尚未发放的现金股利或利润，借记“应收股利”科目，按支付合并对价的账面价值，贷记有关资产科目或借记有关负债科目，按发生的直接相关费用，贷记“银行存款”等科目。如有差额，当合并对价是固定资产、无形资产的，贷记“营业外收入”或借记“营业外支出”等科目；当合并对价是库存商品等存货的，应按库存商品的公允价值，贷记“主营业务收入”科目，并同时结转相关的成本。涉及增值税的，还应进行相应的会计处理。

【例 7-16】 ABC 公司出资 1 000 万元，另以一项账面价值为 50 万元、公允价值为 70 万元的专利权出让，支付审计费用、评估费用等 2 万元，取得了 B 公司 80%的控股权，假如购买股权时 B 公司的账面净资产价值为 1 500 万元，A、B 公司合并前后不受同一方控制。则 ABC 公司购买日的会计分录为：

ABC 公司的合并成本＝1 000＋70＋2＝1 072（万元）

无形资产由于合并出让取得处置收益＝70－50＝20（万元）

借：长期股权投资——B 公司　　10 720 000

　贷：银行存款　　10 020 000

　　无形资产　　500 000

　　营业外收入　　200 000

2. 其他方式取得的长期股权投资

除企业合并形成的长期股权投资以外，其他方式取得的长期股权投资，应当比照非同一控制下企业合并方法处理，主要处理如下：

以支付现金或非货币性资产取得的长期股权投资，应当按照实际支付的买价、相关费用、税金及其他必要支出作为初始投资成本。借记“长期股权投资”科目，按照已宣告但尚未发放的现金股利或利润，应作为应收项目处理，借记“应收股利”科目，按照付出资产的账面价值贷记有关资产账面价值，实际支付的价款及手续费、佣金等贷记“银行存款”科目。借贷差额计入“营业外支出”或“营业外收入”科目。

7.5.4 长期股权投资持有期间的核算

在持有长期股权投资的期间，企业应该根据对被投资单位的控股和影响程度、投资是否存在活跃市场、公允价值能否可靠取得等进行划分，分别采用成本法或权益法进行再确认和后续计量。成本法核算，顾名思义，是指长期股权投资的账面价值按照初始成本计量，除非追加或收回投资，一般不对其账面价值进行调整的会计处理方法。

1. 采用成本法核算的长期股权投资

1）成本法核算的适用范围

按照《企业会计准则》规定，成本法核算的范围是长期股权投资内容中的第一项和第四项：

一是企业持有的对子公司投资，即投资企业能够对被投资单位实施控制的长期股权投资。控制，是指有权决定一个企业的财务和经营政策，并能据以从该企业的经营活动中获取利益。投资企业对子公司的长期股权投资，应当采用成本法核算，编制合并财务报表时按照权益法进行调整。

二是对被投资单位不具有共同控制或重大影响，并且在活跃市场中没有报价、公允价值不能可靠计量的长期股权投资。

这样规定适用范围的主要原因在于：一是与相关的国际财务报告准则及我国具体会计准则相协调，二是避免母公司垫支资金发放现金股利或利润的情况。

2）长期股权投资的成本法核算

采用成本法核算的长期股权投资，初始投资或追加投资时，按照初始投资或追加投资的成本增加长期股权投资的账面价值。

被投资单位宣告分派的现金股利或利润中，投资企业按应享有的部分确认为当期投资收益，借记“应收股利”科目，贷记“投资收益”科目；但投资企业确认的投资收益仅限于所获得的被投资单位在接受投资后产生的累积净利润的分配额。所获得的被投资单位宣告分派的利润或现金股利超过被投资单位在接受投资后产生的累积净利润的部分，作为投资成本的收回，应冲减长期股权投资的账面价值，借记“应收股利”科目，贷记“长期股权投资”科目。

一般情况下，投资企业在取得投资当年自被投资单位分得的现金股利或利润应作为投资成本的收回。以后年度，被投资单位累积分派的现金股利或利润超过投资以后至上年末止被投资单位累积实现净损益的，投资企业按照持股比例计算应享有的部分作为投资成本的收回。

具体冲减投资成本和确认投资收益的公式如下：

应冲减初始投资成本的金额＝[投资后至本年末（或本期末）止被投资单位分派的现金股利或利润－投资后至上年末止被投资单位累积实现的净损益]×投资企业的持股比例－投资企业已冲减的初始投资成本

应确认的投资收益＝投资企业当年获得的利润或现金股利－应冲减初始投资成本的金额

【例 7-17】 20×8 年 1 月 5 日，ABC 公司以 7 000 000 元（含相关的税费）的银行存款，取得 B 公司 5％的股份，B 公司的股权没有明确的市场价格，ABC 公司也不参与其生产经营决策。ABC 取得投资后，B 公司实现的净利润和分配情况如表 7-1 所示。

表 7-1　B 公司实现的净利润和分配情况

年　度	B 公司实现净利润	当年度分派利润
20×8	8 000 000	6 000 000
20×9	16 000 000	14 000 000

ABC 公司对 B 投资的会计处理：

（1）20×8 年 1 月 5 日：

借：长期股权投资——B 公司　　7 000 000

　　贷：银行存款　　7 000 000

（2）20×8 年收到分派的利润时：

一般情况下，投资企业在投资当年收到现金股利或利润应作为投资成本的收回。

借：银行存款　　300 000

　　贷：长期股权投资——B 公司　　300 000

(3) 20×9 年收到分派的利润时：

在以后年度，被投资单位累积分派的现金股利或利润超过投资以后至上年末止被投资单位累积实现净损益的，投资企业按照持股比例计算应享有的部分作为投资成本的收回。

ABC 公司应冲减的投资成本＝(14 000 000＋6 000 000－8 000 000)×5%－300 000＝300 000

ABC 公司当年度实际分得利润＝14 000 000×5%＝700 000

ABC 公司应确认投资收益＝700 000－300 000＝400 000

借：银行存款　　700 000

　　贷：长期股权投资——B 公司　　300 000

　　　　投资收益　　400 000

2. 采用权益法核算的长期股权投资

权益法，顾名思义，是指长期股权投资的账面价值，是取得时按照初始成本计量，而后续计量需要随着在被投资单位占有的所有者权益份额变化而做出调整的核算方法。权益法核算的适用范围是对被投资单位具有共同控制和重大影响的投资，即对长期股权投资内容的第二项对合营企业投资和第三项对联营企业的投资采用权益法核算。

1) 权益法会计科目的设置

权益法设置“长期股权投资”科目进行总分类核算，在按照被投资单位进行明细核算的前提下，还应当设置“成本”、“损益调整”和“其他权益变动”明细科目。其中，“成本”反映长期股权投资的初始投资成本以及按投资时应享有被投资单位可辨认净资产调整的差额；“损益调整”科目反映因为被投资企业盈亏导致所有者权益变动，使得投资企业调整长期股权投资账面价值的金额以及收到的现金股利或利润；“其他权益变动”科目反映被投资企业除盈亏外其他因素导致所有者权益变动，使得投资企业调整长期股权投资账面价值的金额。

2) 权益法初始投资成本的处理

投资企业取得对合营企业或联营企业的投资以后，采用权益法进行核算，对于取得投资时初始投资成本与应享有被投资单位可辨认净资产公允价值份额之间不相等、有差额时，应以金额大的作为入账价值。具体如下处理：

(1) 长期股权投资的初始投资成本大于投资时应享有被投资单位可辨认净资产公允价值份额的，不调整已确认的初始投资成本。

(2) 长期股权投资的初始投资成本小于投资时应享有被投资单位可辨认净资产公允价值份额的，应按其差额，借记“长期股权投资”科目（成本），贷记“营业外收入”科目。

【例 7-18】 ABC 公司于 20×8 年 1 月取得 B 公司 30%的股权，支付价款5 000万元。取得投资时被投资单位净资产账面价值为 15 000 万元（假定被投资单位各项可辨认资产、负债的公允价值与其账面价值相同)。

ABC公司在取得B公司的股权后，能够对B公司施加重大影响，该投资采用权益法核算。取得投资时，ABC公司应进行以下账务处理：

借：长期股权投资——B公司（成本） 50 000 000

　　贷：银行存款 50 000 000

长期股权投资的初始投资成本5 000万元，大于取得投资时应享有被投资单位可辨认净资产公允价值的份额4 500万元（15 000×30%），不需要调整长期股权投资的账面价值。

假定本例中取得投资时，被投资单位可辨认净资产的公允价值为20 000万元，ABC公司按持股比例30%计算确定应享有6 000万元，则初始投资成本与应享有被投资单位可辨认净资产公允价值份额之间的差额1 000万元，不能只按长期股权投资的初始投资成本5 000万元入账，应调整，对方计入取得投资当期的营业外收入。具体会计分录为：

借：长期股权投资——B公司（成本） 60 000 000

　　贷：银行存款 50 000 000

　　　　营业外收入 10 000 000

3）权益法对持有期间投资损益的处理

权益法对持有期间的投资损益，根据被投资单位实现的净利润或经调整的净利润计算应享有的份额，借记“长期股权投资”科目（损益调整），贷记“投资收益”科目。被投资单位发生净亏损做相反的会计分录，但以“长期股权投资”科目的账面价值减记至零为限；还需承担的投资损失，应将其他实质上构成对被投资单位净投资的“长期应收款”等的账面价值减记至零为限；除按照以上步骤已确认的损失外，按照投资合同或协议约定将承担的损失，确认为预计负债。发生亏损的被投资单位以后扭亏为盈又实现的净利润，应按与上述相反的顺序进行处理。

被投资单位以后宣告发放现金股利或利润时，企业计算应分得的部分，借记“应收股利”科目，贷记“长期股权投资”科目（损益调整）。收到被投资单位宣告发放的股票股利，不进行账务处理，但应在备查簿中登记。

【例7-19】 ABC公司持有C公司的股权1 500万股，占其普通股股权的25%，能够对其施加重大影响。20×8年度，C公司实现净收益1 800万元，每股分派现金股利0.15元。ABC公司会计分录如下：

（1）根据C公司实现的净收益，确认分享投资收益：1 800×25%＝450（万元）

借：长期股权投资——C公司（损益调整） 4 500 000

　　贷：投资收益 4 500 000

（2）根据C公司宣布分派股利，确认应收现金股利：1 500×0.15＝225（万元）

借：应收股利 2 250 000

　　贷：长期股权投资——C公司（损益调整） 2 250 000

【例7-20】 沿用上例，20×9年度，被投资方C公司实现净收益1 300万元，每股分派股票股利0.3股。

根据 C 公司实现的净收益，确认分享投资收益：1 300×25%＝325（万元）

借：长期股权投资——C 公司（损益调整）　3 250 000

　　贷：投资收益　3 250 000

由于派送股票股利，ABC 公司作为投资企业只是投资的股份增加，但并没有现金流入，所以只需于除权日在备查簿中注明增加的股数，以反映股份的变化情况。

股票股利：1 500×0.30＝450（万股）

至本年末持有股票：1 500＋450＝1 950（万股）

【例 7-21】 沿用上例，2×10 年度，被投资方 C 公司实现净收益 1 000 万元，未进行利润分配。

根据 C 公司实现的净收益，确认分享投资收益：1 000×25%＝250（万元）

借：长期股权投资——C 公司（损益调整）　2 500 000

　　贷：投资收益　2 500 000

【例 7-22】 沿用上例，2×11 年度 C 公司净亏损 600 万元，用以前年度留存收益弥补亏损后，于 2×12 年 4 月 5 日，宣告每股分派现金股利 0.10 元。

（1）根据 C 公司发生的净亏损，确认承担的投资损失：600×25%＝150（万元）

借：投资收益　1 500 000

　　贷：长期股权投资——C 公司（损益调整）　1 500 000

（2）2×12 年 4 月 5 日，宣告分派现金股利时，确认应收现金股利：1 950×0.10＝195（万元）

借：应收股利　1 950 000

　　贷：长期股权投资——C 公司（损益调整）　1 950 000

4）被投资单位除所有者权益的其他变动

在持股比例不变的情况下，被投资单位除净损益以外所有者权益的其他变动，企业按持股比例计算应享有的份额，借记或贷记“长期股权投资（其他权益变动）”科目，贷记或借记“资本公积——其他资本公积”科目。

【例 7-23】 ABC 公司持有 D 公司 30%的股份，采用权益法核算。20×8 年 12 月 31 日，D 公司持有的一项可供出售金融资产的公允价值升值 600 万元。

ABC 公司应享有权益增加，具体为：600×30%＝180（万元）

借：长期股权投资——D 公司（其他权益变动）　1 800 000

　　贷：资本公积——其他资本公积　1 800 000

7.5.5 长期股权投资的处置的核算

处置长期股权投资时，应按实际收到的金额，借记“银行存款”等科目，按其账面余额，贷记“长期股权投资”科目，按尚未领取的现金股利或利润，贷记“应收股利”科目，按其差额，贷记或借记“投资收益”科目。已计提减值准备的，还应同时结转减值准备。

采用权益法核算长期股权投资的处置，除上述规定外，还应结转原记入资本公积的相关金额，借记或贷记“资本公积——其他资本公积”科目，贷记或借记“投资收益”

科目。

【例 7-24】 ABC公司原持有E公司30%的股权，2009年12月20日，A企业决定出售其持有的E公司股权的1/3，出售时ABC公司对E公司长期股权投资的账面金额为1 650万元。其中，投资成本1 200万元，损益调整300万元，其他权益变动150万元。出售取得价款570万元。

ABC公司应确认的处置损益为

借：银行存款　　5 700 000

　　贷：长期股权投资——E公司（成本）　　4 000 000

　　　　　　　　　　——E公司（损益调整）　　1 000 000

　　　　　　　　　　——E公司（其他权益变动）　　500 000

　　　　投资收益　　200 000

同时，还应将原计入资本公积的部分按比例转入当期损益：

借：资本公积——其他资本公积　　500 000

　　贷：投资收益　　500 000

7.6 投资性房地产

7.6.1 投资性房地产概念

房地产是土地使用权和房屋建筑物所有权的总称。投资性房地产是指为赚取租金或资本增值，或者两者兼有而持有的房地产。投资性的房地产由于与自用的房地产经济利益流入的方式不同，所以应当能够单独确认和计量。

投资性房地产业务是企业的一种经营性活动。投资性房地产的形式：一是出租土地使用权、出租建筑物。实质上属于一种让渡资产使用权行为；二是持有并准备增值后转让的土地使用权。因为我国对土地使用权管理比较严格，所以，投资性房地产主要形式是前一种。

1. 投资性房地产的范围

1）已出租的土地使用权和已出租的建筑物

指的是企业将取得的土地使用权，或者将房屋建筑物的产权，以经营性租赁方式出租。强调的是以自有的土地使用权和房屋建筑物产权出租，且签订出租协议或合同，租赁期已经开始。如果只是签订出租协议或合同，而租赁日未到，不能确认为投资性房地产；如果是将经营性租赁方式租入的房地产再转租其他单位的，也不能确认为投资性房地产。

2）持有并准备增值后转让的土地使用权

是指企业取得的、准备增值后转让的土地使用权。这类土地使用权很可能给企业带来资本增值收益，符合投资性房地产的定义。

按照国家有关规定认定的闲置土地，不属于持有并准备增值后转让的土地使用权，也就不属于投资性房地产。

2. 不属于投资性房地产的项目

1）自用房地产

是指为生产商品、提供劳务或者经营管理而持有的房地产，如企业生产经营用的厂房和办公楼属于固定资产，企业生产经营用的土地使用权属于无形资产。例如，企业出租给本企业职工居住的宿舍，虽然也收取租金，但间接为企业自身的生产经营服务，因此具有自用房地产的性质，应该按照固定资产或者无形资产的相关规范进行核算。

2）作为存货的房地产

通常是指房地产开发企业在正常经营过程中销售的或为销售而正在开发的商品房和土地。这部分房地产属于房地产开发企业的存货，应该按照存货的相关规范进行核算。

7.6.2 投资性房地产的核算

投资性房地产应当按照成本进行初始确认和计量。在后续计量时，通常应当采用成本模式，满足特定条件的情况下也可以采用公允价值模式。但是，同一企业只能采用一种模式对所有投资性房地产进行后续计量，不得同时采用两种计量模式。当投资性房地产被处置，如出售、转让、报废投资性房地产或者发生投资性房地产毁损等，应当将处置收入扣除其账面价值和相关税费后的金额计入当期损益。

1. 采用成本模式计量的投资性房地产

成本模式的会计处理比较简单，类似于按成本计量的固定资产和无形资产。主要涉及“投资性房地产”、“投资性房地产累计折旧（摊销）”、“投资性房地产减值准备”等科目，可比照“固定资产”、“无形资产”、“累计折旧”、“累计摊销”、“固定资产减值准备”、“无形资产减值准备”等相关科目进行处理。

【例7-25】 20×8年3月，ABC公司计划购入一栋厂房用于对外出租。3月25日，与乙企业签订了经营租赁合同，约定自厂房购买日起出租给乙企业，为期5年。4月25日，ABC公司实际购入厂房，支付价款共计1 000万元（假设不考虑其他因素，ABC公司采用成本模式进行后续计量）。

ABC公司的4月25日的账务处理如下：

借：投资性房地产——厂房　　　　10 000 000

　　贷：银行存款　　　　　　　　　　10 000 000

投资性房地产业务属于企业让渡资产使用权的行为，是企业为了完成经营目标所从事的经营性活动，所以取得的经济利益流入属于营业收入。就一般企业而言，投资性房地产业务的租金收入或转让增值收益确认为其他业务收入，相应发生的成本、费用计入其他业务成本中。某些特殊企业的投资性房地产业务属于日常经营性活动，其收入和成本占正常生产经营的比例很大时，也可以计入主营业务的收入和成本。

【例7-26】 沿用上例，假设ABC公司每年向乙企业收取租金80万元。对厂房采用平均年限法计提折旧，预计使用年限为20年，假设不考虑净残值。ABC公司账务处理如下：

每年确认租金收入时：

借：银行存款　　800 000

　　贷：其他业务收入　　800 000

每年计提折旧时：

借：其他业务成本　　500 000

　　贷：投资性房地产累计折旧　　500 000

【例 7-27】 沿用上例，2×13 年 4 月 25 日，ABC 公司与乙企业的租赁合同到期，收回厂房，并出售。取得出售款项收入 800 万元，已存入银行。ABC 公司账务处理如下：

确认转让收入时：

借：银行存款　　8 000 000

　　贷：其他业务收入　　8 000 000

结转成本时：

借：其他业务成本　　7 500 000

　　投资性房地产累计折旧　　2 500 000

　　贷：投资性房地产——厂房　　10 000 000

2. 采用公允价值模式计量的投资性房地产

企业只有取得确凿证据，表明其公允价值能够持续、可靠计量，才允许采用公允价值计量模式。采用公允价值模式计量投资性房地产，应当同时满足以下两个条件：(1) 投资性房地产所在地有活跃的房地产交易市场；(2) 企业能够从房地产交易市场上取得同类或类似房地产的市场价格及其他相关信息，从而对投资性房地产的公允价值做出科学合理的估计。这两个条件必须同时具备，缺一不可。企业一旦选择公允价值模式，就应当对其所有投资性房地产采用公允价值模式进行后续计量。

企业应当在“投资性房地产”科目下设置“成本”和“公允价值变动”两个明细科目，外购或自行建造时发生的实际成本，计入“投资性房地产（成本）”科目；期末将公允价值的变动计入“投资性房地产（公允价值变动）”科目。因为采用公允价值计量投资性房地产的账面价值，公允价值的上涨和下降已经在其账面上反映出来，所以不需要计提折旧，不需要摊销，也不需要计提减值准备。

【例 7-28】 ABC 公司于 20×8 年 1 月 1 日以 2 500 万元购得一项土地使用权，并于同日对外出租，租期两年，每年获得租金 400 万元。企业对该项投资性房地产的确认符合采用公允价值计量的条件。ABC 公司账务处理如下：

取得该项投资性房地产时：

借：投资性房地产——成本　　25 000 000

　　贷：银行存款　　25 000 000

每年确认租金收入时：

借：银行存款　　4 000 000

　　贷：其他业务收入　　4 000 000

【例 7-29】 沿用上例，20×8 年 12 月 31 日该项土地使用权的公允价值为2 800万元。ABC 公司账务处理如下：

借：投资性房地产——公允价值变动 3 000 000

　　贷：公允价值变动损益 3 000 000

【例 7-30】 ABC 公司到期收回某项土地使用权，并出售，已经收到价款3 100万元。其账面价值为 2 950 万元，其中成本 2 500 万元，公允价值变动 450 万元。ABC 公司账务处理如下：

确认出售收入时：

借：银行存款 31 000 000

　　贷：其他业务收入 31 000 000

结转已销投资性房地产的成本时：

借：其他业务成本 29 500 000

　　贷：投资性房地产——成本 25 000 000

　　　　　　　　　　——公允价值变动 4 500 000

同时：

借：公允价值变动损益 4 500 000

　　贷：其他业务收入 4 500 000

3. 投资性房地产后续计量模式的变更

为保证会计信息的可比性，企业对投资性房地产的计量模式一经确定，不得随意变更。只有满足采用公允价值计量模式的条件，才允许企业对投资性房地产从成本模式计量变更为公允价值模式计量。而且同一企业不得同时采用两种计量模式，只能采用一种模式对所有投资性房地产进行后续计量。

成本模式转为公允价值模式的，应当作为会计政策变更处理，并按计量模式变更时公允价值与账面价值的差额调整期初留存收益。

已采用公允价值模式计量的投资性房地产，不得从公允价值模式转为成本模式。

4. 房地产用途的转换

因为房地产用途发生改变需要对房地产进行的重新分类，企业必须有确凿证据表明房地产用途发生改变，才能将投资性房地产转换为非投资性房地产或者将非投资性房地产转换为投资性房地产。确凿证据包括两个方面：一是企业管理当局应当就改变房地产用途形成正式的书面决议；二是房地产因用途改变而发生实际状态上的改变，如从自用状态改为出租状态。转换的具体形式：

(1) 投资性房地产开始自用。

(2) 作为存货的房地产，改为出租。

(3) 自用土地使用权停止自用，用于赚取租金或资本增值。

(4) 自用建筑物停止自用，改为出租。

房地产用途转换后，应该分别按照其新的类别进行会计核算。在成本模式下，应当将房地产转换前的账面价值作为转换后的入账价值；采用公允价值模式计量的投资性房地产转换为自用房地产时，应当以其转换当日的公允价值作为自用房地产的账面价值，公允价值与原账面价值的差额计入当期损益。

自用房地产或存货转换为采用公允价值模式计量的投资性房地产时，投资性房地产按照转换当日的公允价值计价，转换当日的公允价值小于原账面价值的，其差额计入当期损益；转换当日的公允价值大于原账面价值的，其差额计入所有者权益。

思 考 题

1. 什么是投资？财务会计如何对投资进行分类？
2. 为什么《企业会计准则》规定金融资产严格限定重分类？
3. 交易性金融资产和可供出售金融资产的公允价值变动的会计处理有何不同？
4. 如何确认持有至到期投资的利息收益？什么是实际利率法？
5. 长期股权投资包括哪几方面的内容？
6. 比较交易性金融资产、持有至到期投资、可供出售金融资产以及长期股权投资核算的内容。
7. 企业合并形成的长期股权投资主要有哪两种？如何确认初始投资成本？
8. 长期股权投资的后续计量有哪两种核算方法？其主要区别是什么？
9. 长期股权投资成本法核算的要点是什么？
10. 长期股权投资权益法核算的要点是什么？
11. 投资性房地产如何进行初始计量和后续计量？
12. 投资性房地产以公允价值进行后续计量的条件是什么？

练 习 题

1. ABC公司20×8年有关交易性金融资产的资料如下：

(1) 3月5日，以银行存款购入B公司股票50 000股，并准备随时变现，每股买价14元，另外，支付相关税费3 000元。

(2) 4月20日，B公司宣告发放的现金股利每股0.4元。

(3) 4月22日，再次购入B公司股票50 000股，并准备随时变现，每股买价16.4元（其中包含已宣告发放尚未支取的股利每股0.4元），同时支付相关税费5 000元。

(4) 4月28日，收到B公司发放的现金股利40 000元。

(5) 6月30日，B公司股票市价为每股13.4元。

(6) 7月20日，该公司以每股15.5元的价格转让B公司股票60 000股，扣除相关税费6 000元，实得金额为924 000元。

(7) 12月31日B公司股票市价为每股18元。

要求：根据上述经济业务编制有关会计分录。

2. ABC公司于20×8年1月1日，支付价款1 000万元（含交易费用）从股票二级市场上购入R公司五年期债券，面值1 250万元，票面年利率4.72%，按年支付利息（即每年利息为59万元），本金最后一次支付。ABC公司在购买该债券时，准备持有至到期。经计算实际利率R=10%。不考虑所得税、减值损失等因素。

要求：做出相应的会计分录。

3. 20×9年1月1日，ABC公司从股票二级市场以每股20元的价格购入E公司发行的股票200 000股，占有E公司表决权股份的5%，对E公司无重大影响，划分为可供出售金融资产。

(1) 20×9 年 5 月 10 日，ABC 公司收到 Z 公司发放的上年现金股利 60 000 元。20×9 年 12 月 31 日，该股票的市场价格为每股 18 元。ABC 公司预计该股票的价格下跌是暂时性的。

(2) 2×10 年，Z 公司因违犯相关证券法规，受到证券监管部门查处。受此影响，Z 公司股票的价格发生下跌。至 12 月 31 日，该股票的市场价格下跌到每股 13 元。

(3) 2×11 年，Z 公司完成整改，加之股市整体行情好转，至 12 月 31 日，该股票的市场价格上升到每股 17 元。

假定 2×10 年和 2×11 年均未分派现金股利，不考虑其他因素，要求：做出 ABC 公司相关的会计分录。

4. A、B 两公司同受 P 公司控制。A 公司出资 1 100 万元，取得了 B 公司 80%的控股权，假如购买股权时 B 公司的账面净资产价值为 1 500 万元。

要求：(1) 计算 A 公司该项长期股权投资的成本是多少?

(2) 做出相关的会计分录。

5. A、B 两家公司属于非同一控制下的独立公司。A 公司于 20×8 年 7 月 1 日以本企业的固定资产对 B 公司投资，取得 B 公司 60%的股份。该固定资产原值 1 500 万元，已计提折旧 400 万元，未提取减值准备，7 月 1 日该固定资产公允价值为 1 250 万元。B 公司 20×8 年 7 月 1 日所有者权益为 2 000万元。

要求：(1) 计算 A 公司该项长期股权投资的成本是多少?

(2) 做出相关的会计分录。

6. A、B 两家公司属于非同一控制下的独立公司。A 公司以 2 300 万元取得 B 公司 30%的股权。取得投资时，B 公司可辨认净资产的公允价值为 8 000 万元。如 A 公司能够对 B 公司施加重大影响。

要求：(1) 计算 A 公司该项长期股权投资的成本是多少?

(2) 做出相关的会计分录。

7. A、B 公司没有关联关系。20×9 年 1 月 1 日，A 公司以银行存款 600 万元取得 B 公司 60%的股份，B 公司所有者权益的账面价值为 800 万元。20×9 年 5 月 2 日，B 公司宣告分配 2008 年度现金股利 100 万元，20×9 年度 B 公司实现利润 200 万元；2×10 年 5 月 2 日，B 公司宣告分配现金股利 300 万元，2×10 年度 B 公司实现利润 300 万元。2×11 年 5 月 2 日，B 公司宣告分配现金股利 200 万元。

要求：做出 A 公司此项长期股权投资的会计处理。

8. A 公司 20×9 年 1 月 1 日以 990 万元（含相关费用 10 万元）购入 B 公司股票 400 万股，每股面值 1 元，占 B 公司发行在外股份的 25%，B 公司股东权益的公允价值总额为3 960万元。

(1) 20×9 年 B 公司实现净利润 800 万元，提取盈余公积 120 万元。

(2) 2×10 年 B 公司实现净利润 900 万元，提取盈余公积 160 万元，宣告发放现金股利 100 万元，A 公司已经收到。2×10 年 B 公司由于可供出售金融资产公允价值变动增加资本公积 200 万元。2×10 年末该项股权投资的可收回金额为 1 300 万元。

(3) 2×11 年 1 月 5 日 A 公司转让对 B 公司的全部投资，实得价款 1 500 万元。

要求：根据上述资料编制 A 公司投资业务的会计分录。

第8章　固定资产与无形资产

8.1　固定资产

企业在生产经营过程中，除了必不可少的流动资产外，还需要固定资产、无形资产和其他资产等非流动资产，有些企业甚至还拥有相对特殊的投资性房地产、生物资产等，这些资产都可以为企业带来经济利益，同样也是企业重要的经济资源，尤其是固定资产。它们对于任何从事经营活动的企业来说都不可或缺，因而，加强对这些资产的管理和核算也是非常重要的。固定资产与无形资产的基本核算内容主要由《企业会计准则第4号——固定资产》、《企业会计准则第6号——无形资产》、《企业会计准则第8号——资产减值》等具体准则规范。

8.1.1　固定资产的概念及确认

1. 固定资产的概念

固定资产，是指同时具有以下特征的有形资产：

（1）为生产商品、提供劳务、出租或经营管理而持有的；

（2）使用寿命超过一个会计年度。

从固定资产的定义可以看出，作为企业的固定资产应具备以下基本条件：

（1）企业持有固定资产的目的，是为了生产商品、提供劳务、出租或经营管理的需要，而不是为了像商品一样对外出售。这是固定资产区别于商品等流动资产的重要标志。

（2）企业使用固定资产的期限较长，一般应超过一个会计年度。固定资产的这种特征，也决定了其价值是随着固定资产的使用寿命分期而不是一次性地转化为成本或费用。这一点不同于企业的原材料等流动资产，流动资产的使用期限一般不超过一个会计期间，它的实物形态一经使用就会发生显著变化，其价值也是随着使用一次性地转化为成本或是费用。

对企业不符合以上条件的劳动资料，如单位价值较低或者虽然单位价值较高但使用期不超过一年的，应列为周转材料。

2. 固定资产的确认

固定资产同时满足下列两个条件时才能予以确认。

1）与该固定资产有关的经济利益很可能流入企业

企业在确认固定资产时，需要判断与该项固定资产有关的经济利益是否很可能流入企业。在实际工作中，判断一项固定资产的经济利益是否很可能流入企业，主要依据与该项固定资产所有权有关的风险和报酬是否转移给了企业。

通常情况下，取得固定资产的所有权是判断与固定资产所有权相关的风险和报酬转移给了企业的一个标志。凡是所有权已属于企业，不论企业是否收到或持有该固定资产，均可作为企业的固定资产；反之，如果没有取得所有权，即使存放在企业，也不能作为企业的固定资产。但是，所有权是否转移，不是判断与该固定资产所有权有关的风险和报酬是否转移的唯一标志。在有些情况下，某项固定资产的所有权虽然不属于企业，但是企业能够控制与该项固定资产有关的经济利益流入企业，这就意味着与该固定资产有关的风险和报酬实质上已经转移给了企业。此时，企业也应将该固定资产予以确认。例如，融资租入的固定资产，企业虽然不拥有该固定资产的所有权，但企业能够控制该固定资产所包含的经济利益，与该固定资产有关的风险和报酬实质上已经转移给了企业。因此，符合固定资产确认的第一个条件，企业应将该项固定资产予以确认。

2）该固定资产的成本能够可靠地计量

成本能够可靠地计量，是资产确认的一项基本条件。作为企业资产的重要组成部分，要确认固定资产，企业取得该固定资产而发生的支出也必须能够可靠地计量。企业在确定固定资产成本时，有时需要根据所获得的最新资料进行合理的估计。如果企业能够合理地估计出固定资产的成本，则视同固定资产的成本能够可靠地计量。

在实务中，对于固定资产的确认，还要注意一些相关问题：

（1）如果固定资产的各组成部分具有不同使用寿命或者以不同方式为企业提供经济利益，使用不同的折旧率或折旧方法的，应当分别将各组成部分确认为单项固定资产。

（2）与固定资产有关的后续支出，满足固定资产确认条件的，应当计入固定资产成本，不满足确认条件的，则在发生时计入当期损益。

（3）企业拥有的备品备件和维修设备，一般应确认为存货，但某些备品备件和维修设备需要与相关固定资产组合发挥效用的，也应当确认为固定资产。

8.1.2　固定资产的分类

企业固定资产的种类繁多，规格不一，为加强管理，应合理地对固定资产进行分类。依据不同的管理需要和标准，可以对固定资产进行不同的分类。

1. 按经济用途分类

按固定资产的经济用途分类，可分为生产经营用固定资产和非生产经营用固定资产。

（1）生产经营用固定资产，是指直接服务于企业生产、经营过程的各种固定资产，如生产经营用的房屋、建筑物、机器、设备、器具、工具等。

（2）非生产经营用固定资产，是指不直接服务于生产、经营过程的各种固定资产，如职工宿舍、食堂、浴室等。

按照固定资产的经济用途分类，可以归类反映和监督企业生产经营用固定资产和非生产经营用固定资产的界限，用以考核和分析企业各类固定资产配置的合理性。

2. 按固定资产的使用情况分类

按固定资产的使用情况分类，可以分为使用中固定资产、未使用固定资产和不需用固定资产。

(1) 使用中固定资产，是指正在使用中的生产经营用和非生产经营用固定资产。由于季节性或大修理等原因暂时停止使用的固定资产以及出租给其他企业使用和内部交换使用的固定资产，均属于使用中固定资产。

(2) 未使用固定资产，是指尚未投入生产经营过程和暂时停止使用的固定资产。

(3) 不需用固定资产，是指本企业多余或不适用，需要调配处理的各种固定资产。

3. 按固定资产的经济用途和使用情况等综合分类

按固定资产的经济用途和使用情况等综合分类，可以把企业的固定资产分为七大类：

(1) 生产经营用固定资产。

(2) 非生产经营用固定资产。

(3) 租出固定资产。租出固定资产是指出租给外单位使用的固定资产。

(4) 未使用固定资产。

(5) 不需用固定资产。

(6) 土地。土地是指过去已经估价单独入账的土地。因征地而支付的补偿费，应计入与土地有关的房屋、建筑物的价值，不单独作为土地价值入账。

(7) 融资租入固定资产。融资租入固定资产是指企业以融资方式租入的固定资产。在租赁期间视同企业自有固定资产进行管理。

8.1.3 固定资产的计价

为了正确反映固定资产价值的增减变动，应按一定的标准对固定资产进行计价。固定资产的计价标准一般有以下三种。

(1) 原始价值。原始价值亦称原价，是指企业在购建某项固定资产时支出的货币总额。固定资产原价一经确定后，没有特殊原因不得任意变动。按原值计价反映了固定资产购入的成本。

(2) 重置价值。是指企业在当前条件下，重新购置同样的固定资产所需的全部支出。固定资产重置价值确定后，视同固定资产原价进行核算，其构成口径应与固定资产原价的构成口径相同。按重置价值计价的原因是固定资产的市场价格会发生变化，重置价值反映了固定资产的重置成本。

(3) 折余价值。折余价值亦称净值，是指固定资产原价减去已提折旧后的余额。固定资产净值反映了固定资产价值损耗后的剩余价值。

8.1.4 固定资产核算的账户设置

为了核算固定资产的取得、折旧及处置等情况，企业应设置“固定资产”、“累计折旧”、“在建工程”、“工程物资”、“固定资产清理”等账户。

（1）“固定资产”账户，该账户属于资产类账户，按照固定资产原价总括反映全部固定资产的增减变动和结存情况。该账户借方登记增加固定资产的原价，贷方登记减少固定资产的原价，余额在借方，表示实有固定资产的原价。

（2）“累计折旧”账户，该账户属于“固定资产”账户的抵减账户，其贷方登记计提的折旧，借方登记处置固定资产转出的已提折旧，余额在贷方，表示企业全部固定资产已提折旧的累计数额。

（3）“在建工程”账户，该账户属于资产类账户，核算企业基建、更新改造等在建工程发生的全部支出，借方登记购建固定资产的实际支出，贷方登记转出的购建完工固定资产的实际支出，借方余额表示尚未购建完工的固定资产的实际支出。

（4）“工程物资”账户，该账户核算企业为在建工程而准备的各种物资的实际成本，其借方登记企业购入工程物资的成本，贷方登记领用工程物资的成本，期末借方余额反映企业结余的各种工程物资成本。

（5）“固定资产清理”账户，该账户核算企业因出售、报废、毁损、对外投资、非货币性资产交换、债务重组等原因而转出的固定资产价值以及在清理过程中发生的费用等，借方登记转出的固定资产的价值、清理过程中应支付的相关税费及其他费用，贷方登记清理固定资产的变价收入和应由保险公司或过失人负担的赔款等。

此外，企业固定资产等发生减值的，还应设置“固定资产减值准备”等相关账户。

8.1.5　固定资产增加的核算

企业固定资产的增加，主要通过购入、自行建造及接受投资者投入固定资产等方式。企业通过不同方式取得固定资产，会计核算的方法不尽相同。

1. 购入固定资产的核算

企业购入的固定资产，有些不需要安装即可投入使用，有些则需安装后才能使用。企业应根据不同情况，分别进行核算。

1）购入不需要安装的固定资产

企业购入不需要安装的固定资产，应以实际支付的固定资产买价、税金和包装费、运杂费等作为固定资产原价，借记“固定资产”科目，贷记“银行存款”等科目。

【例 8-1】 ABC 公司公司购入不需要安装的设备 1 台，买价 1 000 000 元，增值税 170 000 元，包装费 6 000 元，运输费 9 000 元。款项已通过银行支付，设备已交付使用。

借：固定资产　　　　　　　　　　　　1 185 000

　　贷：银行存款　　　　　　　　　　　　1 185 000

2）购入需要安装的固定资产

企业购入需要安装的固定资产，应以实际支付的固定资产买价、税金、包装费、运杂费和安装调试费等作为固定资产入账。

企业购入需要安装的固定资产后，应根据实际支出的固定资产买价、税金和包装费、运杂费等，借记“在建工程”科目，贷记“银行存款”等科目；安装过程中发生的各种安装调试费用，应借记“在建工程”科目，贷记“银行存款”、“原材料”、“应付职工薪酬”等科目；安装工程完工后，应根据全部支出，借记“固定资产”科目，贷记“在建工程”科目。

【例 8-2】 ABC 公司购入需要安装的生产用设备 1 台，买价 2 000 000 元，增值税 340 000 元，包装费和运输费等计 50 000 元，款项已通过银行支付。另以银行存款支付设备安装调试费 100 000 元。设备安装完毕后交付使用。

(1) 购入设备时：

借：在建工程 2 390 000

  贷：银行存款 2 390 000

(2) 安装调试时：

借：在建工程 100 000

  贷：银行存款 100 000

(3) 安装完毕，投入使用时：

借：固定资产 2 490 000

  贷：在建工程 2 490 000

2. 自行建造的固定资产

自行建造的固定资产，应按建造该项资产达到预定可使用状态前所发生的必要支出作为其入账价值。具体来说，包括建造固定资产耗用的各种材料、人工、达到预计可使用状态前发生的借款利息支出、外币借款汇兑损益以及其他与建造固定资产直接相关的各种费用。

企业自行建造固定资产，主要有自营建造和出包建造两种方式。

1) 自营建造

企业采用自营建造方式进行的固定资产工程，应在“在建工程”下按不同的工程项目设置明细账户。

企业购入工程物资时，应按实际支付的价款，借记“工程物资”科目，贷记“银行存款”等科目。企业建造固定资产领用工程物资时，应借记“在建工程”科目，贷记“工程物资”科目。企业建造固定资产应负担的职工工资，应借记“在建工程”科目，贷记“应付职工薪酬”科目；企业建造固定资产在达到预计可使用状态之前发生的借款利息，应根据计入固定资产价值的金额，借“在建工程”科目，贷记“长期借款”等科目。企业建造固定资产发生的其他支出，应根据实际支出额，借记“在建工程”科目，贷记“银行存款”等科目。固定资产在达到预计可使用状态时，应根据“在建工程”科目登记的全部实际成本，借记“固定资产”科目，贷记“在建工程”科目。

【例 8-3】 ABC 公司自行建造办公楼，购入工程物资 150 000 元，全部用于工程建设，为工程支付建造人员工资 50 000 元，为工程借款发生的利息为18 000元，工程完工后交付使用。

(1) 购入工程物资时：

借：工程物资 150 000

  贷：银行存款 150 000

（2）领用工程物资时：

借：在建工程　　150 000

　　贷：工程物资　　150 000

（3）支付建造人员工资：

借：在建工程　　50 000

　　贷：应付职工薪酬　　50 000

（4）结转为工程借款而发生的利息：

借：在建工程　　18 000

　　贷：长期借款　　18 000

（5）工程完工，交付使用时：

借：固定资产　　218 000

　　贷：在建工程　　218 000

2）出包工程

企业通过出包方式建造固定资产的，其入账价值应当按照建造该项固定资产达到预定可使用状态前所发生的必要支出确定，包括建筑工程支出、安装工程支出等。企业采用出包方式进行的固定资产工程，其工程的具体支出主要由建筑承包商核算，在这种方式下，企业支付给建造承包商的工程价款作为工程成本，通过“在建工程”科目核算。

【例 8-4】 ABC 公司以出包方式建造仓库一座，用银行存款支付工程价款 300 000 元。工程完工结算，根据工程决算表补付工程款 200 000 元。

（1）预付工程款时：

借：在建工程　　300 000

　　贷：银行存款　　300 000

（2）补付工程款时：

借：在建工程　　200 000

　　贷：银行存款　　200 000

（3）仓库完工，竣工决算时：

借：固定资产　　500 000

　　贷：在建工程　　500 000

3. 投资者投入的固定资产

企业对于其他单位投资转入的固定资产，应当按照投资合同或协议约定的价值入账，但合同或协议约定价值不公允的除外。

【例 8-5】 ABC 公司收到投资者投入设备一套，双方确认价值为 100 000 元。

借：固定资产　　100 000

　　贷：实收资本　　100 000

4. 租入的固定资产

企业租入的固定资产按不同的租赁形式，可以分为经营租赁和融资租赁两种。

1）经营租赁

经营租赁是一种临时性的租赁形式，以该方式租赁的固定资产不纳入企业自身的固定资产核算，企业只将其在固定资产备查簿中作备查登记。发生的租赁费用列入企业的成本、费用，固定资产的折旧将由出租方计提，本企业不需计提折旧。

2）融资租赁

融资租赁是指在实质上转移了与资产所有权有关的全部风险和报酬的租赁。企业采用融资租赁方式租入固定资产，尽管从法律形式上资产的所有权在租赁期间仍然属于出租方，但由于资产租赁期基本上包括了资产的有效使用年限，承租企业实质上获得了租赁资产所提供的主要经济利益，同时承担与资产有关的风险。因此，企业应将融资租入的资产作为一项资产入账，同时确认相应的负债，并计提固定资产的折旧。

为与企业自有的固定资产相区别，企业应对融资租入的固定资产单设“融资租入固定资产”明细账户进行核算。在租赁期开始日，企业应将租赁期开始日租赁固定资产的公允价值与最低租赁付款额现值中较低者，加上在租赁谈判和签订租赁合同过程中发生的、可直接归属于租赁项目的手续费、律师费、差旅费、印花税等初始直接费用，作为租入固定资产的入账价值，借记“固定资产——融资租入固定资产”科目，按最低租赁付款额，贷记“长期应付款”科目，按发生的初始直接费用，贷记“银行存款”、“库存现金”等科目，按其差额，借记“未确认融资费用”科目。每期支付租金费用时，借记“长期应付款”科目，贷记“银行存款”科目。未确认融资费用应当在租赁期内各个期间按合理的方法进行分摊，每期分摊未确认融资费用时，按当期应分摊的未确认融资费用金额，借记“财务费用”，贷记“未确认融资费用”科目。租赁期满，如合同规定将租赁资产所有权转归承租企业的，企业应将固定资产从“融资租入固定资产”明细账中转入其他有关明细账中。

【例 8-6】 ABC公司融资租入设备一台，租赁价款为1 500 000元，发生的运输费10 000元，途中保险费10 000元，由对方垫付，安装调试费20 000元，通过银行支付，设备租赁期为5年。租赁期满，以银行存款支付10 000元转让费取得该资产的所有权。有关处理如下：

（1）租入设备时：

借：在建工程	1 540 000	
贷：银行存款		20 000
长期应付款		1 520 000

（2）安装完毕交付使用时：

借：固定资产——融资租入固定资产	1 540 000	
贷：在建工程		1 540 000

（3）每年支付租金时：

借：长期应付款	304 000	
贷：银行存款		304 000

（4）支付转让费，取得该资产所有权时：

借：固定资产——融资租入固定资产	10 000	
贷：银行存款		10 000

借：固定资产——设备　　　　　　　　　　　　　　　　　1 550 000
　　贷：固定资产——融资租入固定资产　　　　　　　　　　　　1 550 000

8.1.6　固定资产折旧的核算

1. 固定资产折旧概述

固定资产折旧是指固定资产由于损耗而减少的价值。固定资产的损耗，分为有形损耗和无形损耗两种。其中：

有形损耗是指固定资产在使用过程中由于使用和自然力影响而引起的在使用价值和价值上的损耗。

无形损耗是指由于技术进步而引起的固定资产在价值上的损耗。

为了使固定资产由于损耗而减少的价值得到及时补偿，企业应当在固定资产的使用寿命内，按照确定的方法对应计折旧额进行系统分摊，将其以折旧费项目分期计入产品成本或费用。

2. 影响折旧的因素

影响折旧的因素主要有以下几个方面：

(1) 固定资产原价，即固定资产的成本。

(2) 预计净残值，是指预计固定资产报废时可以收回的残余价值扣除清理费用后的余额。

(3) 固定资产减值准备，是指固定资产已计提的固定资产减值准备累计金额。

(4) 固定资产的使用寿命，是指企业使用固定资产的预计期间，或者该固定资产所能生产产品或提供劳务的数量。

按照规定，企业应根据固定资产的性质和使用情况，合理确定固定资产的使用寿命和预计净残值，并且一经确定，不得随意更改。

3. 固定资产计提折旧的范围

除以下情况外，企业应对所有的固定资产计提折旧：

(1) 已提足折旧继续使用的固定资产。

(2) 单独计价入账的土地。

为了简化折旧的计算工作，当月增加的固定资产，当月不提折旧，从下月起计提折旧；当月减少的固定资产，当月照提折旧，从下月起不提折旧。此外，固定资产提足折旧后，不论能否继续使用，均不再计提折旧，提前报废的固定资产，也不再补提折旧。企业如有已达到预定可使用状态但尚未办理竣工决算的固定资产，应当按照估计的价值确定其成本，并计提折旧，待竣工决算后，再按实际成本调整原来的暂估价值，但不需调整原已计提的折旧额。

4. 固定资产的折旧方法

固定资产的折旧方法一般有平均年限法、工作量法、双倍余额递减法和年数总和法。折旧方法一旦选定，不得随意变更。

1）平均年限法

平均年限法，又称使用年限法，是指按照固定资产的预计使用年限平均计算折旧的方法。计算公式为

年折旧率＝(1－预计净残值率)/预计使用年限×100％

月折旧率＝年折旧率/12

年折旧额＝(固定资产原价－预计净残值)/预计使用年限

月折旧额＝年折旧额/12

【例 8-7】 ABC公司有仓库一座，原值为600 000元，预计可使用年限为20年，预计净残值率为4％，该仓库的年折旧率、月折旧率和月折旧额的计算如下：

年折旧率＝(1－4％)/20×100％＝4.8％

月折旧率＝4.8％÷12＝0.4％

月折旧额＝600 000×0.4％＝2 400（元）

2）工作量法

工作量法，是指按照固定资产完成的工作量计算折旧的方法。计算公式为：

单位工作量折旧额＝固定资产原价×(1－预计净残值率)/预计总工作量

该项固定资产月折旧额＝该项固定资产当月工作量×单位工作量折旧额

【例 8-8】 ABC公司的一辆卡车原值为160 000元，预计净残值率为5％，预计总行驶里程为500 000公里，当月行驶里程为3 000公里，该固定资产当月应提折旧额为：

单位里程折旧额＝160 000×(1－5％)/500 000＝0.304（元/公里）

当月折旧额＝3 000×0.304＝912（元）

3）双倍余额递减法

双倍余额递减法是在不考虑固定资产净残值的情况下，根据每期期初固定资产净值和双倍的直线法折旧率计算固定资产折旧的一种方法，它是一种加速折旧法。其计算公式为

年折旧率＝2/预计使用年限×100％

月折旧率＝年折旧率/12

月折旧额＝固定资产账面净值×月折旧率

采用双倍余额递减法计提折旧时应注意，在固定资产使用期间，如某一年度按双倍余额递减法计提的折旧额小于该年度按使用年限法计提的折旧额，则该年度可以改按使用年限法计提折旧，以便进一步加速折旧。我国《企业会计制度》规定，在固定资产使用期间的最后两年，则改按平均年限法计提折旧。

【例 8-9】 ABC公司某设备原值为10 000元，预计可使用5年，预计净残值为500元，计算折旧额如下：

年折旧率＝2/5×100％＝40％

每年的折旧额分别为：

第一年：10 000×40％＝4 000（元）

第二年：6 000×40％＝2 400（元）

第三年：3 600×40%＝1 440（元）

第四年：(2 160－500)/2＝830（元）

第五年与第四年相同，即 830 元

每年各月折旧额再根据年折旧额除以 12 来计算即可。

4）年数总和法

年数总和法也是一种加速折旧法，是将固定资产的原值减去净残值后的净额乘以一个逐年递减的分数折旧率计算每年折旧额的方法，这个分数的分子代表固定资产尚可使用的年限，分母代表使用年数的逐年数字总和。其计算公式为：

年折旧率＝尚可使用年数/预计使用年限的年数总和

月折旧率＝年折旧率/12

月折旧额＝(固定资产原值－预计净残值)×月折旧率

【例 8-10】 沿用上例 8-9，该公司采用年数总和法计提各年折旧如下：

第一年折旧率＝5/(1＋2＋3＋4＋5)＝5/15

第一年折旧额＝(10 000－500)×5/15＝3 167（元）

第二年折旧率＝4/(1＋2＋3＋4＋5)＝4/15

第二年折旧额＝(10 000－500)×4/15＝2 533（元）

第三年折旧率＝3/(1＋2＋3＋4＋5)＝3/15

第三年折旧额＝(10 000－500)×3/15＝1 900（元）

第四年折旧率＝2/(1＋2＋3＋4＋5)＝2/15

第四年折旧额＝(10 000－500)×2/15＝1 267（元）

第五年折旧率＝1/(1＋2＋3＋4＋5)＝1/15

第五年折旧额＝(10 000－500)×1/15＝633（元）

5. 固定资产折旧的会计处理

企业固定资产应按月计提折旧，计提的折旧应当根据用途计入相关的成本或者费用当中。一般来说，基本生产车间计提的折旧额应计入制造费用；管理部门计提的折旧额应计入管理费用；销售部门计提的折旧额应计入销售费用等。企业计提折旧时，应借记“制造费用”、“管理费用”、“销售费用”等科目，贷记“累计折旧”科目。

【例 8-11】 ABC 公司计提本月生产用设备折旧 600 000 元，管理部门用折旧 300 000 元，有关会计处理为：

借：制造费用	600 000	
管理费用	300 000	
贷：累计折旧		900 000

8.1.7　固定资产后续支出的核算

固定资产后续支出是指企业的固定资产投入使用后，为了维护或提高固定资产使用效能而对固定资产进行维修、改扩建和改良等发生的支出。

企业的固定资产投入使用后，为了适应新技术发展的需要，或者为了维护或提高固定资产的使用效能，往往对现有的固定资产进行维修、改建、扩建或者改良。企业通过改扩建、改良等手段提高了固定资产的性能，增强了原有固定资产的创利能力。固定资产增强的创利能力可以随着固定资产的使用，在以后多个会计期间使企业产生效益。因此，根据会计核算的配比原则，对于能够提高固定资产性能、满足固定资产确认条件的后续支出，应对其采用资本化，计入固定资产的账面价值。对于不能够提高固定资产性能的、不满足固定资产确认条件的后续支出，应当在发生时计入当期损益。

1. 资本化固定资产后续支出的核算

对固定资产后续支出进行资本化的账务处理，是指将固定资产的后续支出计入固定资产账面价值，增加固定资产原值。

对固定资产后续支出进行资本化的账务处理的前提是固定资产的后续支出增强了固定资产的性能。一般来说，对固定资产进行的改良、改扩建等，可以导致固定资产性能的提高。

为了提高固定资产性能，企业往往对原有的固定资产进行改扩建。由于改、扩建期间固定资产停止使用，工期又比较长，因而应在固定资产改、扩建之前，将改、扩建的固定资产进行核销，将净值转入在建工程，借记“在建工程”、“累计折旧”等科目，贷记“固定资产”科目。固定资产改、扩建工程支出的核算，应根据实际支出借记“在建工程”科目，贷记各有关科目。固定资产改、扩建过程中拆除的原有固定资产的部件，将其残料计价回收时，冲减改、扩建工程支出，借记“原材料”等科目，贷记“在建工程”科目。固定资产改、扩建工程完工达到预定可使用状态以后，应根据改、扩建工程的全部支出，减去回收的残料价值后的净额，转为固定资产，借记“固定资产”科目，贷记“在建工程”科目。

【例 8-12】 ABC 公司营业厅原值为 2 000 000 元，已提折旧 800 000 元，该营业厅内有一部电梯，成本为 200 000 元，未单独确认为固定资产，经计算，已提折旧为 80 000元，20×8 年 1 月，为吸引顾客，该营业厅决定更换一部观光电梯。支付新电梯买价 500 000 元（含增值税），安装费 50 000 元，旧电梯回收价款为 100 000 元，已收存银行。有关会计处理如下：

（1）购入新电梯时：

借：工程物资	500 000	
贷：银行存款		500 000

（2）20×8 年 1 月，将营业厅账面价值转入在建工程时：

借：在建工程	1 200 000	
累计折旧	800 000	
贷：固定资产		2 000 000

（3）安装新电梯时：

借：在建工程	550 000	
贷：工程物资		500 000
银行存款		50 000

(4) 转销旧电梯账面价值时：

借：银行存款　　100 000

　　营业外支出　　20 000

　　贷：在建工程　　120 000

(5) 新电梯安装完毕，投入使用时：

借：固定资产　　1 630 000

　　贷：在建工程　　1 630 000

2. 费用化固定资产后续支出的核算

对固定资产后续支出进行费用化的账务处理，是指将固定资产的后续支出作为费用，计入当期的损益。其前提是固定资产的后续支出没有增加固定资产的性能。

固定资产在长期使用过程中，由于自然损耗以及磨损等原因，往往发生部分损坏。为保证固定资产的正常运转和使用，维护其使用效能，企业必须对固定资产进行修理，其目的并不是为了提高固定资产原有的性能；有些对固定资产的改建工程，虽然改变了固定资产的用途，但并没有增强固定资产原定的获取未来经济利益的能力，故也不能提高固定资产的性能，因此要将这些支出都计入当期费用。

企业发生固定资产修理费用等后续支出时，应借记“制造费用”和“管理费用”等科目，贷记“银行存款”、“原材料”等科目。

【例 8-13】 ABC 公司管理部门对现有的一台设备进行维修，领用材料50 000元，应支付的维修人员工资为 30 000 元。有关会计处理如下：

借：管理费用　　80 000

　　贷：原材料　　50 000

　　　　应付职工薪酬　　30 000

8.1.8　固定资产处置的核算

固定资产处置包括固定资产的出售、报废、毁损、对外投资、非货币性资产交换、债务重组等。企业处置固定资产时，应按规定程序办理有关手续，将其转入固定资产清理。

为了总括反映因出售、报废和毁损等原因转入清理过程的固定资产净值以及在清理过程中发生的清理费用、税金和清理收入等情况，企业应设置“固定资产清理”账户。该账户借方登记转入清理的固定资产净值以及清理过程中发生的清理费用和税金等；贷方登记清理过程中取得的转让收入、各种变价收入以及应向保险公司或有关责任者索取的赔款等。清理完毕后，应将清理的净收益或净损失转入“营业外收入”或“营业外支出”账户，经过上述结转后，该账户应无余额。

具体来说，固定资产处置的核算应包括以下环节：

(1) 固定资产转入清理。企业因出售、报废、毁损等转出固定资产时，应按其净值借记“固定资产清理”科目，按已提折旧额借记“累计折旧”科目，按原值贷记“固定资产”科目。固定资产已经计提减值准备的，还要将计提的固定资产减值准备注销，转入“固定资产清理”的借方。

（2）发生清理费用。固定资产清理过程中支付相关税费及其他费用时，应借记“固定资产清理”科目，贷记“应交税费”、“银行存款”等科目。

（3）取得出售收入或残料。企业取得出售固定资产的价款、残料或变价收入时，应借记“银行存款”、“原材料”等科目，贷记“固定资产清理”科目。

（4）保险赔款等的处理。企业应由保险公司或过失人赔偿的损失，应借记“其他应收款”等科目，贷记“固定资产清理”科目。

（5）清理净损益的处理。固定资产清理完毕后，对于取得的净收益，应借记“固定资产清理”科目，贷记“营业外收入”科目；反之，如为净损失，则借记“营业外支出”科目，贷记“固定资产清理”科目。

【例 8-14】 ABC 公司将不需用的设备一台出售，其原值为 200 000 元，累计折旧为 40 000 元。有关会计处理如下：

（1）转入清理时：

借：固定资产清理　　160 000
　　累计折旧　　40 000
　　贷：固定资产　　200 000

（2）设备在清理过程中，使用原材料 5 000 元，用现金支付清理费 5 000 元。

借：固定资产清理　　10 000
　　贷：原材料　　5 000
　　　　库存现金　　5 000

（3）出售设备收到价款 180 000 元，存入银行。

借：银行存款　　180 000
　　贷：固定资产清理　　180 000

（4）设备清理结束，将获得的净收益 10 000 元（180 000－160 000－10 000）转入营业外收入。

借：固定资产清理　　10 000
　　贷：营业外收入　　10 000

8.1.9　固定资产清查的核算

为了保证固定资产核算的真实性，企业应定期或至少于每年年末对固定资产盘点清查。固定资产清查一般采用实地盘点法，即以实地盘点的固定资产实有数量与固定资产卡片账进行核对。对清查过程中发现的盘盈、盘亏的固定资产，应及时查明原因，并编制固定资产盘盈、盘亏报告表，经会计部门审核汇总后，作为调整固定资产账簿的依据。清查固定资产的损溢，应及时查明原因，并按照规定程序报批处理。

1. 固定资产盘盈的核算

在固定资产清理过程中发现盘盈的固定资产，经查明确属企业所有，应根据其重置价值和成新等因素，确定其入账价值，并为其开立固定资产卡片账。

根据《企业会计准则》的规定，盘盈的固定资产应作为前期差错处理，在按管理权限报经批准前先通过“以前年度损益调整”账户核算，即按盘盈固定资产的入账价值借记“固定资产”科目，贷记“以前年度损益调整”科目；待有关部门审批后，再将盘盈的固定资产结转为留存收益，借记“以前年度损益调整”科目，贷记“盈余公积”、“利润分配”等科目。

【例 8-15】 ABC 公司在财产清查中发现盘盈设备一台，估计其重置价值为 10 000 元，假设该公司适用的所得税税率为 25%，按净利润的 10%提取法定盈余公积。有关会计处理如下：

(1) 盘盈固定资产时：

借：固定资产	10 000	
贷：以前年度损益调整		10 000

(2) 确定应交纳的所得税时：

借：以前年度损益调整	2 500	
贷：应交税费——应交所得税		2 500

(3) 结转为留存收益时：

借：以前年度损益调整	7 500	
贷：盈余公积——法定盈余公积		750
利润分配——未分配利润		6 750

2. 固定资产盘亏的核算

在固定资产清查过程中发现盘亏的固定资产，应及时注销其原价、已提折旧额和固定资产减值准备。在报经有关部门审批之前，先按盘亏固定资产的净值，借记“待处理财产损溢——待处理固定资产损溢”科目，按已提折旧额借记“累计折旧”科目，按已计提的减值准备借记“固定资产减值准备”科目，按固定资产原价贷记“固定资产”科目。待有关部门审批后，再按可收回的保险公司赔款或过失人的赔款，借记“其他应收款”科目；按盘亏固定资产净值扣除保险公司或有关责任者赔偿金额后的差额，借记“营业外支出”科目；按盘亏固定资产的净值，贷记“待处理财产损溢——待处理固定资产损溢”科目。

【例 8-16】 ABC 公司盘亏设备一台，原价为 100 000 元，已提取折旧80 000元，应由保险公司赔偿 10 000 元。经批准净损失 10 000 元转为营业外支出。有关会计处理如下：

(1) 盘亏固定资产时：

借：待处理财产损溢		
——待处理固定资产损溢	20 000	
累计折旧	80 000	
贷：固定资产		100 000

(2) 经批准后转销时：

借：其他应收款	10 000	
营业外支出	10 000	
贷：待处理财产损溢——待处理固定资产损溢		20 000

8.1.10 固定资产减值

固定资产减值是指固定资产由于损坏、技术陈旧或其他经济原因，导致其可收回金额低于账面价值。企业应定期或至少在每年年末对固定资产的账面价值逐项进行检查，对于已发生减值的固定资产，应根据其可收回金额低于账面价值的差额，计提减值准备，同时确认为减值损失，计入当期损益。

进行固定资产减值损失的核算，应设置“资产减值损失”账户和“固定资产减值准备”等账户。

“资产减值损失”账户核算企业计提各项资产减值准备所形成的损失。企业确定固定资产发生的减值时，按应减记的金额借记本账户，贷记“固定资产减值准备”账户。期末，应将本账户余额转入“本年利润”账户，结转后本账户无余额。

“固定资产减值准备”账户核算企业固定资产发生减值时计提的减值准备。计提固定资产减值准备时，应借记“资产减值损失”账户，贷记本账户。处置固定资产时，应同时结转其已计提的固定资产减值准备。本账户期末贷方余额反映企业已计提但尚未转销的固定资产减值准备。

企业发生固定资产减值时，应借记“资产减值损失”科目，贷记“固定资产减值准备”科目。固定资产减值损失一经确认，在以后会计期间不得转回。

【例 8-17】 ABC 公司某一设备账面价值为 500 000 元，预计可收回金额为 400 000 元。形成的减值损失为 100 000 元。会计处理为：

借：资产减值损失　　　　　　　　　　100 000

　　贷：固定资产减值准备　　　　　　　　　100 000

8.2 无形资产和其他资产

8.2.1 无形资产

1. 无形资产的概念

无形资产是指企业拥有或控制的没有实物形态的可辨认非货币性资产，主要包括专利权、非专利技术、商标权、著作权、土地使用权、特许权等。无形资产一般具有以下特征：

(1) 没有实物形态。无形资产是不具有实物形态的非货币性资产，不像固定资产、存货等具有实物形态。

(2) 具有可辨认性。具体来说，资产当中满足以下条件之一的，即符合无形资产定义中的可辨认性：

① 能够从企业中分离或者划分出来，并能单独或者与相关合同、资产或负债一起，用于出售、转移、授予许可、租赁或者交换。

② 源自合同性权利或企业法定权利，无论这些权利是否可以从企业或其他权利和义务中转移或者分离。

由于商誉的存在无法与企业自身分离，不具有可辨认性，因而，不属于本章所说的无形资产。另外，企业的土地使用权通常作为无形资产核算，但属于投资性房地产核算的土地使用权应按投资性房地产的核算原则进行会计处理，也不应作为无形资产核算。

③ 属于非货币性长期资产。无形资产的使用年限在一年以上，能够在多个会计期间为企业带来经济利益，属于非货币性资产，其价值应在各个受益期间逐期摊销。

2. 无形资产的确认与计量

1) 无形资产的确认

根据无形资产的上述特征，某个项目要确认为无形资产，应符合无形资产的定义，且同时满足下列条件：

(1) 与该无形资产有关的经济利益很可能流入企业。

如果某一项无形资产产生的经济利益很可能流入企业，并同时满足无形资产确认的其他条件，则企业应将其确认为无形资产。在实务中，要确定无形资产产生的经济利益是否很可能流入企业，需要实施职业判断。在进行这种判断时，应对无形资产在预计寿命内可能存在的各种经济因素做出合理和稳健估计，并有确凿的证据支持。例如，企业是否有足够的人力资源、高素质的管理队伍、相关硬件设备等来配合无形资产为企业创造经济利益。同时，更为重要的是，还要关注外界因素的影响，如是否存在相关的新技术、新产品冲击或利用新技术生产的产品是否有市场等。

(2) 该无形资产的成本能够可靠地计量。

成本能否可靠地计量，对于无形资产来说，是个非常重要的确认条件。企业的自创商誉等，因其形成过程的成本无法可靠地计量，从而不作为无形资产核算。

2) 无形资产的计量

(1) 无形资产的初始计量。

企业取得无形资产时，应按其实际成本计量。

购入无形资产的实际成本，包括实际支付的买价、相关税费以及直接归属于使该项资产达到预定用途所发生的其他支出。

自行开发的无形资产，其成本包括自满足准则规定的相关条件后至达到预定用途前所发生的支出总额，但对于以前期间已经费用化的支出不再调整。

投资者投入的无形资产，按投资合同或协议约定的价值作为实际成本。但是，合同或协议约定价值不公允的除外。

企业合并、债务重组等取得的无形资产成本，应当按照相关具体准则的规定加以确认。

(2) 无形资产的后续计量。

企业应当于取得无形资产时判断其使用寿命。无形资产的使用寿命如为有限的，应当估计该使用寿命的年限或构成使用寿命的产量等类似计量单位数量，使用寿命有限的无形资产应进行价值摊销；无法预见无形资产为企业带来未来经济利益期限的，应视为使用寿命不确定的无形资产，其价值则不摊销。

企业应当自无形资产可供使用时起至不再作为无形资产确认时摊销无形资产，企业选择的无形资产摊销方法，应当能反映企业与其消耗该项无形资产所产生的未来经济利益的方式。无法可靠确定消耗方式的，应当采用直线法摊销。其摊销金额直接计入当期损益。

企业应定期（至少在每年年末）对无形资产的账面价值逐项进行检查，并按《企业会计准则第 8 号——资产减值》的规定，对无形资产计提减值准备。企业计提减值准备以后，应重新确定剩余的使用年限，并根据无形资产的账面价值和重新确定的使用年限计算摊销额。无形资产减值损失一经确认，在以后会计期间不得转回。

3. 无形资产的构成内容

无形资产主要包括专利权、非专利技术、商标权、著作权、土地使用权和特许权等。

1）专利权

专利权是指经国家专利管理机关审定并授予发明者在一定年限内对其发明成果的制造、使用和出售的专有权利。专利权一般包括发明专利权、实用新型专利权和外观设计专利权等。专利权受法律保护。

专利权是允许其持有者独家使用或控制的特权，但它并不保证一定能给持有者带来经济利益，有的专利可能无经济价值或只有很小的经济价值，因此，企业不能将其拥有的一切专利权都作为无形资产核算。一般而言，只有从外单位购入的专利或企业自行开发并按法律程序申请取得的专利，才能作为无形资产入账。

2）非专利技术

非专利技术即专有技术，或技术秘密、技术诀窍，是指发明者未申请专利或不够申请专利的条件而未经公开的先进技术，包括先进的生产经验、先进的技术设计资料以及先进的原料配方等。

企业的非专利技术，有些是自行开发研究的，有些是购入的。如果是自行开发研究的，应符合《企业会计准则第 6 号——无形资产》规定的开发支出资本化条件，才能确认为无形资产；如果是外购的，则应将实际发生的支出予以资本化，作为无形资产入账。

3）商标权

商标是用来辨认特定的商品或劳务的标记。商标权是指企业拥有的在某类指定的商品上使用特定名称或图案的权利。商标经过注册登记，就获得了法律上的保障。

企业自创的商标并将其注册登记，所花费用一般不大，是否将其资本化并不重要。如果企业购买他人的商标，一次性支出费用较大，可以将其作为无形资产入账。

4）土地使用权

土地使用权是指企业经国家土地管理机关批准享有的在一定期间内对国有土地开发、利用和经营的权利。在我国，土地归国家所有，任何单位或个人只能拥有土地使用权，没有土地所有权。

企业取得土地使用权，应将取得时发生的支出资本化，计入“无形资产”。

5）著作权

著作权，亦称版权，是指著作者或文艺作品创作者以及出版商依法享有的在一定年限内发表、制作、出版和发行其作品的专有权利。著作权受法律保护，未经著作权所有者许可或转让，他人不得占有和行使。著作权可以转让、出售或赠与。

6）特许权

特许权，又称特许经营权、专营权，指企业在某一地区经营或销售某种特定商品的权利或是一家企业接受另一家企业使用其商标、商号、技术秘密等的权利。前者由政府授权，如水电、邮电通信、烟草专卖等；后者是企业间依照签订的合同，有期限或无期限使用另一企业的某些权利。会计上的特许权主要是后一种情况，并且只有企业为之支付了费用，取得的特许权才能作为无形资产入账。

4. 无形资产的核算

为了总括反映无形资产的取得、摊销和转让的情况，企业应设置“无形资产”、“累计摊销”等账户。

“无形资产”账户为资产类账户，用于核算企业持有的无形资产成本，借方登记取得无形资产的价值，贷方登记摊销和转让无形资产的价值，余额在借方，表示尚未摊销的无形资产的价值。该账户应按无形资产的类别设置明细账。

“累计摊销”账户是“无形资产”的调整账户，核算企业对使用寿命有限的无形资产计提的累计摊销，贷方登记企业计提的无形资产摊销，借方登记处置无形资产转出的累计摊销，期末贷方余额，反映企业无形资产的累计摊销。

此外，为核算企业无形资产减值情况，企业还应设置“无形资产减值准备”等账户。

1）无形资产的取得

企业一般通过购入和自行研究开发取得无形资产，取得的方式不同，其会计处理也有所不同。

（1）购入无形资产的核算。

企业购入的专利权、非专利技术、商标权、著作权和土地使用权等无形资产，一般均应按实际支付的买价以及与其直接相关的费用，如咨询费、公证费、鉴定费、注册登记费等计价，借记“无形资产”科目，贷记“银行存款”等科目。

【例 8-18】 ABC 公司购入一项专利，支付买价和有关费用合计 100 000 元，以银行存款支付。有关会计处理如下：

借：无形资产	100 000	
贷：银行存款		100 000

（2）自行研究开发无形资产的核算。

企业内部研究开发项目的支出，应当区分研究阶段支出与开发阶段支出，分别按规定处理。企业自行开发无形资产发生的研发支出，不满足资本化条件的，借记“研发支出——费用化支出”科目，满足资本化条件的，借记“研发支出——资本化支出”科目，贷记“原材料”、“银行存款”等科目。研究开发项目达到预定用途，形成无形资产时，按照“研发支出——资本化支出”科目的余额，借记“无形资产”科目，贷记“研发支出——资本化支出”科目。期末，还应将“研发支出——费用化支出”科目的余额转入“管理费用”科目，借记“管理费用”，贷记“研发支出——费用化支出”科目。

【例 8-19】 ABC 公司自行研发一项专利，截至 20×7 年 12 月 31 日。发生研发支出 500 000 元，经测试该项研发活动完成了研究阶段，从 20×8 年 1 月 1 日开始进入开发阶段。20×8 年发生研发支出 400 000 元，20×8 年 5 月，该项研发活动结束，最终开发出一项专利。有关会计处理如下：

① 20×7 年发生研发支出时：

借：研发支出——费用化支出	500 000	
贷：银行存款等		500 000

② 20×7 年 12 月 31 日，结转费用化的研发支出时：

借：管理费用	500 000	
贷：研发支出——费用化支出		500 000

③ 20×8 年，发生研发支出并满足资本化条件时：

借：研发支出——资本化支出	400 000	
贷：银行存款等		400 000

④ 20×8 年 5 月，研发完成，形成无形资产时：

借：无形资产	400 000	
贷：研发支出——资本化支出		400 000

2）无形资产的摊销

企业应当于取得无形资产时判断其使用寿命。使用寿命有限的无形资产应进行摊销，使用寿命不确定的则不摊销。对于使用寿命有限的无形资产应当从其达到预计用途当月起开始摊销，处置当月不再摊销。

无形资产的有效使用期限一般按以下原则确定：

（1）法律和合同分别规定了法定有效期限和受益年限的，按不超过其中较短的年限确定。

（2）法律没有规定有效期限，合同中规定了受益年限的，按不超过企业合同中规定的受益年限确定。

（3）合同中没有规定受益年限，法律规定了有效期限的，按不超过法律规定的有效期限确定。

（4）法律和合同均未规定法定有效期限和受益年限的，一般按不超过 10 年的期限确定。

企业应按月摊销无形资产价值，摊完为止，不留残值。企业无形资产的摊销通常使用直线法、生产量法等。企业选择的无形资产的摊销方法应能反映与该项无形资产有关的经济利益的预期实现方式，无法可靠确定预期实现方式的，应当采用直线法摊销。

企业各期摊销无形资产价值时，根据当期应摊销额，可借记“管理费用”、“其他业务成本”等科目，贷记“累计摊销”科目。

【例 8-20】 ABC 公司购买了一项特许权，实际成本为 300 000 元，合同规定受益期限为 5 年，该公司每月应摊销无形资产的价值为 5 000 元。每月摊销时，应做如下会计处理：

借：管理费用　　5 000
　　贷：累计摊销　　5 000

3）*无形资产的转让*

企业转让无形资产的方式主要有两种：一种是转让无形资产的所有权，另一种是转让无形资产的使用权。

转让无形资产的所有权，是指在转让以后，企业不再对转让的无形资产拥有占用、使用、收益、处置的权利。

转让无形资产的使用权，是指企业仅将无形资产的部分使用权让渡给其他企业，而本企业仍然对转让的无形资产拥有占用、使用、收益、处置的权利。

（1）转让无形资产所有权。企业转让无形资产所有权时，应将转让所得的价款扣除相关税费和该项无形资产账面价值后的差额，确认为当期损益。企业应按转让无形资产所得价款，借记“银行存款”、“无形资产减值准备”、“累计摊销”等科目；按应交纳的税费，贷记“应交税费”科目；按无形资产的账面余额，贷记“无形资产”科目；并按其差额，贷记“营业外收入”或借记“营业外支出”科目。

【例 8-21】 ABC 公司出售一项非专利技术，其成本为 200 000 元，已摊销 120 000 元，应交税费为 6 000 元，实际取得的转让价款为 100 000 元，存入银行。有关会计处理如下：

借：银行存款　　100 000
　　累计摊销　　120 000
　　贷：无形资产　　200 000
　　　　应交税费　　6 000
　　　　营业外收入　　14 000

（2）转让无形资产使用权。企业转让无形资产使用权取得的收入，应作为其他业务收入处理。取得收入时，应借记“银行存款”等科目，贷记“其他业务收入”科目。企业转让无形资产使用权应交纳的营业税、支付的律师费、咨询费等费用，按照配比原则，应由取得的收入来补偿。此时，应借记“其他业务成本”科目，贷记“应交税费”、“银行存款”等科目。

【例 8-22】 ABC 公司转让一项专利权的使用权，该专利权的成本为100 000元，累计摊销 60 000 元，取得转让收入 20 000 元，以银行存款支付手续费2 000元。有关会计处理如下：

① 取得转让收入时：

借：银行存款　　20 000
　　贷：其他业务收入　　20 000

② 支付手续费时：

借：其他业务成本　　2 000
　　贷：银行存款　　2 000

5. 无形资产的减值

企业应定期对无形资产的账面价值逐项进行检查，至少在每年年末要检查一次。如果出现下列的某一种情况，应对无形资产的可收回金额进行估计。

(1) 该项无形资产已被其他新技术所代替，使其为企业创造经济利益的能力受到重大不利影响。

(2) 该项无形资产的市场价格在当期大幅下跌，在剩余摊销年限内预计不会恢复。

(3) 其他足以表明该项无形资产的账面价值已经超过可收回金额的情形。

无形资产的可收回金额有两种表现形式：一是无形资产的销售净价，即该项无形资产的销售价格减去因出售而发生的律师费用和其他相关税费后的余额；二是预期从该项无形资产的持续使用和使用年限结束时的处理中预计未来现金流量的现值。可收回金额的确认应以两者中较大者为准。

如果某项无形资产的账面价值大于其估计的可收回金额，应将这部分差额确认为减值损失，计提减值准备。计提的减值准备应计入资产减值损失，借记“资产减值损失”科目，贷记“无形资产减值准备”科目。

企业计提减值准备以后，应重新确定剩余的使用年限，并根据无形资产的账面价值和重新确定的使用年限计算摊销额。无形资产减值损失一经确认，在以后会计期间不得转回。

【例 8-23】 ABC 公司 20×8 年 12 月 31 日对其无形资产检查时发现某专利权的账面价值为 60 000 元，经测试，其可收回金额为 45 000 元，故按差额15 000元计提减值准备如下：

借：资产减值损失 15 000
　　贷：无形资产减值准备 15 000

8.2.2 其他资产

其他资产是指除流动资产、长期股权投资、固定资产和无形资产等以外的各项资产，如长期待摊费用等。

长期待摊费用是指企业已经发生但应由本期和以后各期负担的分摊期限在一年以上的各项费用，如以经营租赁方式租入的固定资产发生的改良支出等。

为了总括反映长期待摊费用发生、摊销的情况，企业应设置“长期待摊费用”账户。该账户借方登记长期待摊费用的发生额，贷方登记摊销额，余额在借方，表示尚未摊销的长期待摊费用。

企业发生各项长期待摊费用时，借记“长期待摊费用”科目，贷记有关科目；将长期待摊费用在受益期内摊销时，按照费用的用途，借记“制造费用”、“管理费用”等科目，贷记“长期待摊费用”科目。

【例 8-24】 ABC 公司对其经营租入的办公楼进行装修，共耗费 600 000 元，以银行存款支付，该楼租赁期还有 5 年。有关会计处理如下：

① 支付装修费用时：

借：长期待摊费用　　600 000

　　贷：银行存款　　600 000

② 租赁期内每月摊销装修费时：

借：管理费用　　10 000

　　贷：长期待摊费用　　10 000

思　考　题

1. 什么是固定资产？它有哪些特点和作用？
2. 试述固定资产折旧的范围和计提方法。
3. 不同形式的固定资产后续支出，应当如何进行会计处理？
4. 简述固定资产清理的核算。
5. 何为无形资产？其有何特点？
6. 无形资产与固定资产在会计核算上主要有哪些区别？
7. 开发阶段发生的支出是否应全部资本化？为什么？
8. 简述无形资产摊销的核算。

练　习　题

1. 固定资产。

(1) 资料：某企业发生如下经济业务：

① 购买设备一台，价款 1 000 000 元，增值税率 17%，以银行存款支付，需进行安装。

② 购买材料 200 000 元（含增值税），以银行存款支付，全部用于安装工程。

③ 应付安装工程人员工资 230 000 元。

④ 安装完毕交付生产车间使用。

⑤ 该设备预计使用 10 年，净残值 5%，采用直线法计提折旧。

⑥ 该设备用于交付使用后第四年末报废，在清理中，支付清理费 2 000 元，收到过失人赔款和残料变价收入款共计 13 000 元。

要求：编制有关会计分录。

(2) 资料：某企业自行建造仓库一座，购入为工程准备的各种物资 100 000 元，支付的增值税额为 17 000 元，实际领用工程物资（含增值税）105 300 元，剩余物资转作企业生产用原材料；另外还领用了企业生产用的原材料一批，实际成本为 15 000 元，应转出的增值税为2 550元；分配工程人员工资 25 000 元，企业辅助生产车间为工程提供有关劳务支出 5 000 元，工程完工交付使用。

要求：

① 计算工程完工交付使用时固定资产的入账价值；

② 编制有关会计分录。

(3) 某企业购入设备一台，增值税专用发票上注明的货款为 40 000 元，增值税税率为 17%，支付运杂费 500 元，安装调试费 2 700 元。该设备预计残值收入 2 200 元，预计清理费用 200 元，预计使用年限为 5 年。

要求：

① 计算该设备的入账价值；

② 根据现行会计制度规定，分别采用平均年限法、双倍余额递减法和年数总和法计算该项设备第 2 年和第 4 年的折旧额。

2. 无形资产。

(1) A 企业 20×8 年 1 月 1 日从 B 企业购入一项专利的所有权，以银行存款支付买价和有关费用共计 60 000 元。该专利的法定有效期限为 10 年，合同规定的法定有效期限为 8 年，假定 A 企业于每年年末计提全年无形资产摊销额。20×9 年 1 月 1 日，A 企业将上项专利权出售给 C 企业，取得收入 50 000 元存入银行，该项收入适用的营业税税率为 5%。(不考虑其他税费)

要求：

① 编制 A 企业购入专利权的会计分录；

② 计算该项专利权的年摊销额并编制有关会计分录；

③ 编制与该项专利权转让有关的会计分录并计算转让该项专利权的净损益。

(2) A 公司 20×8 年度发生下列经济业务：

① 出租一项专利权，取得收入 100 000 元，收到款项存入银行。应交营业税 5 000 元。

② 对一项无形资产计提减值准备 60 000 元。

要求：编制上述业务的会计分录。

(3) 20×8 年 1 月 1 日，甲企业外购 A 无形资产，实际支付的价款为 1 000 000 元。根据相关法律，A 无形资产的有效年限 10 年，已使用 1 年。甲企业估计 A 无形资产预计使用年限为 5 年。20×9 年 12 月 31 日，由于与 A 无形资产相关的经济因素发生不利变化，致使 A 无形资产发生价值减值。甲企业估计其可收回金额为 180 000 元。2×11 年 12 月 31 日，甲企业发现，导致 A 无形资产在 20×9 年发生减值损失的不利经济因素已全部消失，且此时估计 A 无形资产的可收回金额为 200 000 元。假定不考虑所得税及其他相关税费的影响。

要求：编制从无形资产购入到无形资产使用期满相关业务的会计分录。

第9章 负　债

从“资产＝负债＋所有者权益”会计基本恒等式中可以看出，等式左边是企业资产的分布和存在形态，而右边的两个部分是企业资金来源渠道，它们都是企业资产的提供者，对企业资产拥有权益。这些权益按要求人的不同，可分为所有者权益和债权人权益，其中债权人权益就是本章所讲述的负债。负债具体核算内容主要由《企业会计准则第9号——职工薪酬》、《企业会计准则第11号——股份支付》、《企业会计准则第17号——借款费用》、《企业会计准则第18号——所得税》等具体准则规范。

9.1 负债概述

9.1.1 负债特征和确认条件

1. 负债特征

《企业会计准则——基本准则》对负债的定义是：“负债是企业所承担的能以货币计量、需以资产或劳务偿付的债务。”负债是指企业过去的交易或者事项形成的，预期会导致经济利益流出企业的现时义务。可以看出，负债具有以下基本特征。

1）负债是过去的交易或事项产生的

企业过去的交易或事项是指已经发生完成的经济业务，如企业已购商品但尚未付款而导致的经济业务必须已经发生并形成一种负债后果。也就是说，负债只与已经发生完成的交易或事项相关，而与尚未发生完成的交易或事项无关。如公司董事会决定计划发行债券，这仅仅是未来交易的意向，不能确认为负债。

2）负债是企业承担的现时义务

负债必须是企业承担的现时义务，这是负债的一个基本特征。所谓现时义务是指企业在现行条件下已承担的义务。未来发生的交易或者事项形成的义务，不属于现时义务，不能确认为负债。

这里所指的义务可以是法定义务，也可以是推定义务。其中，法定义务是指具有约束力的合同或者法律法规规定的义务，通常必须依法执行。例如，企业购置货物或者使用劳务后尚未付款，接受银行贷款则会产生的偿还贷款义务，企业按税法规定应当交纳的税费等，均属于企业承担的法定义务，需要依法予以偿还。推定义务是指根据企业多年来的习惯做法公开承诺或者公开宣布的政策而导致企业将承担的责任，这些责任也使有关各方形成了企业将履行义务解脱责任的合理预期。例如，企业多年来制定有一项销售政策，对售出商品提供一定期限的售后保修服务，预期将为售出商品提供的保修服务属于推定义务，应当确认为一项负债。

3）负债预期会导致经济利益流出企业

预期会导致经济利益流出企业是负债的一个本质特征。现时义务的履行关系到企业放弃含有经济利益的资产或者劳务，以满足债权人的要求。一般是以支付资产或提供劳务的方式，解除企业对债权人的经济责任。在履行现时义务偿还负债时，导致经济利益流出企业的形式多种多样，既可以是用现金偿还或者以实物资产形式偿还，也可以是以提供劳务形式偿还，还可以是以部分转移资产、部分提供劳务形式偿还或者负债转资本等。

2. 负债确认条件

对于是否确认为负债，《企业会计准则——基本准则》第四章第二十四条明确规定：需要符合负债定义，同时还要满足以下两个条件，才能确认为负债。

1）与该义务有关的经济利益很可能流出企业

从负债的定义已知，预期会导致经济利益流出企业是负债的一个本质特征。在实务中，履行义务所需流出的经济利益带有不确定性，尤其是与推定义务相关的经济利益通常需要依赖大量的估计。因此，负债的确认应当与经济利益流出的不确定性程度的判断结合起来。如果有确凿证据表明，与现时义务有关的经济利益很可能流出企业，就应当将其作为负债予以确认；反之，如果企业承担了现时义务，但导致经济利益流出企业的可能性不复存在，则不能将其确认为负债。

2）未来流出的经济利益的金额能够可靠计量

负债的确认在充分考虑经济利益流出企业的同时，对于未来流出的经济利益的金额应该能够可靠计量。对于与法定义务有关的经济利益流出金额，通常根据合同或者法律规定的金额予以确定，考虑到经济利益流出的金额通常在未来期间，有时未来期间较长，有关金额计量需要考虑货币时间价值等因素的影响。对于与推定义务有关的经济利益流出金额，企业应当根据履行相关义务所需支出的最佳估计数进行估计，并综合考虑有关货币时间价值、风险等因素的影响。

因此，判断某一项负债是否是企业债务，其标准就是在符合负债定义的同时，还要满足负债确认的条件，按规定才能在资产负债表中列示。如果只符合负债定义，不符合负债确认条件不能列入资产负债表中。根据《企业会计准则第 30 号——财务报表列报》的要求，资产负债表中的负债类至少应当单独列示反映下列信息的项目：短期借款、应付及预收账款、应交税费、应付职工薪酬、预计负债、长期借款、长期应付款、应付债券、递延所得税负债。资产负债表中的负债类还应当包括流动负债、非流动负债和负债的合计项目。

9.1.2　负债内容及分类

企业负债可以按不同标准进行分类，标准不同，分类结果不同。分述如下：

1. 按偿还期限的长短不同

按企业偿还期限的长短不同可分为流动负债和非流动负债。流动负债是指企业在一年或者超过一年的一个营业周期以内偿还的债务，包括银行借款、应付票据、应付账款、预收账款、应付职工薪酬、应交税费、应付利息、应付股利、应付利润及其他应付款等；非流动负债（长期负债）是指企业在一年或者超过一年的一个营业周期以上偿还的债务，包括长期借款、应付债券、长期应付款等。

这种分类的目的在于企业能够分清两种负债形成的不同原因及所起到的不同作用。例如，流动负债是在企业经营活动过程中发生的，是不可避免的，而非流动负债是企业经营决策的结果，企业是否负债经营以及负债应占有多少比例完全取决于企业管理层的决策。这种分类便于企业在不影响正常经营活动的前提下，合理安排偿债资金，按时偿还负债。

2. 按企业偿还资金的方式不同

按企业偿还的方式不同可分为货币性负债和非货币性负债。货币性负债是指企业以货币偿还的债务，如应交税费；非货币性负债是指企业以实物资产或者提供劳务偿还的债务，如预收账款。这种分类目的是便于企业的现金流量管理和安排。

9.2 流动负债

9.2.1 流动负债概述

1. 流动负债的性质及特征

流动负债是预期在资产负债表日后一年内需要偿还的债务，除具有负债的一般特征外，还具有以下特点：

1) 偿还期期限较短

流动负债是一种短期债务，通常债权人要求企业在一年或者超过一年的一个营业周期以内偿还，即债务人需要在较短时间内完成偿还义务。

2) 需以流动资产或者举借新的流动负债偿还债务

流动负债的偿还手段通常是企业所拥有的流动资产或者提供某项劳务，如以银行存款支付应付账款，以生产的产品抵偿预收账款，以提供修理服务抵付预计的产品质量保证债务，以应付账款替换到期末兑付的应付票据。

企业承担的负债只有同时具有上述特点，在会计上才应作为流动负债，否则，应作为非流动负债。

2. 流动负债形成原因

流动负债是企业在生产经营过程中形成的，形成的具体原因不同，主要表现为以下几方面：

(1) 借贷形成的流动负债。借贷形成的流动负债是指企业从银行或其他金融机构筹集资金而形成的流动负债，包括短期借款、应付利息以及一年内到期的非流动负债等。

(2) 结算过程中形成的流动负债。结算过程中形成的流动负债是指企业在正常的生产经营活动中因外部结算而形成的流动负债，包括应付账款、应付票据、预收账款等。

(3) 经营过程中形成的流动负债。经营过程中形成的流动负债是指企业在正常的生产经营活动中因有些费用预先提取而形成的流动负债，包括应付职工薪酬、应交税费等。

（4）利润分配形成的流动负债。利润分配形成的流动负债是指企业对实现的净利润进行分配的过程中所形成的流动负债，包括应付股利等。

3. 流动负债的分类

（1）按照流动负债的应付金额是否肯定分为应付金额肯定的流动负债、应付金额视经营情况而定的流动负债和应付金额需估计的流动负债三类。

应付金额肯定的流动负债。这类流动负债是指根据契约或法律规定，在确认一项义务的同时即具有确定的金额、债权人和偿还日期的负债。如短期借款、应付账款、应付票据、预收账款、应付股利及其他应付款等。

应付金额视经营情况而定的流动负债。这类流动负债是指根据一定会计期间的经营情况，需待期末才能确定金额的负债。也就是说，在该经营期结束之前，负债金额不能以货币计量，如应付职工薪酬、应交税费等。

应付金额需估计的流动负债。这类负债虽然是企业以往和目前已经完成的经济活动要承担的债务，但还不能肯定金额，在编制资产负债表日需做估计的流动负债，如应付产品质量担保估计负债、应付奖券兑换估计负债等。

（2）按流动负债的偿付手段可以划分用货币偿付的流动负债和用商品或劳务等非货币偿付的流动负债两类。

用货币偿付的流动负债。用货币偿付的流动负债是指到期时，企业必须用库存现金、银行存款或其他货币性资产偿还的流动负债，包括短期借款、应付账款、应付票据、应付职工薪酬、应交税费等。流动负债的绝大部分都可以归到这一类别。

用商品或劳务偿付的流动负债。用商品或劳务偿付的流动负债是指到期时，企业必须用商品或提供劳务抵付的流动负债，包括预收账款等。

4. 流动负债的计价

各项流动负债应当按实际发生额记账（实务中以到期值入账），在资产负债表中以余额进行列示。从理论方面分析，流动负债应按未来偿付金额的现值入账，因为流动负债的偿还意味着未来的现金流出。但是由于流动负债的时间较短，其到期值和现值差别不大，所以，在实务中采取按到期值入账。

入账金额的确定有三种情况：一是按合同、协议上规定入账的金额，如应付账款；二是期末按经营情况确定入账的金额，如应交税费；三是需要会计人员运用职业判断估计入账的金额，如或有负债。

9.2.2　流动负债核算

1. 短期借款

1）短期借款内容

短期借款是指企业向银行或其他金融机构等借入的期限在1年以下（含1年）的各

种借款。短期借款的主要目的是为了解决企业对资金的临时需要，以缓解资金周转困难，保证生产经营活动的正常运行。因此，企业在季节性、临时性生产经营周转中出现资金暂时短缺时，可按规定的程序向开户银行或其他金融机构申请借入短期资金，并按规定期限还本付息。

2）短期借款核算

企业借入短期借款，构成企业一项流动负债，必须及时计算利息、按期归还本息。为了核算企业向银行或者其他金融机构等借入的期限在一年以下（含 1 年）各种借款的借入、计息和归还等情况，企业应开设“短期借款”账户。该账户贷方登记借入的各种短期借款，借方登记归还的各种短期借款，期末余额一般在贷方，反映尚未偿还的各种短期借款。该账户应按照借款种类、贷款人和币种进行明细核算。短期借款的利息在资产负债表日作为一项财务费用，计入当期损益，并在“银行存款”、“应付利息”等账户中进行反映。

【例 9-1】 ABC 公司在临时性生产经营周转中出现资金暂时短缺，按规定借款程序向银行申请借款。20×8 年 5 月 1 日从银行借入贷款 100 000 元，期限 4 个月，年利率 6%。到期一次还本付息。

（1）5 月 1 日借入时：

借：银行存款	100 000	
贷：短期借款		100 000

5 月 31 日应计借款利息：

借：财务费用	500	
贷：应付利息		500

（2）6 月 30 日和 7 月 31 日（同上）

（3）8 月 31 日归还借款本金及利息时：

借：短期借款	100 000	
财务费用	500	
应付利息	1 500	
贷：银行存款		102 000

2. 应付票据

1）应付票据内容及种类

票据是指由出票人签发，由承兑人允诺在特定日期无条件支付确定的金额给持票人或者收款人的书面凭证。在票据所载明的到期日之前，出票人或承兑申请人作为债务人负有于到期日无条件支付票款给持票人的责任。

应付票据是一种票据，是企业在经济往来中由于采用商业汇票结算方式而发生的，由出票人签发，承兑人（付款人）承兑的票据。它是延期付款的书面证明，相对应付账款而言，由于商业汇票结算方式是以我国《票据法》为依据的一种结算方式，具有强制的法律约束力，很大程度上增强了应付票据的可信度。

商业汇票按承兑人的不同，可分为应付的商业承兑汇票和应付的银行承兑汇票两种；商业汇票按是否带息，又可分为带息应付票据和不带息应付票据两种。

2）*应付票据核算*

为了核算企业开出、承兑汇票或以承兑汇票抵付货款等业务，企业应设置“应付票据”账户。该账户的贷方发生额反映企业开出、承兑的商业汇票、应付票据的应付利息和以承兑商业汇票抵付货款的金额。借方发生额反映已支付商业汇票的面值和利息金额等；期末余额一般在贷方，反映企业尚未到期的商业汇票票面金额。

同时还应设置“应付票据备查簿”，详细登记每一应付票据的种类、号数、签发日期、到期日、票面金额、合同交易号、收款人姓名或单位名称，以及付款日期等详细资料。应付票据到期清偿时，应在备查簿内逐笔注销。

企业如果签发的是银行承兑汇票，需要持汇票和购货合同向开户银行申请承兑，并交纳一定比例的承兑手续费。支付的承兑手续费作为财务费用，计入当期损益。

应付票据一般按票据面值入账，从理论上讲，应付票据应按现值入账，但是由于票据到期日与出票日间隔较短，为了简化会计核算在实务的处理上不按现值入账。

（1）不带息应付票据。

不带息应付票据，其面值就是应付票据到期的应付金额，不需要计算利息。企业签发票据、到期承兑时，分别在“应付票据”、“银行存款”等账户中进行反映。

【例 9-2】 ABC 公司采用商业汇票结算方式于 20×8 年 8 月 1 日购买材料一批，经双方协商，ABC 公司签发期限为 6 个月、价款 300 000 元，增值税额 51 000 元的一张不带息商业承兑汇票。

20×8 年 8 月 1 日，签发票据购买材料时：

借：原材料	300 000	
应交税费——应交增值税（进项税额）	51 000	
贷：应付票据		351 000

20×9 年 2 月 1 日，票据到期日如数承兑时：

借：应付票据	351 000	
贷：银行存款		351 000

假如该票据到期，ABC 公司无力偿还这笔款项，则应将其转为应付账款：

借：应付票据	351 000	
贷：应付账款		351 000

如果该票据是银行承兑汇票到期，公司无力支付票款时，按应付票据的票面金额，借记“应付票据”账户，贷记“短期借款”账户。

（2）带息应付票据。

带息票据是指在票据到期日，按照票面金额和根据票面利率计算的利息而支付的票据。也就是承兑人到期还款时，除了偿还面值金额外，同时还要偿还按面值和票面利率计算的利息，即票据到期值等于面值加利息。票据利息一般情况下，在每个会计期末不计提利息，票据到期时利息一次入账，但是如果票据的期限跨年度，在年末时，则需要计提本年至年末按面值和票面利率计算的累计利息，借记“财务费用”账户，应贷记“应付票据”账户。

【例 9-3】 沿用例 9-2，票据为带息票据，票面利率 10%，其他条件不变。

20×8 年 8 月 1 日，签发票据购买材料时

借：原材料　　300 000

　　应交税费——应交增值税（进项税额）　　51 000

　　贷：应付票据　　351 000

20×8 年 12 月 31 日，公司应计提利息时

借：财务费用　　14 625

　　贷：应付票据——B 公司　　14 625（2 925×5＝14 625）

20×9 年 2 月 1 日，应付票据到期时

借：应付票据——B 公司　　365 625

　　财务费用　　2 925

　　贷：银行存款　　368 550

3. 应付账款

1）应付账款的含义及确认

应付账款是指企业在生产经营过程中由于购买材料、商品或接受劳务供应等经营活动而形成的债务。应付账款是由于买方在购进商品或接受劳务等业务的发生时间与付款时间不一致而形成的对卖方的负债。这种债务是企业与其他企业在长期合作由于相互信任而存在的尚未结清的款项，一般需要购货企业在较短时间内偿还。应付账款的确认包括入账时间的确认和入账金额的确认。

应付账款的入账时间确认。应付账款的入账时间应以所购买商品、物资取得发票时，所有权转移或接受劳务已经发生为标志。但在实际工作中，应区别情况处理：在货物和发票账单同时到达的情况下，应付账款一般待货物验收入库后，再按发票账单登记入账，以避免因先入账而在验收入库时发现购入货物错、漏、破损等问题再行调账；在货物和发票账单不是同时到达的情况下，由于应付账款要根据发票账单登记入账，有时货物已到，而发票账单要过一段时间才能到达，这笔负债已经成立，应作为一项负债反映，但为了简化核算手续，在实务中通常采用在月份终了才将所购货物和应付账款估计入账的做法。

应付账款的入账金额确定。一般是按取得的发票价格确定。但是如果购货条件包括在规定的期限内付款可以享受一定的现金折扣，会计上入账金额的确定有两种方法，即总价法和净价法。总价法是按发票价格全额入账，实际付款时，如果享受现金折扣，少付的价款作为理财的收益处理；净价法是按发票价格扣除现金折扣后的净额入账，实际付款时，如果超过规定的享受现金折扣的付款期限而支付的超过账面价值的部分作为理财的费用处理。我国采用总价法。

2）应付账款核算

为了核算应付账款的经济业务内容，企业应设置“应付账款”账户。该账户是用来核算应付账款的发生、偿还以及期末尚未偿还金额。其贷方登记企业向销货单位应付的款项；借方登记支付的款项；期末余额一般在贷方，反映企业应付尚未支付的金额，同

时需按债权人的不同设置明细账进行明细核算。此外对附有现金折扣的应付账款，在获得现金折扣时作为冲减财务费用处理。

【例 9-4】 ABC 公司于 20×8 年 8 月 17 日从 B 公司购入材料一批，材料价款为 100 000元，适用增值税率为 17%，价税款尚未支付。付款条件是“2/10，*n*/30”。

总价法下的账务处理：

(1) 20×8 年 8 月 17 日，购入材料时

借：原材料　100 000
　　应交税费——应交增值税（进项税额）　17 000
　　贷：应付账款——B 公司　117 000

(2) 20×8 年 8 月 23 日付款

可得到折扣，即 100 000×2%＝2 000（元）

实付货款：117 000－2 000＝115 000（元）

借：应付账款——B 公司　117 000
　　贷：银行存款　115 000
　　　　财务费用　2 000

(3) 20×8 年 9 月 19 日付款：

借：应付账款——B 公司　117 000
　　贷：银行存款　117 000

净价法下的账务处理：资料如上

(1) 20×8 年 8 月 17 日，购入材料时：

借：原材料　98 000
　　应交税费——应交增值税（进项税额）　17 000
　　贷：应付账款——B 公司　115 000

(2) 20×8 年 8 月 23 日付款

借：应付账款——B 公司　115 000
　　贷：银行存款　115 000

(3) 20×8 年 9 月 19 日付款

借：应付账款——B 公司　115 000
　　财务费用　2 000
　　贷：银行存款　117 000

应付账款一般在较短时间内付款，有时应付账款可能会由于债权单位撤销或者其他原因而无法支付，公司应将无法支付或者无需支付的应付款项计入营业外收入。

【例 9-5】 由于债权单位甲公司撤销，ABC 公司的应付账款中有一笔 6 000 元的货款确实无法支付，现予以转销。

借：应付账款——B 公司　6 000
　　贷：营业外收入　6 000

4. 预收账款

预收账款是企业按照合同规定向购货单位或接受劳务单位预先收取的货款。预收账

款之所以构成企业的一项负债，是因为企业要根据合同规定的条款，在预收货款后的一定时期内发送商品或提供劳务。如果企业无法履行合同条款，不能如期交货或提供劳务，企业必须承担如数退还预收货款的责任。预收的货款应于一年之内或正常的一个营业周期中以商品或提供劳务偿付，因此，预收账款是企业的一项流动负债。当企业如约履行合同后，预收账款的负债才得以解除，转为营业收入。

为了核算有关预收款项的内容，企业应设置“预收账款”账户。该账户贷方登记企业向购货单位预收的货款和收到购货单位补付的货款；借方登记产品销售的价款和退回多付的货款；期末贷方余额反映企业预收账款的金额；如为借方余额则反映企业应收款项的金额，而形成企业的一项债权。本账户应按购货方设置明细账。

如果企业预收账款业务不多情况下，无需单独设置“预收账款”账户，可以在“应收账款”账户中进行核算。

【例 9-6】 ABC 公司与 B 公司签订供货合同，货款总金额为 600 000 元。合同规定 B 公司预付货款的 60%，余款于交货时付清，该货物的增值税税率为 17%。

（1）预收货款并存入银行时：

借：银行存款	360 000	
贷：预收账款（或应收账款）——B 公司		360 000

（2）公司发出商品，销售实现时：

借：预收账款（或应收账款）——B 公司	702 000	
贷：主营业务收入		600 000
应交税费——应交增值税（销项税额）		102 000

（3）收到购货单位补付货款时：

借：银行存款	342 000	
贷：预收账款（或应收账款）——B 公司		342 000

如果公司预收的货款大于应收的货款，需要退回多收的货款时，做与上述（3）相反的分录。

5. 应付职工薪酬

1）职工薪酬内容

职工，是指与企业订立劳动合同的所有人员，含全职、兼职和临时职工；也包括虽未与企业订立劳动合同但由企业正式任命的人员，如董事会成员、监事会成员等。在企业的计划和控制下，虽未与企业订立劳动合同或未由其正式任命，但为其提供与职工类似服务的人员，也纳入职工范畴，如劳务用工合同人员。

职工薪酬是指企业为获得职工提供的服务而给予各种形式的报酬以及其他相关支出。按照《企业会计准则第 9 号——职工薪酬》中规定职工薪酬主要包括职工工资、奖金、津贴和补贴；职工福利费；医疗保险费、养老保险费、失业保险费、工伤保险费和生育保险费等社会保险费；住房公积金；工会经费和职工教育经费；非货币性福利；因解除与职工的劳动关系给予的补偿；其他与获得职工提供的服务相关的支出八项内容。

职工薪酬具体范围是企业为在职期间和离职后提供给职工的全部货币性和非货币性

薪酬，能够量化给职工个人和提供给职工集体享有的福利，提供给职工配偶、子女或其他被赡养人的福利，以商业保险形式提供给职工的保险等。

应付职工薪酬是企业根据劳动者所完成工作的数量和质量，支付给劳动者的报酬。企业应当在职工为其提供服务的会计期间，将应付的职工薪酬确认为企业对职工个人的一项负债。在对应付职工薪酬各项内容计量时，应按国家规定的计提基础和计提比例的标准进行计算。没有规定计提基础和计提比例的，企业应当根据历史资料和实际情况，合理预计当期应付职工薪酬。

为了核算和监督职工薪酬的形成和发放情况，需要设置“应付职工薪酬”账户。该账户用来核算企业应付职工各种薪酬总额的计算和实际支出情况。贷方登记本月计算的应付职工薪酬总额，包括各种工资、奖金、津贴、补贴和福利费等，另外，因解除与职工的劳动关系给予的补偿、外商投资企业按规定从净利润中提取的职工奖励及福利基金也记入该科目的贷方；借方登记企业按照有关规定向职工支付工资、奖金、津贴，以及从应付职工薪酬中扣还的各种款项等，另外，企业向职工支付职工福利费、支付工会经费和职工教育经费用于工会运作和职工培训、按照国家有关规定缴纳社会保险费和住房公积金、因解除与职工的劳动关系向职工给予的补偿也在借方核算；期末余额一般在贷方，反映企业应付职工薪酬的结余。同时“应付职工薪酬”账户还应按照“工资”、“职工福利”、“社会保险费”、“住房公积金”、“工会经费”、“职工教育经费”、“解除职工劳动关系补偿”等各项内容设置明细账进行明细核算。在这里主要介绍职工薪酬中的工资、福利费、社会保险费和住房公积金的核算。

2）应付职工工资核算

应付工资是企业对职工个人的一种负债，是企业使用职工的知识、技能、时间和精力而给予职工的一种补偿，即企业根据按劳分配的原则，依劳动者所完成工作的数量和质量，支付给劳动者的报酬。一定时期内工资的水平主要取决于国民收入及个人消费基金所占国民收入的比重，故工资发放的高低势必影响货币流通和市场的稳定，影响到职工的切身利益和生产积极性的调动。同时，工资也是企业生产经营费用和产品成本的重要组成部分，直接关系到企业的经营效益。因此，正确核算工资的内容具有特别重要的意义。

企业应该每期计算每个职工实得工资额和当期发生的工资总额，按时发放职工工资。在企业无论当月是否支付工资，都必须通过“应付职工薪酬——工资”账户核算。在实际工作中为了方便职工、简化现金收付手续，财务部门常常会在应付工资中将扣除代扣、代垫、代缴职工应缴纳等各种款项，如个人所得税、住房公积金、养老保险费等社会保险费。按权责发生制和配比的要求，企业应付职工工资作为一项负债支出，应在期末结算时，按职工工作岗位，以每个人实际耗用于各项生产经营活动的劳动量进行工资合理分配，分别不同情况计入相关成本、费用、资产成本中。

【例 9-7】 ABC 公司 20×8 年 6 月末根据工资计算汇总表已知，应付职工工资总额 3 000 000 元。其中，生产工人工资 2 300 000 元，车间管理人员工资 100 000 元，公司行政管理人员工资 400 000 元，专设销售机构人员工资 60 000 元，在建工程人员工资 120 000 元，研发人员工资 20 000 元。有关账务处理如下：

期末根据工资计算汇总表，分配工资费用时：

借：生产成本　　2 300 000
　　制造费用　　100 000
　　管理费用　　400 000
　　销售费用　　60 000
　　在建工程　　120 000
　　研发支出——资本化支出　　20 000
　　贷：应付职工薪酬——工资　　3 000 000

3）应付职工福利核算

企业应承担职工享有的福利待遇的责任，这项责任在尚未履行或者尚未全部履行时形成公司一项负债。根据国家有关规定，企业可以按职工工资总额的一定比例在成本费用中计提形成福利费。在成本费用中计提的福利费，应按职工的不同岗位进行列支，其列支范围与工资范围基本相同，通过“应付职工薪酬——职工福利”账户核算，职工福利费主要用于职工医疗卫生和职工困难补助等。

【例 9-8】 沿用例 9-7，ABC 公司参考 20×8 年实际发生的福利费资料，公司预计本年度应承担的职工福利费为 2%，福利费受益对象为以上所用职工。用库存现金支付职工困难补助费 950 元。

计提列支职工福利费时：

借：生产成本　　46 000
　　制造费用　　2 000
　　管理费用　　8 000
　　销售费用　　1 200
　　在建工程　　2 400
　　研发支出——资本化支出　　400
　　贷：应付职工薪酬——职工福利　　60 000

支付职工困难补助费时：

借：应付职工薪酬——职工福利　　950
　　贷：库存现金　　950

4）应付职工社会保险费及住房公积金核算

企业为职工缴纳的医疗保险费、养老保险费、失业保险费、工伤保险费、生育保险费等社会保险费和住房公积金（“五险一金”），根据企业所在地政府规定，企业可以按职工工资总额的一定比例在成本费用中列支，代扣并交纳指定的部门和机构。在成本费用中计算形成的社会保险费。其列支范围与工资和职工福利范围基本相同，通过“应付职工薪酬——社会保险费”账户核算。

【例 9-9】 沿用例 9-7，根据公司所在地政府规定，ABC 公司按照职工工资总额的 10%计提社会保险费，并开出支票交纳指定机构。

按规定比例计提社会保险费时：

借：生产成本　　230 000
　　制造费用　　10 000

管理费用　　40 000
销售费用　　6 000
在建工程　　12 000
研发支出——资本化支出　　2 000
　贷：应付职工薪酬——社会保险费　　300 000

支付社会保险费时：

借：应付职工薪酬——社会保险费　　300 000
　贷：银行存款　　300 000

【例 9-10】 资料如例 9-7，根据公司所在地政府规定，ABC 公司按照职工工资总额的 7%计提住房公积金，并开出支票交纳指定管理部门。

按规定比例计提社会保险费时：

借：生产成本　　161 000
制造费用　　7 000
管理费用　　28 000
销售费用　　4 200
在建工程　　8 400
研发支出——资本化支出　　1 400
　贷：应付职工薪酬——住房公积金　　210 000

支付社会保险费时：

借：应付职工薪酬——住房公积金　　210 000
　贷：银行存款　　210 000

6. 应交税费

应交税费是指企业在经营过程中，根据税法规定应向国家交纳的各种税费，包括增值税、消费税、营业税、所得税、资源税、城市维护建设税、教育费附加、矿产资源补偿费、土地增值税、房产税、车船使用税、印花税等。这些税费在应交未交之前暂时停留在企业，形成企业的一项流动负债。为了总括反映各种税费的形成和交纳情况，应设置“应交税费”账户，同时按不同税费设置明细账户进行明细核算。

1）*应交增值税核算*

增值税是对在我国境内销售货物或者提供加工、修理修配劳务以及进口货物的单位和个人，就其取得的货物或应税劳务销售额以及进口货物金额计算税款，并实行税款抵扣制的一种流转税。从计税原理上来看，增值税是对商品生产和流通中各环节的新增价值或商品附加值进行征税，故名“增值税”。由于增值税在流通过程中很难准确计算，因此，实际操作中采用了间接计算方法，即企业购入货物或者接受劳务支付的增值税，可以从销售货物或者提供劳务按规定收取的增值税中扣除，抵扣后的余额为纳税人实际应交的增值税。增值税属于价外税，实行税款抵扣制度，可用公式表示为

$$应纳增值税 = 当期销项税额 - 当期进项税额$$

为了便于应交增值税的核算，企业应在“应交税费”账户下设置“应交增值税”二

级账户核算。"应交税费——应交增值税"账户的借方登记企业购进货物或接受应税劳务支付的进项税额、实际已缴纳的增值税等；贷方登记销售货物或提供应税劳务应缴纳的增值税（销项税额）、出口货物退税、转出已支付或应分担的增值税等；期末余额一般在借方，反映企业尚未抵扣的增值税。同时，"应交税金——应交增值税"下还需开设"进项税额"、"销项税额"、"出口退税"、"已交税金"、"进项税额转出"、"转出未交增值税"、"转出多交增值税"等明细专栏，来核算企业增值税的发生、抵扣、缴纳、退税以及转出等情况。

增值税纳税人根据企业规模大小及会计核算是否健全划分为一般纳税人和小规模纳税人。二者在会计处理上有所不同，以下分别说明增值税的计算和会计核算。

（1）一般纳税人增值税核算。

一般纳税人企业在会计核算的主要特点：一是在购进阶段，实行价税分离，价与税分离的依据为增值税专用发票上注明的价款和增值税，属于价款部分，计入购入货物的成本；属于增值税部分，计入进项税额。二是在销售阶段，也实行价税分离，所开出的增值税专用发票上注明的价款和增值税，分别计入销售收入和增值税销项税额；如果销售时采用销售收入和销项税合并定价方法的，按公式"销售收入＝含税销售收入÷(1＋增值税税率)"还原为不含税价格作为销售收入，按不含税销售收入计算销项税额。我国一般纳税人增值税采取基本税率再加一档低税率的模式，基本税率 17%，低税率 13%。

【例 9-11】　ABC 公司于 20×8 年 6 月发生经济业务如下：6 日购入一批原材料，增值税专用发票上注明的原材料价款 6 000 000 元，增值税 1 020 000 元，另取得运杂费结算单据。上载明运杂费共计 20 000 元。款项已支付，材料已经到达并验收入库；16 日该公司当期销售产品收入为 12 000 000 元（不含应向购货者收取的增值税），增值税率为 17%，价款、税款尚未收到；18 日将库存商品对外投资，库存商品的账面成本为 600 000 元，现行市场价格为 1 080 000 元；19 日将本月 6 日购进的原材料 120 000 元（不考虑运费）以及库存商品 300 000 元（计税价格 324 000 元），用于本公司的在建工程。原材料按实际成本进行日常核算。

20×8 年 6 月 6 日，根据购买材料物资取得的增值税专用发票，记录进项税额时：

借：原材料　　6 020 000

　　应交税费——应交增值税（进项税额）　　1 020 000

　　贷：银行存款　　7 040 000

20×8 年 6 月 16 日，根据公司开出的增值税专用发票确定应交销项税额时：

借：应收账款　　14 040 000

　　贷：主营业务收入　　12 000 000

　　　　应交税费——应交增值税（销项税额）　　2 040 000

20×8 年 6 月 18 日，将产成品对外投资：

借：长期股权投资　　783 600

　　贷：库存商品　　600 000

　　　　应交税费——应交增值税（销项税额）　　183 600（1 080 000×17%）

20×8 年 6 月 19 日，将原材料以及产成品用于本公司在建工程：

借：在建工程　　495 480

　　贷：原材料　　120 000

　　　　应交税费——应交增值税（进项税额转出）　　20 400（120 000×17%）

　　　　库存商品　　300 000

　　　　应交税费——应交增值税（销项税额）　　55 080（324 000×17%）

（2）小规模纳税人增值税核算。

小规模纳税人的条件是指从事货物生产或提供应税劳务的纳税人，以及以从事货物生产或提供应税劳务为主，并兼营货物批发或零售的纳税人，年应征增值税销售额在100万元以下；从事货物批发或零售的纳税人，年应税销售额在180万元以下；以及应税销售额超过小规模纳税人标准，但会计核算不健全或者不能提供准确税务资料；或虽符合一般纳税人条件但不申请办理一般纳税人认定手续的。我国小规模纳税人增值税一般为税率6%或4%。

小规模纳税企业在会计核算中的主要特点：一是在购货时，小规模纳税企业无论是否具有增值税发票，其支付的增值税均不计入进项税，而是计入购买货物的成本中，不能在销项税中抵扣。即价款和税款计入进货的采购成本价税合一；二是在销货时，一般只开具普通发票，但若认真履行纳税义务的，可由税务部门代开增值税专用发票。计算的应纳增值税额要求是不含税销售额。计算公式为

$$应纳增值税 = 不含税销售额 \times 征收税率\ 6\%$$

$$不含税销售额 = 含税销售额 \div (1 + 征收税率\ 6\%)$$

小规模纳税人增值税的核算比较简单。设置“应交税费——应交增值税”账户，可沿用一般的三栏式账户。

【例 9-12】 ABC公司下属某子公司核定为小规模纳税人，20×8年8月6日，购入原材料按增值税专用发票上记录材料成本1 000 000元，增值税170 000元，公司用商业承兑汇票支付。20×8年8月26日，本期该公司销售产品一批，使用普通发票，含税价为900 000元，全部款项已收入银行。适宜为增值税率6%。

20×8年8月6日，购入原材料，含税款项全部计入采购成本：

借：原材料　　1 170 000

　　贷：应付票据　　1 170 000

20×8年8月26日，销售产品确认不含税收入849 057[900 000÷(1+6%)]，应交增值税额50 943（849 057×6%）

借：银行存款　　900 000

　　贷：主营业务收入　　849 057

　　　　应交税金——应交增值税（销项税）　　50 943

2）应交消费税、营业税和资源税

消费税是对在我国境内生产、委托加工和进口应税消费品向单位和个人征收的一种税。国家对某些消费品除征收增值税外，还征收消费税。目的是通过税收，调节消费品的利润水平。应交消费税的产品有：烟、酒及酒精、化妆品、贵重首饰及珠宝玉石、鞭炮和焰火、成品油、汽车轮胎、摩托车、小汽车、木质木地板等。采用从价定率或从量

定额两种方法计征。

营业税是对我国境内提供应税劳务、转让无形资产或者销售不动产的单位或个人，就其取得的营业额征收的一种流转税。应税劳务是指交通运输、建筑、金融保险、邮电通信、文化体育、娱乐、服务等税目征收范围的劳务。营业税的计税依据是营业额，按营业额和规定税率计征。营业额指企业提供应税劳务、转让无形资产或销售不动产向对方收取的全部价款和价外费用。其中，价外费用包括向对方收取的手续费、代收款项、代垫款项、集资费及其他各种性质的价外费用。营业税税率按税法规定来确定。

资源税是以各种自然资源为课税对象，为了调节级差收入并体现国有资源有偿使用而向在我国境内开采矿产品或生产盐的单位和个人征收的一种税。资源税的征收范围包括原油、天然气、煤、其他非金属矿原矿、黑色金属矿原矿、有色金属矿原矿和盐。资源税实行从量定额征收的方法，采用地区差别定额税率，不同产区的产品税额不同。计税时，按照应税产品的课税数量和规定的单位税额计算。

上述三种税金都是按流转环节中征收的流转税，按规定计算的应交税费作为营业收入的抵减项目，应通过“营业税金及附加”账户核算。同时还在“应交税费”账户下设置“应交营业税”“应交消费税”、“应交资源税”等明细账户，用来核算流转税的应交、已交和期末未交数。企业按税法规定，计算应交的消费税、营业税、资源税时，其账务处理如下。

【例 9-13】 ABC 公司 9 月 18 日销售一批消费品，增值税专用发票注明价为 60 000 元，增值税为 10 200 元，消费税税率为 8%，款项已收到并存入银行。

产品销售时：

借：银行存款　　70 200

　　贷：主营业务收入　　60 000

　　　　应交税费——应交增值税（销项税额）　　10 200

计算应交消费税：应纳消费税额＝60 000×8%＝4 800（元）

借：营业税金及附加　　4 800

　　贷：应交税费——应交消费税　　4 800

【例 9-14】 ABC 公司对外提供运输服务，收入为 7 000 元，款项收到并存入银行，营业税税率为 2%。

取得收入时：

借：银行存款　　7 000

　　贷：其他业务收入　　7 000

计算应纳营业税税额：7 000×2%＝140（元）

借：其他业务支出　　140

　　贷：应交税费——应交营业税　　140

【例 9-15】 ABC 公司出售转让一厂房，双方协商价为 200 000 元，款项已收到并存入银行，营业税税率为 3%。

计算应交营业税税额：200 000×3%＝6 000（元）

借：固定资产清理　　　　　　　　　　　　6 000

　　贷：应交税金——应交营业税　　　　　　　　6 000

3）应交城市维护建设税和教育费附加

城市维护建设税是国家为了加强城市的维护建设，扩大和稳定城市维护建设资金的来源而开征的一种税。城市维护建设税实行地区差别比例税率。城市维护建设税的计税依据是纳税人实际缴纳的增值税、消费税、营业税税额之和。计算公式为

应纳城市维护建设税税额=(增值税税额+消费税税额+营业税税额)×适用税率

它也作为营业收入的一个抵减项目，因此，应通过“营业税金及附加”等账户进行核算。

教育费附加是国家为了发展我国的教育事业，提高人民的文化素质而征收的一项费用，按照企业缴纳的流转税的一定比例（3%～5%）计算，并与流转税一并交纳。在会计核算时，应交的教育费附加在“其他应交款”账户下设置“应交教育费附加”明细账户进行核算。

【例 9-16】 ABC 公司本期实际缴纳的增值税、消费税、营业税税额之和为 3 600 000 元，城市维护建设税税率为 7%，教育费附加费率为 4%。

应交城市维护建设税 = 3 600 000 × 7% = 252 000(元)

应交教育费附加额 = 3 600 000 × 4% = 144 000(元)

借：营业税金及附加　　　　　　　　　　396 000

　　贷：应交税费——应交城市维护建设税　　　　252 000

　　　　其他应交款——教育费附加　　　　　　　144 000

4）应交房产税、土地使用税、车船使用税和印花税

房产税是以房产为征税对象，国家向房产所有者或经营者征收的一种税。房产税的计税依据是房产的计税价值或房产的租金收入。按照房产计税价值征税的称为从价计征，按照房产租金收入计征的，称为从租计征。房产税一般以资产原值一次减除 10%～30%后的余额计算缴纳。

土地使用税是以城镇土地为征税对象，对拥有土地使用权的单位和个人征收的一种税。它以纳税人实际占用的土地面积为计税依据，采用地区幅度定额税率。按照大、中、小城市和县城、建制镇、工矿区分别规定每平方米土地使用税年应纳税额。

车船使用税是对拥有并使用车船的单位和个人征收的一种税，按照行驶车船的种类、大小、使用性质实行定额征收。车船使用税就行驶的车船征税，不行驶的车船不征税。

企业按规定计算应交的房产税、城镇土地使用税、车船使用税，在一般情况下，这三种税金作为企业的期间费用，记入企业的管理费用（所以称为费用性税种），均应即借记“管理费用”，贷记“应交税金——应交房产税、城镇土地使用税、车船使用税”。实际缴纳时，借记“应交税费”，贷记“银行存款”。

(1) 企业按规定计算应交纳房产税、土地使用税和车船使用税时：

借：管理费用

　　贷：应交税费——应交纳房产税（土地使用税、车船使用税）

(2) 实际上交时：

借：应交税费——应交纳房产税（土地使用税、车船使用税）

　　贷：银行存款

印花税是对经济活动和经济交往中书立、使用、领受的合同等凭证行为的单位和个人征收的一种税款。实行由纳税人根据规定自行计算应纳税额，购买并贴足印花税票的方法。应纳税额凭证包括：购销、加工承揽、建设工程承包、财产租赁、货物运输、存储保管、借款、财产保险、技术合同或者具有合同性质的凭证；产权转移书据；记载金额的账簿；许可证照等。凡在我国书立、使用和财政部规定的其他应税凭证，都是印花税的课税对象。一般情况下，企业需要预先购买印花税票，将已购买的印花税票粘贴在应纳税凭证上，不会发生应付未付税款的情况，不存在与税务机关结算或者清算的问题，所以，企业按购买的印花税票时，不需要通过"应交税费"账户核算，直接计入"管理费用"账户。

借：管理费用

　　贷：银行存款（库存现金）

5) 应交所得税

应交所得税是指对企业的生产经营所得和其他所得，依据所得税法有关规定征收的一种税。计算公式为

应交所得税＝应纳税所得额×所得税率

＝(会计利润±纳税调整事项金额)×所得税率

式中，会计利润是按会计政策计算，应纳税所得额是在会计利润基础上按税法规定计算，两者存在一定差异，企业在计算应交纳所得税时，要求按税法规定对计税差异等事项进行调整。

企业对应交所得税进行核算时，应设置"应交税费——应交所得税"、"所得税费用"等账户。

7. 应付股利

企业作为独立核算的经济实体，对其实现的经营成果除了依法缴纳规定的税费外，还应按照协议或合同的规定，将当期实现利润的一部分支付给投资者或合作者，作为投资者投入资金的回报。当企业决定分配而尚未实际支付给投资者之前，就构成了企业的一项流动负债。为了核算该项内容，应设置"应付股利"账户。"应付股利"账户的贷方登记税后利润应分配支付的股利等；借方登记已支付股利；期末余额一般在贷方，反映企业尚未支付的股利。应付股利包括应付给投资者的现金股利或利润。

企业按照董事会提请股东大会批准的利润分配方案中应分配给股东的现金股利，借记"利润分配"科目，贷记"应付股利"科目。

【例 9-17】 ABC 公司 20×8 年 9 月 20 日董事会提请股东大会批准的利润分配方案中，预备分配给股东现金股利 320 000 元，10 月 8 日，实际向股东支付现金股利 300 000元。

(1) 9月20日，董事会提请分配方案：

借：利润分配——应付股利　　　　320 000

　　贷：应付股利　　　　　　　　　　320 000

(2) 10月8日，实际支付股利：

借：应付股利　　　　300 000

　　贷：银行存款　　　　　　300 000

9.2.3 流动负债的披露

1. 列报要求

在流动负债信息的披露中，要求必须符合负债定义和确认条件的项目，则列入资产负债表流动负债部分，列示顺序可按其重要性，结合到期日的先后排列。流动负债的多数项目可直接根据其对应账户的余额填列，如短期借款、应付票据等；少数项目应根据相关账户的数额计算分析填列，如一年内到期的非流动负债。

2. 披露要求

按流动负债各项目要求的内容、方式和格式进行披露。例如，短期借款和长期借款的披露方式如表9-1所示。

表9-1　短期借款和长期借款的披露方式

项　目	短期借款		长期借款	
	期末账面余额	年初账面余额	期末账面余额	年初账面余额
信用借款				
抵押借款				
质押借款				
保证借款				
合　计				

9.3 非流动负债

9.3.1 非流动负债概述

非流动负债是相对于流动负债而言的。是指偿还期限在一个会计期间或者超过一个营业周期以上的债务，是企业向债权人筹集的可供长期使用的资金，即不需要即时支付的债务。

1. 非流动负债的特征

非流动负债与流动负债相比，除其具有金额较大、偿还期限较长、可采用分期偿还方式等特点外，还具有以下特征：

(1) 举借的目的不同。举借非流动负债的目的主要是为了扩大经营规模，增加长期耐用的各种固定资产，如购置房地产，增建或扩建厂房，增添大型机器设备等；举借流动负债的目的主要是为了满足生产周转的需要，如短期借款，有些流动负债是日常生产经营中形成的预收及应付款项、应付职工薪酬、应交税费等。

(2) 举借数额和偿还期限不同。流动负债一般数额比较小，偿还期限一般少于一年。非流动负债数额一般比较大，偿还期限是一年以上，所以企业必须按计划在非流动负债到期之前事先筹措好偿还非流动负债所需的资金。

(3) 举借的代价不同。非流动负债要支付利息，这项费用构成企业长期的固定支出。其中有些费用要予以资本化，即在企业的财务报告中作为购置某些资产成本的一部分。而对于流动负债来说，只有短期借款需要支付利息，其他的项目如应收及预付款项、应付职工薪酬等不需要支付利息。

(4) 举借承担的风险不同。非流动负债承担的风险较流动负债大。因为非流动负债需要承担较长时期内支付利息及到期偿还本金的义务，并且非流动负债的数额较大，一旦企业的生产经营达不到预期的要求，沉重的债务负担将会加大企业的财务风险，甚至导致企业破产。

2. 非流动负债的性质

非流动负债是企业向债权人筹集的，可供企业长期使用的一种资金来源。企业筹集长期资金的方式有两种，一种是吸引投资人投资，另一种是举借非流动负债，都是企业资金提供者，性质相同。但企业举借非流动负债和吸引投资者投入资本相比有以下好处：

第一，举借非流动负债扩大了企业长期资金的来源，但是这种资金来源的增加并没有影响投资者的投资比例，即不会削弱股东对企业的控制能力和权限。

第二，举借非流动负债只需按固定利率支付利息。当企业的投资利润率高于非流动负债的固定利率时，投资者可享受剩余的盈余。

第三，举借非流动负债，其负债利息是一项费用支出，可以在所得税前扣除；而向投资者分派股利，要用税后利润分配。因此，企业在经营收益既定的情况下，举借经营可使企业少交所得税，从而降低筹资成本。

诚然，举借负债经营也存在不足：

首先，举借非流动负债企业要承担固定的利息支出，并且需安排足够的资金以偿还本金和利息。在企业经营不善的情况下，这项支出将成为企业沉重的负担。

其次，举借非流动负债给企业带来较大的财务风险，由于债权人对企业财产享有优先请求权，若企业无法按时支付利息或归还本金，债权人有权要求企业破产清算以偿还债务，等等。

通过对举借非流动负债利弊分析，目的是要求企业合理进行理财分析，一方面以保证举借经营的投资回报率高于负债利息率，另一方面举借的程度要与企业资本结构和偿债能力相适应。所以企业举借负债经营应当慎重，科学的进行财务决策，适度安排举借资金。

3. 非流动负债的分类

对非流动负债进行合理的分类，有利于企业充分认识非流动负债，加强非流动负债的管理，明确经济责任，降低负债成本，同时便于企业对其进行会计核算和财务报告披露。

(1) 非流动负债按筹措的方式不同，可分为长期借款、应付债券和长期应付款。长期借款是指企业向银行或其他金融机构借入的偿还期在1年以上的各种借款。应付债券是指企业为了筹集资金而依照法定程序对外发行并承诺于一定时期还本付息的一种有价证券。应付债券的持有者是企业债权人，无论企业是否盈亏，债权人有权要求发行债券企业按期还本付息。长期应付款是企业除长期借款和应付债券以外的长期应付款项，主要包括应付补偿贸易引进设备款和应付融资租入固定资产的租赁费等。

(2) 非流动负债按偿还的方式不同，可分为定期偿还长期负债和分期偿还长期负债。定期偿还长期负债是指长期负债到期一次还本付息。分期偿还长期负债是指长期负债在偿还期内分次偿还。

(3) 按债务是否有抵押品担保可分为有担保非流动负债和无担保非流动负债。有担保的非流动负债是指企业能够以变现的资产作为抵押品而举借的长期债务。无担保的非流动负债是指企业无抵押品而凭其信用举借的长期债务。

4. 非流动负债的计量

非流动负债的计量，由于非流动负债的偿还期限较长且金额较大，未来的现金流出量（未来支付的利息与本金）与其现值之间的差额较大，从理论上讲，应当考虑资金时间价值，宜按其现值入账，但在会计实务中通常不考虑时间价值问题，而是以非流动负债的未来到期偿还的金额入账。

由于非流动负债的利息费用往往较大，因而利息确认与计量，对如实反映企业的财务状况与经营成果，便显得十分重要。非流动负债的利息既可能是分期支付，也可能到期还本时一次支付，因而非流动负债的应付未付利息本身既可能是流动负债，也可能是非流动负债。

各项非流动负债应当分别核算，并在资产负债表中分别项目反映。将于一年内到期偿还的非流动负债，在资产负债表中应当作为一项流动负债单独反映。

9.3.2 非流动负债借款费用

1. 借款费用概念

根据《国际会计准则》的定义，借款费用是指企业承担的、与借入资金相关的利息和其他费用，反映企业借入资金付出的代价。它包括长期借款的利息、与借款相关的折价或溢价的摊销、安排借款时发生的辅助费用的摊销、依国际会计准则确认的融资租赁所形成的融资租赁费和作为利息费用调整额的外币借款产生的汇兑差额五个方面。其中，借款利息包括企业向银行或者其他金融机构等借入资金发生的利息、发行企业债券发生的利息以及购建或者生产符合资本化的资产而发生的带息债务所承担的利息等；折价或者溢价摊销是指企业发行公司债券所发生的折价或者溢价在每期摊销金额；辅助费用包括企业在借款过程中发生的如手续费、佣金、印刷等交易费用；因外币借款而发生的汇兑差额是指由于汇率变动导致市场汇率与账面汇率之间差异，从而对外币借款本金及其利息的记账本位币金额所产生的影响金额。

2. 借款费用会计处理方法

我国《企业会计准则第 17 号——借款费用》规定：企业发生的借款费用，可直接归属于符合资本化条件的资产的构建或者生产的，应当予以资本化，计入相关资产成本；其他借款费用应当在发生时根据其发生额确认为费用，计入当期损益。

借款费用的处理有两个基本方法：费用化和资本化。前者是将借款费用作为流量处理，于发生的当期确认为费用，计入当期损益，纳入当年的利润表；后者是将借款费用作为存量处理，将其金额计入相关资产成本，纳入当年的资产负债表，并随该资产的价值流转而流转。在我国会计实务中，对借款费用采取了不同的处理方法。

(1) 为购建固定资产而发生的长期借款费用，在固定资产尚未交付使用或已投入使用但尚未办理竣工决算前所发生的予以资本化，计入所建造的固定资产价值。在固定资产交付使用并办理了竣工决算后所发生的借款费用，直接计入当期损益。

(2) 企业在生产经营中发生的借款费用，直接计入当期损益。但是如果是需要经过相当长时间才能达到可销售状态的存货，可以不将借款费用计入所制造的存货的价值内。

(3) 在筹建期间发生的长期借款费用（除为购建固定资产而发生的长期借款费用外），不计入开办费。

(4) 在清算期间发生的长期借款费用，计入清算损益。

非流动负债往往是为了取得某项长期资产而借入的，其借款费用与所取得的资产有紧密的联系，因而应将借款费用计入所取得的资产的成本。如果将借款费用费用化，会导致还款前的各个会计期间由于巨额的借款费用而导致盈利偏少乃至亏损，而借款所购置的资产往往在还款之后的相当长时期内仍发挥作用。因此，费用化不利于正确反映各期损益。

9.3.3　长期借款

1. 长期借款的性质

长期借款是指企业向银行或其他金融机构借入的、偿还期限在一年或超过一年的一个营业周期以上的债务。具有借款期限较长、到期无条件还本付息、债权人单一等特点。企业取得的长期借款必须按照规定程序进行，一般要经过申请、审批、签发合同和划拨款项四个步骤。

企业举债长期借款主要用来购建固定资产、无形资产或者弥补生产资金不足，企业向银行或者其他金融机构申请取得借款要具备一定条件。首先，企业必须是一个实行独立核算、自负盈亏并具有法人资格的单位。其次，要有偿还借款的能力，企业收益水平较高并有一定的财产物资的保证，提供担保的单位也要有相应的经济实力。最后，企业的经营方向和业务范围应符合国家方针政策，借款的用途在银行贷款办法规定的范围内，而且企业要在有关金融机构开立账户，办理结算。企业取得借款后应当严格执行借款合同的规定，按期偿还借款本息，树立良好的企业信誉形象。

如果企业因暂时的资金困难需要延期归还借款时，应向借款发放单位提出延期还款计划，获准后再按计划归还。如果企业无力或拒不归还借款，发放借款的单位在与企业协商和督促还款无效的情况下，将依据法律程序处理企业作为担保的物资和财产，必要时追究担保人的连带责任，若企业因经营管理不善有破产的危险，经协商或督促仍无好转的，发放借款的单位则会提前收回借款。

2. 长期借款利息计算

长期借款利息是指借款人按照本金的一定比例和期限支付给银行和其他金融机构的报酬，是企业为借入资金付出的代价。长期借款利息的计算方法有单利法和复利法两种。

1）单利法

单利法是指只就本金计算利息，上期的利息不再加入本金一并计算下期利息的一种方法。其公式为

$$利息 = 本金 \times 利率 \times 期限$$

$$本利和 = 本金 \times (1 + 利率 \times 期限)$$

若用字母 S 表示本利和，用字母 P 表示本金，用字母 I 表示利率，用字母 n 表示时间（期数），则：$S=P\ (1+i \cdot n)$

【例 9-18】 ABC 公司向银行借入五年期的借款 400 000 元，年利率为 8%，每年计息一次，到期一次还本付息。假设要求采用单利法计算每期利息及本利和。计算如下：

$$每年利息 = 400\,000 \times 8\% \times 1 = 32\,000(元)$$

$$五年本利和(S) = 400\,000 \times (1 + 8\% \times 5) = 560\,000(元)$$

2）复利法

复利法是指将每期的利息加入本金，一起作为计算下一期利息的基数，这样逐期滚算的一种方法，即俗称的“利滚利”。其公式为

$$利息 = 本金 \times [(1 + 利率)^{时间期限期数} - 1]$$

$$本利和(S) = 本金 \times (1 + 利率)^{时间期限期数}$$

即 $S=P\ (1+i)^n$

【例 9-19】 ABC 公司向银行借入五年期的借款 400 000 元，年利率为 8%，每年计息一次，到期一次还本付息。假设要求采用复利法计算每期利息及本利和。计算如下：

$$第一年的利息 = 400\,000 \times 8\% \times 1 = 32\,000(元)$$

$$第二年的利息 = (400\,000 + 32\,000) \times 8\% \times 1 = 34\,560(元)$$

$$第三年的利息 = (400\,000 + 32\,000 + 34\,560) \times 8\% \times 1 = 37\,324.8(元)$$

$$第四年的利息 = (400\,000 + 32\,000 + 34\,560 + 37\,324.80) \times 8\% \times 1 = 40\,310.8(元)$$

$$第五年的利息 = (400\,000 + 32\,000 + 34\,560 + 37\,324.80 + 40\,310.8) \times 8\% \times 1 = 43\,535.6(元)$$

五年累计利息 = 187 731.2 元　　本利和(S) = 400 000 × (1 + 8%)^5 = 587 731.2

由上可知，在相同的条件下，按复利法计算的本利和大于按单利法计算的本利和。长期借款利息的计算一般采用复利法，所以，长期借款采用哪种还款方式，是企业的一项重要理财活动。

3. 长期借款核算

企业为了核算长期借款，应设置“长期借款”账户。该账户是负债类账户，贷方登记企业借入的长期借款，借方登记到期归还的长期借款，余额一般在贷方，表示期末企业尚未归还的长期借款。该账户可按贷款单位和贷款种类，分别设置“本金”、“应付利息”明细账进行明细核算。对于即将到期的长期借款，在距还款期限的最后一年的年初，应将长期借款的本金和利息列为流动负债项目下的“一年内到期的非流动负债”项目中，或在非流动负债项下单独列出。

【例 9-20】 ABC 公司因改扩建厂房，于 20×8 年年初向商业银行贷款 800 000 元，期限 4 年，年利率为 8%，每年末计息一次，到期一次还本付息。假设该工程在次年末完成、交付使用并办妥竣工结算手续。

（1）取得借款时：

借：银行存款　　800 000

　　贷：长期借款——本金　　800 000

（2）第 1 年年末：

第 1 年利息＝800 000×8%＝64 000（元）

借：在建工程　　64 000

　　贷：长期借款——应计利息　　64 000

（3）第 2 年年末：

第 2 年利息＝(800 000＋64 000)×8%＝69 120（元）

借：在建工程　　69 120

　　贷：长期借款——应计利息　　69 120

借：固定资产　　133 120

　　贷：在建工程　　133 120

（4）第 3 年年末：

第 3 年利息＝(864 000＋69 120)×8%＝74 649.60（元）

借：财务费用　　74 649.60

　　贷：长期借款——应计利息　　74 649.60

（5）第 4 年年末到期还本付息

第 4 年利息＝(933 120＋74 649.60)×8%＝80 621.57（元）

借：长期借款　　1 007 769.60

　　财务费用　　80 621.57

　　贷：银行存款　　1 088 391.17

9.3.4 应付债券

1. 应付债券内容

债券是指企业为筹集长期使用资金而依照法定程序发行的、约定在一定期限还本付息的书面证明，也称为企业债券。债券可以转让，其票面上除标有发行企业的名称、地址、发行日期与编号、利息的支付方式等以外，还主要有债券面值、债券利率、付息日、到期日。

应付债券是企业长期使用资金而发行的一种书面凭证，是企业举债长期资金主要方法之一。通过发行债券，企业将巨额债务分为若干等份，以公开募集的方式向社会公开举借，以吸纳大量资金。企业发行超过一年以上的债券构成了一项非流动负债。

应付债券和长期借款一样都是企业筹集长期资金的重要途径。应付债券与长期借款在性质上是一致的，均属于企业的非流动负债。但长期债券与长期借款相比有所不同，一是两者的筹资范围不同。长期债券是向社会公众公开发行的，具有广泛性和不确定性，长期借款只能从银行或其他金融机构取得，具有确定性。二是两者的表现形式不同。长期债券是一种有价证券，可以自由的流通和转让，而长期借款则不能。

2. 应付债券发行价格计算

应付债券的发行价格受同期市场利率的影响较大，债券的发行价格为其所支付的本金和利息按市场利率折算的现值。从理论上讲，债券发行价格应等于债券票面价值，但实际上债券的发行价格与其票面价值并不总是相同的。债券票面上所载利率为票面利率，又称为名义利率。由于资本市场的变化多样性，使得债券在发行时，市场利率经常变动，引起债券发行时的市场利率常常高于或低于债券的票面利率，导致债券的发行价格就会相应低于或高于债券的面值。由此存在面值债券、溢价债券和折价债券三种。

面值债券是指企业发行债券时，市场利率与票面利率一致，使得发行企业通常以票面价值出售的债券。

溢价债券是指债券发行时，票面利率高于市场利率，使得发行企业通常以高于票面价值的价格出售的债券。

折价债券是指当企业发行债券时，债券票面利率小于同期市场利率，使得发行企业通常以低于票面价值的价格出售的债券。

债券发行价格＝债券票面价值×按市场利率折现的复利现值系数＋各期债券票面利息×按市场利率折现的年金现值系数

【例 9-21】 ABC 公司 20×8 年 1 月 1 日发行四年期面值 100 元的长期债券1 000张，总面值为 100 000 元，票面利率 10%，每半年付息一次，到期一次还本。假定当债券发行时的市场利率为分别为 10%、8%、12%。

当市场利率为 5%时查表可知，发行 8 期复利现值系数为 0.676 84，各期利息（年金）的现值余数为 6.463 2。

债券发行价格为＝100 000×0.676 84＋5 000×6.463 2
＝67 684＋32 316＝100 000

计算表明，债券的票面利率等于市场利率，债券的发行价格等于其票面价值，即为面值发行。

当市场利率为 4％时查表可知，发行 8 期复利现值系数为 0.730 69，各期利息（年金）的现值余数为 6.732 8。

债券发行价格＝100 000×0.730 69＋5 000×6.732 8＝73 069＋33 664＝106 733

计算表明，债券的票面利率高于市场利率，债券的发行价格高于其票面价值，即为溢价发行。

当市场利率为 6％时查表可知，发行 8 期复利现值系数为 0.627 41，各期利息（年金）的现值为 6.209 8。

债券发行价格为＝100 000×0.627 41＋5 000×6.209 8＝62 741＋31 049＝93 790

计算表明，债券的票面利率低于市场利率，债券的发行价格低于其票面价值，即为折价发行。

3. 应付债券核算

为了核算企业为筹集长期使用资金而发行的债券及所支付的利息，应设置“应付债券”账户。该账户贷方登记应付债券的本金和应付利息，借方登记偿还债券本金和支付利息的金额，余额在贷方，表示尚未偿还的债券本金和利息。由于债券发行存在三种发行价格，所以还应在其下设置“面值”、“利息调整”和“应计利息”三个明细科目进行明细核算。

1）债券发行的核算

（1）面值发行债券。

债券票面利率与债券市场利率相一致，长期应付债券的发行价格等于面值。核算时，应按实际收到的金额，借记“银行存款”等科目，按债券票面金额，贷记“应付债券（面值)”科目。

【例 9-22】 沿用例 9-21，假设其他条件不变，如果发行债券时市场利率为 10％，经计算债券发行价格为 100 000 元。

借：银行存款　　100 000
　　贷：应付债券——债券面值　　100 000

（2）溢价发行债券。

发行价格超过面值的部分称为债券溢价。溢价部分对投资者而言，可以视为是投资者为以后各期多收利息提前付出的代价。对发行企业来说，则可以视为其对以后每期多付利息的预先扣回，实质是对债券利息的调整。因此，从债券发行公司的角度分析，不能将债券溢价视为收益，其实质是对利息费用的一种调整，应该在债券还款期限的各个付息期内，逐期冲减票面利息费用，这就是溢价的摊销。核算通过“应付债券——利息调整”账户

【例 9-23】 沿用例 9-21，假设其他条件不变，如果发行债券时市场利率为 8％，经

计算债券发行价格为 106 733 元。

借：银行存款　　106 733

　　贷：应付债券——债券面值　　100 000

　　　　　　　　——利息调整　　6 733

(3) 折价发行债券。

发行价格低于面值的部分便是债券折价。折价部分对投资者而言，可以视为是投资者预扣的利息收入。对发行企业来说，则可以视为其支付给投资者的一笔利息费用，是对债权人以后每期少得利息的一种补偿。因此，从债券发行企业的角度分析，债券折价应该在债券还款期限的各个付息内，逐期转为利息费用，这就是折价的摊销。其实质是对利息费用的一种调整，核算通过"应付债券——利息调整"账户。

【例 9-24】 沿用例 9-21，假定其他条件不变，若发行债券时市场利率为上升为 12%时，则发行价格为 93 790 元。

借：银行存款　　93 790

　　应付债券——利息调整　　6 210

　　贷：应付债券——债券面值　　100 000

2) *溢价或者折价摊销的核算*

企业发行债券后，应按期计提利息，但由于债券的发行价格不同，从而使债券计息的会计核算也不相同。在核算时，如果发行债券筹集的资金是用于购建固定资产的，应付债券上的应计利息、利息调整（溢价和折价的摊销）以及支付的债券代理发行手续费和印刷费，是在资产达到预定可使用状态前发生的，计入固定资产的成本；在资产达到预定可使用状态后发生的，计入财务费用。由于债券的折价和溢价是因为市场利率和票面利率不一致造成的，是对企业票面利息费用的调整。所以，在资产负债表日，企业要将折价和溢价逐期对利息费用进行调整，按现行规定对利息调整采用实际利率法。

实际利率法是指根据债券每期期初的账面价值乘以债券发行时的实际利率，计算各期利息费用，从而计算出各期溢折价推销额的一种方法。由于债券的账面价值随着债券溢折价的摊销而减少或者增加，因此，所计算的利息费用也随之减少或者增加。每期票面利息和实际利率计算的利息费用之间的差额，就是每期溢折价的摊销额。其计算公式为

溢价摊销额 = 票面利息 − 当期利息费用

折价摊销额 = 当期利息费用 − 票面利息

溢价发行债券该期期初摊余价值 = 上期该期期初摊余价值 − 溢价摊销额

折价发行债券该期期初摊余价值 = 上期该期期初摊余价值 + 折价摊销额

债券到期时，其折价或溢价已摊销完毕。在支付了最后一期的利息之后，公司偿还债券的数额就是到期债券的面值总额。

【例 9-25】 沿用例 9-21，假设发行债券时市场利率为 8%，债券发行价格 106 733 元。每半年付息一次，到期一次还本。

按实际利率法摊销溢价时，编制债券溢价摊销表并计算各期摊销额，如表 9-2 所示。

表 9-2　ABC 公司债券溢价摊销表　　　　单位：元

计息日期	票面利息 (1)＝面值×5％	当期利息费用 (2)＝上期(4)×4％	溢价摊销额 (3)＝(1)－(2)	债券摊余价值 (4)＝上期(4)－(3)
20×8 年 1 月 1 日				106 733
20×8 年 6 月 30 日	5 000	4 269	731	106 002
20×8 年 12 月 31 日	5 000	4 240	760	105 242
20×9 年 6 月 30 日	5 000	4 210	790	104 452
20×9 年 12 月 31 日	5 000	4 178	822	103 630
20×10 年 6 月 30 日	5 000	4 145	855	102 775
20×10 年 12 月 31 日	5 000	4 111	889	101 886
20×11 年 6 月 30 日	5 000	4 075	925	100 962
20×11 年 12 月 31 日	5 000	4 038	962	100 000
合　计	40 000	33 266	6 734	

(1) 20×8 年 6 月 30 日，计算债券应付利息及摊销溢价：

借：在建工程（或者财务费用）　　4 269

　　应付债券——利息调整　　731

　　贷：应付债券——应付利息　　50 000

(2) 20×8 年 7 月 1 日，支付债券利息时：

借：应付债券——应付利息　　50 000

　　贷：银行存款　　50 000

(3) 20×8 年 12 月 30 日，计算债券应付利息及摊销溢价时：

借：在建工程（或者财务费用）　　4 240

　　应付债券——利息调整　　760

　　贷：应付债券——应付利息　　50 000

(4) 20×8 年 12 月 31 日，支付债券利息时：

借：应付债券——应付利息　　50 000

　　贷：银行存款　　50 000

以后各年份以此类推。最终，溢价摊销金额 6 733 元在债券四年八期到期后全部摊销完毕，债券账面价值与“应付债券——面值”账户余额相符

【例 9-26】 如例 9-21，假设发行债券时市场利率为 12％，债券发行价格 93 790 元。每年付息一次，到期一次还本。

按实际利率法摊销折价时，编制债券折价摊销表并计算各期摊销额，如表 9-3 所示。

表 9-3　ABC 公司债券折价摊销表　　　　单位：元

计息期数	应付利息 (1)＝面值×5％	当期利息费用 (2)＝上期(4)×6％	折价摊销额 (3)＝(2)－(1)	摊余价值 (4)＝上期(4)＋(3)
20×8 年 1 月 1 日				93 790
20×8 年 6 月 30 日	5 000	5 627	627	94 417
20×8 年 12 月 31 日	5 000	5 665	665	95 082
20×9 年 6 月 30 日	5 000	5 705	705	95 787

续表

计息期数	应付利息 (1)＝面值×5％	当期利息费用 (2)＝上期(4)×6％	折价摊销额 (3)＝(2)－(1)	摊余价值 (4)＝上期(4)＋(3)
20×9 年 12 月 31 日	5 000	5 747	747	96 534
20×10 年 6 月 30 日	5 000	5 792	792	97 326
20×10 年 12 月 31 日	5 000	5 840	840	98 166
20×11 年 6 月 30 日	5 000	5 889	890	99 056
20×11 年 12 月 31 日	5 000	5 943	944	100 000
合　计	40 000	46 208	6 208	

(1) 20×8 年 6 月 30 日，计算债券应付利息及摊销折价：

借：在建工程（或者财务费用）　　5 627

　　贷：应付债券——应付利息　　50 000

　　　　应付债券——利息调整　　627

(2) 20×8 年 7 月 1 日，支付债券利息时：

借：应付债券——应付利息　　50 000

　　贷：银行存款　　50 000

(3) 20×8 年 12 月 31 日，计算债券应付利息及摊销溢价时：

借：在建工程（或者财务费用）　　5 665

　　贷：应付债券——应付利息　　50 000

　　　　应付债券——利息调整　　665

(4) 20×8 年 12 月 31 日，支付债券利息时：

借：应付债券——应付利息　　50 000

　　贷：银行存款　　50 000

以后各年份以此类推。最终，折价摊销金额 3 790 元在债券四年八期到期后全部摊销完毕，债券账面价值与“应付债券——面值”账户余额相符。

3) 应付债券到期的核算

到期一次还本付息的债券，无论债券是按面值发行溢价发行或者折价发行，都按债券面值偿还本金，至于溢价折价已在债券到期日前摊销完毕。

【例 9-27】 沿用例 9-21，假定其他条件不变，ABC 公司持有债券，到期一次还本。

借：应付债券——面值　　100 000

　　贷：银行存款　　100 000

9.3.5　长期应付款

1. 长期应付款内容

长期应付款是指企业除长期借款和应付债券以外的其他各种长期应付的款项。目前我国主要有应付引进设备款和融资租入固定资产应付款等。

应付引进设备款是指企业采用补偿贸易方式，依据与外商签订的补偿贸易合同而引进国外设备所发生的长期应付款项。企业在引进的设备安装完成投产后，按合同规定的还款方式，用出口产品所得收入归还。简单说就是用从国外引进的设备所生产的产品所得收入归还设备价款。

应付融资租赁款是指企业在采用融资租赁方式租入固定资产时所应支付的全部租赁费。包括租入设备的价款、运输费、保险费、安装调试费以及手续费和利息费用等内容。该类租赁期限一般较长。租赁期满以后，固定资产的所有权一般转入承租方。因此，对承租方来说，融资租入固定资产，实质上是采用分期付款的方式购买固定资产，形成企业的一项长期负债。

2. 长期应付款核算

为了核算企业的各种长期应付款项，一般应设置“长期应付款”账户进行核算，同时还应在该账户下设置“应付补偿贸易引进设备款”、“应付融资租赁款”明细账户。若引进的设备、融资租入的固定资产不需安装即可交付使用时，可将发生的费用直接作为固定资产的原价，借记“固定资产”科目，贷记本科目或其他有关科目。

长期应付款的利息支出和有关费用，以及外币折算差额，如果与购建固定资产有关，在固定资产尚未交付使用或虽已投入使用但尚未办理竣工决算之前发生的，应计入固定资产的购建成本，否则，应作为财务费用计入当期损益。

【例 9-28】 20×8 年 11 月 16 日 ABC 公司按照补偿贸易方式引进需要安装的设备，该设备价款、零配件和国外运杂费共计 400 000 美元，当时汇率为 1∶8。以银行存款支付国内运费和安装调试费共计 60 000 元。该设备在 20×8 年 12 月 28 日投入生产使用，并办妥竣工手续。

(1) 引进设备时：

借：在建工程　　3 200 000

　　贷：长期应付款——应付引进设备款　　3 200 000（400 000×8）

(2) 以银行存款支付国内运费和安装调试费时：

借：在建工程　　60 000

　　贷：银行存款　　60 000

(3) 该设备投入生产使用，并办妥竣工手续时：

借：固定资产　　3 260 000

　　贷：在建工程　　3 260 000

【例 9-29】 ABC 公司 20×8 年 1 月 18 日融资租入生产用的需要安装大型机器一台，租赁协议确定的租赁价款为 120 000 元，公司另外支付运杂费、途中保险费、安装费共计 9 000 元，设备安装完成交付使用并办妥手续。协议规定，租赁价款分三年于每年年初偿还，到期时设备归公司所有。该设备采用直线法计提折旧，不考虑净残值因素，折旧年限为五年。

(1) 租入时：

借：在建工程　　120 000

　　贷：长期应付款——应付融资租赁款　　120 000

借：在建工程　　9 000

　　贷：银行存款　　9 000

（2）固定资产交付使用时：

借：固定资产——融资租入固定资产　　129 000

　　贷：在建工程　　129 000

（3）按期支付融资租赁费时：

借：长期应付款——应付融资租赁款　　40 000

　　贷：银行存款　　40 000

（4）按年计提折旧时：

借：制造费用　　25 800

　　贷：累计折旧　　25 800

（5）租赁期满后设备归公司：

借：固定资产　　129 000

　　贷：固定资产——融资租入固定资产　　129 000

以上负债强调现时义务。在实际中，还存在一些潜在义务，会计上称为“或有负债”。所谓或有负债，是指过去的交易或事项形成的潜在义务（其存在须通过未来不确定事项的发生或不发生予以证实）、过去的交易或事项形成的现实义务（履行该义务不是很可能导致经济利益流出公司或该义务的金额不能可靠计量）。

从定义可以看出或有负债有两种含义：一种为潜在义务，这种义务是否能变为现实义务取决于未来不确定事项是否发生，如果发生则或有负债转化为确定负债，如未决诉讼形成的或有负债；另一种为特殊的现实义务，这种现实义务的特殊性表现为：一是为履行该义务导致经济利益流出企业的可能性很小，如已贴现商业承兑汇票形成的或有负债；二是为履行该业务导致经济利益流出企业的金额难以计量，如产品质量保证形成的或有负债。在会计实务中，需要会计人员根据经验加以判断。

常见的或有负债有：已贴现商业汇票、未决诉讼、未决仲裁、产品质量保证、产品安全保证、债务担保、环境污染治理、承诺为客户提供售后服务等。

确定负债通过设置负债账户进行核算，并且在会计报表中予以反映。或有负债在不能确认为确定负债的情况下，会计不能予以核算。由于或有负债对企业的财务状况和经营成果会产生直接或间接的影响，所以或有负债必须在会计报表的附注中予以披露，以使报表使用者能够准确地了解企业的会计信息，从而做出正确决策。

按《企业会计准则第 13 号——或有事项》规定，企业应在会计报表附注中披露如下或有负债：形成的或有负债；未决诉讼、仲裁形成的或有负债；为其他单位提供债务担保形成的或有负债；其他或有负债（不包括极小可能导致经济利益流出企业的或有负债）。具体披露的内容包括：或有负债形成的原因；或有负债预计产生的财务影响（如无法预计，应说明理由）；获得补偿的可能性。以产品质量保证为例。企业在售出产品或提供劳务后，在产品售出或劳务提供时，企业并不知道是否会发生售后服务的费用以及售后服务费用的数额，但是企业存在承担售后服务费用的可能性。如果售出产品的质量和提供劳务的质量高，则会少支出售后服务的费用，甚至不支出售后服务的费用；相反，企业将支出大量的售后服务费用，所以企业的售后服务费用就形成了一项或有负债。

思　考　题

1. 什么是负债？它有何特征？

2. 流动负债通常分为哪几类？它包括哪些内容？怎样核算？

3. 简述应交税费内容及核算方法。

4. 简述职工薪酬内容及核算方法。

5. 从投资者和发行者两个不同的角度，如何理解发行债券存在不同价值。

6. 结合所学专业阐述举借负债的利与弊。

练　习　题

1. ABC 公司为一般纳税人，20×8 年 10 月发生下列经济业务：

（1）2 日向银行借款，归还前欠的 B 公司货款 300 000 元。

（2）4 日采用托收承付结算方式下向利尼公司购买货物，发票价格 60 000 元，增值税率 17%，支付条件 2/10，n/30。

（3）8 日采用商业汇票结算方式，向光明公司购买材料，签发商业承兑汇票一张，票面价值 340 000元（含税款），期限为 2 个月，增值税率 17%，材料已验收入库。

（4）10 日向甲公司预收款 100 000 元，存入银行。

（5）13 日偿还利尼公司的货款。

（6）17 日出租包装物一批，收取包装物押金 50 000 元，存入开户行。

（7）22 日向甲公司发出货物 90 000 元，增值税率 17%，通过银行结算划转余款。

（8）23 日向银行借入短期借款 150 000 元，用于商品周转。

（9）26 日出售一项不动产，原值 2 000 000 元，已提折旧 800 000 元，取得出售收入1 500 000元，以银行存款支付清理费用 10 000 元，营业税率 5%。

（10）30 日根据公司的职工薪酬汇总资料（职工工资部分见表），进行应付职工薪酬的核算。在当期应付职工薪酬——工资中，扣还公司前为职工已代垫缴纳的住房公积金 5 000 元、公司代扣医疗保险费 3 000 元，欲缴指定相关部门，按工资总额公司预计本年度应承担的职工福利费为 5%，福利费受益对象为所有职工。

工资结算汇总表

20×8 年 10 月　　　　单位：元

<table>
<tr><th rowspan="3">职工类别</th><th colspan="7">应付工资</th><th rowspan="3">应付金额</th><th rowspan="3">所得税</th><th rowspan="3">实付工资</th></tr>
<tr><th rowspan="2">计时工资</th><th rowspan="2">计件工资</th><th rowspan="2">加班</th><th rowspan="2">奖金</th><th rowspan="2">津贴</th><th colspan="2">缺勤扣款</th></tr>
<tr><th>事假</th><th>病假</th></tr>
<tr><td>基本车间生产工人</td><td>12 000</td><td>48 000</td><td>1 500</td><td>6 500</td><td>2 500</td><td>300</td><td>200</td><td>70 000</td><td>400</td><td>69 600</td></tr>
<tr><td>基本车间管理人员</td><td>11 000</td><td></td><td>800</td><td>1 500</td><td>2 500</td><td>120</td><td>680</td><td>15 000</td><td>850</td><td>14 150</td></tr>
<tr><td>厂部管理人员</td><td>32 000</td><td></td><td>1 200</td><td>1 900</td><td>500</td><td>180</td><td>420</td><td>35 000</td><td>1 300</td><td>33 700</td></tr>
<tr><td>工程施工人员</td><td>4 500</td><td></td><td></td><td></td><td>500</td><td></td><td></td><td>5 000</td><td>200</td><td>4 800</td></tr>
<tr><td>合　计</td><td>59 500</td><td>48 000</td><td>3 500</td><td>9 900</td><td>6 000</td><td>600</td><td>1 300</td><td>125 000</td><td>2 750</td><td>122 250</td></tr>
</table>

要求：根据业务内容编制会计分录。

2. 20×8 年 11 月 1 日，ABC 公司向银行借款 900 000 元，用于建造厂房。借款期限三年，借款年利率为6%，每年年末付利息，到期一次还本。20×9年末厂房建造完成，达到预计可使用状态并办理竣工手续。采用复利计息。

要求：编制公司借入款项、每年年末计息并支付利息、到期归还本金的会计分录。

3. 20×9年1月1日，ABC公司将扩大生产经营规模，积极筹集资金。经批准按规定程序发行3年期、面值为4 000 000元的长期债券，票面利率6%，市场利率4%，债券的发行价格是4 222 000元，到期一次还本付息。假设不考虑发行相关税费。

要求：编制公司发行债券、每年年末计息及摊销、到期一次还本息的会计分录。采用实际利率法。

第 10 章　所有者权益

从“资产＝负债＋所有者权益”会计基本恒等式中可以看出，一方是企业资产的分布和存在形态，而另一方是企业资金来源渠道，它们都是企业资产的提供者，对企业资产拥有权益。这些权益按要求人的不同，可分为所有者权益和债权人权益，本章所讲述的内容是所有者权益。

10.1　所有者权益概述

10.1.1　所有者权益的性质

我国《企业会计准则——基本准则》规定：“所有者权益是指企业资产扣除负债后由所有者享有的剩余权益。”这一定义说明所有者权益是体现在净资产中的权益，是所有者对净资产的要求权。在资产负债表上，所有者权益应当按照实收资本（或股本）、资本公积、盈余公积和未分配利润等项目分别列示。这不仅表明企业投资者对企业净资产的要求权这一所有者权益的经济性质，而且也说明了所有者权益的构成内容，同时也指出了所有者权益的数量金额。其在数量上等于企业全部资产减去全部负债后的余额，可以通过对会计恒等式的变形来表示，即

资产－负债＝所有者权益

企业的负债和所有者权益虽然同属企业资产的来源，都是对企业资产的要求权，即债权人的权益（企业的负债）和所有者的权益，都反映在资产负债表右方，会计上将其统称为权益，但两者在企业中应有的权利及承担的义务存在着明显的区别：

（1）对象不同。负债是对债权人负担的经济责任，所有者权益是对投资人负担的经济责任。

（2）性质不同。负债是债权人对企业总资产的要求权，而所有者权益是企业投资人对企业资产扣除负债后的剩余资产的要求权。所有者权益和债权满足的先后次序不同，各国法律为保护债权人的利益，规定债权优于所有权，是第一要求权，在企业清算时，所有者对企业资产的要求权位于债权人之后。

（3）偿还期限不同。负债必须于一定时期（约定日期）偿还；所有者权益一般只有在企业解散清算时（除按法律程序减资等外），其破产财产在偿付了破产费用、债权人的债务等后，如有剩余财产，才可能按一定的比例还给投资者。在企业持续经营的情况下，投资者一般不能收回投资。

（4）享受的权利不同。债权人只享有到期收回债务本金和利息的权利，而无权参与企业经营收益的分配，所有者权益在某些情况下，除了可以获得企业经营收益外，还可参与企业的经营管理，行使经营决策权。

10.1.2　所有者权益的分类

所有者权益可按不同的标准分类，主要可按其形成来源和投资主体分类。

1. 按形成来源不同分类

按形成来源不同可分为投入资本和留存收益两类。投入资产是所有者初始和追加投入的资本。留存收益是企业从经营活动税后利润留存的部分。

这种分类的目的主要表现在两个方面：一是让股东和债权人知道，企业付给股东的款项是利润的分配，也是投入资本的返还。有关法规规定，只有当期税后利润和前期的未分配利润才可用于股利分派。企业的利润分配有限度，既是法律的约束，也反映了公司持续经营的愿望。二是让股东用累计利润来判断管理人员的称职程度。许多股东一般不直接参与公司经营管理，他们将公司管理人员视为投入资本的经管责任者，将累计利润与投入资本相比较即可评价其经营管理的成绩。

2. 按投资主体不同分类

按投资主体不同可分为国家股、法人股、个人股和外资股四类。国家股为有权代表国家投资的政府部门或机构以国有资产投入企业所形成的股份。法人股为企业法人以其依法可支配的资产投入企业形成的股份，或具有法人资格的事业单位和社会团体，以国家允许用于经营的资产，以向企业投资的形式形成的股份。个人股为社会个人或本企业内部职工以个人合法财产投入企业形成的股份。外资股为外商以资产投入企业所形成的股份。

这种分类的主要目的在于反映在企业里不同性质的股份所占比重，便于国家进行宏观调控。上述各种性质的股份持有者对企业所有者权益享有同等的权利，即按持有的股份数比例分享所有者权益，包括投入资本和留存收益。

3. 按投入资产的形式不同分类

所有者权益按照投入资产的形式不同，可以分为货币投资、实物投资和无形资产投资。这种分类目的在于确认投入资本入账价值，正确地进行会计计量。

无论是哪一种分类，企业的组织形式不同，所有者权益表现也不完全相同。

10.1.3　企业组织形式

我国实行社会主义市场经济，已形成了多种经济成分并存的格局。虽然企业所有制性质不同，但与所有者权益会计密切相关的不是企业所有制的性质，而是企业的组织形式。在会计上，要解决不同企业的所有者对企业应承担的风险及其享有的利益，就必须先弄清企业的组织形式，国际通行的做法是按企业资产经营的法律责任，把企业组织形式划分为非公司企业组织形式和公司企业组织形式。

1. 非公司企业组织形式

1）独资企业

独资企业又称为私人独资企业，由单个出资者设立的企业，它是企业最原始、最简单的组织形式。所有者权益属于业主一人所独有。企业的经营由出资人承担。出资者集所有权经营权于一身，所以对企业债务承担无限清偿责任，所以，通常称为“业主权益”。独资企业不具有法人资格，但在会计上仍把独资企业视为一个独立会计个体，单独予以处理。

企业采用独资的组织形式，其主要优点在于企业内部结构简单、规模小，在经营上制约因素较少，业主可充分发挥积极性，经营灵活，便于筹建、转向和解散。缺点是这类企业很难取得大量的资金，从而限制企业的规模和发展，一旦经营失败，无限清偿责任将使业主不堪重负，招致业主的彻底破产。

2）合伙企业

合伙企业是由两人或两人以上订立合伙协议、共同出资经营、共负盈亏的企业。所有者权益属合伙人所共有，合伙人的出资额可以大小不等，利润按出资多少或协议规定分配，所以，称为“合伙人权益”。与独资企业一样，合伙企业是一个会计主体，但不是法律主体和纳税主体。取得的收益由出资人按个人所得税税法计算缴纳个人所得税，不再缴纳企业所得税，同样合伙人对企业所欠债务必须承担无限连带责任，这些与独资企业具有相同的特点。

合伙企业与独资企业相比主要区别在于：合伙企业为了明确各合伙人之间的责、权、利关系，应订立书面形式的合伙契约，以契约形式规定企业收益的分配方法、合伙人出资额的转让方法以及企业的解散与清算的程序等。合伙企业的优点是能够扩大企业规模，分散经营风险，发挥出资者的集体智慧和力量。合伙人作为企业的业主，其风险与报酬一致，经营积极性也较高，因此，合伙企业是一种比独资企业先进的企业组织形式。不过，各合伙人意见不一致，也会影响企业的经营决策，危及企业的生存。此外，这类企业财产所有者往往也是企业经营者，这不利于广泛吸收社会资金。

2. 公司企业组织形式

公司组织是社会化大生产的产物，是现代社会主要的、典型的组织形式。采用公司形式，可以筹集大量社会闲散资金，扩大生产经营规模，增强市场竞争能力。在公司组织中，所有者权益属于一定数目的股东，也称“股东权益”。公司是依据一定的法律程序申请登记设立，并以营利为目的的具有法人资格的经济组织。它有自己独立的财产，独立地承担经济责任，同时享有相应的民事权利。公司具有法人资格，这是区别于非法人企业组织形式。法人是指具有民事权利能力和民事行为能力，依法独立享有民事权利和承担民事责任的组织。因此它具有独立的法人财产、自主经营、自负盈亏。公司按照不同标准可分为不同的类型，通常可分为无限责任公司、有限责任公司和股份公司。

如果股东对公司承担的责任，仅以其出资额为限，公司对债权人承担的责任，以公司全部资产为限，那就是有限责任公司。如果公司以发行股票的方式筹集可供长期经营用的资本，且承担有限责任，那就是股份有限公司。

1）无限责任公司

它是由两人以上对公司的债务承担无限责任的股东组成的公司。无限责任公司的股东必然是自然人，一般情况下，公司的股东都有管理公司的事务。公司的股东不能随意转让股份，如果必须转让，需要通过其他全体股东的同意。这种公司的特点是股东人数较少，责任很大，股东个人风险高。筹资规模有限，不适宜从事大规模生产经营活动。

2）有限责任公司

它是由一定数量的股东共同出资组成，股东仅仅以其出资额为限对公司的债务承担有限责任的公司。有限责任公司的股东不限于自然人，可以是法人，也可以是政府。公司以其全部资产对公司债务承担责任的企业法人。

3）股份有限公司

它是由一定人数出资设立，全部资本由等额股份构成，并通过发行股票筹集资本的公司。股份有限公司是指公司将全部资本分为等额股份，股东以其所持股份对公司承担有限责任，公司以其全部资产对公司债务承担责任的企业法人。其特征表现在：公司资本由等额股份组成，股份采取股票的形式，股票是公司签发的证明股东所持股份的凭证；公司股东必须达到法定人数，大多国家规定不能少于7人，没有上限；公司账目必须公开，便于股东全面掌握公司情况；公司股东仅负有限责任，即每个股东对公司所负债务的责任，只限于其对该公司的投资额，但公司须以全部的公司财产为限承担债务清偿的有限责任；公司的股份可以自由转让，股票可以在社会上通过公开交易来转让，但不能退股；股份公司实现了公司财产所有权和经营权的分离。这种组织形式的公司具有筹资便利、风险分散，资本流动性充分，由此带来的资本雄厚，实力强大，适宜从事大规模生产经营活动。

10.1.4 所有者权益的构成

我国企业的所有者权益由所有者投入的资本、直接计入所有者权益的利得和损失、留存收益三部分构成。

1. 所有者投入的资本

所有者投入的资本是所有者初始和追加投入的资本以及其他集团或个人投入的不属于负债的资本。所有者投入的资本可进一步划分为实收资本（股份有限公司称为股本）和资本溢价（股份有限公司称为股本溢价）两部分。

实收资本（或股本）是企业注册登记的法定资本总额的来源，构成所有者权益的主体。实收资本作为企业赖以生产经营的最基础的启动资金，无需偿还，可长期周转使用。所有者凭借投入的资本中构成实收资本的部分而享有经营决策权和收益的分配权，同时也以此承担企业的风险和亏损。

资本溢价（或股本溢价）是企业收到投资者出资额超出其在注册资本或股本中所占份额的部分。资本溢价是指企业在筹集资本金的活动中形成的，不能作为实收资本来反映的所有者权益。

从法律上讲，实收资本作为注册资本的出资额不得任意减少，资本溢价则不包括在企业核定的实收资本或股本中，其增减并不需要履行法律手续，但就其形成来看，实收资本和资本溢价又都不是经营活动结果所产生的所有者权益，但又都带有资本的性质，它们共同构成了企业所有者投入的资本。

2. 直接计入所有者权益的利得和损失

利得或者损失是指由企业非日常活动所形成的、会导致所有者权益增加或者减少、与向所有者投入资本无关或向投资者分配利润的经济利益的流入或流出。如法定财产重估增值，豁免的债权、外币资本折算差额、可供出售金融资产的公允价值变动等。

3. 留存收益

留存收益是指企业所得税后利润的留存部分，是所有者权益在生产经营过程中形成的那部分所有者权益。企业的盈利扣除按国家规定缴纳企业所得税后的净利润，按照协议、合同、章程或有关规定，在企业所有者之间进行分配，一部分作为企业所有者投资所得；一部分出于扩充企业实力或为以盈抵亏预作准备等方面的考虑，留下不做分配，从而形成企业的内部积累。这部分留下的净利润与企业所有者投入资金的属性是一致的，均为所有者权益，通常称为留存收益。留存收益指公司实现的税后利润保留于企业供继续运用的部分。留存利润由盈余公积和未分配利润构成，前者已有指定用途，称为“指定留存利润”，后者则未指定用途，可供以后分配利润，故称其为“未指定留存利润”。

所有者权益的组成项目如图 10-1 所示。

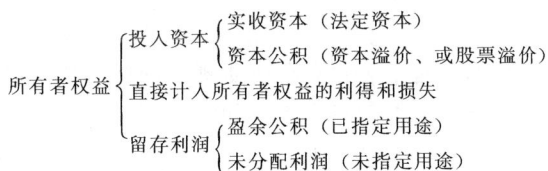

- 所有者权益
  - 投入资本
    - 实收资本（法定资本）
    - 资本公积（资本溢价、或股票溢价）
  - 直接计入所有者权益的利得和损失
  - 留存利润
    - 盈余公积（已指定用途）
    - 未分配利润（未指定用途）

图 10-1　所有者权益的组成项目

10.2　投入资本

任何一个企业为了进行生产经营活动，都必须有一定的“本钱”。我国企业法人登记管理条例明确规定，企业申请开业，必须具备符合国家规定并与其生产经营和服务规模相适应的资金数额。我国公司法也将股东出资达到法定资本最低限额作为公司成立的必备条件。

10.2.1　投入资本的几个概念

1. 投资总额

投资总额是指根据企业生产经营规模的大小，而需要投入的基本建设资金和生产流动资金的总和。按照所筹资金的性质和来源不同，投资总额主要有所有者投入的资本总额和借款总额两部分。其中，资本总额是指投资者各方按照合同或协议的规定所认缴的出资额之和，它的性质属于所有者权益中的投入资本。

2. 注册资本

注册资本是指企业在工商管理部门注册登记的各方投资者所认缴的资本总额。它从法律的角度出发约定了实收资本的数额，表明了企业及各投资者的权益和责任的大小，从而保证了企业投入资本在法律上的严肃性和投资各方依法所拥有的权利和应承担的义务。资本总额一经注册成为注册资本后，不得随意变更，更不能随意撤资。当企业有必要增加或减少注册资本时，必须持有关证明，按照《公司法》和其他有关制度的规定，到工商管理部门办理有关注册资本变更登记的手续。我国目前实行的是注册资本制度，要求企业的实收资本与其注册资本保持一致，实收资本的数额不得低于注册资本。

3. 实收资本

实收资本是指投资者作为资本投入到企业中的各种资产的价值。在我国目前实行的是注册资本制度，要求企业的实收资本（或股本）与其注册资本相一致。企业的实收资本比原注册资金数额增减超过 20%时，应持资金使用证明或验资证明，向原登记主管机关申请变更登记。如擅自改变注册资金或抽逃资金等，要受到工商行政管理部门的处罚。在授权资本制下，实收资本是公司必须维持的法定资本，而核定资本则是公司实收资本的最高限额，实收资本可以小于核定股本。

4. 股本总额

股本总额也称核定股本，是指公司章程中所规定的股份数乘以每股面值的总和，我国称之为注册资本。注册资本不得随意变更，如需变更，应另行申请批准。股本总额由已发行股本和已认购股本构成。已发行股本是指公司在核定股本范围内实际发行的股本，也称为实收资本。已认购股本是指未发行股本中已由认股人认购，但因股款尚未收取或收足而尚未发行的部分股票。

10.2.2 实收资本（股本）核算

企业组织形式不同，所有者投入资本的会计核算方法亦不同。除股份有限公司对股东投入资本设置“股本”账户外，其余企业对所有者投入的资本金均可在“实收资本”账户中核算。该账户专门用来核算企业实际收到的各投资者应认缴的各种资本，反映企业实际收到的投资者投入的资本。该账户贷方登记企业实际收到的各种资本数额以及新增资本的数额，借方在企业正常经营期间一般无发生额，在企业解散清算或减资时用来登记偿还及冲销的实收资本数额，余额均在贷方，表示期末企业所持有的实收资本数额。该账户还应按投资人分设明细账户进行明细核算。

投资人可以用货币性资产投资，也可以用非货币性资产投资，可以用有形资产投资，也可以用无形资产投资。

1. 接受货币资金投资

企业收到投资者以货币资金投入的资本时，应以实际收到的金额或存入企业开户银行的金额入账，借记“库存现金”、“银行存款”科目，贷记“实收资本”科目。对于不同投资者投入的货币资金，企业应分别设置明细账进行明细核算。

【例 10-1】 ABC 公司注册资本为 3 000 000 元。根据合同约定，投资者甲企业投入资本 1 000 000 元，投资者乙应投入资本 1 000 000 元，投资者丙公司投入资本 1 000 000 元。该公司已如期收到各位投资者一次缴足的款项。

借：银行存款　　3 000 000

　贷：实收资本——甲　　1 000 000

　　　　　　——乙　　1 000 000

　　　　　　——丙　　1 000 000

2. 接受非货币资金投资

企业接受非货币资金投资时，应将非货币资金按投资各方确认的价值入账。

1）接受投入固定资产

企业接受投资者作价投入的房屋、建筑物、机器设备等固定资产，应按投资各方确认的价值，借记“固定资产”科目，按投资者投资在企业注册资本中所占份额，贷记“实收资本”科目，对于投资各方确认的资产价值超过其在注册资本中所占份额的部分，贷记“资本公积”科目。

【例 10-2】 ABC 公司于设立时收到 B 公司作为资本投入的不需要安装的机器设备一台，双方确认该机器设备的价值为 6 000 000 元。不考虑其他因素，ABC 公司进行会计处理时，应编制会计分录如下：

借：固定资产　　6 000 000

　贷：实收资本——B 公司　　6 000 000

2）接受投入材料物资

企业接受投资者作价投入的材料物资，应按投资各方确认的价值（不含可抵扣的增值税进项税额部分），借记“原材料”科目，按增值税专用发票上注明的增值税税额，借记“应交税金——应交增值税（进项税额）”科目，按投资者投资在注册资本中所占的份额，贷记“实收资本”科目，按其差额，贷记“资本公积”科目。

【例 10-3】 ABC 公司于设立时收到 B 公司作为资本投入的原材料一批，该批原材料经投资者各方确认的价值（不含可抵扣的增值税进项税额部分）为300 000元，经税务部门认定。ABC 公司已开具了增值税专用发票，增值税率 17%。假设该进项税额允许抵扣，不考虑其他因素，ABC 公司在进行会计处理时，应编制会计分录如下：

借：原材料　　300 000

　应交税费——应交增值税（进项税额）　　51 000

　贷：实收资本——B 公司　　351 000

3）接受投入无形资产

企业收到以无形资产方式投入的资本，应按投资各方确认的价值，借记“无形资产”科目，按其在注册资本中所占的份额，贷记“实收资本”科目，按各方确认的无形资产价值超出其在注册资本中所占份额的部分，贷记“资本公积”科目。

【例 10-4】 ABC 公司于设立时收到丙有限责任公司作为资本投入非专利技术一项，该非专利技术经评估并经投资者各方确认的价值为 200 000 元，同时收到 B 公司作为资本投入的土地使用权一项，投资各方确认的价值为 80 000 元。假设丙公司接受该非专利技术和土地使用权符合国家注册资本管理的有关规定，可作为实收资本入账，不考虑其他因素。ABC 公司在进行会计处理时，应编制会计分录如下：

借：无形资产——非专利技术	200 000	
——土地使用权	80 000	
贷：实收资本——丙有限责任公司		200 000
——B 公司		80 000

3. 股票的发行

股份有限公司是以发行股票的方式筹集股本，股票是企业签发的证明股东按其所持股份享有权利和承担义务的书面证明。国家规定，实收股本总额应与注册资本相等。因此，为提供企业股本总额及其构成及注册资本等信息，在采取与股票面值相同的价格发行股票的情况下，企业发行股票取得的收入，应以股票的面值贷记“股本”账户。公司发行股票支付的手续费、佣金等发行费用，应首先减去发行股票冻结期间所产生的利息收入，剩余部分再从溢价发行收入中抵消；无溢价或溢价不足以抵扣的部分，直接计入财务费用。

由于股东对公司未来获利能力的估计和股票发行时的资本市场形势不一，股票的面值与其发行价格往往不一致，而相应出现股票的直接面值发行、溢价发行等。

【例 10-5】 ABC 公司核定股份 20 000 股，每股面值 50 元，现按面值发行 10 000 股普通股。

借：银行存款	500 000	
贷：股本——普通股		500 000

发行价格超过面值的部分，称为股本溢价，作为股本的加项列示在资产负债表上。发行时按溢价额，应贷记“资本公积——股本溢价”科目。

【例 10-6】 根据例 10-5，假设发行价格为每股 60 元。

借：银行存款	600 000	
贷：股本——普通股		500 000
资本公积——股本溢价（普通股）		100 000

4. 实收资本的增减变动

一般情况下，企业的实收资本应相对固定不变，但在某些特定情况下，实收资本也可能发生增减变化。企业法人登记管理条例中规定，除国家另有规定外，企业的注册资金应当与实有资金相一致。企业增加资本的途径主要有三条：一是将资本公积转为实收资本。二是将盈余公积转为实收资本。这里要注意的是，资本公积和盈余公积均属所有者权益，转为实收资本时，如为独资企业，则比较简单，直接结转即可；如为股份公司或有限责任公司，应按原投资者所持股份同比例增加各股东的股权，股份公司具体可以采取发放新股的办法。三是所有者（包括原企业所有者和新投资者）投入。

在会计核算中，如果是将资本公积转为实收资本，应借记“资本公积”科目，贷记“实收资本”科目；如果是将盈余公积转为实收资本，应借记“盈余公积”科目，贷记“实收资本”科目；如果是所有者投入，企业应在收到投资者投入的资金时，借记“银行存款”、“固定资产”、“原材料”等科目，贷记“实收资本”等科目。

【例 10-7】 ABC 公司总股本为 5 000 万股，每股面值为 1 元，该公司于20×8年 3 月 20 日宣布以资本公积转增资本，每 10 股转增 3 股，同时以盈余公积转增资本，每 10 股转增 2 股。该方案经股东大会讨论通过，并于 4 月 1 日实施。

3 月 20 日向外界宣布资本公积、盈余公积转增资本时，不用做任何会计处理。

4 月 1 日实施该方案时的会计处理为：

借：资本公积	15 000 000	
盈余公积	10 000 000	
贷：股本		25 000 000

企业实收资本减少的原因大体有两方面：一是资本过剩，二是企业发生重大亏损而需要减少实收资本。企业因资本过剩而减资，一般要发还股款。

在会计核算中，有限责任公司和国有独资公司发还的投资比较简单，按发还投资的数额，借记“实收资本”科目，贷记“银行存款”等科目。

【例 10-8】 ABC 公司因经营业务大幅度萎缩，有必要进行减资。经股东会讨论通过，决定减少注册资本。公司原注册资本 3 000 000 元，由甲、乙、丙三方股东出资建立，各持股份 1/3。这次减资数额为 600 000 元，以库存现金方式返还投资，并经有关部门及企业债权人的同意，具体实施时，有关业务会计处理如下：

借：实收资本——甲	200 000	
——乙	200 000	
——丙	200 000	
贷：库存现金		600 000

10.2.3 资本公积核算

资本公积是指由投资人投入，但不能构成实收资本，或从其他来源取得，由全体所有者共同享有的资金。它属于所有者权益的范畴。资本公积由全体股东享有，在转增资本时，按各个股东在实收资本中所占的投资比例计算金额，分别转增各个股东的投资金额。企业的资本公积包括资本溢价（股份有限公司称为股本溢价）和其他资本公积两项内容。

资本公积与留存收益不同，留存收益从净利润中取得，而资本公积的形成有其特定的来源，与企业的净利润无关。

资本公积与实收资本虽然都属于所有者权益，但两者仍有区别：实收资本是投资者对企业的投入，并通过资本的投入谋求一定的经济利益；资本公积有特定来源，由所有投资者共同享有。某些来源形成的资本公积，并不需要有原投资者投入，也并不一定需要谋求投资回报。

为了核算企业资本公积的增减变动情况，企业应设置“资本公积”账户，该账户的贷方核算企业资本公积增加数额；借方核算企业资本公积减少数额；期末贷方余额为企业资本公积结余数额。为了反映各类不同性质的资本公积的增减变动情况，“资本公积”账户应按照资本公积的类别分别设置“资本溢价”或“股本溢价”、“其他资本公积”进行明细核算。

1. 资本溢价

资本溢价，是指投资者缴付企业的出资额大于其在企业注册资本中所拥有份额的数额。在企业创立时，出资者认缴的出资额全部记入“实收资本”科目。在企业重组并有新的投资者加入时，为了维护原有投资者的权益，新加入的投资者的出资额，并不一定全部作为实收资本处理。这是因为，在企业正常经营过程中投入的资金即使与企业创立时投入的资金在数量上一致，但其获利能力却不一致。企业创立时，要经过筹建、试生产经营、为产品寻找市场、开辟市场等过程，从投入资金到取得投资回报，这中间需要许多时间，并且这种投资具有风险性，在这个过程中资本利润率很低。而企业进行正常生产经营后，在正常情况下，资本利润率要高于企业初创阶段。而这高于初创阶段的资本利润率是以初创时必要的垫支资本带来的，企业创办者并为此付出了代价。因此，相同数量的投资，由于出资时间不同，其对企业的影响程度不同，由此而带给投资者的权利也不同。所以新加入的投资者要付出大于原有投资者的出资额，才能取得与投资者相同的投资比例。

【例 10-9】 ABC 公司由甲、乙、丙三方投资设立。甲出资 1 000 000 元，乙出资 1 000 000元，丙出资 1 000 000 元。3 年后，该公司的实收资本为3 000 000元，盈余公积 900 000 元，未分配利润 1 000 000 元。这时又有丁公司投资者要求加入该企业，并表示愿意出资 780 000 元而取得该企业 20％的股份。

（1）丁公司投资后，ABC 公司的实收资本总额是 3 750 000 元（3 000 000÷80％）。

（2）资本总额的 20％。即丁公司的股权金额是 750 000 元（3 750 000 元×20％）：

借：银行存款　　780 000

　　贷：实收资本——丁公司　　750 000

　　　　资本公积——资本溢价　　30 000

2. 股本溢价

股本溢价是指股东的出资额大于其在企业注册资本中所占份额的差额。一般来说，有限责任公司初创时，股东按照其在企业注册资本中所占的份额出资，不会出现资本溢价。但在有新的投资者加入时，新股东的出资额往往高于原股东的出资额占有与原股东等量的股份。

在采用溢价发行股票的情况下，企业发行股票取得的收入，相当于股票面值部分计入“股本”科目，超出股票面值的溢价收入称之为股本溢价，计入“资本公积”科目。这里需要注意的是，委托证券商代理发行股票支付的手续费、佣金等应从溢价发行收入中扣除，企业应按扣除手续费、佣金后的数额计入“资本公积”科目。如果股份有限公司是境外上市企业或者是在境内发行外资股的股份有限公司，在收到股款时，按收到股款当日的汇率折合的人民币金额，借记“库存现金”、“银行存款”等科目，按确定的人民币股票面值和核定的股份总额的乘积计算的金额，贷记“股本”科目，按其差额，贷记“资本公积——股本溢价”科目。

【例 10-10】 ABC 公司经中国证监会批准，增发新股 3 000 000 股，每股发行价 5 元，在增发过程中，发生各种费用 450 000 元，发行总收入扣除发行费用后的股款已全部存入银行。

发行总收入：3 000 000×5＝15 000 000（元）

公司收到券商汇入股款：15 000 000－450 000＝14 550 000（元）。

借：银行存款	14 550 000	
贷：股本——普通股		3 000 000
资本公积		11 550 000

3. 其他资本公积

其他资本公积，是除上述各项资本公积以外形成的资本公积，以及从各资本公积准备项目转入的金额。其他资本公积主要包括以下内容：享有的被投资单位资本公积变动的份额；自用房地产或存货转换为投资性房地产公允价值与账面价值的差额；持有至到期投资转换为可供出售金融资产公允价值与账面价值的差额；可供出售金融资产的公允价值变动等。

“其他资本公积”与资本溢价或股本溢价的性质基本相同，也属于所有者权益，但与所有者权益中的准备项目不同。记入“其他资本公积”的金额是已经实现的资本公积，可以按规定转增资本（或股本）。

4. 资本公积转增资本

企业的资本公积可以用以扩大企业的生产经营或转增资本，资本公积金不得用于弥补公司的亏损。当企业经股东大会或类似机构决议用资本公积用以转增资本时，应借记“资本公积——资本溢价（股本溢价）”科目，贷记“实收资本（股本)”科目。

【例 10-11】 ABC 公司 20×8 年末经过股东大会决定，用资本公积金转增资本 100 000元。

借：资本公积	100 000	
贷：实收资本（或股本）		100 000

10.3　留 存 收 益

10.3.1　留存收益的性质和构成

留存收益是指企业从历年实现的利润中提取或形成的留存于企业内部的积累。它来源于企业的生产经营活动所实现的净利润。留存收益与投资者投入的资本属性一致，均为股东权益，但与投入资本不同的是，投入资本是由所有者从外部投入企业的，它构成了企业股东权益的基本部分，而留存收益不是由投资者从外部投入的，而是依靠企业经营所得的盈利累积而形成的。

按照《中华人民共和国公司法》等有关法律的规定，企业当年实现的净利润，首先是提取法定盈余公积金，其次是提取任意盈余公积金，最后是向投资者分配利润或股利。以上分配完成后，剩余的部分则作为未分配利润，留待以后年度进行分配。未分配利润同样成为企业留存收益的组成部分。所以，企业的留存收益由盈余公积和未分配利润两部分组成。

10.3.2　盈余公积核算

盈余公积是指企业按照规定从净利润中提取的各种积累资金，盈余公积包括法定盈余公积和任意盈余公积。

法定盈余公积是根据有关法律规定按照企业税后利润的10%提取的盈余公积，法定盈余公积累计额达到注册资本的50%后可以不再提取。任意盈余公积是公司制企业按照股东大会的决议，提取比例由股东大会决定提取的盈余公积。法定盈余公积和任意盈余公积的区别就在于其各自计提的依据不同。前者以国家的法令或行政规章为依据提取；后者则由企业自行决定提取。企业从净利润中提取的盈余公积主要用途有以下两个方面。

1. 弥补亏损

企业发生亏损时，应由企业自行弥补。弥补亏损的渠道主要有三条：一是用以后年度税前利润弥补。但按照现行的制度规定，企业发生亏损时，用税前利润弥补亏损的期限是5年。二是用以后年度的税后利润弥补。企业发生的亏损经过5年后未弥补完的部分，就应用企业的税后利润来弥补。三是以盈余公积弥补亏损。企业以提取的盈余公积弥补亏损时，按照规定，应当由企业董事会提议，并经股东大会决议通过，才可以实施。

2. 转增资本

企业将盈余公积转增资本时，必须经股东大会决议批准。在实际将盈余公积转增资本时，要按股东原有持股的比例结转，以保证股权结构的一致性。盈余公积转增资本时，要求转增后留存的盈余公积的数额不得少于注册资本的25%。

企业提取的盈余公积在一般情况下不得用于向投资者分配利润或股利，它实际上是企业对当期实现的净利润向投资者分配的一种限制，以利于企业的扩大再生产。企业提取的盈余公积，无论是用于弥补亏损还是用于转增资本，都只是在企业所有者权益内部不同组成部分之间的转换。例如，企业以盈余公积弥补亏损时，实际是减少盈余公积留存的数额，以此抵补未弥补亏损的数额，没有引起所有者权益总额的变化；企业以盈余公积转增资本时，也只是减少盈余公积结存的数额，但同时增加企业实收资本或股本的数额，也没有引起所有者权益总额的变化。

为了核算反映企业的一般盈余公积的形成及使用情况，企业应设置“盈余公积”账户，并分别设置“法定盈余公积”和“任意盈余公积”账户对提取的法定盈余公积和任意盈余公积进行核算。企业在计提盈余公积时，应借记“利润分配”科目，贷记“盈余公积——法定盈余公积（或任意盈余公积）”科目。用盈余公积弥补亏损时，应借记“盈余公积”科目，贷记“利润分配”科目；用盈余公积转增资本时，应借记“盈余公积”科目，贷记“实收资本（或股本）”科目。

【例 10-12】 ABC 公司在 20×7 年年度亏损 300 000 元，经过几年的经营后，至 20×8 年初尚有未弥补亏损 60 000 元（“未分配利润”账户的借方余额），因已超过税法规定的税前利润弥补期限（5 年），20×8 年该公司只能用税后利润弥补这一亏损。假定该公司 20×8 年实现利润 160 000 元，（假设会计利润与纳税利润一致），按 25%缴纳所得税。

（1）应交所得税＝160 000×25%＝40 000（元）

借：所得税费用	40 000	
贷：应交税费——应交所得税		40 000

（2）税后利润＝160 000－40 000＝120 000（元）

借：本年利润	120 000	
贷：利润分配——未分配利润		120 000

（3）按弥补亏损后的税后利润提取 10%的法定盈余公积，5%的任意盈余公积

可提取法定盈余公积＝（120 000－60 000）×10%＝6 000（元）

提取任意盈余公积公益金（120 000－60 000）×5%＝3 000（元）

借：利润分配——提取盈余公积	9 000	
贷：盈余公积——法定盈余公积		6 000
——任意盈余公积		3 000

必须注意，用利润弥补亏损无须专门做会计分录。因为企业发生了亏损，从本年利润科目转入利润分配科目，结转后，“利润分配”科目的借方余额为未弥补的亏损。第 2 年实现净利润，同样从“本年利润”科目转入“利润分配”科目的贷方。结转后，自动抵减了上年转来的借方余额，即弥补了亏损。另外还应注意，无论是税前利润补亏，还是税后利润补亏，会计处理方法都一样，其区别在于企业申报缴纳所得税时，前者可以作为应纳税所得额的调整数，而后者不调整。

10.3.3　股利分派核算

股利是指股东从公司的净收益中所分得的投资报酬。按其分派对象，可以分为优先股股利和普通股股利。优先股股利一般按优先股面值和固定的股利率计算；普通股股利则根据公司的盈利水平和股利政策确定。按其分派的形式，可以分为库存现金股利、股票股利等。

现金股利是指公司以货币资金支付给股东的股利。公司分派现金股利，应由股东大会做出决议，由董事会正式宣告。已宣告分派的库存现金股利，自宣告之日起，即为公司的一项流动负债，应借记“利润分配——应付股利”科目，贷记“应付股利”科目。公司如果发生亏损，在用留存收益弥补以后，还可以用任意盈余公积或法定盈余公积分

派股利。其中，用法定盈余公积分派股利以后，法定盈余公积不得少于注册资本的25%。公司实际分派现金股利时，应借记“应付股利”科目，贷记“银行存款”等科目。

股票股利是指公司以增发股票的形式向股东支付的股利。公司分派股票股利，不影响公司的资产和负债，也不影响公司的所有者权益总额，只是所有者权益的结构将发生变化。

按照我国现行会计准则规定，股东大会或者类似机构决议分配给股东企业股票股利，需要在批准后，办理了增资手续才能进行账务处理。因此，我国股份公司发放股票股利时，应在批准后，直接借记“盈余公积”、“利润分配”等科目，贷记“股本”科目，而不需通过“应付股票股利”科目核算。

【例 10-13】 ABC公司20×8年度实现净利润，经过股东大会决议一致通过，向股东分配现金股利1 900 000元，并办妥增资手续，分派每股面值2元股票股利800 000股。

向股东分配现金股利：

借：利润分配——应付现金股利　　1 900 000

　　贷：应付股利　　1 900 000

办妥增资手续，分派股票股利时：

借：利润分配——股票股利　　1 600 000

　　贷：股本　　1 600 000

10.3.4　未分配利润

企业实现的净利润（或亏损）在经过一系列分配后的结余部分，即为企业的未分配利润（或未弥补亏损）。由于企业的生产经营是连续不断的，当年的未分配利润（或亏损）结转到下一年度，又与下一年度的净利润（或亏损）一起参加分配，分配后的结余部分又形成新的未分配利润（或未弥补亏损）。因此，未分配利润是历年的累积数。

未分配利润是企业留待以后年度进行分配的结存利润，也是企业所有者权益的组成部分。从数量上来说，未分配利润是期初未分配利润，加上本期实现的税后利润，减去提取的各种盈余公积和分出利润后的余额。由于未分配利润是未指定用途的税后利润，其包括两层含义：一是留待以后年度处理的利润，二是未指定特定用途的利润。所以，相对于所有者权益的其他部分来说，企业在未分配利润的使用、分配上有较大的自主权。

思　考　题

1. 什么是所有者权益，它包括哪些内容？
2. 所有者权益和债权人权益有什么不同？
3. 如何理解投入资本、注册资本和实收资本。
4. 所有者权益在不同企业组织形式中如何表述。
5. 如何进行企业税后净利润的分配，在分配中应注意什么问题？

练　习　题

1. ABC 有限责任公司由 A、B、C 三位投资者各出资 2 000 000 元组成。A 以 2 000 000 元现金投资，B 以 300 000 元现金、1 700 000 元专利权投资，C 以 2 000 000 元设备投资。

2. ABC 有限责任公司，设立时 A、B、C 三位投资者各出资 2 000 000 元，实收资本为6 000 000 元，经过数年经营，现有盈余公积和未分配利润合计 300 000 元。有 D 投资者愿以2 200 000元出资，占企业全部股份的 1/3 加入该公司。企业接受 D 投资者的投资。

3. E 公司发行普通股 100 000 股，每股面值 5 元，按每股 6 元的价格发行，取得发行收入 600 000 元，发行手续费 1.8 元已从收入中扣除，企业收到股款存入银行。

4. ABC 有限责任公司注册资本 10 000 000 元，本年结余的盈余公积为 3 270 000 元和形成的资本公积 1 200 000 元，企业决定将盈余公积和资本公积转增资本。

要求：根据业务内容编制会计分录。

第 11 章　收入、费用和利润

企业从事生产经营活动，其主要目的是为了获得利润，但只有获得收入并能相应补偿所发生的支出才能取得利润，所以，收入是利润的来源。

收入是企业在日常活动中形成的与所有者投入资本无关的经济利益的增加；费用是企业为取得收入而付出的代价，表示企业经济利益的减少。本章以收入、费用和利润的基本含义为切入点，阐述企业日常生产经营活动中的各项收入、费用的核算及利润的计算和结转等问题。

11.1　收　　入

11.1.1　收入概述

1. 收入的含义

收入是会计要素之一，根据我国《企业会计准则第 14 号——收入》的定义，收入是指企业在日常活动中形成的、会导致所有者权益增加的、与所有者投入资本无关的经济利益的总流入。收入有广义和狭义之分。狭义收入包括营业收入和投资收益。营业收入是指企业在从事销售商品、提供劳务和让渡资产使用权等日常经营业务过程中取得的收入，包括主营业务收入和其他业务收入，不包括为第三方或客户代收的款项，如增值税销项税额、代收销货款等。投资收益是指企业在从事各项对外投资活动中取得的净收入（各项投资业务取得的收入大于其成本的差额）。我国会计准则将收入定义为狭义收入。广义收入是指会计期间内经济利益的总流入，其表现形式为资产增加或负债减少而引起的所有者权益增加，但不包括与所有者投资等有关的资产增加或负债减少。广义收入除了包括狭义收入之外，还包括公允价值变动收益和营业外收入。公允价值变动收益是指交易性金融资产等公允价值变动形成的收益。营业外收入是指企业在日常经营业务以外取得的收入。本章阐述的收入主要指营业收入，即狭义收入。

2. 收入的基本特征

在企业日常活动中，获取收入弥补企业的各项支出是企业的主要目标。企业收入可能引起资产增加，也可能引起负债减少，或者二者兼而有之。根据收入的定义，其具有以下特征：

1）收入是企业日常活动形成的经济利益流入

收入是从企业的日常活动中产生的，而不是从偶发的交易或事项中产生的。日常活动是指企业为完成其经营目标所从事的经常性活动以及与之相关的活动。这些活动具有经常性、重复性和可预见性的特点，如制造企业生产并销售半成品和产成品、商品流通企业销售商品、保险企业签发保单、咨询企业提供咨询服务、软件企业为客户开发软件、安装企业提供安装服务、商业银行对外贷款、广告商提供广告策划服务、租赁企业出租固定资产等，均属于企业为完成其经营目标所从事的经常性活动，由此产生的经济利益的流入构成收入。另外，制造企业转让无形资产使用权、出售不需用原材料等，属于与经常性活动相关的活动，由此产生的经济利益的流入也构成收入。

与日常活动相对应，有些交易或事项虽然给企业带来经济利益，但由于它们不属于企业的日常活动，因此其流入的经济利益是利得，而不是收入，如出售固定资产、收取罚款、接受捐赠、获得债务重组利益等。由于这类交易或事项导致的经济利益流入具有偶发性、不规则性和难以预见性的特点，因此，不能作为企业的收入，应当确认为营业外收入。

2）收入会导致所有者权益的增加

收入是企业资产的增加或负债的减少。伴随企业收入的实现，往往会引起资产的增加或负债的减少，这种现象最终表现为企业经济利益的流入，引起所有者权益的增加。表现为资产增加的，如在销售商品或提供劳务并取得收入的同时，银行存款或应收账款将增加；有时也表现为负债的减少，如预收款项的销售业务，在提供了商品或劳务并取得收入的同时，预收账款将得以抵偿。收入无论表现为资产的增加还是负债的减少，根据“资产＝负债＋所有者权益”的会计恒等式，最终必然导致所有者权益的增加。如果不符合这一特征的经济利益流入，则不是企业的收入。例如，企业代税务机关收取的税费，旅行社代客户购买门票、飞机票等收取的票款等，性质上用于代收款项，应作为暂收应付款记入相关的负债类账户，而不能作为收入处理。

3）收入是企业先用费用垫付的回报

企业在生产经营中的各项耗费是为了获取收入而事先付出的代价，任何一项收入必然与其费用相对应。收入与费用配比原则也充分说明了这一点。

3. 收入的分类

1）收入按其在经营业务中所占比重不同的分类

按其在经营业务中所占比重分类，收入可以分为主营业务收入和其他业务收入。主营业务收入和其他业务收入的划分标准一般应按照营业执照上注明的主营业务和兼营业务予以确定，营业执照上注明的主营业务所取得的收入一般作为主营业务收入；营业执照上注明的兼营业务所取得的收入一般为其他业务收入。但在实际工作中，如果营业执照上注明的兼营业务量较大且经常发生的收入，也可归为主营业务收入。

不同行业其主营业务收入所包括的内容也不相同，制造业的主营业务收入主要包括销售商品、自制半成品、代制品、代修品、提供工业性作业等所取得的收入；商品流通企业的主营业务收入主要包括销售所取得的收入；运输企业的主营业务收入主要包括客运收入、货运收入等。主营业务收入一般占企业收入的比重较大，对企业的经济效益产生较大的影响。制造业其他业务收入主要包括转让技术取得的收入、销售材料取得的收入、包装物出租收入等。收入中的其他业务收入一般占企业收入的比重较小。

2）收入按交易性质不同的分类

收入按交易性质不同分为销售商品收入、提供劳务收入、让渡资产使用权收入、建造合同收入等。销售商品收入是指企业通过销售产品或商品而取得的收入，如制造企业销售产成品和半成品取得的收入、商品流通企业销售商品取得的收入、房地产经营商销售自行开发的房地产取得的收入等。提供劳务收入是指企业通过提供劳务而取得的收入，如制造企业提供工业性劳务取得的收入、商品流通企业提供代购代销劳务取得的收入、交通运输企业提供运输劳务取得的收入、建筑安装企业提供建筑安装劳务取得的收入、服务性企业提供各类服务取得的收入等。让渡资产使用权收入是指企业通过让渡资产使用权而取得的收入，如金融企业发放贷款取得的收入、企业让渡无形资产使用权而形成的使用费收入、让渡现金使用权而收取的利息收入等。建造合同收入是指企业通过签订建造合同，并按合同要求为客户设计和建造房屋、道路、桥梁、水坝等建筑物以及船舶、飞机、大型机械设备等而取得的收入。

11.1.2　收入的确认与计量

企业收入的来源渠道多种多样，不同收入来源的特征有所不同，其收入确认的条件也往往存在差别，一般来说，收入确认应当符合以下条件：一是与收入相关的经济利益很可能流入企业，二是流入企业的经济利益其结果会导致企业资产增加或者负债减少，三是经济利益的流入额能够可靠计量。

企业应合理地确认收入的实现，并将已实现的收入按时入账，这对于正确计算企业经营成果，评价企业经营业绩具有十分重要的意义。收入的确认同其他会计要素的确认一样，必须满足可定义性、可计量性、相关性和可靠性前提条件。

收入的确认主要涉及两个问题：一是入账时间的确认，即收入在什么时间记账，并在利润表上反映；二是入账金额的确认，即把收入反映在会计记录之中时其价值量的确认，或称之为收入的计量。

1. 销售商品收入确认和计量

1）销售商品收入的确认

销售商品取得的收入通常应在销售成立时予以确认，并按实际交易金额计价入账。按照《企业会计准则第 14 号——收入》规定，确认商品（产品）销售收入必须同时满足下列条件，才能应予确认：

（1）企业已将商品所有权上的主要风险和报酬转移给购货方。

企业已将商品所有权上的主要风险和报酬转移给购货方是指与商品所有权有关的主要风险和报酬同时转移。与商品所有权有关的风险是指商品可能发生减值或毁损等形成的损失，与商品所有权有关的报酬是指商品价值增值或通过使用商品等产生的经济利益。

这里的风险，是指商品由于贬值、损坏或报废等原因所造成的可能性。报酬，则是指商品中所包含的未来经济利益，如商品未来因升值所带来的经济利益。一般来说，商品销售后，伴随着所有权和实物的转移，其所有权上的主要风险和报酬也随之而转移。

判断企业是否已将商品所有权上的主要风险和报酬转移给购货方，应当关注交易的实质，并结合所有权凭证的转移进行判断。通常情况下，转移商品所有权凭证并交付实物后，商品所有权上的主要风险和报酬随之转移，如大多数零售商品。某些情况下，转移商品所有权凭证但未交付实物，商品所有权上的主要风险和报酬随之转移，企业只保留了次要风险和报酬，如交款提货方式销售商品。有时已交付实物但未转移商品所有权凭证，商品所有权上的主要风险和报酬未随之转移，如采用支付手续费方式委托代销的商品。

销售的商品，如果在购货条款中规定了买方有权退货，而销售方又无法确定退货的可能性时，无论商品发出后是否收到价款，销售方都不能确认收入实现，必须等到买方正式接受商品，不存在退货的可能时，才确认收入的实现。如对新产品进行试销，规定购买者在一个月的试用期内，可能因产品的性能、款式等原因决定退货，因此，必须等到退货期满才能确认收入的实现。

(2) 企业既没有保留通常与所有权相联系的继续管理权，也没有对已售出的商品实施控制。

企业将商品所有权上的主要风险和报酬转移给买方后，如仍然保留通常与所有权相联系的继续管理权，或仍然对售出的商品实施控制，则此项销售不能成立，不能确认相应的销售收入。但如果企业是对售出的商品保留了与所有权无关的管理权，则不受本条件的限制。例如，房地产企业将开发的房地产售出后，保留了对该房产的物业管理权，由于此项管理权与房地产所有权无关，房地产销售成立。可将其提供的物业管理视为单独的劳务合同确认劳务收入，销售房产则确认销售商品所取得的收入。

(3) 收入的金额能够可靠地计量。

收入能否可靠地计量是确认收入的基本前提，若收入不能可靠地计量，则无法确认收入。在一般情况下，企业在销售商品时，销售商品取得的收入应根据购销双方签订的合同或协议约定的金额确定；如果购销双方未签订合同或协议，则应按双方都能接受的金额确定。但在销售过程中，由于某种不确定因素，也有可能出现售价发生变动的情况，则在新的售价确定前不应确认收入。

(4) 相关的经济利益很可能流入企业。

经济利益是指直接或间接流入企业的现金或现金等价物。在销售商品的交易中，与交易相关的经济利益即为销售商品的价款。销售商品的价款能否有把握收回，是收入确认的一个重要条件，企业在销售商品时，如估计价款收回的可能性不大，即使收入确认的其他条件均已满足，也不应当确认收入。销售商品的价款能否收回，主要根据企业以前和买方交往的直接经验，或从其他方面取得的信息或政府的有关政策等进行判断。

在判断价款收回的可能性时，应进行定性分析，当确定价款收回的可能性大于不能收回的可能性时，应认为价款能够收回。在一般情况下，企业售出的商品符合合同或协议规定的要求，并已将发票账单交付买方，买方也承诺付款，即表明销售商品的价款能够收回。如果企业判断价款不能收回，应提供可靠的证据。

(5) 相关已发生或将发生的成本能够可靠地计量。

根据配比原则，与同一销售相关的收入和成本应在同一会计期间予以确认。如果成本不能可靠地计量，即使其他条件均已满足，相关的收入也不能确认。例如企业在销售商品过程中，有时会代表第三方或客户收取一些款项，如旅行社代客户购买门票、飞机票收取票款等这些代收款应作为预收款记入相关的负债进行处理，相关的成本不能可靠地计量，不作为企业的收入处理。

2）销售商品收入金额的计量

企业销售商品满足收入确认条件时，应当按照已收或应收合同或协议价款的公允价值确定销售商品收入金额。判断已收或应收的合同或协议价款是否公允时，应当关注企业与购货方之间的关系。一般情况下，与本企业存在关联方关系的可能导致已收或应收的合同或协议价款不公允。通常从购货方已收或应收的合同或协议价款为公允价值。无合同或协议的，应依据购销双方都能接受的价格。另外，企业在对商品销售收入进行计量时，应区分销售折扣和销售折让两个概念。

2. 提供劳务收入的确认与计量

劳务通常指其结果不形成有形资产的服务，如旅游服务、运输服务、饮食服务、广告策划与制作、管理咨询、代理业务、培训业务、建筑安装、软件设计、提供特许权等。企业通过提供劳务作业而取得的收入，即为劳务收入。

1）劳务收入确认的一般原则

企业取得的劳务收入，应根据劳务的开始和完成是否属于同一会计年度、劳务交易的结果是否能够可靠地估计等具体情况，按以下原则予以确认：

（1）在同一会计年度内开始并完成的劳务，应在劳务完成时，按企业与接受劳务方签订的合同或协议约定的金额确认收入，现金折扣在实际发生时计入当期费用。

（2）劳务的开始和完成分属不同的会计年度，但提供劳务交易的结果能够可靠地估计，应在资产负债表日按完工百分比法确认劳务收入。

2）劳务收入确认的确认方法

（1）在同一个会计年度内开始并完成的劳务。

应在劳务完成时确认收入。确认的金额为合同或协议总金额，确认原则可参照销售商品收入的确认条件。

（2）不同会计年度的开始和完成的劳务。

如果企业在资产负债表日提供劳务交易结果能够可靠估计的，按照提供劳务收入总额乘以完工进度扣除以前会计期间累计已确认提供劳务收入后的金额，确认当期提供劳务收入；同时，按照提供劳务估计总成本乘以完工进度扣除以前会计期间累计已确认劳务成本后的金额，结转当期劳务成本。

能够可靠地估计的判断标准有三项：第一，劳务总收入和总成本能够可靠地计量；第二，与交易相关的经济利益能够流入企业；第三，劳务的完成程度能够可靠地确定。

采用完工百分比法确认收入：

$$\text{劳务完成程度}=\frac{\text{实际发生成本}}{\text{估计总成本}}\times 100\%$$

$$\begin{aligned}\text{本期确认的收入}&=\text{劳务总收入}\times\text{本期末止劳务的完成程度}\\&\quad-\text{以前期间已确认的收入}\end{aligned}$$

$$\begin{aligned}\text{本期确认的费用}&=\text{劳务总成本}\times\text{本期末止劳务的完成程度}\\&\quad-\text{以前期间已确认的费用}\end{aligned}$$

如果销售商品部分和提供劳务部分不能够区分，或虽能区分但不能够单独计量的，应当将销售商品部分和提供劳务部分全部作为销售商品处理。

【例 11-1】 A 企业 20×8 年 12 月 1 日接受一项设备安装任务，合同约定的安装费总额为 200 000 元，接受劳务方预付 50%，其余 50%待设备安装完成、验收合格后支付。至 20×8 年 12 月 29 日，实际发生安装成本 60 000 元，估计至设备安装完成还会发生 90 000 元。

按实际发生的成本占估计总成本的比例确定劳务的完成程度。

$$\text{劳务完成程度}=\frac{60\,000}{60\,000+90\,000}\times 100\%=40\%$$

根据劳务完成程度确认 20×8 年度的劳务收入和相关的成本。

$$\text{应确认收入}=200\,000\times 40\%=80\,000\text{（元）}$$

$$\text{应结转成本}=150\,000\times 40\%=60\,000\text{（元）}$$

3）特殊劳务收入的确认标准

（1）安装费收入。如果安装费是与商品销售分开的，应在期末时根据安装的完工程度确认收入；如果安装费是商品销售收入的一部分，则应与所销售的商品同时确认收入。

（2）广告费收入。宣传媒介的佣金收入应在相关的广告或商业行为开始出现于公众面前时予以确认。广告的制作佣金收入则应在期末时根据项目的完成程度确认收入。

（3）入场费收入。因艺术表演、招待宴会以及其他特殊活动而产生的收入，应在这些活动发生时确认收入。如果是一笔预收几项活动的费用，则这笔预收款应合理分配给每项活动。

（4）申请入会费和会员费收入。申请入会费和会员费收入的确认，应以所提供服务的性质为依据。如果所收费用只允许取得会籍，而所有其他服务或商品都要另行收费，则在款项收回不存在任何不确定性时确认为收入。如果所收费用能使会员在会员期内得到各种服务或出版物，或者以低于非会员所负担的价格购买商品或接受劳务，则该项收费应在整个受益期内分期确认收入。

（5）特许权费收入。特许权费收入包括提供初始及后续服务、设备和其他有形资产及专门技术等方面的收入。其中属于提供设备和其他有形资产的部分，应在这些资产的所有权转移时，确认为收入；属于提供初始及后续服务的部分，在提供服务时确认为收入。

（6）订制软件收入。订制软件主要是指为特定客户开发软件，不包括开发的通用软件。订制软件收入应在资产负债表日根据开发的完成程度确认收入。

（7）定期收费。定期收费，是指企业与客户签订合同，长期为客户提供某一种或几种重复的劳务，客户按期支付劳务费。例如，物业管理企业与住宅小区物业产权人签订合同，为该小区所有住户提供维修、清洁、绿化、保安及代收房费、水电费等项服务，定期收取物业管理费。在这种情况下，企业应按合同约定的收款日期确认收入。

（8）高尔夫球场果岭券收入。高尔夫球场会员一次性购入若干果岭券，在收到款项时作为递延收益，待提供服务收回果岭券时，再确认收入；合同期满，未消费的果岭券全部确认收入。会员在消费时购买的果岭券（企业在为会员提供服务时会员购买的果岭券），于会员购买果岭券时确认收入。

（9）包括在商品售价内的服务费。如商品的售价内包括可区分的在售后一定期限内的服务费，应在商品销售实现时，按售价扣除该项服务费后的余额确认为商品销售收入，服务费递延至提供服务的期间确认收入。

3. 让渡资产使用权收入的确认和计量

1）让渡资产使用权收入的内容

企业的有些交易活动并不转移资产的所有权，而只让渡资产的使用权，由此取得的收入，即为让渡资产使用权收入，主要包括利息收入和使用费收入。利息收入是指金融企业存、贷款形成的利息收入以及同业之间发生往来形成的利息收入；使用费收入是指他人使用本企业无形资产（如商标权、专利权、专营权、软件、版权等）而形成的使用费收入。

2）让渡资产使用权收入的确认条件

让渡资产使用权收入同时满足下列条件的，才能予以确认：

（1）相关的经济利益很可能流入企业。企业应根据对方的信誉情况、当年的效益情况以及双方就结算方式、付款期限等达成的协议等方面进行判断。如果企业估计收回的可能性不大，就不应确认收入。

（2）收入的金额能够可靠地计量。利息收入根据合同或协议规定的存、贷款利率确定；使用费收入按企业与其资产使用者的合同或协议确定。当收入的金额能够可靠地计量时，企业才能进行确认。

3）让渡资产使用权收入的计量

企业应当分别下列情况确定让渡资产使用权收入金额：

（1）利息收入金额，应按他人使用本企业货币资金的时间和实际利率计算确定。利息的支付方式包括分期付息和到期一次付息。无论利息如何支付，企业均应分期计算并确认利息收入。

（2）使用费收入金额，应按有关合同或协议规定的收费时间和方法计算确定。使用费的收费时间和收费方法是多种多样的，有的使用费是一次收回一笔固定的金额，如一次收取 10 年的场地使用费，如合同规定在使用期内每期收取一笔固定的金额；如果合同规定分期支付使用费的，应按合同规定的收款时间和金额或合同规定的收费方法计算的金额分期确认收入。

11.1.3 收入核算

1. 销售商品收入的核算

1）一般销售下的商品销售收入核算

（1）主营业务收入核算。

主营业务收入是把企业销售商品的收入，包括企业销售的产成品、自制半成品、工业性劳务等所发生的收入。产品销售收入确认入账后，如果发生销售退回、销售折让和销售折扣，应作为产品销售收入的抵减项目记账，对已入账的产品销售收入进行调整。

为了反映和监督企业销售产品或提供劳务所发生的收入，应设置“主营业务收入”账户，它属于损益类账户。其贷方登记企业实现的主营业务收入，借方登记发生销售折让或销货退回时冲减的主营业务收入及期末转入“本年利润”账户，结转后应无余额。

【例 11-2】 20×8 年 6 月 12 日 ABC 公司采用直接收款方式向 B 公司发出甲产品 70 件，每件售价 650 元，应向购买者收取增值税销项税额 7 735 元。已收到 B 公司签发的转账支票，根据增值税专用发票有关业务会计处理如下：

借：银行存款　　53 235

　贷：主营业务收入　　45 500

　　应交税费——应交增值税（销项税额）　　7 735

【例 11-3】 20×8 年 9 月 16 日，ABC 公司采用商业汇票结算方式向 C 公司发出丙产品 95 件，每件售价 860 元，价款共计 81 700 元，应收增值税销项税额13 889元。收到该公司签发并承兑的商业承兑汇票，汇票到期日为次年 2 月 5 日。

借：应收票据　　95 589

　贷：主营业务收入　　81 700

　　应交税费——应交增值税（销项税额）　　13 889

【例 11-4】 20×8 年 9 月 23 日，ABC 公司收到 E 公司支付欠款转账支票1 960元。

借：银行存款　　1 960

　贷：应收账款——E 公司　　1 960

（2）销售折让与折扣的核算。

销售折扣是指公司在销售商品时，为鼓励购货方多购商品或尽早付款而给予的价款折扣，包括商业折扣和现金折扣。

商业折扣是指销货方为了鼓励购货方多购商品，根据其购货数量的多少，在商品价目单价格的基础上，按规定的百分比给予购货方的价格折扣。商品价目单价格扣除商业折扣后的金额，为双方的实际交易价格，即发票价格。由于会计记录是以实际交易价格为基础的，而商业折扣是在交易成立之前予以扣除的折扣，它只是购销双方确定交易价格的一种方式，并不影响销售的会计处理。

【例 11-5】 ABC 公司甲商品价目单价格为每件 100 元。B 公司一次购买甲商品2 000件，根据规定的折扣条件，可得到 20%的商业折扣，增值税税率 17%。ABC 公司根据发票金额及其他有关单据销售后。

$$发票价格=2\,000\times100\times(1-20\%)=160\,000（元）$$

$$销项税额=160\,000\times17\%=27\,200（元）$$

借：应收账款——B 公司　　187 200

　贷：主营业务收入　　160 000

　　应交税费——应交增值税（销项税额）　　27 200

现金折扣，是指销货方为鼓励购货方在赊销期限内提前付款而规定一个现金折扣期限，对在现金折扣期限内付款的购货方，按实际交易金额的一定百分比给予的价款折扣。现金折扣的期限和折扣比率常用一个简单的分式表示：2/10，1/20，*n*/30。在销售附有现金折扣条件的情况下，由于应收账款的未来收现金额是不确定的，可能是全部的发票金额，也可能是发票金额扣除现金折扣后的净额，要视购货单位能否在折扣期限内付款而定。因此，会计处理有方法总价法和净价法两种。总价法是按发票金额对应收账款及销售收入计价入账，如果购货方能够在折扣期限内付款，则取得的现金折扣作为财务费用处理。净价法是按发票金额扣除现金折扣后的净额对应收账款及销售收入计价入账，如果购货方未能在折扣期限内付款，则丧失的现金折扣作为冲减财务费用处理，我国《企业会计准则》规定，现金折扣的会计处理应当采用总价法。

【例 11-6】 20×8 年 10 月 1 日，ABC 公司销售商品一批，售价 20 000 元，增值税率 17%，在合同中规定现金折扣的条件为：2/10，1/20，*n*/30；

10 月 1 日销售实现时，应按总售价作为收入：

借：应收账款　　23 400

　　贷：主营业务收入　　20 000

　　　　应交税费——应交增值税（销项税额）　　3 400

如 10 月 8 日购货方付清货款，则按售价的 2%享受 400 元的现金折扣，实际付款 23 000 元。

借：银行存款　　23 000

　　财务费用　　400

　　贷：应收账款　　23 400

如 10 月 17 日买方付清货款，则按售价的 1%享受 200 元现金折扣，实际付款 23 200元，

借：银行存款　　23 200

　　财务费用　　200

　　贷：应收账款　　23 400

如买方在 10 月底才付款，则按全价收款，有关业务会计处理如下：

借：银行存款　　23 400

　　贷：应收账款　　23 400

销售折让，是指公司售出的商品由于质量、品种等不符合要求而在售价上给予购货方的减让。

销售折让可能发生在销货方确认收入之前，也可能发生在销货方确认收入之后。如果发生在销货方确认收入之前，销货方应直接从原销售价格中扣除给予购货方的销售折让，并按扣除折让后的价格作为实际销售价格，确认收入；如果发生在销货方确认收入之后，则销货方应按实际给予购货方的销售折让，冲减当月销售收入。

【例 11-7】 20×8 年 7 月 5 日，ABC 公司向 B 公司销售一批产品。产品生产成本 15 000 元，合同约定的销售价格为 20 000 元，增值税税额 3 400 元。B 公司在验收产品时，发现产品质量存在问题，要求 ABC 公司给予 15%的价格折让，ABC 公司同意给予折让。

假定合同约定验货付款，ABC 公司于 B 公司付款时开具发票账单，并确认销售收入。在该项交易中，ABC 公司在发出产品时尚不符合收入确认的条件，因此，不能确认销售收入，应将发出产品的成本转入“发出商品”账户。待 B 公司验货付款后，ABC 公司按扣除销售折让后的实际交易价格给 B 公司开具发票账单，并据以确认销售收入。

发出产品：

借：发出商品　　15 000

　　贷：库存商品　　15 000

B 公司按折让后的价款付款后，ABC 公司开具发票账单：

实际销售价格＝20 000×(1－15％)＝17 000（元）

实际增值税税额＝3 400×(l－15％)＝2 890（元）

借：银行存款　　19 890

　　贷：主营业务收入　　17 000

　　　　应交税费——应交增值税（销项税额）　　2 890

借：主营业务成本　　15 000

　　贷：发出商品　　15 000

(3) 商品销售退回核算。

如果在公司确认收入之后发生本期销售退回，则不论是本年销售本年退回，还是以前年度销售本年退回，除属于资产负债表日后事项的销售退回外，一般应当冲减当期的营业收入。

【例 11-8】 20×8 年 10 月 25 日，ABC 公司向 B 公司销售一批产品，产品生产成本 20 000 元，销售价格 30 000 元，增值税税额 5 100 元。ABC 公司发出产品后，向其开户银行办妥收款手续。B 公司在验收产品时，发现产品质量存在问题，要求退货，ABC 公司于 20×8 年 11 月 5 日为 B 公司办理退货。

20×8 年 10 月 25 日，ABC 公司发出产品，并办妥托收手续。

借：应收账款　　35 100

　　贷：主营业务收入　　30 000

　　　　应交税费——应交增值税（销项税额）　　5 100

借：主营业务成本　　20 000

　　贷：库存商品　　20 000

20×8 年 11 月 5 日，ABC 公司为 B 公司办理退货。

借：主营业务收入　　30 000

　　应交税费——应交增值税（销项税额）　　5 100

　　贷：应收账款　　35 100

借：库存商品　　20 000

　　贷：主营业务成本　　20 000

发生的销售退回属于资产负债表日后事项，应当作为资产负债表日后调整事项处理，调整资产负债表日会计报表的收入、费用、资产、负债、所有者权益等有关项目的数字。

2）其他销售方式下的商品销售收入核算

(1) 委托代销销售商品。

委托代销是指委托方根据协议，委托受托方代销商品的一种销售方式。在采用代销的方式下，委托方发出商品后，受托方只负责代理销售，商品所有权上的主要风险和报酬仍在委托方，所以此时不能确认收入的实现。因此，为了核算委托代销商品销售业务，应设置“委托代销商品”账户，当发出的商品仍属于委托方的存货，其实际成本应转入“委托代销商品”账户核算。待受托方将代销商品售出并开来代销清单时，委托方再据以确认销售收入。需要注意的是，为了促使受托方加强对代销商品的管理，我国现行公司会计制度也要求受托方将受托代销的商品作为其存货入账，设置“受托代销商品”账户单独核算。委托代销的具体方式包括视同买断方式和收取手续费方式，二者在会计处理上有所区别。

方式之一：视同买断方式。

视同买断方式是指由委托方和受托方签订协议，委托方按协议价收取所代销商品的货款，实际售价可由受托方自定，实际售价与协议价之间的差额归受托方所有的一种代销方式。视同买断方式在本质上仍是代销，因此，委托方在交付商品时不能确认收入，受托方也不作为购进商品处理。受托方将商品销售后，按实际售价确认销售收入，并向委托方开具代销清单；委托方收到代销清单时，据以确认销售收入。

【例 11-9】 ABC 公司委托 B 公司代销一批商品，商品协议价为 16 000 元，增值税税额为 2 720 元，成本为 12 000 元。B 公司将该批商品按 19 000 元的价格售出，收取增值税 3 230 元，并按协议价给 ABC 公司开来代销清单。

ABC 公司（委托方）

发出委托代销商品：

借：委托代销商品	12 000	
贷：库存商品		12 000

收到 B 公司开来的代销清单：

借：应收账款——B 公司	18 720	
贷：主营业务收入		16 000
应交税费——应交增值税（销项税额）		2 720
借：主营业务成本	12 000	
贷：委托代销商品		12 000

收到 B 公司汇入的货款：

借：银行存款	18 720	
贷：应收账款——B 公司		18 720

B 公司（受托方）

收到受托代销商品：

借：受托代销商品	16 000	
贷：代销商品款		16 000

售出代销商品：

借：银行存款　　22 230

　　贷：主营业务收入　　19 000

　　　　应交税费——应交增值税（销项税额）　　3 230

借：主营业务成本　　16 000

　　贷：受托代销商品　　16 000

借：代销商品款　　16 000

　　应交税费——应交增值税（进项税额）　　2 720

　　贷：应付账款——ABC 公司　　18 720

按协议价将货款汇给 ABC 公司

借：应付账款——ABC 公司　　18 720

　　贷：银行存款　　18 720

方式之二：收取手续费方式。

收取手续费方式是指受托方根据所代销的商品数量向委托方收取手续费的一种代销方式。与视同买断方式相比，收取手续费方式的主要特点是受托方一般应按照委托方规定的价格销售商品，不得自行改变售价。受托方在将商品售出后，根据所代销的商品数量确定应向委托方收取的手续费，作为劳务收入确认入账。委托方在受托方将商品售出并开来代销清单时，据以确认销售收入，支付的代销手续费计入当期费用。

【例 11-10】 ABC 公司委托 B 公司代用一批商品，商品售价 20 000 元，增值税税额 3 400 元，成本 15 000 元，B 公司按商品售价的 5%收取手续费。B 公司将该批商品售出后，给 ABC 公司开来代销清单。

ABC 公司（委托方）会计处理

发出委托代销商品：

借：委托代销商品　　15 000

　　贷：库存商品　　15 000

收到 B 公司开来的代销清单：

借：应收账款——B 公司　　23 400

　　贷：主营业务收入　　20 000

　　　　应交税费——应交增值税（销项税额）　　3 400

借：主营业务成本　　15 000

　　贷：委托代销商品　　15 000

借：销售费用　　1 000

　　贷：应收账款——B 公司　　1 000

B 公司将手续费扣除后汇来其余货款：

借：银行存款　　22 400

　　贷：应收账款——B 公司　　22 400

B 公司（受托方）

收到受托代销商品：

借：受托代销商品　　20 000
　　贷：代销商品款　　20 000

售出代销商品：

借：银行存款　　23 400
　　贷：应付账款——ABC公司　　20 000
　　　　应交税费——应交增值税（销项税额）　　3 400

借：应交税费——应交增值税（进项税额）　　3 400
　　贷：应付账款——ABC公司　　3 400

借：代销商品款　　20 000
　　贷：受托代销商品　　20 000

将代销手续费扣除后汇出其余货款

借：应付账款——ABC公司　　23 400
　　贷：银行存款　　22 400
　　　　主营业务收入（或其他业务收入）　　1 000

（2）具有融资性质的分期收款销售商品。

在会计实务中，商品的销售方式是多种多样的。在不同的销售方式下，收入的确认有其特定的标志。

企业分期收款销售，有时会采用分期收款发出商品，也就是商品已经交付，但货款需要分期收回（通常为超过三年）。如果延期收款的货款具有融资性质，商品销货方为了保证如期收回货款，通常会在销售合同中设置一些保护性条款，如在购货方付清全部货款之前，销货方仍拥有售出商品的法定所有权。其特点是销售商品的价值较大、收款期限较长、收款风险较大。

为了便于核算核算这类经济业务，应设置“分期收款发出商品”账户，如果分期收款期较短，收取款项时，按照合同约定的收款日期分期确认收入；如果分期收取的货款具有融资性质，应收的合同或者协议价款的公允价值，按照其未来现金流量现值或者商品现销价格计算确认销售收入（详细计算过程参考2006年《企业会计准则讲解》）。在确认销售收入的同时，分期计算结转销售商品成本。

【例11-11】 20×8年11月1日，ABC公司向B公司销售一套设备，设备生产成本6 500 000元，销售价格8 000 000元，增值税税额13 600 000元。根据合同约定，ABC公司分5次于每年12月31日等额收取。假设经计算实现销售第一次收取款项500 000元，增值税率17%，销售商品成本160 000元。

发出商品时：

借：分期收款发出商品　　6 500 000
　　贷：库存商品　　6 500 000

收到B公司首次支付的货款时：

借：银行存款　　585 000
　　贷：主营业务收入　　500 000
　　　　应交税费——应交增值税（销项税额）　　85 000

同时结转实现销售商品成本时：

借：主营业务成本　　160 000

　　贷：分期收款发出商品　　160 000

3）其他业务收入

其他业务收入是指企业除主营业务以外的其他业务活动所取得的收入。其他业务收入在不同的行业有不同的表现形式，对制造业来说，包括出租固定资产、出租无形资产、出租包装物和商品、销售材料等实现的收入。

为了便于核算除主营业务收入以外的其他销售或其他业务的收入，应设置“其他业务收入”账户，它属于损益类账户，贷方登记企业取得各项其他业务收入，借方登记期末转入“本年利润”账户金额，结转后无余额。

【例 11-12】 ABC 公司 11 月发生其他业务：出租包装物，取得租金收入 600 元，并将租金收入收存银行。出售一批不需用的原材料，售价为 20 000 元，增值税为 3 400 元，款项已由银行收妥。

取得原材料销售收入：

借：银行存款　　23 400

　　贷：其他业务收入　　20 000

　　　　应交税费——应交增值税（销项税额）　　3 400

取得租金收入时：

借：银行存款　　600

　　贷：其他业务收入　　600

2. 提供劳务取得收入的核算

提供劳务的核算一般是指企业对外提供的一项独立的劳务，它并不与企业的生产经营有关，不依附于某一生产产品或生产过程，如企业对外提供的装修、装饰劳务，与销售产品（或商品）无关的运输劳务，为某个生产线提供的劳务等。

在会计核算中，要求确认劳务收入的同时结转劳务成本，需要设置“劳动成本”账户。该账户的借方反映公司发生的各项劳务成本，贷方反映公司结转的各项劳务成本，期末余额一般在借方，反映尚未完成劳务的成本，或按完工百分比法确认收入时，尚未结转的劳务成本。

【例 11-13】 ABC 公司安装队于 20×8 年 11 月 1 日接受一项产品安装任务，安装期为 3 个月，合同总收入 300 000 元，至年底已预收款项 220 000 元，实际发生成本 140 000元，估计还会发生 60 000 元的成本。

按实际发生的成本占估计总成本的比例确定劳务的完成程度。

实际发生的成本占估计总成本的比例＝140 000÷(140 000＋60 000)＝70％

当年确认收入＝300 000×70％－0＝210 000（元）

同时结转成本＝200 000×70％－0＝140 000（元）

实际发生成本：

借：劳务成本　　140 000

贷：银行存款等 140 000

预收账款：

借：银行存款 220 000

贷：预收账款 220 000

确认收入：

借：预收账款 210 000

贷：主营业务收入 210 000

结转成本：

借：主营业务成本 140 000

贷：劳务成本 140 000

【例 11-14】 ABC公司于20×9年2月10日为客户研制一项软件，工期为6个月，合同总收入500 000元，至20×9年8月25日已发生成本180 000元，预收账款250 000元。预计开发完成该项软件的总成本为300 000元。20×9年8月31日经专业测量师测量，软件的开发程度为70％。

发生成本时：

借：劳务成本 180 000

贷：银行存款（应付职工薪酬）等 180 000

预收款项时：

借：银行存款 250 000

贷：预收账款 250 000

确认该项劳务的本期收入和成本时：

确认的收入＝500 000×70％－0＝350 000（元）

确认的成本＝300 000×70％－0＝210 000（元）

借：预收账款 350 000

贷：主营业务收入 350 000

借：主营业务成本 210 000

贷：劳务成本 210 000

3. 让渡资产使用权取得收入的核算

【例 11-15】 ABC公司和B公司两家达成协议，ABC公司允许B公司经营其连锁店，协议规定，ABC公司共向B公司收取特许权费600 000元，其中，提供家具、柜台等收费200 000元，这些家具、柜台成本为180 000元；提供初始服务，如帮助选址、培训人员、广告费等收费300 000元，发生成本200 000元；提供后续服务收费100 000元，发生成本50 000元。假定款项在协议开始时一次付清。

收到款项：

借：银行存款 600 000

贷：预收账款 60 000

在家具、柜台等的所有权转移时，确认20万元收入：

借：预收账款　　200 000
　　贷：主营业务收入　　200 000
借：主营业务成本　　180 000
　　贷：库存商品　　180 000

在提供初始劳务时，按提供劳务的完成程度确认 30 万元的收入：

借：预收账款　　300 000
　　贷：主营业务收入　　300 000
借：主营业务成本　　200 000
　　贷：银行存款等　　200 000

在提供后续服务时，按提供服务的完成程度确认 10 万元收入：

借：预收账款　　100 000
　　贷：主营业务收入　　100 000
借：主营业务成本　　50 000
　　贷：银行存款等　　50 000

11.2　费　　用

11.2.1　费用概述

1. 费用的含义及特征

费用是会计要素之一，按照我国《企业会计准则——基本准则》的定义，费用是指企业在日常活动中发生的、会导致所有者权益减少的、与向所有者分配利润无关的经济利益的总流出。费用也有广义和狭义之分。狭义费用是指企业在日常活动中为了取得狭义收入而发生的耗费。狭义费用包括营业费用和投资损失。营业费用包括营业成本、营业税费和期间费用（销售费用、管理费用和财务费用）；投资损失是指企业在从事各项对外投资活动中发生的净损失（各项投资业务取得的收入小于其成本的差额）。我国会计准则将费用定义为狭义费用。广义费用是指会计期间内经济利益的总流出，其表现形式为资产减少或负债增加而引起的所有者权益减少，但不包括与所有者分配等有关的资产减少或负债增加。广义费用可以分为本年税前费用和所得税两部分。本年税前费用除了包括狭义费用之外，还包括公允价值变动损失、资产减值损失和营业外支出。公允价值变动损失是指交易性金融资产等公允价值变动形成的损失；资产减值损失是指各项资产发生减值形成的损失；营业外支出是指企业在经营业务以外发生的支出本章主要阐述狭义费用。

收入与费用配比原则要求一项费用必然与其收入相对应。费用具有以下几个基本特征。

1）在公司的日常活动中产生，将导致企业经济资源的减少

无论从何种角度对费用做出界定，费用在本质上是企业资产的流出。费用是为取得收入而进行的一种垫付。它与资源流入企业所形成的收入相反。具体而言，如支付工

资、消耗材料和机器设备等，都会使企业资源耗费，其目的是为了取得收入而获得更多的资产。

2）费用最终会减少企业的所有者权益

费用是企业资产的减少或负债的增加。随着企业费用发生，往往会引起资产的减少或负债的增加，这种现象表现为企业经济利益的流出，会引起所有者权益的减少。例如，在购买物资或接受劳务结算款项的同时，表现为银行存款等资产减少，应付款项负债增加。根据“资产＝负债＋所有者权益”的会计恒等式，最终必然导致所有者权益的减少。

需要指出的是，有两种支出不应该作为费用：一是企业偿债性支出，如用银行存款偿还一项负债，这项支出只是一项资产和一项负债的等额减少，对所有者权益没有影响；二是企业向所有者分配利润，虽然减少了所有者权益已有的数额，但其属性是利润的分配，是实现所有者的“索取权”，因而不作为费用。

2. 费用的确认与计量

1）费用的确认

费用只有在经济利益很可能流出，从而导致企业资产减少或负债增加，且流出的经济利益可靠计量时才予以确认。

2）费用的计量

由于费用一般被视为资产价值的减少，通常的费用计量标准是实际成本。费用采用实际成本计量属性来计量，也就是企业在生产经营过程中所发生的其他各项费用，应当以实际发生数计入成本、费用，不得以估计成本或计划成本代替实际成本。这是因为实际成本代表了企业获得商品或劳务时的交换价值由交易双方认可，具有客观性和可验证性，从而能够使会计信息具有足够的可靠性。

3. 费用的分类

企业发生的各项费用根据其性质，可以按照不同的标准进行分类。其中最基本的是按照费用的经济内容分类和按照费用的经济用途分类。此外，还有一些其他的分类方法。

1）费用按照经济内容不同分类

费用按照经济内容（或性质）不同可分为劳动对象方面的费用、劳动手段方面的费用和活劳动方面的费用三大类。具体可分为：外购材料、外购燃料、外购动力、职工薪酬（工资和福利）、固定资产折旧费、利息支出（计入成本费用的利息支出减去利息收入后的净额）、税金（应计入成本费用的各种税金）和其他支出。

2）费用按照经济用途不同分类

费用按照其经济用途不同可以分为生产成本和期间费用。生产成本是企业在生产产品过程中发生的直接材料费用、人工费用和制造费用的总和。直接材料是指构成产品实体或有助于产品形成的各项原料及主要材料、辅助材料、燃料、备品备件、外购半成品和其他直接材料。直接人工费用是指直接从事产品生产人员的薪酬、奖金、津贴和补贴等；制造费用是指企业各生产单位（部门）为组织和管理生产所发生的各项费用。期间费用是指企业当期发生的，并且必须从当期收入中得到补偿的费用，包括销售费用、管理费用、财务费用。

4. 费用与生产成本的关系

费用是指企业在日常活动中为了取得收入而发生的耗费表现，是相对于收入而言，当这些耗费与当期收入相配比并能够计入当期损益时，才成为当期的费用，即为期间化的耗费。成本是指为了生产产品或提供劳务而实际发生的耗费表现，为对象化的耗费。费用与成本既有区别也有联系，虽然两者都是支付或耗费的各项资产，但严格来讲，成本并不等于费用。费用与一定的期间相联系，而成本与一定的成本计算对象相联系。当期的生产成本不一定是当期的费用，但在一定情况下可以相互转换。例如，生产产品的生产成本在产品没有销售之前，只是一种资产（在产品，或产成品），只有在产品销售以后作为产品销售成本，才能转做当期费用。同样在生产产品过程中耗费的直接材料费用、人工费用和制造费用等费用在未形成一种资产（在产品，或产成品）时，不能作为生产成本。生产成本和费用的关系可以通过下式加以说明：

期初在产品的成本
加：本期生产费用（直接材料费、用直接人工费用、直接其他费用和制造费用）
减：期末在产品成本
本期完工产品成本（本期生产成本）
期初产成品成本
加：本期完工产品成本
减：期末产成品成本
本期销售产品成本（本期费用）

从上式可以看出，本期为生产产品而支付或消耗的资产，首先形成在产品的成本，待产品完工后形成产成品成本，只有产品销售时才形成当期费用。有关生产成本的核算请参见第 12 章内容，本章重点阐述营业成本和期间费用的核算内容。

11. 2. 2　营业成本和营业税金及附加

1. 营业成本

1）营业成本及其构成

营业成本是指为获得收入而承担的已销商品及提供劳务等的成本。包括主营业务成本（又称为基本业务成本）和其他业务成本（又称为其他业务支出）。

由于不同行业收入的不同，与之相配比的营业成本也有不同的表现形式。在制造业，营业成本主要表现为已销商品的生产成本，即产品销售成本，它是制造业的主营业务成本，制造业的其他业务成本包括销售材料、出租包装物、出租固定资产等除产品销售以外的其他销售或其他业务所发生的成本；商品流通企业的营业成本主要指已销商品的进价成本；从事工程建设施工的企业，营业成本即工程结算成本；交通运输企业，营业成本表现为运输支出等。

2）营业成本的确认

为了对企业损益进行及时准确的计算和核算，在收入确认核算之后，还应对营业成本进行相应的确认。

主营业务成本如制造业产品销售成本的确认，应按当期确认产品销售收入时的相应产品销售数量和产品发出的计价方式来进行，关键在于已销产品数量的确认和产品单位成本的确认。如果发生销货退回，则应对已结转的产品销售成本予以冲减。

其他业务成本（其他业务支出）的内容复杂，需要结合具体内容分别确认。例如，出售材料应按材料销售数量和发出材料单位成本来计算确认；对于固定资产出租，应按租出固定资产负担的折旧费、修理费等。

3）营业成本的核算

根据营业成本构成的两项内容，分别设置“主营业务成本”账户和“其他业务成本”账户。

“主营业务成本”账户核算企业确认销售商品、提供劳务等主营业务收入时应结转的成本。借方登记企业为取得主营业务收入而发生的营业成本数额，贷方登记销售退回商品的成本冲转数，期末将本账户余额结转入“本年利润”账户，结转后，该账户无余额。本账户可以根据不同的主营业务种类开设明细账，进行明细核算。

“其他业务成本”账户核算企业确认的除主营业务活动以外的其他经营活动所发生的支出，包括销售材料的成本、出租固定资产的折旧额、出租无形资产的摊销额、出租包装物的成本或摊销额等。该账户借方登记本期其他业务支出所发生的实际发生数，贷方登记期末结转入“本年利润”账户的其他业务支出数，结转后本账户无余额。本账户可以根据其他业务的种类分设明细账，进行明细核算。

【例 11-16】 ABC 公司本期实现一笔商品销售，该商品的成本为 90 000 元，则确认该主营业务收入的同时应结转相应的营业成本。

借：主营业务成本　　90 000

　　贷：库存商品　　90 000

【例 11-17】 ABC 公司上月销售商品，因质量问题发生退货，已结转成本 3 000 元，该批商品已退回入库，据此有关业务会计处理如下：

借：库存商品　　3 000

　　贷：主营业务成本　　3 000

【例 11-18】 ABC 公司本月应计提出租固定资产折旧费 560 元。

计提经营性出租固定资产折旧：

借：其他业务成本　　560

　　贷：累计折旧　　560

2. 营业税金及附加

企业在取得收入的同时，按照税法规定必须交纳一定的税金和附加费。这些与收入相关的、属于收入价内的税费，主要包括营业税、消费税、资源税、城市维护建设税、教育费附加等，计算时应确认为公司的一项费用支出。营业税金及附加应当在确认收入的当期予以确认，以正确计算当期营业利润。

营业税金及附加的核算，应通过“营业税金及附加”账户来核算。“营业税金及附加”账户是用来核算企业应负担的营业税金及附加费用情况的损益类账户。该账户借方记录确认发生的税费数额；贷方记录期末结转到“本年利润”账户中用于计算损益的税费数额；期末没有余额。

【例 11-19】 ABC 公司下属某旅游公司组团旅游，共收取成员旅游费 50 000 元，计算应交营业税额 2 500 元（50 000×5%）。

借：营业税金及附加　　2 500

　　贷；应交税费——应交营业税　　2 500

公司通过银行转账交纳营业税 2 500 元时，有关业务会计处理如下：

借：应交税费——应交营业税　　2 500

　　贷：银行存款　　2 500

【例 11-20】 ABC 公司下属某油田向外销售天然气 20 000 000m^3，天然气单位资源税额 80 元/万 m^3，则公司应交纳资源税额为 160 000 元。

借：营业税金及附加　　160 000

　　贷：应交税费——应交资源税　　160 000

【例 11-21】 ABC 公司计算出本期应交城市维护建设税 2 000 元，应交教育费附加 1 000 元。

借：营业税金及附加　　3 000

　　贷：应交税费——应交城市维护建设税　　2 000

　　　　　　　　——应交教育费附加　　1 000

11.2.3 期间费用

期间费用是指企业当期发生的、但不能直接归属于某个特定产品成本的费用。由于难以判定其所归属的产品，因而不能列入产品制造成本，而在发生的当期直接计入当期损益。期间费用主要包括销售费用、管理费用、财务费用。

1. 销售费用

销售费用是指企业在销售商品过程中发生的各项费用以及为销售本企业商品而专设的销售机构（含销售网点、售后服务网点等）的经营费用，商品流通企业在购买商品过程中发生的进货费用也包括在营业费用之中。其具体项目包括：

（1）产品自销费用，包括应由本企业负担的包装费、运输费、装卸费、保险费等。

（2）产品促销费用，包括展览费、广告费、经营租赁费、销售服务费等。

（3）销售部门的费用，一般是指专设销售机构的职工薪酬、类似工资性质的费用、业务费等经营费用。但公司内部销售部门所发生的费用，不包括在营业费用中，而应列入管理费用中。

（4）委托代销费用，主要是指企业委托其他单位代销按代销合同规定支付的委托代销手续费。

(5) 商品流通公司的进货费用，是指商品流通企业在进货过程中发生的运输费、装卸费、包装费、保险费、运输途中的合理损耗和入库前的挑选整理费等。

企业为了便于核算销售过程中发生的费用经济业务，应设置“销售费用”账户，该账户借方登记企业发生的各项营业费用，贷方登记将全部营业费用转入“本年利润”账户，一般期末无余额。并按费用项目设置明细账进行明细核算。

【例 11-22】 ABC 公司 8 月份发生的营业费用包括：开出现金支票支付广告费 5 000元；以现金支付应由公司负担的销售甲产品的运输费 800 元；本月分配给专设销售机构的职工薪酬 5 560 元。月末将全部销售费用予以结转。

支付广告费：

借：销售费用——广告费	5 000	
贷：银行存款		5 000

支付运输费：

借：销售费用——运输费	800	
贷：库存现金		800

分配专设销售机构的职工薪酬：

借：销售费用——职工薪酬费	5 560	
贷：应付职工薪酬——工资		5 560

2. 管理费用

管理费用是企业和行政管理部门为组织和管理生产经营活动而发生的各种费用。其具体包括的项目有：

(1) 企业管理部门及职工方面的费用。其主要包括：企业经费、工会经费、职工教育经费、劳动保险费、待业保险费。

企业经费包括总部管理人员工资、职工福利费、差旅费、办公费、折旧费、修理费、物料消耗、低值易耗品摊销及其他企业经费。

(2) 用于企业直接管理之外的费用。其主要包括：董事会费、咨询费、聘请中介机构费、诉讼费、房产税、车船税、土地使用税、印花税、技术转让费、存货盘亏和盘盈等。

(3) 业务招待费。业务招待费是指企业为业务经营的合理需要而支付的应酬费用。在下列限额内据实列入管理费用：全年销售净额（扣除折让、折扣后的净额）在 1 500 万元以下的，不超过年销售净额的 0.5%；全年销售净额超过1 500万元但不足 5 000 万元的，不超过该部分销售净额的 0.3%；超过 5 000 万元但不足 1 亿元的。不超过该部分的 0.2%；超过 1 亿元的，不超过该部分的 0.1%。

(4) 其他费用。其是指不包括在以上各项之内又应列入管理费用的费用，如排污费、绿化费等。

企业为了便于核算企业管理过程中发生的费用经济业务，应设置“管理费用”账户，该账户借方登记企业发生的各项管理费用，贷方登记将全部管理费用转入“本年利润”账户，一般期末无余额。并按费用项目设置明细账进行明细核算。

【例 11-23】 ABC 公司 11 月份发生以下管理费用：以银行存款支付业务招待费 6 220元；计提管理部门使用的固定资产折旧费 7 000 元；分配管理人员职工薪酬 13 680 元；计算应交土地使用税 4 500 元；购买办公用品支付现金支票3 000元。

支付业务招待费：

借：管理费用——业务招待费　　6 220

　　贷：银行存款　　6 220

计提折旧费：

借：管理费用——折旧费　　7 000

　　贷：累计折旧　　7 000

分配职工薪酬：

借：管理费用——职工薪酬　　13 680

　　贷：应付职工薪酬　　13 680

计算应交土地使用税：

借：管理费用——土地使用税　　4 500

　　贷：应交税费——应交土地使用税费　　4 500

购买办公用品：

借：管理费用——办公费　　3 000

　　贷：库存现金　　3 000

3. 财务费用

财务费用是指企业为筹集生产经营所需资金而发生的费用。其具体包括的项目为：

（1）利息净支出，指企业短期借款利息、长期借款利息、应付票据利息、票据贴现利息、应付债券利息、长期应付引进外国设备款利息等利息支出减去银行存款等利息收入后的净额。

（2）汇兑净损失，是企业因向银行结售或购入外汇而产生的银行买入、卖出价与记账所采用的汇率之间的差额，以及月度终了各种外币账户的外币期末余额，按照期末汇率折合的记账本位币金额与账面记账本位币金额之间的差额等。

（3）相关手续费，是发行债券所需支付的手续费、开出汇票的银行手续费、调剂外汇手续费等。

（4）其他财务费用，如融资租入固定资产发生的融资租赁费用、固定资产弃置费用等。

企业为了便于核算企业筹资活动过程中发生的利息等费用经济业务，应设置“财务费用”账户，该账户借方登记公司发生的各项费用，贷方登记将全部财务费用转入“本年利润”账户，一般期末无余额。并按费用项目设置明细账进行明细核算。

【例 11-24】 ABC 公司 11 月份发生如下事项：按银行通知，已划拨本月银行借款利息 4 000 元；银行转来存款利息 1 000 元。

根据银行通知，已划拨本月银行借款利息

借：财务费用——利息费用　　4 000

　　贷：银行存款　　4 000

收到银行转来存款利息

借：银行存款　　1 000

　　贷：财务费用——利息收入　　1 000

11.3 利　润

企业要想在市场中谋求生存和发展，就必须以其收入抵补各种支出，从而获取尽可能多的利润。利润作为衡量一个企业经营实力的综合性指标的质量指标，在很大程度上可以代表企业的经济效益，受到企业的投资者、经营者、债权人、国家机关等各方利害关系者的关注，同时也是会计核算的重要内容。

11.3.1 利润的概述

利润作为会计要素之一，是收入与费用配比的结果，是企业在一定时期的各项收入减去各项费用的差额，即利润＝收入－费用。

1. 利润的构成

利润综合反映企业在一定期间的经营成果，是会计期间内经济利益的增加。其形式表现为资产的流入、增值或者负债减少，而导致所有者权益增加。从构成层次来看，利润包括营业利润、利润总额和净利润。从构成内容来看，利润包括正常经营活动的营业利润和营业外收支净额两部分。

1）营业利润

营业利润是指企业在日常经营活动中取得的经营成果，包括主营业务利润、其他业务利润、期间费用、资产减值损失、公允价值变动损益、投资收益。营业利润是企业利润的主要来源，能够比较恰当地反映企业管理当局的经营业绩。主营业务利润是指企业主要经营业务产生的利润，即主营业务收入减去主营业务成本和主营业务税金及附加后的余额，通常称为毛利；其他业务利润是指企业主要经营业务以外的其他经营业务产生的利润，即其他业务收入减去其他业务成本后的余额。期间费用为销售费用、管理费用和财务费用。利润总额是指企业一定期间各项收支相抵后的盈亏总额，包括营业利润和营业外收支净额。净利润是指企业一定期间的利润总额减去所得税后的金额。其中，所得税是指企业应计入当期损益的所得税费用。

2）营业外收支

营业外收支是指与企业生产经营活动无直接关系的各项收支，包括营业外收入和营业外支出。营业外收支虽然与企业生产经营活动没有直接关系，但从企业整体利益来看，对企业利润总额及利润净额有很大的影响。

营业外收入是指企业发生的与其生产经营无直接关系的各项收入，包括固定资产盘盈、处置固定资产净收益、出售无形资产收益、、政府补助、债务重组的利得、罚款收入等。营业外收入实质是企业的一种纯收入，因为营业外收入的取得并不耗费企业的经营资金，与经营成本不存在配比关系，无需与有关的费用进行配比。所以在会计核算中，应该严格划分营业外收入和营业收入的界限。

营业外支出是指企业与其生产经营无直接关系的各项支出，包括固定资产盘亏、处置固定资产的净损失、出售无形资产的净损失、非常损失、罚款支出、债务重组的损失、捐赠支出等。营业外支出的特点是不属于生产经营费用，是从企业实现利润总额中扣除的支出。

2. 利润总额计算方法

利润总额的计算方法有两种，两者的计算程序不同，但计算出的利润总额的结果相同。

1）*单步法*

单步法是指用本期各项收入总额加上直接计入损益的利得减去所有相关的成本与费用总额和直接计入损益的损失，一次计算出利润总额的方法。计算公式如下：

利润总额＝收入总额－成本费用总额＋直接计入损益的利得
－直接计入损益的损失

成本费用总额＝营业成本＋营业税金及附加＋期间费用

直接计入损益的利得＝公允价值变动净收益＋营业外收入＋投资净收益

直接计入损益的损失＝公允价值变动净损失＋营业外支出＋投资净损失
－资产减值损失

采用单步法计算利润，简单明了，易于直接了解企业经营成果的原始状况。但对一些有意义的中间性信息未能直接提供，不能反映各类收入与费用之间的联系。

2）*多步法*

多步法是指通过若干步骤计算出企业当期利润总额的方法。计算公式如下：

利润总额＝营业利润＋营业外收入－营业外支出

营业利润＝营业收入－营业成本－营业税金及附加－期间费用(销售费用
＋管理费用＋财务费用)－资产减值损失
＋公允价值变动净收益＋投资净收益

营业收入＝主营业务收入＋其他业务收入

营业成本＝主营业务成本＋其他业务成本

3. 利润结转的方法

利润结转是指企业根据有关损益类账户的余额，按照一定的会计期间（如月份、季度、年度），计算确定本期利润总额的方法。根据规定，企业一般应按月计算利润，按月计算有困难的，可以按季或按年计算利润。利润结转的方法有表结法和账结法两种。

1）*表结法*

表结法是指利用各月末有关损益类账户的累积数据资料，将其直接列入利润表，并通过利润表计算年内各月份利润额（或亏损额）和累计利润额（或亏损额）的一种方法。采用表结法，年内累计损益额可从有关损益类账户的累计余额填入损益表后求得，各月份损益额则利用损益表的“本年累计数”减去上月的“本年累计数”计算求得；各损益类账户在年度内不必结转，其余额表示各月份自年初至年内各月末的累计数损益额，每年年终时，则将全年累计发生额一次结转到“本年利润”账户中，集中反映本年度的利润及其构成情况。

表结法的优点是平时可以减少损益结转工作，从各损益账户可直接了解各种损益的本期发生额和自年初起的累计发生额。其不足之处是“本年利润”账户在年度内无发生额，不便于从账户中直接了解损益发生的总括情况。

2）账结法

账结法是指每月末都要将全部损益类账户的本月发生额汇总结转到“本年利润”账户中，再根据“本年利润”账户的汇总结转记录及比较来确定年度内各月份的损益额以及本年累计损益额，并据此编制利润表的一种方法。采用账结法，各月末都要进行损益账户的结转，结转后损益类账户月末均无余额，加大了月末账目结转的工作量，优点是在平时可以通过“本年利润”账户随时了解年度内损益的总括情况，不必等到损益表编制完成。

企业无论采用表结法还是账结法，年度终了时都必须将“本年利润”账户结平，结转入“利润分配——未分配利润”账户，反映年度净利润（或亏损）总额。

11.3.2 利润的核算

1. 投资收益的核算

对于企业的投资收益，企业应设置“投资收益”账户进行核算。该账户属于损益类账户，其贷方登记公司股票、债券和其他投资取得的收入，借方登记发生的投资损失，期末贷方或借方余额结转到“本年利润”账户，结转后该账户应无余额。（关于投资收益的核算在前面相关章节已叙述，在此略去）

2. 营业外收支核算

1）营业外收入

为了核算和监督营业外收入的发生和结转情况，应设置“营业外收入”账户。该账户属于损益类账户，其贷方登记固定资产盘盈、外置固定资产净收益、出售无形资产收益、政府补助、债务重组的利得、罚款收入的发生额，借方登记结转入“本年利润”账户金额，结转后该账户无余额。

【例 11-25】 ABC 公司以 100 000 元的价格出售拥有的商标权一项，该商标权已推销成本 30 000 元，账面余额 114 000 元，营业税率 5%。

借：银行存款	100 000	
累计推销	30 000	
贷：无形资产		114 000
应交税费——营业税		5 000
营业外收入		11 000

【例 11-26】 ABC 公司收到员工交来的罚款现金 280 元。

借：库存现金　　　　280

　　贷：营业外收入　　　　280

2）营业外支出的核算

为了核算和监督营业外支出的发生和结转情况，应设置“营业外支出”账户。该账户属于损益类账户，其借方登记固定资产盘亏、处置固定资产的净损失、出售无形资产的净损失、非常损失、罚款支出、债务重组的损失、捐赠支出的发生额，贷方登记结转入“本年利润”账户金额，结转后该账户无余额。

【例 11-27】 沿用例 11-25，其他条件不变，假设 ABC 公司出售价格为80 000元，处置无形资产净损失 8 000 元。

借：银行存款　　　　80 000

　　累计推销　　　　30 000

　　营业外支出　　　　8 000

　　贷：无形资产　　　　114 000

　　　　应交税费——营业税　　　　4 000

3. 所得税费用核算

所得税费用是一个会计概念，企业缴纳的所得税和其他费用一样符合费用的定义和确认的条件，所以也属于一项费用，称为所得税费用。企业核算所得税主要是为确定当期应缴所得税以及利润表中应确认的所得税费用。按照资产负债表债务法核算所得税的情况下，利润表中的所得税费用由当期所得税和递延所得税两个部分组成。

当期所得税是指企业按照企业所得税法规定针对当期发生的交易和事项，确定应纳税所得额计算的应纳税额，即应缴所得税。当期所得税应以适用的企业所得税法规定为基础计算确定。

递延所得税是指由于计税基础与资产负债表账面价值不同所产生的暂时性差异，按照所得税法规定，应予确认的递延所得税资产和递延所得税负债在期末应有的金额相对于原已确认金额之间的差额，即递延所得税资产及递延所得税负债当期发生额的综合结果。

企业对所得税进行核算时，应设置“所得税费用”账户，用来核算企业计入当期损益的所得税费用；“应交税金——应交所得税”账户，用来核算企业应交未交所得税；“递延所得税负债”账户，用来核算企业递延所得税负债的发生及转回；“递延所得税资产”账户，用来核算企业递延所得税资产的发生及转回。(参考《企业会计准则讲解》)

【例 11-28】 ABC 公司在 20×8 年 12 月采用资产负债表债务法进行所得税费用核算。假定该公司其他资产或者负债的账面价值与其计税基础不存在差异。该公司持有存货，账面价值为 1 000 000 元，计税基础 900 000 元，该计税基础与其账面价值之间的差额 100 000 元。该公司当期按照税法规定计算确定的应交所得税为 300 000 元，适用税率 25%。

递延所得税负债＝100 000×25%＝25 000（元）

所得税费用＝300 000＋25 000＝325 000（元）

借：所得税费用　　　　325 000
　　贷：应交税费——应交所得税　　　　300 000
　　　　递延所得税负债　　　　25 000

4. 利润结转

为了核算企业本年度内实现的净利润（或亏损），需要设置“本年利润”这个具有汇总性质的账户。该账户贷方登记期末结转收益类账户贷方余额的主营业务收入、其他业务收入、营业外收入等各账户，借方登记期末结转费用类账户借方余额的主营业务成本、主营业务税金及附加、其他业务成本、管理费用、财务费用、销售费用、投资净损失、所得税费用、营业外支出等各账户。结转后，如果“本年利润”账户的余额在贷方，反映本年度自年初开始累计实现的净利润；如果“本年利润”账户的余额在借方，反映本年度自年初开始累计实现的净亏损。年度终了，应将全年的贷方记录与借方记录比较后的净额全部转入“利润分配——未分配利润”账户中，本账户年终应无余额。

企业利润的结转不论采用表结法还是采用账结法，期末进行损益结转的会计分录是相同的，所不同的只是结转的时间和金额。现以账结法举例如下。

【例 11-29】 ABC 公司 20×8 年 12 月 31 日各损益类账户的余额见表 11-1。

表 11-1　损益类账户的余额

编制单位：ABC 公司　　　　20×8 年 12 月 31 日　　　　单位：元

账户名称	结账前余额
主营业务收入	6 000 000（贷方）
主营业务成本	4 000 000（借方）
销售费用	500 000（借方）
主营业务税金及附加	80 000（借方）
管理费用	770 000（借方）
财务费用	200 000（借方）
其他业务收入	700 000（贷方）
其他业务支出	400 000（借方）
投资收益	600 000（贷方）
营业外收入	50 000（贷方）
营业外支出	250 000（借方）
资产减值损失	0
公允价值变动损益	0

根据上述账户资料，有关损益账户结转业务会计处理如下：

会计期末将收入类各账户余额全部结转入“本年利润”账户时：

借：主营业务收入　　　　6 000 000
　　其他业务收入　　　　700 000
　　投资收益　　　　600 000
　　营业外收入　　　　50 000
　　贷：本年利润　　　　7 350 000

会计期末将成本费用类各账户余额全部结转入“本年利润”账户时：

借：本年利润　　6 200 000
　贷：主营业务成本　　4 000 000
　　营业税金及附加　　80 000
　　其他业务支出　　400 000
　　销售费用　　500 000
　　管理费用　　770 000
　　财务费用　　200 000
　　营业外支出　　250 000

本年税前利润＝本年利润贷方发生额－本年利润借方发生额
＝7 350 000－6 200 000＝1 150 000(元)

【例 11-30】 假设 ABC 公司本年度会计税前利润与按税法计算的应纳税所得额相同，无调整项目所得税率 25%。

借：所得税费用　　287 500
　贷：应交税费——应交所得税　　287 500

【例 11-31】 ABC 公司将所得税账户余额结转入“本年利润”账户，并计算税后净利润。

借：本年利润　　287 500
　贷：所得税费用　　287 500

ABC 公司净利润＝1 150 000－287 500＝862 500（元）

【例 11-32】 ABC 公司把实现的净利润从“本年利润”账户结转入“利润分配——未分配利润”账户。

借：本年利润　　862 500
　贷：利润分配——未分配利润　　862 500

11.3.3　利润分配

利润分配是指将可供分配的利润按照规定的分配顺序，在企业与投资者之间进行的划分。利润分配不仅关系着企业投资者投资目的的实现程度，也关系着企业的未来发展以及企业职工个人的切身利益，因此，利润分配的合理性，对投资者、企业以及职工个人都具有重要意义。

1. 利润分配遵循的原则

企业应根据产权关系，按照国家有关法规、政策和制度的规定和投资者的决议，将利润进行合理分配。为了保证利润分配的合理性，企业在具体进行分配时应遵循以下原则：

（1）依法分配原则。利润分配实质上就是按既定规则，对企业实现的净利润进行划分。由于利润分配具有很强的政策性，关系到有关各方的利益，因此，企业进行利润分配时，必须严格按照国家有关法律、制度进行，确定相应的分配方向、分配顺序以及分配数额，制定合乎要求的分配政策。

（2）亏损弥补原则。根据税法规定，纳税人发生年度亏损，可以用下一年度的税前利润等弥补；下一年度不足弥补的，可以在 5 年内延续弥补；5 年内不足弥补的，应用税后利润或盈余公积弥补，累计亏损未弥补完时，一般不得进行其他的利润分配。

(3) 顺序分配原则。企业实现的利润，应按国家统一规定的顺序进行分配，不得前后错位。

(4) 纳税与分利分开考虑原则。企业缴纳所得税是所得税法的要求，向投资者分配利润是公司经营和分配政策的要求，两者不能合并考虑。会计年度实现的利润，依法弥补以前年度亏损后仍有结余，公司必须交纳所得税，但考虑今后的经营情况，公司可以决定当年不向投资者分配利润。会计年度发生亏损，或者虽然实现利润，在依法弥补以前年度亏损后无结余，公司无需交纳所得税，但考虑到调动投资者的积极性，只要当年获得利润，并且账面上有累计未分配利润，仍可决定当年向投资者分配利润。

2. 利润分配的内容和程序

企业实现的利润应按公司法等法规规定的程序标准进行分配。企业利润分配的顺序如下。

1) 弥补以前年度亏损

企业可用缴纳所得税前的利润弥补亏损，企业发生年度亏损，可以用下一年度的利润弥补，下一年度不足弥补的，可以在 5 年以内用所得税前的利润延续弥补。超过 5 年的，不得再用所得税前的利润弥补，但可用税后利润弥补。

2) 提取盈余公积金

根据《公司法》有关规定，企业按照净利润一定比例（规定的比例 10%）提取法定盈余公积金。当法定盈余公积金累计额已达注册资金 50%以上时，可以不再提取法定盈余公积金。企业按照净利润的一定比例（股东大会自行决定的比例）提取任意盈余公积。

3) 分配投资者的利润

可供分配的利润减去提取的盈余公积后，为可供投资者分配的利润。由以上利润分配的顺序可知，企业的税后利润在未弥补亏损前，不得向投资者分配。

企业本年的未分配利润（或未弥补亏损），可留待以后年度进行分配。企业如发生亏损，可以按规定由以后年度利润进行弥补。用公式表示为

可供投资者分配的利润＝税后利润＋年初未分配利润（或减年初未弥补亏损）
－提取盈余公积金

本年未分配利润＝可供投资者分配的利润－分配投资者的利润

3. 利润分配的核算

企业为了便于核算企业利润的分配各项经济业务的核算，需要设置“利润分配”账户，该账户借方登记已分配的利润数和年末从“本年利润”账户转来的本年亏损额；贷方登记年末从“本年利润”账户转来的盈余额和弥补亏损的数额；期末余额表示本年已分配利润与累计实现利润的差额。若余额在借方，表示未弥补亏损；若余额在贷方，则表示本年未分配利润。年度终了，将“利润分配”账户所属其他明细账户的余额转入“利润分配——未分配利润”明细账户。结转后，“利润分配”除“未分配利润”明细账外，其他明细账应无余额。

【例 11-33】 ABC 公司 20×8 年度实现净利润 6 700 000 元，按净利润的 10%提取法定盈余公积，按净利润的 8%提取任意盈余公积，向股东分派现金股利1 500 000元。

提取盈余公积：

借：利润分配——提取法定盈余公积　　670 000
　　　　　　——提取任意盈余公积　　536 000
　贷：盈余公积——法定盈余公积　　670 000
　　　　　　　——任意盈余公积　　536 000

分配现金股利：

借：利润分配——应付现金股利　　1 500 000
　贷：应付股利　　1500 000

结转“利润分配”其他明细账户余额：

借：利润分配——未分配利润　　2 706 000
　贷：利润分配——提取法定盈余公积　　670 000
　　　　　　　——提取任意盈余公积　　536 000
　　　　　　　——应付现金股利　　1 500 000

企业提取的法定盈余公积、分配的优先股股利、提取的任意盈余公积、分配的普通股股利以及年初未分配利润（或未弥补亏损）、期末未分配利润（或未弥补亏损）等，均应当在利润分配表中分别列项予以反映。

在会计核算上，未分配利润是通过“利润分配”账户进行核算的，即通过“利润分配”账户下设“未分配利润”明细账户进行核算。企业在生产经营过程中取得的收益和发生的成本费用，在年度终了通过“本年利润”进行归集，再转入“利润分配——未分配利润”账户进行分配。其结存于“利润分配——未分配利润”账户的贷方余额，则为未分配利润；如果为借方余额，则为未弥补亏损。

【例 11-34】 ABC 公司 20×8 年初未分配利润为 300 000 元，本年共实现净利润 2 400 000元，提取法定盈余公积 240 000 元，发放现金股利 1 000 000 元，年终结转利润，并计算该公司的年末未分配利润数额。

将本年利润转入利润分配账户：

借：本年利润　　2 400 000
　贷：利润分配——未分配利润　　2 400 000

提取盈余公积及确定发放现金股利时：

借：利润分配——提取法定盈余公积　　240 000
　　　　　　——应付现金股利　　1 000 000
　贷：盈余公积——法定盈余公积　　240 000
　　　应付股利——现金股利　　1 000 000

结转利润分配账户：

借：利润分配——未分配利润　　1 240 000
　贷：利润分配——提取法定盈余公积　　240 000
　　　　　　　——应付普通股股利　　1 000 000

实际支付股利时：

借：应付股利　　1 000 000

　　贷：银行存款　　1 000 000

该公司年末未分配利润的数额为：

$$2\,400\,000-240\,000-1\,000\,000+300\,000=1\,460\,000(\text{元})$$

思　考　题

1. 如何理解收入广义和狭义的含义。
2. 阐述确认商品销售收入必须具备的条件。
3. 什么是劳务收入？如何确认？
4. 什么是让渡资产使用权收入？它包括哪些内容？
5. 企业销售商品渠道有哪些？
6. 如何理解费用的含义，费用具有哪些特征？
7. 简述费用与成本联系与区别。
8. 简述销售折扣内容。
9. 企业利润是如何形成的？
10. 如何结转损益类账户，怎样进行会计处理。
11. 简述利润分配程序。

练　习　题

1. 资料：ABC公司为一般纳税人，发生以下经济业务：

(1) 赊销给甲客户商品一批，价款200 000元，增值税额34 000元，商品已经发出，但估计此项收回的可能性不大。商品成本为170 000元。

(2) 甲客户承诺近期付款，公司因此而确认收入。(参看业务1)

(3) 收到甲客户交来货款共计234 000元，存入银行。

(4) 赊销商品一批，价款60 000元，增值税额为10 200元，付款2/10，1/20，n/30。

(5) 收到客户交来款项60 000元，该客户取得现金折扣1 200元 (60 000×2%)。

(6) 赊销给乙客户商品一批，价款40 000元，增值税额6 800元。共计46 800元。

(7) 乙客户对所购商品质量提出异议，经协商，在价格上给予10%的折让。(参看业务6)

(8) 乙客户支付所欠货款。(参看业务7)

(9) 销售给丙客户商品价款10 000元，增值税额1 700元，收到款项共计11 700元，存入银行。

(10) 由于质量原因，丙客户将所购商品退回，公司同意并退回所收款项。(参看业务9)

(11) 公司采用经营租赁方式出租固定资产，月租金8 000元，公司每年计提固定资产折旧3 000元，本月租金存入银行。

(12) 公司转让商标权一项，转让收入90 000元，该转让商标权账面价值成本30 000元，本月转让收入存入银行。营业税率2%。

(13) 公司收到职工违章罚款收入200元现金。

(14) 在公司财产清查清单中发现存货盘亏，原材料自然损耗5 000元，由于管理不善库存商品短缺800元。已查明原因核实转销。

(15) 公司销售商品支付广告费9 000元，运杂费3 000元，通过银行支付。支付现金报销营销人员差旅费 1 200 元。

(16) 公司本期存款利息收入 6 000 元。

(17) 管理部门固定资产计提折旧费 3 600 元。

要求：根据经济业务编制会计分录。

2. 资料：ABC 公司本期经营活动中发生以下经济业务：

(1) 本月生产产品共耗用 20 万元材料。其中，生产甲产品耗用 130 000 元，生产乙产品耗用 70 000元。生产车间一般耗用 10 000 元，公司管理部门耗用 50 000 元。

(2) 本月根据职工薪酬结算汇总表已知，生产甲产品工人工资 280 000 元，生产乙产品工人工资 350 000 元，车间管理人员工资 120 000 元，公司管理部门人员工资 330 000 元；按工资总额计提 5% 职工福利，公司代缴职工社会保险费 200 000 元，住房公积金 60 000 元。从银行提取现金发放工资。

(3) 开出支票支付本月公司水电费 70 000 元，房租 30 000 元，车间水电费 20 000 元。

(4) 生产车间用现金 2 000 元购买办公用品。

(5) 用支票支付本月车间固定资产修理费 3 000 元，公司固定资产修理费 1 000 元。

(6) 按规定计提本月由车间负担的折旧费用 60 000 元，应由公司负担的折旧费用20 000 元。

(7) 按本月生产甲乙产品的生产工时分配制造费用，并结转入有关账户。甲产品生产工时为 1 200小时，乙产品生产工时为 300 小时。

(8) 本月甲产品全部完工，结转完工产品成本。

要求：根据经济业务计算产品生产成本，编制会计分录。

3. 资料：A 公司为一般纳税人，年终结账前各损益账户累计余额如下。

账户名称	结账前余额
主营业务收入	5 000 000 元（贷方）
主营业务成本	2 000 000 元（借方）
销售费用	730 000 元（借方）
主营业务税金及附加	60 000 元（借方）
管理费用	150 000 元（借方）
财务费用	200 000 元（借方）
其他业务收入	70 000 元（贷方）
其他业务支出	30 000 元（借方）
投资收益	600 000 元（贷方）
营业外收入	20 000 元（贷方）
营业外支出	50 000 元（借方）
资产减值损失	11 000 元（借方）
公允价值变动损益	30 000 元（贷方）
所得税率 25%（无纳税调整项目）	

要求：根据以上资料，计算公司的营业利润、利润总额和净利润。

4. 资料：ABC 公司为一般纳税人，年终利润分配资料如下：

(1) 公司上年度未弥补亏损为 200 000 元。

(2) 公司按照有关法律程序，用盈余公积弥补上年年度亏损 60 000 元。

(3) 根据以上资料计算净利润额，按照 10%提取法定盈余公积，5%提取任意盈余公积。

(4) 公司分派现金股利，为80 000元。

要求：根据以上资料，将利润分配及年终“利润分配”账户的相关明细账户转入“利润分配——未分配利润”账户的业务进行会计处理。

第 12 章　成 本 计 算

12.1　成 本 概 述

12.1.1　成本概念

不同的经济环境、不同的行业特点，对成本的内涵有不同的理解。本章所讲的“成本”一词，主要以产品成本作为特定目标，着重研究企业在产品制造过程中所发生成本的会计核算这一特定问题。

成本是商品经济中的一个价值范畴。人们要进行生产经营活动或达到一定目的，就必须耗费一定的资源，其所耗费资源的货币化及其对象化就称之为成本。

成本是商品价值的组成部分。马克思的劳动价值学说把商品的价值（W）分为生产中所消耗的生产资料价值（C）、劳动者为自己劳动创造的价值（V）和劳动者为社会劳动创造的价值（M）三个组成部分。从耗费的角度看，成本是商品生产中所消耗的物化劳动和活劳动中必要劳动的价值，即（C＋V）部分，它是成本最基本的经济内涵。其中，物化劳动 C 是指生产过程中所消耗的生产资料（劳动对象和劳动资料）转移的价值，如材料耗费、燃料耗费、动力耗费的价值，机器设备、厂房等固定资产的折旧费，工具、用具等低值易耗品的摊销额。活劳动中必要劳动的价值 V 相当于一定生产力水平下劳动力再生产所需平均生活资料的价值。劳动者在进行生产时，要耗费一部分必要劳动以保证劳动力自身再生产的需要，具体表现为工资及其工资性支出。因此，C＋V 构成的成本内涵成为成本研究的理论基础和测算理论价格的依据，所以被称之为理论成本。

在实际工作中，国家为了促使企业加强经济核算，减少生产损失，强化经济责任意识，将一些不形成产品价值的损失性支出（如制造业企业的废品损失、季节性和修理期间的停工损失等），以及某些应以社会创造的价值中进行分配的部分（如财产保险费等）也列入产品成本。同时，为了简化成本核算工作，属于理论成本的企业物化劳动耗费的部分（如管理部门的固定资产折旧和管理人员工资等），则被作为期间费用直接计入当期损益而不再计入产品成本。哪些费用应计入成本，哪些费用不应计入成本，国家通过法规、制度的形式加以规定，这叫做成本开支范围。成本开支范围是我们在成本核算中应遵循的规则，它对于加强成本管理、正确评价企业的经济效益、保证企业再生产的顺利进行具有重要的意义。

12.1.2　成本项目

企业为生产一定种类和一定数量的产品所发生的各项生产费用的总和称为产品成本。为了进一步反映和分析产品成本的构成，还需将生产费用按照其在生产过程中的经济用途不同，划分为若干项目，这称为产品成本项目（简称成本项目）。成本项目的划分，可根据管理上的要求来确定，一般可设置“直接材料”、“直接人工”、“制造费用”等成本项目。

直接材料，也称原材料，是指直接用于产品生产、构成产品实体的原料、主要材料以及有助于产品形成的辅助材料。

直接人工，也称工资及福利费，是指直接参加产品生产的工人工资以及按生产工人工资和规定的比例计提的职工福利费。

制造费用，是指直接用于产品生产，但不便于直接计入产品成本因而没有专设成本项目的费用（如机器设备折旧费用）以及间接用于产品生产的各项费用（如机物料消耗、车间厂房折旧费等）。

12.1.3　成本计算要求

产品成本核算是对生产费用支出和产品成本形成的核算。为了充分发挥产品成本核算的作用，在产品成本核算工作中除遵循会计核算的一般原则如权责发生制原则、一贯性原则、按实际成本计价的原则、客观性原则、重要性原则等之外，还应该符合以下各项要求。

1. 算管结合、算为管用

算管结合、算为管用是指成本核算要与企业经营管理相结合，所提供的成本信息应当满足企业经营管理和决策的需要。为此，企业进行成本核算，要对生产经营过程中发生的支出进行审核和控制，看其是否应该开支、应开支的费用是否应计入产品成本。例如，企业为生产产品所发生的各项费用应列入产品成本；企业进行基本建设、购建固定资产及与企业正常生产经营活动无关的营业外支出等费用，不能列入产品成本。对费用脱离定额或计划的差异要进行分析，及时反馈。对不合法、不合理、不利于提高经济效益的超支、浪费或损失要制止；对属于定额或计划不符合实际情况而发生的差异，应按规定程序修订定额或计划。进行成本核算，既要防止片面追求简化，以致不能为管理提供必要的信息，也要防止为算而算，搞繁琐哲学，脱离成本管理实际需要的做法。

2. 正确划分各种费用界限

企业发生的各种支出，有的可以计入成本，有的不能计入成本。为了正确地进行成本核算，正确地计算产品成本和期间费用，必须正确划分以下几个方面的费用界限。

1）正确划分计入产品成本与不计入产品成本的费用界限

企业的经济活动多种多样，企业支出的用途是多方面的，要想正确计算产品成本，首先要分清哪些支出可当期计入产品成本，哪些支出需分期计入产品成本，哪些支出不应计入产品成本。一般情况下，企业的支出可分为资本性支出、收益性支出、营业外支出和利润分配性支出四大类。资本性支出是指支出的效益涉及几个会计年度的支出，如企业购置和建造固定资产、购买无形资产以及对外投资的支出等。资本性支出应先将其资本化，然后分期计入产品成本或期间费用。收益性支出是指支出的效益只涉及一个会计年度的支出，如生产过程中发生的原材料消耗、职工工资、制造费用以及期间费用等。其中，企业用于产品生产的生产费用，应计入产品成本；企业在销售产品、组织和管理生产经营活动以及为筹集生产经营资金等日常经营管理活动中所发生的期间费用，不应计入产品成本，而是计入当期损益；营业外支出是指企业发生的与生产经营活动没有直接关系的支出，如罚款支出、捐赠支出等，营业外支出不应计入产品成本，应当计入当期损益；利润分配性支出是指利润分配环节发生的支出，如所得税支出、股利分配支出等，利润分配性支出已退出企业的资金循环，也不应计入产品成本。

企业进行产品成本核算时，既不能乱挤成本，把不应计入产品成本的支出计入产品成本，也不应将本属于产品成本的支出不计入产品成本。乱挤成本和少计成本，都会使产品成本不实，不利于企业的成本管理。因此，企业必须按照国家有关成本开支范围的有关规定，正确划分应计入产品成本和不计入产品成本的费用界限。

2）正确划分各个月份的费用界限

按照《企业会计准则》的规定，企业的财务状况和经营成果应按月份来反映。为此，成本核算必须划清各个月份的费用界限。本月发生的生产费用，应在本月内入账，不得延至下月入账；企业不应未到月末就提前结账，变相地将本月生产费用的一部分作下月生产费用处理；对于本月支出、但属于以后各月受益，应由以后各月产品成本负担的预付费用，应分期摊配并计入以后各期的成本、费用；对于本月虽未支付、但本月已经受益的应计费用，应预先计入本月成本、费用，到实际支付时予以冲销。正确划分各月份的费用界限，是正确计算各期产品成本与利润的重要前提。

3）正确划分各种产品的费用界限

成本核算的目的是计算各种产品的总成本和单位成本。企业在生产两种或两种以上的产品时，会发生用于产品生产的原材料费用、生产工人工资费用和制造费用。这些费用中能分清属于某种产品单独发生的费用，可直接计入该种产品的生产成本；对于几种产品共同负担的费用，则应选择适当的分配标准，采用适当的分配方法，分别计入各种产品成本。

划分各产品费用界限时，要防止在可比产品与不可比产品之间以及盈利产品与亏损产品之间任意转移生产费用，以盈补亏、掩盖成本超支、弄虚作假的错误做法。

4）正确划分完工产品与在产品的费用界限

当产品生产周期与会计核算期不一致时，往往出现月末某种产品一部分已经完工，另一部分尚未完工，这时，应当采用适当的分配方法把这种产品的生产费用在完工产品与月末在产品之间进行分配，分别计算出完工产品成本与月末在产品成本；如果月末计算产品成本时，某种产品都已完工，这种产品的各项生产费用之和，就是这种产品的完工产品成本；如果某种产品月末尚未完工、这种产品的各项费用之和，就是这种产品的月末在产品成本。要防止通过月末在产品成本的任意升降来调节完工产品成本的错误做法。

3. 正确划分财产物资的计价和价值结转的方法

财产物资的价值会随着生产过程的进行而转移到产品成本中去。因此，财产物资的计价和价值结转的方法直接影响产品成本的计算，如固定资产原值的计算方法、折旧方法、折旧率的种类和高低、固定资产修理费用的处理、低值易耗品和包装物的计价和摊销方法、材料成本的组成内容、发出材料单位成本的计算方法等。为了正确计算产品成本，对于各种财产物资的计价和价值的结转应做到既较为合理又较为简便。对国家有统一规定的，应采用国家统一规定的方法。各种方法一经确定，应保持相对稳定，不能随意改变，以保证成本信息的可比性。

4. 做好各项基础工作

为了保证成本核算工作的顺利进行，提高成本核算的质量，企业应做好以下各项基础工作。

1）建立和健全原始记录工作

原始记录是指按照规定的格式，对企业生产经营活动中的具体事实所做的最初的记载，它是反映企业活动情况的第一手材料，是提供计算数据的主要方式。因此，企业对生产过程中材料的领用、动力与工时的耗费、费用的开支、废品的发生、在产品及半产品的内部转移、产品质量检验及产成品入库等，都要有真实的原始记录。企业所采用的原始记录要符合各方面管理需要和成本核算要求，既科学又简便易行、讲求实效。在建立健全原始记录的基础上，企业还应组织有关职工做好各种原始记录的登记、传递、审核和监督工作，以便正确、及时地为成本核算和其他有关方面提供所需的原始资料。

2）完善财产物资的计量、验收和盘存制度

对材料物资以及产品（包括产成品、半产品等）的入库、发出和库存管理是成本会计的一项重要的基础工作。计量和验收的失误将使整个成本会计工作的可信度降低，导致成本信息失真。因此，企业财产物资的收发、领退，在产品、半产品的内部转移和产成品的入库，都必须经过一定的审批手续，认真计量、验收或交接，并填制相应的凭证，以防任意领发和转移。库存的材料、半成品和产成品，以及车间的在产品和半产品，还应按规定进行盘点、清查，以保证账实相符和成本核算的正确性。

3）做好定额的制定和修订工作

定额是企业对生产经营活动过程中消耗的人力、物力和财力所规定应遵守和达到的数量标准。它主要包括生产工时定额、机器工时定额、材料消耗定额、燃料动力消耗定额等。定额是企业编制成本计划、分析和考核成本水平的依据，也是审核和控制成本的标准。为了加强生产管理和成本管理，企业应根据当前设备条件和技术水平以及其他有关因素，制定先进、合理、切实可行的消耗定额，并随着生产技术条件的变化和管理水平的提高，不断修订消耗定额，使其能充分发挥作用。

4）建立和健全内部结算制度

内部结算制度是企业内部各部门单位之间相互提供产品和劳务，进行结算的一种制度。实行内部结算制度需要在企业内部制定内部结算价格。内部结算价格可以计划成本、实际成本、定额成本为依据，或再加上一定的成本加成率，或供需双方临时协商加以确定。内部结算价格的制定应尽可能符合实际，保持相对稳定，一般在年度内不变。建立和健全内部结算制度，有利于明确企业内部各单位的经济责任，便于进行成本责任的考核，加速和简化成本核算工作。

5. 选择适当的成本计算方法

生产按组织方式的特点可划分为大量生产、单件生产和成批生产，按工艺过程的特点可划分为单步骤生产和多步骤生产。生产特点及管理要求的不同，对成本计算方法的确定也不同。在大量生产条件下，一种或多种产品连续不断地重复生产，由于同样的投入，不断产出相同的产品，只能按产品品种计算成本；大批生产接近于大量生产，也只要求按产品品种计算成本；小批单件可以按照产品的品种来计算成本，但从管理要求看，为了分析和考核各批产品成本水平，也可按照产品批别或件别来计算成本。在单步骤生产情况下，成本计算只需按品种进行；在多步骤生产情况下，为了加强各个生产步骤的成本管理，则不但要按产品的品种计算成本，而且还要按产品的生产步骤计算成本。但是，如果企业的规模较小，管理上不要求按照生产步骤考核生产费用、计算产品成本，也可以不分步计算产品成本。企业必须根据各种类型生产的特点和与它相联系的管理要求来确定计算产品成本的具体方法。成本计算方法一经确定，一般不应随意变动，以保证成本计算信息的可比性。

12.1.4 成本计算程序

成本计算程序是指对企业在生产经营过程中发生的各项费用，按照成本核算的步骤，逐步进行归集和分配，最后计算出各种完工产品成本和月末在产品成本的过程。企业可根据生产特点和管理要求，设置“基本生产成本”总账，并按产品品种设置明细账，账内设置直接材料、直接人工、制造费用三个成本项目；设置“制造费用（基本生产）”总账，并按基本生产车间设置明细账，账内按费用项目设专栏；设置“辅助生产成本”总账，并按辅助生产车间设置明细账，账内按费用项目设专栏。产品成本计算的程序如下：

1. 进行费用要素的核算

根据国家规定的成本开支范围，对企业的各项支出进行严格审核，确定其是计入产品成本还是期间费用。根据生产费用的原始凭证和有关资料，对原材料、燃料、动力、工资、固定资产折旧等费用分别进行汇总，编制各种费用分配表；根据费用发生的用途、归属于特定成本计算对象的难易程度分别记入“基本生产成本”“制造费用”等账户。

2. 进行辅助生产费用的核算

企业的供水、供电、维修等辅助生产车间将归集的生产费用，按用途、受益对象编制辅助生产费用分配表，按一定方法分配计入“基本生产成本”、“制造费用”及有关明细账户。

3. 进行基本生产车间制造费用的核算

各基本生产车间本月归集的制造费用按照受益对象编制制造费用分配表，按一定标准分配记入“基本生产成本”明细账。

4. 进行生产费用在完工产品和期末在产品之间的分配

经过以上步骤的核算，各成本计算对象应负担的生产费用全部归集在基本生产成本明细账或产品成本计算单中。如果本月没有完工，全部生产费用就是期末在产品成本；如果本月产品全部完工，则全部生产费用就是完工产品成本；如果月末部分完工，就需要采用适当的分配方法，将全部生产费用在完工产品和月末在产品之间进行分配，计算本月完工产品成本和月末在产品成本。完工产品验收入库后，将产品成本从“基本生产成本”账户转至“库存商品”账户及其明细账户。

12.2 生产费用在完工产品和月末在产品之间的分配

完工产品和月末在产品之间分配费用，是成本计算中一个重要而复杂的问题。企业应根据期末在产品数量的多少、各月在产品数量变化的大小、各项生产费用在产品成本中所占比重的大小等条件选用适当的分配方法。常用的分配方法有不计算在产品成本法、按年初数固定计算在产品成本法、在产品按所耗原材料费用计价法、约当产量法、在产品按完工产品成本计算法、在产品按定额成本计价法、定额比例法等。

12.2.1 不计算在产品成本法

不计算在产品成本法是指虽然月末有结存在产品，但月末在产品数量很少，价值较低，并且各月份在产品数量比较稳定，可对月末在产品成本忽略不计的一种分配方法。在这种方法下，期初、期末在产品成本为零，产品发生的生产费用全部由完工产品负担，当期生产费用就是完工产品成本。这种方法适用于各月月末在产品数量少，管理上不要求计算在产品成本的企业。例如，煤炭等采掘业由于在产品数量很少，是否计算在产品成本对完工产品成本的影响不大，因此可以不计算在产品成本。

12.2.2 按年初数固定计算在产品成本法

按年初数固定计算在产品成本法是对各月在产品成本按年初在产品成本固定计算的一种方法。由于各月在产品成本均按年初在产品成本固定计算，各月期初、期末在产品成本相等，产品发生的生产费用全部由完工产品负担，当期生产费用就是完工产品成本。年终时，根据实际盘点的在产品数量，重新调整计算确定在产品成本，以免在产品成本与实际出入过大，影响成本计算的正确性。这种方法适用于在产品数量较小，或者在产品数量虽大但各月之间在产品数量变化不大，月初、月末在产品成本的差额对完工产品成本的影响不大的企业。例如，炼铁厂、化工厂或其他固定容器装置的在产品，数量都较稳定，适合采用这种方法。

12.2.3 在产品按所耗原材料费用计价法

在产品按所耗原材料费用计价法是指月末在产品只计算所耗的原材料费用，不计算直接人工等加工费用的一种方法。采用这种方法时，月末在产品成本等于月末在产品所负担的原材料费用，产品的加工费用全部计入完工产品成本。某种产品的全部生产费用，减去月末在产品原材料费用，就是完工产品的成本。这种方法适用于各月末在产品数量较大、各月末在产品变化也较大、同时原材料费用在成本中所占比重较大的产品。例如，造纸、酿酒等行业的产品，原材料费用占产品成本比重较大，适合采用此方法。

12.2.4　约当产量法

约当产量法是将月末在产品数量按照完工程度（或投料程度）折算为相当于完工产品的产量，即约当产量，然后按照完工产品产量与在产品的约当产量的比例分配计算完工产品成本和月末在产品成本的方法。由于约当产量法只要在正确统计月末在产品结存数量和正确估计月末在产品完工程度的前提下，就可以比较客观简便地划分完工产品与月末在产品的成本，因此，约当产量法适用范围较广，特别适用于月末在产品数量较大、各月末在产品数量变化也较大、产品成本中原材料费用和直接人工等加工费用所占的比重相差不多的产品。

约当产量法计算公式如下：

$$\text{在产品约当产量} = \text{在产品数量} \times \text{在产品完工程度(或投料程度)}$$

$$\text{费用分配率} = \frac{\text{月初在产品成本} + \text{本月生产费用}}{\text{完工产品产量} + \text{月末在产品约当产量}}$$

$$\text{完工产品该项费用} = \text{完工产品数量} \times \text{费用分配率}$$

$$\text{月末在产品该项费用} = \text{月末在产品约当产量} \times \text{费用分配率}$$

采用该方法时，在产品的投料程度和完工程度的测定对于费用分配的正确性影响很大。在实际工作中，材料投入和产品加工情况差别很大，需要根据具体情况分别计算在产品的投料程度和完工程度。

1. 投料程度的确定

在产品的投料程度是指在产品已投材料占完工产品应投材料的百分比，其计算分以下三种情况：

（1）原材料在生产开始时一次投入，投料百分比为100%。这时不论在产品完工程度如何，其单位产品耗用的原材料与单位完工产品耗用的原材料一样。因此，用以分配直接材料成本的在产品约当产量即为在产品的实际数量，直接材料成本项目可直接按照完工产品数量与在产品数量的比例进行分配。

（2）原材料在生产过程中随生产加工进度陆续投入，原材料的投入程度与生产工时投入进度完全一致或基本一致。此时，分配直接材料的在产品约当产量按完工程度折算。

（3）原材料分阶段在每道工序开始时一次投入，月末在产品投料程度可按下列公式计算：

$$\text{某道工序在产品的投料程度} = \frac{\text{到本工序止的在产品累计材料消耗定额}}{\text{完工产品材料消耗定额}}$$

【例 12-1】 ABC 公司生产的甲产品由两道工序制成，其原材料分工序在每道工序开始时一次性投入。甲产品的原材料消耗定额和在产品数量资料，以及投料程度和约当产量的计算如表 12-1 所示。

表 12-1　在产品约当产量计算表

工　序	原材料消耗定额（公斤）	月末在产品数量（件）	在产品投料程度	在产品约当产量（件）
1	70	200	70÷100×100%=70%	140
2	30	80	(70+30)÷100×100%=100%	80
合计	100	280		220

如果甲产品本月完工 780 件，月初在产品直接材料费用和本月发生的直接材料费用合计为 7 530 元，则直接材料成本分配如下：

$$直接材料分配率 = 7\ 530 \div (780 + 220) = 7.53(元/件)$$

$$完工产品应负担的直接材料成本 = 780 \times 7.53 = 5\ 873.4(元)$$

$$月末在产品应负担的直接材料成本 = 220 \times 7.53 = 1\ 656.6(元)$$

2. 完工程度的确定

在产品的完工程度是指在产品实际耗用（或定额）工时占完工产品应耗（或定额）工时的百分比，其计算分以下两种情况：

（1）产品生产陆续加工，在各道工序的在产品数量和加工量比较均衡时，全部在产品的完工程度可按 50%计算。

（2）各道工序的在产品数量和加工量差别较大时，则必须分工序计算在产品的完工程度，其计算公式如下：

$$某道工序在产品的完工程度 = \frac{前面各道工序累计工时定额 + 本道工序工时定额 \times 50\%}{完工产品工时定额}$$

【例 12-2】 沿用上例，甲产品月初在产品和本月发生的直接人工和制造费用分别合计为 11 970 元，15 390 元，单位完工产品工时定额为 80 小时，各道工序的工时定额如表 12-2 所示：

表 12-2　在产品约当产量计算

工　序	单位产品工时定额（工时）	月末在产品数量（件）	在产品投料程度	在产品约当产量（件）
1	20	200	(20×50%)÷80×100%=12.5%	25
2	60	80	(20+60×50%)÷80×100%=62.5%	50
合计	80	280		75

$$直接人工分配率 = 11\ 970 \div (780 + 75) = 14(元/件)$$

$$完工产品应负担的直接人工 = 780 \times 14 = 10\ 920(元)$$

$$月末在产品应负担的直接人工 = 75 \times 14 = 1\ 050(元)$$

制造费用分配率 = 15 390 ÷ (780 + 75) = 18(元 / 件)

完工产品应负担的制造费用 = 780 × 18 = 14 040(元)

月末在产品应负担的制造费用 = 75 × 18 = 1 350(元)

完工产品的总成本：5 873.4 + 10 920 + 14 040 = 30 833.4(元)

月末在产品的总成本：1 656.6 + 1 050 + 1 350 = 4 056.6(元)

12.2.5 在产品按完工产品成本计算法

在产品按完工产品成本计算法是将在产品视同完工产品分配费用的一种方法。在这种方法下，各项生产费用合计数（月初在产品费用加本月生产费用）按照完工产品数量和月末在产品数量的比例分配。这种方法适用于月末在产品已接近完工，或产品已经加工完毕但尚未验收或包装入库的产品。

12.2.6 在产品按定额成本计价法

在产品按定额成本计价法也称定额成本法，是指按照预先制定的各项单位定额计算月末在产品成本的一种方法。在这种方法下，月末在产品成本按定额成本计算，某种产品生产费用合计数（月初在产品费用加本月生产费用）减月末在产品的定额成本就是完工产品的成本。每月实际生产费用脱离定额的差额全部计入当月完工产品的成本。这种方法适用于各项消耗定额或费用定额比较稳定、准确，而且各月在产品数量变化不大的产品。

12.2.7 定额比例法

定额比例法是产品的生产费用按完工产品和月末在产品的定额消耗量或定额费用的比例，分配计算完工产品和月末在产品成本的一种方法。其中，原材料费用按原材料定额消耗量或原材料定额费用比例分配；直接人工及制造费用等各项加工费用，按定额工时或定额费用比例分配。其计算公式如下：

$$\text{材料成本分配率} = \frac{\text{月初在产品材料实际成本} + \text{本月发生材料实际成本}}{\text{完工产品定额消耗量(费用)} + \text{月末在产品定额消耗量(费用)}}$$

完工产品材料实际成本 = 完工产品材料定额消耗量(费用) × 材料成本分配率

月末在产品材料实际成本 = 月末在产品材料定额消耗量(费用) × 材料成本分配率

$$\text{人工(制造费用)分配率} = \frac{\text{月初在产品人工(制造费用)} + \text{本月发生人工(制造费用)}}{\text{完工产品定额工时(费用)} + \text{月末在产品定额工时(费用)}}$$

完工产品人工(制造费用) = 完工产品定额工时(费用) × 人工(制造费用) 分配率

月末在产品人工(制造费用) = 月末在产品定额工时(费用) × 人工(制造费用) 分配率

式中，完工产品和月末在产品的原材料定额消耗量是根据完工产品和月末在产品的实际数量乘以单位原材料消耗定额求得，完工产品和月末在产品的定额工时是根据完工产品和月末在产品的实际数量乘以工时消耗定额求得，完工产品和月末在产品的定额费用是根据完工产品和月末在产品的原材料定额消耗量（或定额工时）乘以原材料计划单价或单位小时计划工资、费用计算求得。采用这种方法分配完工产品和月末在产品费用，分配结果比较正确，同时还便于将实际费用与定额费用进行比较，考核和分析定额的执行情况。这种方法适用于各项消耗定额或费用定额比较准确、稳定，但各月末在产品数量变化较大的产品。

【例 12-3】 ABC 公司某产品月初在产品费用为：直接材料 3 000 元，直接人工 1 200元，制造费用 400 元；本月生产费用为：直接材料 22 760 元，直接人工 6 480 元，制造费用 2 160 元；完工产品材料定额费用为 24 000 元，定额工时为1 200 小时；月末在产品材料定额费用为 4 000 元，定额工时为 800 小时。完工产品与月末在产品之间。直接材料按材料定额费用比例分配，其他费用按定额工时比例分配。各项费用分配结果见表 12-3。

表 12-3　费用分配表

成本项目	月初在产品费用	本月生产费用	生产费用合计	费用分配率	完工产品费用		月末在产品费用	
					定额	实际费用	定额	实际费用
①	②	③	④＝②＋③	⑤	⑥	⑦＝⑥×⑤	⑧	⑨＝⑧×⑤
直接材料	3 000	22 760	25 760	0.92	24 000	22 080	4 000	3 680
直接人工	1 200	6 480	7 680	3.84	1 200	4 608	800	3 072
制造费用	400	2 160	2 560	1.28	1 200	1 536	800	1 024
合计	4 600	31 400	36 000			28 224		7 776

其中，直接材料分配率＝25 760/(24 000＋4 000) ＝0.92

直接人工分配率＝7 680/(1 200＋800)＝3.84(元/小时)

制造费用分配率＝2 560/(1 200＋800)＝1.28(元/小时)

12.3　成本计算方法

成本计算方法是指将生产过程中发生的生产费用按照不同的成本计算对象进行归集，借以确定成本计算对象的总成本和单位成本的方法。成本计算对象有产品的品种、批别和生产步骤三种，产品成本计算方法有品种法、分批法和分步法三种基本方法。

12.3.1　品种法

品种法是以产品品种为成本计算对象来设置产品成本明细账，归集生产费用，计算产品总成本和单位成本的成本计算方法。无论采用何种成本计算方法，最终都必须按产品品种计算出产品的生产成本，因此，品种法是基本方法中最基本的产品成本计算方法。品种法在传统上主要应用于生产工艺过程相对简单的生产企业，也称为简单法。它主要适用于大量大批单步骤生产的企业，如发电、采掘、供水、磨粉等行业，也适用于一些在管理上不要求分步骤提供产品成本信息的大量大批多步骤生产的企业，如糖果厂、饼干厂、小造纸厂等。

品种法的成本计算对象是产品品种。在采用品种法计算产品成本的企业，如果企业只生产一种产品，那么企业发生的各项费用都是直接费用，可直接计入产品成本计算单；如果企业同时生产两种或两种以上产品，则应按产品品种分别开列成本计算单，生产产品直接发生的费用直接计入各成本计算单，共同发生的费用按一定的分配标准分配计入各成本计算单的有关栏目。

品种法的成本计算期是按月定期，于每月的月终进行，与会计报告期一致，与产品生产周期不一致。

由于采用品种法核算产品成本的企业是大量大批生产，其特点是原材料不断投入、产成品不断产出，所以月末往往既有产成品又有在产品。为了核算产成品和在产品成本，这就需要采用适当的方法将产品明细账中归集的生产费用在产成品和月末在产品之间进行分配。如果产品生产周期较短，月末没有在产品或在产品数量很少，也可以不计算在产品成本。

12.3.2 分批法

分批法是以各批产品为成本计算对象来设置产品成本明细账，归集生产费用，计算产品总成本和单位成本的成本计算方法。采用分批法的企业常常是根据购买单位的订单作为不同的批别来组织生产，所以分批法又称订单法。分批法主要适用于单件小批多步骤复杂生产的企业，如重型机械制造、船舶制造、专用设备制造和精密仪器制造等企业。另外，某些按单件小批组织生产、管理上又要求分批计算成本的单步骤简单生产的企业，也可以采用分批法。

分批法的成本计算对象是产品的批别。在小批单件的生产中，产品的种类和每批产品的批量，大多是根据购买单位的订单确定，因此按产品批别计算产品成本也就是按订单计算产品成本。但是如果在订单中规定有几种产品，或虽有一种产品但其数量较大而又要求分批交货，这时需将上述订单按照品种划分批别组织生产或将同类产品划分为数批组织生产，计算成本；如果在一张订单中只规定一件产品，但这件产品是由许多部件装配而成的大型产品，如船舶，生产周期长，则可按照大的部件或生产进度分成不同批次组织生产计算成本；如果在同一时期企业接到不同购货单位要求生产同一产品的几张订单，也可将其合并为一批组织生产计算成本。

分批法的产品生产费用的归集仍然按月进行，但只有该批产品全部完工时才能计算产品成本，所以分批法的成本计算是非定期的，其成本计算期与生产周期相同，而与会计报告期不一致。

由于分批法的成本计算期与产品的生产周期一致，生产结束后，该批产品生产明细账上归集的生产费用即为完工产品成本；未完工以前，该批产品生产成本明细账所归集的生产费用，即为在产品成本。因此，在月末计算产品成本时，一般不存在生产费用在本月完工产品与月末在产品之间分配的问题。但是有时一批产品也有跨月陆续完工的情况。在这种情况下，如果月末完工产品的数量占全批数量的比重小，为了简化计算工作，完工产品成本可先按计划单位成本、定额单位成本或近期相同产品的实际单位成本计算，用生产成本明细账中汇集的生产费用减去按计划（或定额等）单位成本计算的完工产品成本后的余额，即为在产品成本。等到该批产品全部完工时，再计算全批产品的实际总成本和单位成本；如果月末完工产品的数量占全批数量的比重较大，则应采用适当的方法在完工产品与在产品之间分配生产费用，计算完工产品和月末在产品的成本。

12.3.3　分步法

分步法是以产品的生产步骤为成本计算对象来设置产品成本明细账，归集生产费用，计算产品总成本和单位成本的成本计算方法。分步法主要适用于大量大批连续式多步骤复杂生产的企业，如水泥、纺织、冶金工业等。在某些大量流水线生产的装配式复杂生产的企业，也可以采用分步法来计算产品成本，以便及时地计算出对外出售半产品的成本。

分步法的成本计算对象是各种产品的生产步骤。如果企业只生产一种产品，其成本计算对象是该种产品及其所经过的各生产步骤，产品成本明细账应按照该种产品的生产步骤开设。如果企业生产多种产品，其成本计算对象是各种产品及其所经过的各个生产步骤，产品成本明细账应按照每种产品的各个生产步骤开设。应该注意的是，成本计算划分的步骤与实际生产的步骤不一定完全一致，它根据实际加工步骤结合管理要求加以确定。为简化核算，只对管理上要求分步计算成本的生产步骤单独开设产品成本明细账，单独计算成本；对管理上不要求单独计算成本的生产步骤，则可与其他生产步骤合并设立产品成本明细账。

采用分步法计算成本的企业是大量大批多步骤生产，其生产过程长，为了按月计算损益，产品成本也要定期按月计算。因此，分步法的成本计算期与产品的生产周期不一致，而与会计报告期一致。在大量大批的多步骤生产中，产品往往是跨月陆续完工，通常月末都有一定数量的在产品。因此，月末计算成本时，应采用适当的方法，将汇集在产品成本明细账上的生产费用在完工产品与在产品之间进行分配，以计算完工产品的成本和在产品的成本。

12.3.4　成本计算方法举例

1. 资料

ABC 公司有一个基本生产车间和供电、机修两个辅助生产车间，大量生产甲、乙两种产品。根据生产特点和管理要求，甲、乙两种产品采用品种法计算产品成本。该企业“生产成本”总账下设“基本生产成本”和“辅助生产成本”两个二级账，“基本生产成本”二级账分甲、乙产品设置成本计算单，“辅助生产成本”二级账分设供电车间和机修车间明细账。由于供电和机修车间提供产品或服务单一，发生的间接费用直接记入“辅助生产成本”所属明细账。产品成本计算单下设“直接材料”、“直接人工”和“制造费用”三个成本项目。2008 年 8 月有关成本计算资料如下：

（1）月初在产品成本见表 12-6。

（2）生产甲乙两种产品共同耗用的材料按甲、乙两种产品直接耗用原材料的比例分配。基本车间生产工人工资按实际工时比例分配。辅助生产车间的费用采用直接分配法分配。基本车间制造费用按实际生产工时比例分配。甲、乙两种产品的原材料都在生产开始时一次投入，加工费用发生比较均衡，月末在产品完工程度均为50%。按约当产量法分别计算甲、乙两种产品的完工产品成本和月末在产品成本。

（3）本月供电车间供电10 000千瓦。其中基本车间耗用8 800千瓦，厂部管理部门耗用1 200千瓦。机修车间共完成修理工时2 000小时。其中，基本车间1 200小时，厂部管理部门800小时。

（4）本月生产数量：甲产品本月完工500件，月末在产品100件，实际生产工时100 000小时；乙产品本月全部完工，完工产品200件，实际生产工时50 000小时。

（5）本月有关成本计算资料如下所示。

① 本月发出材料汇总表见表12-4。

表12-4 发出材料汇总表

2008年8月　　单位：元

领料部门和用途	材料类别			合 计
	原材料	包装物	辅助材料	
基本生产车间				
甲产品耗用	800 000	10 000		810 000
乙产品耗用	600 000	4 000		604 000
甲、乙产品共同耗用	28 000			28 000
车间一般耗用	2 000		100	2 100
供电车间耗用	1 000			1 000
机修车间耗用	1 200			1 200
厂部管理部门耗用	1 200		400	1 600
合计	1 433 400	14 000	500	1 447 900

② 本月工资结算汇总表及职工福利费用计算（简化格式）见表12-5。

表12-5 工资及福利费汇总表

2008年8月　　单位：元

人员类别	基本车间生产工人	车间管理人员	供电车间	机修车间	厂部管理人员	合 计
应付工资总额	420 000	20 000	8 000	7 000	40 000	495 000
应计提福利费	58 800	2 800	1 120	980	5 600	69 300
合计	478 800	22 800	9 120	7 980	45 600	564 300

③ 月初在产品成本，如表12-6所示。

表12-6 月初在产品成本　　单位：元

产 品	直接材料	直接人工	制造费用	合 计
甲产品	54 000	27 600	21 600	103 200
乙产品	39 000	19 800	15 600	74 400

④ 本月应计提固定资产折旧费22 000元。其中，基本生产车间10 000元，供电车间2 000元，机修车间4 000元，厂部6 000元。

⑤ 本月以银行存款支付的费用为 35 000 元。其中基本生产车间办公费 1 200 元，劳动保护费 3 800 元，差旅费 4 500 元，水费 2 600 元，招待费 2 500 元。供电车间办公费 500 元，劳动保护费 1 800 元，水费 1 100 元。机修车间办公费 400 元，劳动保护费 2 300元，水费 1 500 元。厂部管理部门办公费 3 000 元，差旅费 4 800 元，水费 1 200 元，招待费 3 800 元。

2. 成本计算程序及有关账务处理

（1）根据材料用途，编制材料费用分配表，如表 12-7、表 12-8 所示。

表 12-7　产品共同耗用材料分配表

2008 年 8 月　　单位：元

产品名称	分配标准	分配率	分配金额
甲产品	800 000	28 000/1 400 000＝0.02	16 000
乙产品	600 000	28 000/1 400 000＝0.02	12 000
合 计	1 400 000	0.02	28 000

表 12-8　材料费用分配表

2008 年 8 月　　单位：元

应借科目		原材料	包装物	辅助材料	合　计
基本生产成本	甲产品	816 000	10 000		826 000
	乙产品	612 000	4 000		616 000
	小计	1 428 000	14 000		1 442 000
辅助生产成本	供水	1 000			1 000
	机修	1 200			1 200
	小计	2 200			2 200
制造费用	基本生产	2 000		100	2 100
管理费用		1 200		400	1 600
合计		1 433 400	14 000	500	1 447 900

根据表 12-7 材料费用分配表编制会计分录如下：

借：基本生产成本——甲产品　　826 000
　　　　　　　　——乙产品　　616 000
　　制造费用——基本生产　　2 100
　　辅助生产成本——供电　　1 000
　　　　　　　　——机修　　1 200
　　管理费用　　1 60 0
　　贷：原材料　　　　1 447 900

（2）根据工资及福利费汇总表编制工资及福利费分配表，如表 12-9、表 12-10 所示。

表 12-9　基本车间生产工人工资分配表

2008 年 8 月　　　　单位：元

产品名称	分配标准	分配率	工资分配额	福利费（14%）
甲产品	100 000	420 000/150 000=2.8	280 000	39 200
乙产品	50 000	420 000/150 000=2.8	140 000	19 600
合 计	150 000	2.8	420 000	58 800

表 12-10　工资及福利费分配表

2008 年 8 月　　　　单位：元

应借科目 \ 应贷科目		应付工资	应付福利费	合　计
基本生产成本	甲产品	280 000	39 200	319 200
	乙产品	140 000	19 600	159 600
	小计	420 000	58 800	478 800
辅助生产成本	供水	8 000	1 120	9 120
	机修	7 000	980	7 980
	小计	15 000	2 100	17 100
制造费用	基本生产	20 000	2 800	22 800
管理费用		40 000	5 600	45 600
合计		495 000	69 300	564 300

根据表 12-10 编制会计分录如下：

借：基本生产成本——甲产品　　280 000
　　　　　　　　——乙产品　　140 000
　　制造费用——基本生产　　20 000
　　辅助生产成本——供电　　8 000
　　　　　　　　——机修　　7 000
　　管理费用　　40 000
　　贷：应付工资　　495 000

借：基本生产成本——甲产品　　39 200
　　　　　　　　——乙产品　　19 600
　　制造费用——基本生产　　2 800
　　辅助生产成本——供电　　1 120
　　　　　　　　——机修　　980
　　管理费用　　5 600
　　贷：应付福利费　　69 300

（3）据各车间、部门的固定资产折旧的计提情况，编制“固定资产折旧费分配表”，如表 12-11 所示。

表 12-11　固定资产折旧费用分配表

2008 年 8 月　　单位：元

应借科目 \ 应贷科目		累计折旧
制造费用	基本车间	10 000
辅助生产成本	供电	2 000
	机修	4 000
	小计	6 000
管理费用		6 000

根据表 12-11 编制会计分录如下：

借：制造费用——基本车间　10 000

　　辅助生产成本——供电　2 000

　　　　　　　　——机修　4 000

　　管理费用　6 000

　　贷：累计折旧　22 000

(4) 根据各车间、部门本月所发生的其他费用，编制“其他费用分配表”，如表 12-12 所示。

表 12-12　其他费用分配表

2008 年 8 月　　单位：元

应借科目		办公费	劳动保护费	差旅费	水　费	招待费	合　计
制造费用	基本车间	1 200	3 800	4 500	2 600	2 500	14 600
辅助生产成本	供电	500	1 800		1 100		3 400
	机修	400	2 300		1 500		4 200
	小计	900	4 100		2 600		7 600
管理费用		3 000		4 800	1 200	3 800	12 800
合计		5 100	7 900	9 300	6 400	6 300	35 000

根据表 12-12 编制会计分录如下：

借：制造费用——基本车间　14 600

　　辅助生产成本——供电　3 400

　　　　　　　　——机修　4 200

　　管理费用　12 800

　　贷：银行存款　35 000

(5) 根据上述各种费用分配表和其他有关资料，编制“辅助生产成本明细账”和“辅助生产费用分配表”，归集和分配辅助生产费用，如表 12-13～表 12-15 所示。

表 12-13　辅助生产成本明细账

车间名称：供电车间　　2008 年 8 月　　单位：元

摘　要	材料费	工　资	福利费	折旧费	其　他	合　计
根据材料分配表	1 000					1 000
根据工资及福利费分配表		8 000	1 120			9 120
根据折旧费用分配表				2 000		2 000
根据其他费用分配表					3 400	3 400
合计	1 000	8 000	1 120	2 000	3 400	15 520
本月转出（红字）	1 000	8 000	1 120	2 000	3 400	15 520

表 12-14　辅助生产成本明细账

车间名称：机修车间　　　　2008 年 8 月　　　　单位：元

摘　要	材料费	工　资	福利费	折旧费	其　他	合　计
根据材料分配表	1 200					1 200
根据工资及福利费分配表		7 000	980			7 980
根据折旧费用分配表				4 000		4 000
根据其他费用分配表					4 200	4 200
合计	1 200	7 000	980	4 000	4 200	17 380
本月转出（红字）	1 200	7 000	980	4 000	4 200	17 380

表 12-15　辅助生产费用分配表

2008 年 8 月　　　　单位：元

项　目 \ 应借项目		制造费用（基本生产）	管理费用	合　计
供电车间	耗用量（千瓦）	8 800	1 200	10 000
	分配率（元/千瓦）			1.552
	分配金额	13 657.6	1 862.4	15 520
机修车间	耗用量（小时）	1 200	800	2 000
	分配率（元/小时）			8.69
	分配金额	10 428	6 952	17 380
费用合计		24 085.6	8 814.4	32 900

根据表 12-15 编制会计分录如下：

借：制造费用——基本车间　　　　24 085.6
　　管理费用　　　　　　　　　　8 814.4
　　贷：辅助生产成本——供电　　　　15 520
　　　　　　　　　　——机修　　　　17 380

（6）根据上述各种费用分配表和其他有关资料，编制“制造费用（基本生产）明细账”和“制造费用（基本生产）分配表”，归集和分配基本生产车间的制造费用，如表 12-16、表 12-17 所示。

表 12-16　制造费用明细账

基本生产车间　　　　2008 年 8 月　　　　单位：元

摘　要	材料费	工　资	福利费	折旧费	其　他	辅助生产费用	合　计
根据材料分配表	2 100						2 100
根据工资及福利费分配表		20 000	2 800				22 800
根据折旧费用分配表				10 000			10 000
根据其他费用分配表					14 600		14 600
根据辅助生产费用分配表						24 085.6	24 085.6
合计	2 100	20 000	2 800	10 000	14 600	24 085.6	73 585.6
本月转出（红字）	2 100	20 000	2 800	10 000	14 600	24 085.6	73 585.6

表 12-17　制造费用（基本生产）分配表

基本生产车间　　2008 年 8 月　　单位：元

项目 \ 应借项目		分配标准（生产工时）	分配率	分配金额
基本生产成本	甲产品	100 000	0.4 905 707	49 057.07
	乙产品	50 000		24 528.53
	分配金额	150 000		73 585.6

根据表 12-17 编制会计分录如下：

借：基本生产成本——甲产品　　49 057.07

　　　　　　　　——乙产品　　24 528.53

　贷：制造费用——基本生产　　73 585.6

（7）根据上列各种费用分配表和其他有关资料，登记产品成本明细账如表 12-18、表 12-19所示，分别归集甲、乙产品成本，并采用约当产量法分配计算甲、乙产品的完工产品成本和月末在产品成本。

表 12-18　产品成本计算单

本月完工：500 件

产品名称：甲　　2008 年　　月末在产品：100 件

摘　要	直接材料	直接人工	制造费用	合　计
月初在产品成本	54 000	27 600	21 600	103 200
本月生产费用	826 000	319 200	49 057.07	1 194 257.07
生产费用合计	880 000	346 800	70 657.07	1 297 457.07
期末在产品成本	146 666.67	31 527.27	6 423.37	184 617.31
产成品成本	733 333.33	315 272.73	64 233.7	1 112 839.76
单位成本	1 466.67	630.55	128.47	2 225.69

直接材料单位成本＝880 000/(500＋100)＝1 466.67

直接人工单位成本＝346 800/(500＋100×50%)＝630.55

制造费用单位成本＝70 657.07/(500＋100×50%)＝128.47

表 12-19　产品成本计算单

产品名称：乙　　2008 年　　本月完工：200 件

摘　要	直接材料	直接人工	制造费用	合　计
月初在产品成本	39 000	19 800	15 600	74 400
本月生产费用	616 000	159 600	24 528.53	800 128.53
生产费用合计	655 000	179 400	40 128.53	874 528.53
产成品成本	655 000	179 400	40 128.53	874 528.53
单位成本	3 275	897	200.64	4 372.64

根据甲、乙产品成本计算单，结转完工产品成本，编制会计分录如下：

借：库存商品——甲产品　　1 112 839.76

　贷：基本生产成本——甲产品　　1 112 839.76

借：库存商品——乙产品　　874 528.53

　　贷：基本生产成本——乙产品　　874 528.53

思　考　题

1. 什么是成本？理论成本与实际应用成本有什么不同？
2. 成本核算有哪些要求？
3. 成本核算的基本程序有哪些？
4. 为了进行产品成本核算需要设置哪些会计账户？
5. 如何选择产品成本计算的方法？
6. 品种法有哪些特点？
7. 分批法有哪些特点？
8. 分步法有哪些特点？

练　习　题

资料：

甲产品经两道工序完工，采用约当产量比例法分配各项生产费用。4月份，甲产品完工产品500件。月末在产品数量为：第一道工序350件，第二道工序200件。其他有关资料如下：

1. 原材料分两道工序在每道工序开始时一次投入；第一道工序的消耗定额为30千克，第二道工序的消耗定额为20千克。甲产品月初在产品和本月发生的原材料费用共计182 000元。

2. 甲产品完工产品工时定额为50小时，其中第一道工序为40小时；第二道工序为10小时。每道工序在产品工时定额（本工序部分）按本工序工时定额的50%计算。甲产品月初在产品和本月发生的工资及福利费共计16 400元，制造费用共计24 600元。

要求：

（1）按原材料消耗定额计算甲产品各工序在产品完工率。

（2）按工时定额计算甲产品各工序在产品完工率。

（3）按以原材料消耗定额确定的完工率计算甲产品在产品约当产量。

（4）按以工时定额确定的完工率计算甲产品在产品约当产量。

（5）分别计算原材料费用、工资及福利费、制造费用等费用的分配率。

（6）根据上述计算的原材料费用、工资及福利费、制造费用分配率，分别计算完工产品成本及月末在产品成本。

第13章　财务报告的编制与分析

13.1　财务报告的概述

一定时期终了，企业必须对会计核算工作进行总结，向现实和潜在的投资者、债权人及其他信息使用者提供企业的财务信息。以便帮助他们作出合理决策，而企业提供财务信息的最基本方式就是财务报告。本章财务报告编制部分的内容，主要依据《企业会计准则30号——财务报表列报》、《企业会计准则31号——现金流量表》编号。着重解决了财务报表组成、列报基本要求以及主要财务报表项目列示和附注披露等共性问题。在具体编制时需要同时遵循其他具体准则规定的特殊列报要求。

13.1.1　财务报告的内容和作用

1. 财务报告的内容

财务报告是企业对外提供的反映某一特定日期的财务状况和某一会计期间的经营成果、现金流量等会计信息的文件。

财务报告是企业财务会计确认与计量的最终结果体现，投资者等使用者主要是通过财务报告来了解企业当前的财务状况、经营成果和现金流量等情况，从而预测未来的发展趋势。因此，财务报告是向投资者等财务报告使用者提供有用决策信息的媒介和渠道，是沟通投资者、债权人等使用者与企业管理层之间信息的桥梁和纽带。

财务报告包括财务报表和其他应当在财务报告中披露的相关信息和资料。其中，财务报表由报表本身及其附注两部分构成，附注是财务报表的有机组成部分。财务报表是对企业财务状况、经营成果和现金流量的结构性表述，包括资产负债表、利润表、现金流量表和所有者权益变动表等报表。

1）资产负债表

资产负债表是反映企业在某一特定日期的财务状况的财务报表。企业编制资产负债表的目的是通过如实反映企业的资产、负债和所有者权益金额及其结构情况，从而有助于使用者评价企业资产的质量以及短期偿债能力、长期偿债能力、利润分配能力等。

2）利润表

利润表是反映企业在一定会计期间的经营成果的财务报表。企业编制利润表的目的是通过如实反映企业实现的收入、发生的费用以及应当计入当期利润的利得和损失等金额及其结构情况，从而有助于使用者分析评价企业的盈利能力及其构成与质量。

3）现金流量表

现金流量表是反映企业在一定会计期间的现金和现金等价物流入和流出的财务报

表。企业编制现金流量表的目的是通过如实反映企业各项活动的现金流入、流出情况，从而有助于使用者评价企业的现金流和资金周转情况。

4）所有者权益变动表

所有者权益变动表是反映在一定会计期间构成所有者权益的各组成部分的增减变动情况的报表。目的是使使用者准确理解所有者权益增减变动的根源。

5）附注

附注是对财务报表中列示项目所做的进一步说明以及对未能在报表项目中列示项目的说明等。企业编制附注的目的是通过对财务报表本身做补充说明，以更加全面、系统地反映企业财务状况、经营成果和现金流量的全貌，从而有助于向使用者提供更为有用的决策信息，帮助其做出更加科学合理的决策。

财务报表是财务报告的核心内容，附注是财务报告的重要组成部分。通常所说的“列报”是指交易和事项在报表中的列示和在附注中的披露。在财务报表的列报中，“列示”通常反映资产负债表、利润表、现金流量表和所有者权益变动表等报表中的信息，“披露”通常反映附注中的信息。但是除了财务报表之外，财务报告还应当包括其他相关信息，具体可以根据有关法律法规的规定和外部使用者的信息需求而定。

财务报告的各个组成部分是相互联系的，它们从不同的角度说明企业的财务状况、经营业绩和现金流量情况。资产负债表主要提供企业财务状况的资料；利润表主要提供企业的经营业绩，即盈利或亏损的情况；而现金流量表则反映企业现金及现金等价物的来源、运用以及增减变动的原因等；所有者权益变动表反映了企业所有者权益各个项目的变动情况及变动原因。有关的附表分别从某一方面，详细描述了企业经营成果、财务状况的形成及其变化。附注说明企业采用的会计政策以及重大事项的披露等。

2. 财务报告的作用

财务报告提供的信息对财务报告的使用者（所有者、债权人、政府机构、管理人员、职工、潜在投资者）具有重要作用：

（1）有助于所有者（股东）、债权人和潜在投资者合理地进行投资决策。所有者（股东）作为投资者，他们有权要求企业提供有关的会计信息，据以了解企业的经营成果、资本结构、资本保值增值、利润分配和现金流转的详情，以便做出如下的投资决策：是增加投资，还是保持原有的投资规模，或者是放弃投资、转让股权；债权人作为企业信贷资金的提供者，通过阅读财务报告，可以了解企业举债经营、资产抵押、偿债基金准备、权益结构、资产的流动性、现金流转等状况，作为判断企业偿债能力、对企业进行信用评级以及本身进行信贷决策的重要依据；潜在投资者的投资目的尽管千差万别，然而出于投资收益和有效利用有限资源的考虑，必然会对未来投资对象的财务状况、经营成果等信息表现出浓厚的兴趣，为了对自己的投资收益率做出合理的判断，他们也会对企业披露的会计信息表示关注。

（2）有助于政府管理部门进行宏观调控和管理。政府一方面以所有者的身份看待企业财务报告，关心资本的保值增值；另一方面则以社会管理者的身份利用企业财务报告，吸取对其宏观经济管理、制定宏观经济政策等有用的信息。例如，政府宏观经济管理部门可以通过企业财务报告披露的会计信息，据以了解经济资源配置的状况与效益，评估企业的财务状况与经营成果对所在行业产生的影响；国家税务机关可以通过对财务报告的审阅，了解企业纳税申报的执行情况，据以监督企业依法纳税，确保国家税收的及时征收；代表政府监管证券市场的证券管理部门，要求上市公司定期或不定期地呈报会计信息，以便通过行使自己的管理职能，规范上市公司信息披露的内容与格式，保护社会公众利益，及时提供市场咨询，保证证券市场的有效运行。

（3）有助于企业加强和改善经营管理。企业管理者通过分析财务报告，可据以发现企业经营、理财上的问题，调整经营方针与投资策略，不断提高管理水准。企业的职工代表大会或工会，代表广大职工的利益行使其民主管理权，对企业会计信息披露中所反映的与职工经济利益密切相关的事项，如工资、养老金、福利基金、职工教育基金、工会经费等的提取，股本中的内部职工股的设置，职工持股计划的制定与执行等进行必要的监督。

13.1.2　财务报表的分类

财务报表可根据需要，按照不同的标准进行分类。主要的分类方法有以下几种。

1. 按财务报表反映的内容分类

财务报表按照反映的内容不同，可分为反映经营成果的财务报表和反映财务状况的财务报表。反映经营成果的财务报表如利润表，反映财务状况的财务报表如资产负债表和现金流量表等。

2. 按财务报表的编报时间分类

财务报表按照编报时间不同，一般可分为中期财务报表和年度财务报表。中期财务报表是以短于一个完整会计年度的报告期间为基础编制的财务报表，包括月报、季报和半年报等。中期财务报表一般应当包括资产负债表、利润表、现金流量表和附注，其中中期资产负债表、利润表和现金流量表应当是完整报表，其格式和内容应当与年度财务报表相一致。与年度报表相比，中期财务报表中的附注披露可适当简略。

3. 按财务报表的编制主体分类

财务报表按照编制主体不同，可以分为个别财务报表和合并财务报表。个别财务报表是由企业在自身会计核算基础上对账簿记录进行加工而编制的财务报表，它主要用以反映企业自身的财务状况、经营成果和现金流量情况。合并财务报表以母公司和子公司组成的企业集团为会计主体，是根据母公司和所属子公司的财务报表，由母公司编制的综合反映企业集团财务状况、经营成果及现金流量的财务报表。

4. 按财务报表的服务对象分类

财务报表按照服务对象不同，可以分为内部财务报表和外部财务报表。内部财务报表是指为适应企业内部经营管理需要而编制的、不对外公开的财务报表，内部财务报表一般不需要统一规定的格式，也没有统一的指标体系；外部财务报表是指企业向企业外部不同财务报表使用者提供的财务报表。管理会计的报表一般为内部财务报表，财务会计的资产负债表、利润表、现金流量表、所有者权益变动表为外部财务报表。

13.1.3　财务报告的编制要求

编制财务报告的最终目的是提供对决策有用的财务信息，通过信息使用者的合理决策，促使有限的社会资源流入到效益高的企业，达到社会资源的合理配置。因此，财务报告所提供的信息应能真实、公允地反映企业的财务状况、经营成果和现金流量。

为了保证会计信息的质量，将会计信息及时提供给使用者，编制财务报告的总体要求应是：真实可靠、相关可比、全面完整、便于理解和编报及时。

根据《企业会计准则第30号——财务报表列报》的规定，编制财务报表应遵循的基本要求是：

（1）企业应当以持续经营为基础，根据实际发生的交易和事项，按照《企业会计准则——基本准则》和其他各项会计准则的规定进行确认和计量，在此基础上编制财务报表。

（2）财务报表项目的列报应当在各个会计期间保持一致，不得随意变更。

（3）性质或功能不同的项目，应当在财务报表中单独列报，但不具有重要性的项目除外。

（4）财务报表中的资产项目和负债项目的金额、收入项目和费用项目的金额不得相互抵消，但其他会计准则另有规定的除外。

（5）当前财务报表的列报，至少应当提供所有列报项目上一可比会计期间的比较数据，以及与理解当期财务报表相关的说明，但其他会计准则另外规定的除外。

（6）企业应当在财务报表的显著位置至少披露下列各项：编报企业的名称；资产负债表日或财务报表涵盖的会计期间；人民币金额单位；财务报表是合并财务报表的，应当予以标明。

（7）企业至少应当按年编制财务报表。年度财务报表涵盖的期间短于一年的，应当披露年度财务报表的涵盖期间，以及短于一年的原因。

13.2　财务报表的编制

13.2.1　资产负债表的编制

1. 资产负债表的作用

资产负债表是反映企业在某一特定时日（月末、季末、年末）财务状况的报表。资产负债表列示了企业在特定日期的资产、负债、所有者权益及其相关的信息。

资产负债表依据“资产＝负债＋所有者权益”的会计平衡公式，按照一定的分类标准和一定的次序，把企业在一定时日的资产、负债和股东权益项目予以适当排列，按照一定的要求编制而成。资产负债表提供的信息对财务报告用户具有以下作用：

(1) 了解某一特定日期企业所掌握的经济资源及这些资源的分布与结构，以分析企业生产经营能力。

(2) 了解某一特定日期企业资金来源（负债和所有者权益）的总额及其构成，以分析企业的偿债能力。

(3) 了解企业的财务弹性。财务弹性是指企业应付、适应各种变化的能力。企业的财务弹性主要取决于以下几个方面：第一，资产的流动性或变现能力；第二，企业经营流入现金能力；第三，向投资者和债权人筹措资金的能力；第四，在不影响正常经营前提下变卖现有资产取得现金的能力。资产负债表所列的资产分布情况及对资产的要求权，可帮助报表使用者了解企业的财务弹性。

(4) 预测企业未来财务状况的发展趋势。

2. 资产负债表的结构

资产负债表的结构一般有账户式和报告式两种。

报告式资产负债表将资产、负债、所有者权益项目垂直排列，因此又称垂直式资产负债表。

账户式资产负债表将“资产＝负债＋所有者权益”这一平衡公式展开，按照“丁”字账户的形式设计，把表分为左右两方，将资产项目列在表的左方，负债和所有者权益项目列在表的右方，左方的资产总额等于右方的负债和所有者权益总额。同时，资产负债表还提供期初数和期末数的比较资料。账户式资产负债表的优点是资产和权益间的平衡关系一目了然。我国目前采用的是账户式资产负债表，其格式如表 13-1 所示。

表 13-1　资产负债表

编制单位：　　　　年　月　日　　　　单位：元

资　产	期末余额	年初余额	负债和所有者权益	期末余额	年初余额
流动资产：			流动负债：		
货币资金			短期借款		
交易性金融资产			交易性金融负债		
应收票据			应付票据		
应收账款			应付账款		
预付款项			预收账款		
应收利息			应付职工薪酬		
应收股利			应交税费		
其他应收款			应付利息		
存货			应付股利		
一年内到期的非流动资产			其他应付款		
其他流动资产			一年内到期的非流动负债		
流动资产合计			其他流动负债		
非流动资产：			流动负债合计		
可供出售金融资产			非流动负债：		
持有至到期投资			长期借款		

续表

资　产	期末余额	年初余额	负债和所有者权益	期末余额	年初余额
长期应收款			应付债券		
长期股权投资			长期应付款		
投资性房地产			专项应付款		
固定资产			预计负债		
在建工程			递延所得税负债		
工程物资			其他非流动负债		
固定资产清理			非流动负债合计		
生产性生物资产			负债合计		
油气资产			所有者权益：		
无形资产			实收资本		
开发支出			资本公积		
商誉			减：库存股		
长期待摊费用			盈余公积		
递延所得税资产			未分配利润		
其他非流动资产			所有者权益合计		
非流动资产合计					
资产总计			负债和所有者权益总计		

3. 资产负债表的编制方法

1） 资产负债表各项目的列报说明

（1）资产项目的列报说明。

“货币资金”项目，反映企业库存现金、银行结算户存款、外埠存款、银行汇票存款、银行本票存款、信用卡存款、信用证保证金存款等的合计数。本项目应根据“库存现金”、“银行存款”、“其他货币资金”账户的期末余额合计填列。

“交易性金融资产”项目，反映企业持有的以公允价值计量且其变动计入当期损益的为交易目的所持有的债券投资、股票投资、基金投资、权证投资等金融资产。本项目应根据“交易性金融资产”账户的期末余额填列。

“应收票据”项目，反映企业因销售商品、提供劳务等而收到的商业汇票，包括银行承兑汇票和商业承兑汇票。本项目应根据“应收票据”账户的期末余额，减去“坏账准备”科目中有关应收票据计提的坏账准备期末余额后的金额填列。已向银行贴现和已背书转让的应收票据不包括在本项目内，其中已贴现的商业承兑汇票应在财务报表附注中单独披露。

“应收账款”项目，反映企业因销售商品、提供劳务等经营活动应收取的款项。本项目应根据“应收账款”及“预收账款”账户所属各明细账户的期末借方余额合计数，减去“坏账准备”科目中有关应收账款计提的坏账准备期末余额后的金额填列。若“应收账款”账户所属明细账户期末有贷方余额的，应在资产负债表“预收账款”项目内反映；而“预收账款”账户所属明细账户有借方余额的应在本项目反映。

“预付账款”项目，反映企业按照合同规定预付给供应单位的款项等。本项目应根据“预付账款”账户及“应付账款”账户所属明细账户的期末余额合计数，减去“坏账准备”账户中有关预付款项计提的坏账准备期末余额后的金额填列。若“预付账款”账户所属明细账户期末有贷方余额的，应在资产负债表“应付账款”项目内反映；而“应付账款”账户所属明细账户若有借方余额的，应包括在本项目内。

“应收利息”项目，反映企业应收取的债券投资等利息。本项目应根据“应收利息”账户的期末余额，减去“坏账准备”账户中有关应收利息计提的坏账准备期末余额后的金额填列。

“应收股利”项目，反映企业应收取的现金股利和应收取其他单位分配的利润。本项目应根据“应收股利”账户的期末余额，减去“坏账准备”账户中有关应收股利计提的坏账准备期末余额后的金额填列。

“其他应收款”项目，反映企业除应收票据、应收账款、预付账款、应收股利、应收利息等经营活动以外的其他各种应收、暂收的款项。本项目应根据“其他应收款”账户的期末余额，减去“坏账准备”账户中有关其他应收款计提的坏账准备期末余额后的金额填列。

“存货”项目，反映企业期末在库、在途和在加工中的各种存货的可变现净值。本项目应根据“材料采购”、“原材料”、“低值易耗品”、“库存商品”、“周转材料”、“委托加工物资”、“委托代销商品”、“生产成本”等账户的期末余额合计数，减去“受托代销商品款”、“存货跌价准备”账户期末余额后的金额填列。材料采用计划成本核算，以及库存商品采用计划成本或售价核算的企业，还应按加或减材料成本差异、商品进销差价后的金额填列。

“一年内到期的非流动资产”项目，反映企业将于一年内到期的非流动资产项目金额。本项目应根据有关账户的期末余额填列。

“其他流动资产”项目，反映企业除货币资金、交易性金融资产、应收票据、应收账款、存货等流动资产以外的其他流动资产。本项目应根据有关科目的期末余额填列。

“可供出售金融资产”项目，反映企业持有的以公允价值计量的可供出售的股票投资、债券投资等金融资产。本项目应根据“可供出售金融资产”账户的期末余额，减去“可供出售金融资产减值准备”账户的期末余额后的金额填列。

“持有至到期投资”项目，反映企业持有的以摊余成本计量的持有至到期投资。本项目应根据“持有至到期投资”账户的期末余额，减去“持有至到期投资减值准备”账户期末余额后的金额填列。

“长期应收款”项目，反映企业融资租赁产生的应收款项、采用递延方式具有融资性质的销售商品和提供劳务等产生的长期应收款项等。本项目应根据“长期应收款”账户的期末余额，减去相应的“未实现融资收益”账户和“坏账准备”账户所属相关明细账户期末余额后的金额填列。

“长期股权投资”项目，反映企业持有的对子公司、联营企业和合营企业的长期股权投资。本项目应根据“长期股权投资”账户的期末余额，减去“长期股权投资减值准备”账户期末余额后的金额填列。

“投资性房地产”项目，反映企业持有的投资性房地产。企业采用成本模式计量投资性房地产的，本项目应根据“投资性房地产”账户的期末余额，减去“投资性房地产累计折旧”和“投资性房地产减值准备”账户期末余额后的金额填列；企业采用公允价值模式计量投资性房地产的，本项目应根据“投资性房地产”账户的期末余额填列。

“固定资产”项目，反映企业各种固定资产原价减去累计折旧和累计减值准备后的净额。本项目应根据“固定资产”账户的期末余额，减去“累计折旧”和“固定资产减值准备”账户的期末余额后的金额填列。

“在建工程”项目，反映企业期末各项未完工程的实际支出，包括交付安装的设备价值、未完建筑安装工程已耗用的材料、工资和费用支出、预付出包工程的价款等的可收回金额。本项目应根据“在建工程”账户的期末余额，减去“在建工程减值准备”账户的期末余额后的金额填列。

“工程物资”项目，反映企业尚未使用的各项工程物资的实际成本。本项目应根据“工程物资”账户的期末余额填列。

“固定资产清理”项目，反映企业因出售、毁损、报废等原因转入清理但尚未清理完毕的固定资产的净值，以及固定资产清理过程中所发生的清理费用和变价收入等各项金额的差额。本项目应根据“固定资产清理”账户的期末借方余额填列，如“固定资产清理”账户期末为贷方余额，以“－”号填列。

“生产性生物资产”项目，反映企业持有的生产性生物资产。本项目应根据“生产性生物资产”账户的期末余额，减去“生产性生物资产累计折旧”和“生产性生物资产减值准备”账户期末余额后的金额填列。

“油气资产”项目，反映企业持有的矿区权益和油气井及相关设施的原价减去累计折耗和累计减值准备后的净额。本项目应根据“油气资产”账户的期末余额，减去“累计折耗”账户期末余额和相应减值准备后的金额填列。

“无形资产”项目，反映企业持有的无形资产，包括专利权、非专利技术、商标权、著作权、土地使用权等。本项目应根据“无形资产”账户的期末余额，减去“累计摊销”和“无形资产减值准备”账户期末余额后的金额填列。

“开发支出”项目，反映企业开发无形资产过程中能够资本化形成无形资产成本的支出部分。本项目应根据“开发支出”账户中所属的“资本化支出”明细账户期末余额填列。

“商誉”项目，反映企业合并中形成的商誉的价值。本项目应根据“商誉”账户的期末余额，减去相应减值准备后的金额填列。

“长期待摊费用”项目，反映企业已经发生但应由本期和以后各期负担的分摊期限在一年以上的各项费用。长期待摊费用中在一年内（含一年）摊销的部分，应在资产负债表“一年内到期的非流动资产”项目填列。本项目应根据“长期待摊费用”账户的期末余额减去将于一年内（含一年）摊销的数额后的金额填列。

“递延所得税资产”项目，反映企业确认的可抵扣暂时性差异产生的递延所得税资产。本项目应根据“递延所得税资产”账户的期末余额填列。

“其他非流动资产”项目，反映企业除长期股权投资、固定资产、在建工程、工程物资、无形资产等资产以外的其他非流动资产。本项目应根据有关账户的期末余额填列。

(2) 负债项目的列报说明。

“短期借款”项目，反映企业向银行或其他金融机构等借入的期限在一年以下（含一年）的各种借款。本项目应根据“短期借款”账户的期末余额填列。

“交易性金融负债”项目，反映企业承担的以公允价值计量且其变动计入当期损益的为交易目的所持有的金融负债。本项目应根据“交易性金融负债”账户的期末余额填列。

“应付票据”项目，反映企业购买材料、商品和接受劳务供应等而开出、承兑的商业汇票，包括银行承兑汇票和商业承兑汇票。本项目应根据“应付票据”账户的期末余额填列。

“应付账款”项目，反映企业因购买材料、商品和接受劳务供应等经营活动应支付的款项。本项目应根据“应付账款”账户及“预付账款”账户所属各明细账户的期末贷方余额合计数填列；如“应付账款”账户所属明细账户期末有借方余额的，应在资产负债表“预付账款”项目内填列，而“预付账款”账户所属有关明细账户期末有贷方余额的，应在本项目内反映。

“预收账款”项目，反映企业按照购货合同规定预付给供应单位的款项。本项目应根据“预收账款”账户及“应收账款”账户所属各明细账户的期末贷方余额合计数填列。如“预收账款”账户所属有关明细账户有借方余额的，应在资产负债表“应收账款”项目内填列；而“应收账款”账户所属明细账户有贷方余额的，应包括在本项目内。

“应付职工薪酬”项目，反映企业根据有关规定应付给职工的工资、职工福利、社会保险费、住房公积金、工会经费、职工教育经费、非货币性福利、辞退福利等各种薪酬。外商投资企业按规定从净利润中提取的职工奖励及福利基金，也在本项目列示。本项目应根据“应付职工薪酬”账户期末贷方余额填列。如“应付职工薪酬”账户期末为借方余额，以“－”号填列。

“应交税费”项目，反映企业按照税法规定计量应交纳的各种税费，包括增值税、消费税、营业税、所得税、资源税、土地增值税、城市维护建设税、房产税、土地使用税、车船使用税、教育费附加、矿产资源补偿费等。企业代扣代交的个人所得税，也通过本项目列示。本项目应根据“应交税费”账户的期末贷方余额填列；如“应交税费”账户期末为借方余额，以“－”号填列。

“应付利息”项目，反映企业按照规定应当支付的利息，包括分期付息到期还本的长期借款应支付的利息、企业发行的企业债券应支付的利息等。本项目应根据“应付利息”账户的期末贷方余额填列。

“应付股利”项目，反映企业分配的现金股利或利润。企业分配的股票股利，不通过本项目列示。本项目应根据“应付股利”账户的期末余额填列。

“其他应付款”项目，反映企业除应付票据、应付账款、预收账款、应付职工薪酬、应付股利、应付利息、应交税费等经营活动以外的其他各项应付、暂收的款项。本项目应根据“其他应付款”账户的期末余额填列。

“一年内到期的非流动负债”项目，反映企业非流动负债中将于资产负债表日后一年内到期部分的金额，如将于一年内偿还的长期借款。本项目应根据有关科目的期末余额填列。

“其他流动负债”项目，反映企业除短期借款、交易性金融负债、应付票据、应付账款、应付职工薪酬、应交税费等流动负债以外的其他流动负债。本项目应根据有关账户的期末余额填列。

“长期借款”项目，反映企业向银行或其他金融机构借入的期限在一年以上（不含一年）的各项借款。本项目应根据“长期借款”账户的期末余额填列。

“应付债券”项目，反映企业为筹集长期资金而发行的债券本金和利息。本项目应根据“应付债券”账户的期末余额填列。

“长期应付款”项目，反映企业除长期借款和应付债券以外的其他各种长期应付款项。本项目应根据“长期应付款”账户的期末余额，减去相应的“未确认融资费用”账户期末余额后的金额填列。

“专项应付款”项目，反映企业取得政府作为企业所有者投入的具有专项或特定用途的款项。本项目应根据“专项应付款”账户的期末余额填列。

“预计负债”项目，反映企业确认的对外提供担保、未决诉讼、产品质量保证、重组义务、亏损性合同等预计负债。本项目应根据“预计负债”账户的期末余额填列。

“递延所得税负债”项目，反映企业确认的应纳税暂时性差异产生的所得税负债。本项目应根据“递延所得税负债”账户的期末余额填列。

“其他非流动负债”项目，反映企业除长期借款、应付债券等负债以外的其他非流动负债。本项目应根据有关账户的期末余额减去将于一年内（含一年）到期偿还数后的余额填列。非流动负债各项目中将于一年内（含一年）到期的非流动负债，应在“一年内到期的非流动负债”项目内单独反映。

（3）所有者权益项目的列报说明。

“实收资本”项目，反映企业各投资者实际投入的资本总额。本项目应根据“实收资本”账户的期末余额填列。

“资本公积”项目，反映企业资本公积的期末余额。本项目应根据“资本公积”账户的期末余额填列。

“库存股”项目，反映企业持有尚未转让或注销的本公司股份金额。本项目应根据“库存股”账户的期末余额填列。

“盈余公积”项目，反映企业盈余公积的期末余额。本项目应根据“盈余公积”账户的期末余额填列。

“未分配利润”项目，反映企业尚未分配的利润。本项目应根据“本年利润”账户和“利润分配”账户的余额计算填列。未弥补的亏损，在本项目内以“－”号反映。

2）本表“年初余额”栏的列报方法

本表“年初余额”栏内各项数字，应根据上年末资产负债表“期末余额”栏内所列数字填列。如果本年度资产负债表规定的各个项目的名称和内容同上年度不相一致，应对上年年末资产负债表各项目的名称和数字按照本年度的规定进行调整，填入本表“年初余额”栏内。

3）本表“期末余额”栏的列报方法

资产负债表的“期末余额”栏内各项数字，一般应根据资产、负债、所有者权益类等账户的期末余额填列。主要包括以下方式：

（1）根据总账账户的余额填列。资产负债表中的有些项目，可直接根据有关总账账户的余额填列，如“交易性金融资产”、“短期借款”、“应付票据”、“应付职工薪酬”等项目；有些项目则根据几个总账账户的余额计算填列，如“货币资金”项目等。

（2）根据有关明细账户的余额计算填列，如“应付账款”、“应收账款”等项目。

（3）根据总账账户和明细账户余额分析计算填列，如“长期借款”项目等。

（4）根据有关账户余额减去其备抵账户余额后的净额填列，如“应收账款”、“长期股权投资”等项目。

（5）综合运用上述填列方法分析填列，如“存货”等项目。

4．资产负债表编制举例

【例 13-1】 ABC 公司 20×7 年 12 月 31 日有关账户的余额如表 13-2 所示。有关资料如下：

（1）长期借款中于一年内到期的借款数额为 1 000 000 元。

（2）“应收账款”账户的有关明细账户的余额如下：

“应收账款——甲公司”借方余额 700 000 元；

“应收账款——乙公司”借方余额 500 000 元；

“应收账款——丙公司”贷方余额 100 000 元；

“坏账准备——应收账款”贷方余额 6 000 元。

表 13-2 账户余额表

20×7 年 12 月 31 日　　单位：元

账户名称	借方余额	账户名称	贷方余额
库存现金	8 000	短期借款	420 000
银行存款	1 504 000	应付票据	143 700
其他货币资金	704 000	应付账款	620 400
应收票据	150 000	其他应付款	6 200
应收账款	1 100 000	应付职工薪酬	38 000
坏账准备	－6 000	应交税费	250 100
预付账款	202 800	长期借款	5 000 000
其他应收款	14 000	股本	10 000 000
在途物资	902 500	盈余公积	1 000 000
原材料	1 200 000	利润分配（未分配利润）	473 500
包装物	323 400		
低值易耗品	256 800		
库存商品	540 000		
长期股权投资	508 200		
固定资产	11 409 000		
累计折旧	－2 401 000		
在建工程	805 400		
无形资产	607 200		
长期待摊费用	123 600		
合计	17 951 900	合计	17 951 900

根据上述资料，可以编制该企业20×7年12月31日的资产负债表（期末数栏），如表13-3所示。

表13-3　资产负债表

编制单位：ABC公司　　　　20×7年12月31日　　　　单位：元

资　产	年初数	期末数	负债和所有者权益	年初数	期末数
流动资产：			流动负债：		
货币资金	1 523 000	2 216 000	短期借款	560 000	420 000
交易性金融资产			交易性金融资产		
应收票据	560 000	150 000	应付票据	680 000	143 700
应收账款	1 635 000	1 194 000	应付账款	835 200	620 400
预付账款	150 000	202 800	预收账款	150 000	100 000
应收利息			应付职工薪酬	54 000	38 000
应收股利			应交税费	261 000	250 100
其他应收款	25 000	14 000	应付利息		
存货	3 867 000	3 222 700	应付股利		
一年内到期的非流动资产			其他应付款	8 500	6 200
其他流动资产			一年内到期的非流动负债	800 000	1 000 000
流动资产合计	7 760 000	6 999 500	其他流动负债		
非流动资产：			流动负债合计	3 348 700	2 578 400
可供出售金融资产			非流动负债：		
持有至到期投资			长期借款	5 000 000	4 000 000
长期应收款			应付债券		
长期股权投资	508 200	508 200	长期应付款		
投资性房地产			专项应付款		
固定资产	8 403 000	9 008 000	预计负债		
在建工程	650 000	805 400	递延所得税负债		
工程物资			其他非流动负债		
固定资产清理			非流动负债合计	5 000 000	4 000 000
生产性生物资产			负债合计	8 348 700	6 578 400
油气资产			所有者权益：		
无形资产	750 000	607 200	实收资本	10 000 000	10 000 000
开发支出			资本公积		
商誉			减：库存股		
长期待摊费用	230 000	123 600	盈余公积		1 000 000
递延所得税资产			未分配利润	－47 500	473 500
其他非流动资产			所有者权益合计	9 952 500	11 473 500
非流动资产合计	10 541 200	11 052 400			
资产总计	18 301 200	18 051 900	负债和所有者权益合计	18 301 200	18 051 900

13.2.2　利润表的编制

1. 利润表的作用

利润表，又称损益表，是反映企业在一定期间经营成果的财务报表。利润表把一定期间的营业收入与其同一会计期间相关的营业费用进行配比，以计算出企业一定时期的净利润（或净亏损）。该表可反映收入、费用、投资收益、营业外收支及利润等情况。具体而言，利润表的作用主要体现在以下几个方面：

(1) 通过衡量企业的营业收入、费用、利润等绝对量指标，或用投资收益率、利润率等相对指标可以评价企业过去的经营成果、企业管理人员的工作绩效。

(2) 通过利润表提供的不同时期的比较数字（本月数、本年累计数、上年数），可以分析企业利润的发展趋势及获利能力、了解投资者投入资本的完整性。

(3) 有助于评价、预测企业的偿债能力。企业偿债能力受制于多种因素，而获利能力的强弱是决定偿债能力大小的一个重要因素。获利能力不强，企业资产的流动性会逐步由好变坏，企业的财务状况也会逐渐恶化，最终影响企业的偿债能力。

2. 利润表的结构

1) 利润表的格式

利润表通过一定的表格来反映企业的经营成果，由于不同国家和地区对财务报表信息的要求不完全相同，为满足大多数报表使用者的需要，按国际惯例，企业编制的利润表基本上采用两种格式，即单步式利润表和多步式利润表。

单步式利润表是将所有的收入和费用分别加以汇总，用收入总额减去费用总额即为企业的利润总额，它实际是将“收入－费用＝利润”这一会计等式表格化，由于它仅有一个相减的步骤，故称为“单步式利润表”。

多步式利润表通常采用上下加减的报告式结构。这种利润表的内容被分解为多个步骤，即将收入与费用按同类属性分别加以归集，分别计算营业利润、利润总额、净利润，最后计算每股收益。由于它采用多步的中间性计算，便于使用者理解企业经营成果的不同来源。多步式利润表从营业收入开始，分如下几个步骤展示企业的经营成果及其影响因素：

第一步：反映营业利润，即营业收入净额减营业成本、营业税金及附加、销售费用、管理费用、财务费用、资产减值损失，加公允价值变动收益、投资收益后的余额。

第二步：反映利润总额，即营业利润加营业外收入减营业外支出项目后的余额。

第三步：反映净利润，即利润总额减所得税费用后的余额。

第四步：反映每股收益，包括基本每股收益和稀释每股收益。基本每股收益由普通股股东享有的净利润除以加权平均普通股股数得到。

多步式利润表弥补了单步式利润表的不足，它对收入与费用、支出项目加以归类，列示一些中间的计算过程，准确地揭示净利润各构成要素之间的内在联系，可提供比单步式利润表更丰富的信息，便于报表使用者进行营利分析，也有助于不同企业或同一企业不同时期相应项目的比较分析。

2) 利润表的比较信息

根据财务报表列报准则的规定，企业需要提供比较利润表，以使报表使用者通过比较不同期间利润的实现情况，判断企业经营成果的未来发展趋势。所以，利润表还就各项目再分为“本期金额”和“上期金额”两栏分别填列。

目前，我国企业一般采用多步式利润表，具体格式如表 13-4 所示。

表 13-4　利润表

编制单位：　　　　　　　　　　　　年　月　　　　　　　　　　　单位：元

项目	本期金额	上期金额
一、营业收入		
减：营业成本		
营业税金及附加		
销售费用		
管理费用		
财务费用		
资产减值损失		
加：公允价值变动收益（损失－）		
投资收益（损失－）		
其中：对联营企业和合营企业的投资收益		
二、营业利润		
加：营业外收入		
减：营业外支出		
其中：非流动资产处置损失		
三、利润总额		
减：所得税费用		
四、净利润		
五、每股收益：		
（一）基本每股收益		
（二）稀释每股收益		

在实际工作中，由于企业编制的月度报表不对外披露，不需要提供上期金额的比较信息，此时的“上期金额”栏改为“本年累计数”，对本年各项目的发生情况进行累计分析，更有助于管理者或报表使用者对企业经营成果的了解。

3. 利润表的编制方法

1）报表“本期金额”栏及“上期金额”栏的填列

报表中的“本期金额”栏，反映各项目的本期发生数，一般应根据损益类科目的发生额分析填列；报表中的“上期金额”栏反映各项目上期发生金额，应根据上期该利润表“本期金额”栏内所列数字填列。如果上期利润表的项目名称和内容与本期利润表不相一致，应对上期报表项目的名称和数字按本期的规定进行调整，填入报表的“上期金额”栏。

2）报表各项目的填列方法

（1）“营业收入”项目，反映企业经营主要业务和其他业务所确认的收入总额。本项目应根据“主营业务收入”账户的发生额、“其他业务收入”账户的发生额分析加总填列。

（2）“营业成本”项目，反映企业经营主要业务和其他业务所发生的成本总额。本项目应根据“主营业务成本”、“其他业务成本”账户的发生额分析加总填列。

（3）“营业税金及附加”项目，反映企业经营业务应负担的消费税、营业税、城市建设维护税、资源税、土地增值税和教育费附加等。本项目应根据“营业税金及附加”账户的发生额分析填列。

（4）“销售费用”项目，反映企业在销售商品过程中发生的包装费、广告费等费用和为销售企业商品而专设的销售机构的职工薪酬、业务费等经营费用。本项目应根据

“销售费用”账户的发生额分析填列。

（5）“管理费用”项目，反映企业为组织和管理生产经营发生的管理费用。本项目应根据“管理费用”账户的发生额分析填列。

（6）“财务费用”项目，反映企业筹集生产经营所需资金等而发生的筹资费用。本项目应根据“财务费用”账户的发生额分析填列。

（7）“资产减值损失”项目，反映企业各项资产发生的减值损失。本项目应根据“资产减值损失”账户的发生额分析填列。

（8）“公允价值变动损益”项目，反映企业应当计入当前损益的资产或负债公允价值变动收益。本项目应根据“公允价值变动损益”账户的发生额分析填列，如为公允价值变动损失，以“—”号填列。

（9）“投资收益”项目，反映企业以各种方式对外投资所取得的收益。本项目应根据“投资收益”账户的发生额分析填列；如为投资损失，以“—”号填列。

（10）“营业利润”项目，反映企业实现的营业利润。如为亏损，本项目以“—”号填列。

（11）“营业外收入”项目，反映企业发生的与经营业务无直接关系的各项收入。本项目应根据“营业外收入”账户的发生额分析填列。

（12）“营业外支出”项目，反映企业发生的与经营业务无直接关系的各项支出。本项目应根据“营业外支出”账户的发生额分析填列。

（13）“利润总额”项目，反映企业实现的利润。如为亏损，本项目以“—”号填列。

（14）“所得税费用”项目，反映企业应当从当期利润总额中扣除的所得税费用。本项目应根据“所得税费用”账户的发生额分析填列。

（15）“净利润”项目，反映企业实现的净利润。如为亏损，本项目以“—”号填列。

（16）“基本每股收益”和“稀释每股收益”项目，反映普通股股东每持有一股所能享有的企业利润或需承担的企业亏损。根据企业净利润、普通股股数等计算填列。

4. 利润表的编制举例

【例 13-2】 ABC 公司 20×7 年 12 月份有关损益类账户的发生额如下：

账户名称	借方发生额（元）	贷方发生额（元）
主营业务收入		980 000
投资收益		152 000
其他业务收入		200 000
营业外收入		54 000
主营业务成本	685 000	
其他业务成本	130 000	
营业税金及附加	35 000	
销售费用	58 000	
管理费用	42 000	
财务费用	14 000	
营业外支出	14 000	
所得税费用	102 000	

该公司20×7年11月份的利润表中的有关数据如表13-5所示，其普通股股数为500万股。

表13-5 利润表

编制单位：ABC公司　　20×7年11月　　单位：元

项目	本月数	本年累计数
一、营业收入		6 520 000
减：营业成本		4 315 000
营业税金及附加		345 000
销售费用		525 000
管理费用		375 000
财务费用		54 000
资产减值损失		0
加：公允价值变动收益		0
投资收益		522 000
其中：对联营企业和合营企业的投资		
二、营业利润（亏损以“—”号填列）		1 593 000
加：营业外收入		81 000
减：营业外支出		54 000
三、利润总额（亏损以“—”号填列）		1 620 000
减：所得税费用		405 000
四、净利润（净亏损以“—”号填列）		1 215 000
五、每股收益：		
（一）基本每股收益		
（二）稀释每股收益		

根据上述资料可以编制该公司12月份的利润表，如表13-6所示。

表13-6 利润表

编制单位：ABC公司　　20×7年12月　　单位：元

项目	本月数	本年累计数
一、营业收入	1 180 000	9 700 000
减：营业成本	815 000	6 965 000
营业税金及附加	35 000	380 000
销售费用	58 000	583 000
管理费用	42 000	417 000
财务费用	14 000	68 000
资产减值损失	0	0
加：公允价值变动净收益	0	0
投资收益	152 000	674 000
其中：对联营企业和合营企业的投资		
二、营业利润	368 000	1 961 000
加：营业外收入	54 000	135 000
减：营业外支出	14 000	68 000
三、利润总额	408 000	2 028 000
减：所得税费用	102 000	507 000
四、净利润	306 000	1 521 000
五、每股收益		
（一）基本每股收益		0.304
（二）稀释每股收益		

13.2.3 现金流量表

1. 现金流量表的作用

现金流量表是反映企业在一定时期内现金流入、流出以及现金净流量的基本财务报表。它是以现金为基础编制的财务状况变动表。编制现金流量表的目的，是为财务报表使用者提供企业在一定会计期间内现金和现金等价物流入和流出的信息，以便于报表使用者了解和评价企业获取现金和现金等价物的能力，并据以预测未来的现金流量。现金流量表的作用主要有以下几个方面：

（1）通过现金流量表可以掌握企业的现金流量信息，对企业整体财务状况做出客观评价。在市场经济条件下，企业的现金流量很大程度上决定着企业生存和发展的能力，即使企业有盈利能力，但若现金周转不畅，将会制约企业的发展。如企业经营中产品销售出去，货款没有及时地收回，或企业进行投资，而没有能取得相应的现金回报，就会对企业的财务状况产生不良影响，如流动性差、偿债能力低、支付能力弱等。因此，从企业的现金流量情况，可以大致判断其经营周转是否顺畅、资金是否紧缺。

（2）现金流量表克服了以营运资金为基础编制的财务状况变动表的缺陷。以营运资金为基础编制的财务状况变动表反映的营运资金的变化，不能反映企业的现金状况。营运资金的增加，往往是由于应收账款和存货的大量增加，相反会出现企业的现金大幅度减少，这样误导会计信息使用者。现金流量表使投资者和债权人通过现金流量表可以对企业的支付能力和偿债能力以及企业对外部资金的需求情况做出较为可靠的判断。

（3）通过现金流量表，可以预测企业未来的发展情况。企业最常见的失败原因、症状可在现金流量表中得到反映。例如，从投资活动流出的现金、筹资活动流入的现金和筹资活动流出的现金（主要是利息支出）中，可以分析企业是否过度扩大经营规模；通过比较当期净利润与当期现金净流量，可以看出非现金流动资产吸收利润的情况，评价企业产生现金净流量的能力是否偏低。

2. 现金流量表的编制基础

1）现金概念

现金流量表是以现金为基础编制的，这里的现金与会计核算中所说的“库存现金”是有区别的。会计核算上所说的库存现金，通常指企业的库存的纸币和硬币现金。而现金流量表中的现金不仅包括“库存现金”账户核算的库存现金，还包括企业可以随时用于支付的存款及现金等价物。具体有以下项目：

（1）库存现金。库存现金是指企业持有的可随时用于支付的现金限额，即与会计核算中“库存现金”账户所包括的内容一致。

（2）银行存款。银行存款是指企业存放在金融企业可随时支用的存款，即与会计核算中“银行存款”账户所包括的内容基本一致。但应注意：不能随时支取的定期存款，不作为现金流量表中的现金；但提前通知金融企业便可支取的定期存款，则包括在现金流量表中的现金范围内。

（3）其他货币资金。其他货币资金是指企业存放在金融企业有特定用途的资金。包括外埠存款、银行汇票存款、银行本票存款、信用保证金存款、信用卡存款和在途货币资金等其他货币资金。

（4）现金等价物。现金等价物是指企业持有期限短、流动性强、易于转换为已知金额的现金且价值变动风险很小的交易性金融资产。其中，期限短一般是指从购买日起，3个月内到期。以下我们所指的现金均包括现金等价物。

现金等价物虽然不是现金，但其支付能力与现金的差别不大，可视为现金。如企业为保证支付能力，手持必要的现金，为了不使现金闲置，可以购买短期债券，在需要现金时，可以变现。

2）现金流量的概念及分类

现金流量是一段时期内企业现金流入和流出的数量。企业销售商品、提供劳务、出售固定资产、向银行借款等取得现金，形成企业的现金流入；购买原材料、接受劳务、购建固定资产、对外投资、偿还债务等而支付现金，形成企业的现金流出。

企业会计准则要求现金流量表对企业一定时期产生的现金流量，按照经济业务发生的性质进行了合理的分类。具体分为以下三类：

（1）经营活动产生的现金流量。

经营活动是指企业投资活动和筹资活动以外的所有交易和事项。就工商企业来说，经营活动主要包括销售商品、提供劳务、经营性租赁、购买货物、接受劳务、制造产品、广告宣传、推销产品、交纳税款等。

经营活动现金流量的具体项目如表13-7所示。

（2）投资活动产生的现金流量。

投资活动是指企业长期资产的购建和不包括在现金等价物范围内的投资及其处置活动。这里的长期资产是指固定资产、在建工程、无形资产、其他资产等持有期限在一年或一个营业周期以上的资产。投资活动中产生的现金流量中不包括作为现金等价物的投资，这是因为它属于现金内部各项目的转换。投资活动主要包括取得和收回投资，购建和处置固定资产、无形资产和其他长期资产等。

投资活动现金流量的具体项目如表13-7所示。

（3）筹资活动产生的现金流量。

筹资活动是指导致企业资本及债务规模和构成发生变化的活动。这里所说的“资本”，包括实收资本（股本）、资本溢价（股本溢价）。与资本有关的现金流入和流出项目，包括吸收投资、发行股票、减少注册资本、分配利润等。这里所说的“债务”是指企业对外举债所借入的款项，如发行债券、向金融企业借入款项以及偿还债务等。

筹资活动现金流量的具体项目如表13-7所示。

3）影响现金流量的因素

企业日常经营业务是影响现金流量的主要因素，但并不是所有的交易或事项都影响现金流量。具体可按以下三类事项来区分：

（1）现金各项目的增减变动，如从银行提取现金、将现金存入银行、用现金购买1个月到期的债券等，均属于现金各项目之间的内部转换，不会影响现金流量的增减变动。

（2）非现金各项目之间的增减变动，如用固定资产对外投资、用存货清偿债务、接受捐赠非现金资产、融资租入固定资产等，均属于非现金各项目之间的增减变动，不涉及现金的收支，不会影响现金流量的增减变动。

（3）现金各项目与非现金各项目的增减变动，如现金购买原材料、现金购买办公用品、现金对外投资、收回长期债权投资等，均涉及现金各项目与非现金各项目的增减变动，这些变动会引起现金流量的增减变动。

现金流量表主要反映上述第三类事项，即现金各项目与非现金各项目之间的增减变动情况对现金流量净额的影响。非现金各项目之间的增减变动虽不影响现金流量净额，但属于重要的投资和筹资活动，在现金流量表的补充资料中单独反映。

3. 现金流量表的结构

按照对经营活动产生的现金流量反映方式不同，现金流量表有两种结构：直接法编制的现金流量表和间接法编制的现金流量表。无论直接法还是间接法的现金流量表，表中的“投资活动产生的现金流量”及“筹资活动产生的现金流量”两部分中的内容没有什么差别。两种结构的区别在于表中的“经营活动现金流量”部分。

直接法是通过现金收入和支出的主要类别反映来自企业经营活动的现金流量。该方法一般以利润表中的营业收入为起点，调整与经营活动有关的项目的增减变动，计算出经营活动的现金流量。

间接法以本期净利润为起算点，调整不涉及现金的收入、费用、营业外收支等有关项目的增减变动，据此计算出经营活动的现金流量。

采用直接法提供的信息有助于评价企业未来的现金流量，而间接法却不具有这一优点。所以《企业会计准则第 31 号——现金流量表》规定采用直接法编制现金流量表。同时，要求在现金流量表附注中披露将净利润调节为经营活动现金流量的信息，也就是用间接法来计算经营活动的现金流量。其基本格式如表 13-7 所示。

表 13-7　现金流量表

编制单位：　　　　　　　　　　年　月　　　　　　　　　　单位：元

项　目	本期金额	上期金额
一、经营活动产生的现金流量：		
销售商品、提供劳务收到的现金		
收到的税费返还		
收到的其他与经营活动有关的现金		
经营活动现金流入小计		
购买商品、接受劳务支付的现金		
支付给职工以及为职工支付的现金		
支付的各项税费		
支付其他与经营活动有关的现金		
经营活动现金流出小计		
经营活动产生的现金流量净额		

续表

项 目	本期金额	上期金额
二、投资活动产生的现金流量：		
收回投资收到的现金		
取得投资收益收到的现金		
处置固定资产、无形资产和其他长期资产收回的现金净额		
处置子公司及其他营业单位收到的现金净额		
收到的其他与投资活动有关的现金		
投资活动现金流入小计		
购建固定资产、无形资产和其他长期资产支付的现金		
投资所支付的现金		
取得子公司及其他营业单位支付的现金净额		
支付其他与投资活动有关的现金		
投资活动现金流出小计		
投资活动产生的现金流量净额		
三、筹资活动产生的现金流量：		
吸收投资所收到的现金		
取得借款所收到的现金		
收到的其他与筹资活动有关的现金		
筹资活动现金流入小计		
偿还债务所支付的现金		
分配股利、利润或偿付利息所支付的现金		
支付的其他与筹资活动有关的现金		
筹资活动现金流出小计		
筹资活动产生的现金流量净额		
四、汇率变动对现金及现金等价物的影响		
五、现金及现金等价物净增加额		
加：期初现金及现金等价物余额		
六、期末现金及现金等价物余额		

直接法编制的现金流量表主要包括经营活动产生的现金流量、筹资活动产生的现金流量、投资活动产生的现金流量三个项目，每个项目下又分别按照现金流入、现金流出、现金流量净额（现金流入－现金流出）三部分来反映；现金流量表附注主要列示不涉及现金收支的投资活动和筹资活动、将净利润调整为经营活动的现金流量及现金和现金等价物的净增加额。

以下是以本期净利润为起算点，调整不涉及现金的收入、费用、营业外收支等有关项目的增减变动，据此计算出经营活动的现金流量，即间接法编制。准则要求在现金流量表附注中披露，为了完整介绍将其提前到此表（表 13-8）。

表 13-8 现金流量表附注

现金流量表附注	本期金额	上期金额
1. 将净利润调节为经营活动现金流量：		
净利润		
加：资产减值准备		
固定资产折旧、油气资产折耗、生产性生物资产折旧		
无形资产摊销		

续表

现金流量表附注	本期金额	上期金额
长期待摊费用摊销		
处置固定资产、无形资产和其他长期资产的损失（收益以“－”号填列）		
固定资产报废损失（收益以“－”号填列）		
公允价值变动损失（收益以“－”号填列）		
财务费用（收益以“－”号填列）		
投资损失（收益以“－”号填列）		
递延所得税资产减少（增加以“－”填列）		
递延所得税负债增加（减少以“－”填列）		
存货的减少（增加以“－”填列）		
经营性应收项目的减少（增加以“－”填列）		
经营性应付项目的增加（减少以“－”填列）		
其他		
经营活动产生的现金流量净额		
2. 不涉及现金收支的重大投资和筹资活动：		
债务转为资本		
一年内到期的可转换公司债券		
融资租入固定资产		
3. 现金及现金等价物净变动情况：		
现金的期末余额		
减：现金的期初余额		
加：现金等价物的期末余额		
减：现金等价物的期初余额		
现金及现金等价物净增加额		

4. 现金流量表的编制方法（现金流量表各项目的内容和填列方法）

1）经营活动现金流量项目的填列方法

（1）“销售商品、提供劳务收到的现金”项目，反映企业销售商品、提供劳务实际收到的现金（含应向购买方收取的增值税）。具体包括本期销售商品、提供劳务收到的现金；前期销售商品和前期提供劳务的应收账款在本期收到的现金；本期预收的款项；本期销售退回的商品和前期销售的商品在本期退回支付的现金应从本项目扣除。企业销售材料和代购供销业务收到的现金也在本项目反映。企业销售商品向购买者收取的增值税额，以及销售实际退回的增值税，可以包括在本项目中，也可以单独设置“收到的增值税销项税额和退回的增值税款”项目反映。本项目可以根据“现金”、“银行存款”、“应收账款”、“应收票据”、“预收账款”、“主营业务收入”、“其他业务收入”等账户的记录分析填列。

（2）“收到的税费返还”项目，反映企业收到返还的各种税费，如收到增值税、消费税、营业税、所得税、教育费附加退还等。本项目可以根据“现金”、“银行存款”、“应交税费”等账户的记录分析填列。

（3）“收到的其他与经营活动有关的现金”项目，反映企业除了上述各项目外，收到的其他与经营活动有关的现金，如罚款收入、流动资产损失中由个人赔偿的现金收入等。收到的其他与经营活动有关的现金项目中如有价值较大的，应单列项目反映。本项目可以根据“营业外收入”、“营业外支出”、“现金”、“银行存款”、“其他应付款”等账户的记录分析填列。

(4)“购买商品、接受劳务支付的现金”项目，反映企业购买商品、接受劳务实际支付的现金，包括本期购入商品、接受劳务支付的现金（包括增值税进项税额）；本期支付前期购入的商品、接受劳务的未付款项；本期预付款项；本期发生的购货退回收到的现金应从本项目内扣除。企业购买商品接受劳务支付的现金中，含的增值税进项税额，可以包括在本项目中，也可单独设置“支付的增值税”项目反映。本项目可以根据“主营业务成本”、“其他业务成本”、“存货”、“应付账款”、“应付票据”等项目分析填列。

(5)“支付给职工以及为职工支付的现金”项目，反映企业实际支付给职工以及为职工支付的现金，包括本期实际支付给职工的工资、奖金、各种津贴和补贴等，以及为职工支付的养老保险、待业保险、住房公积金、支付给职工的住房困难补助等。支付给离退休人员的各项费用不包括在本项目，应在“支付其他与经营活动有关的现金项目”反映。支付给在建工程人员的工资不包括在本项目，应在“购建固定资产、无形资产和其他长期资产所支付的现金”项目反映。本项目可以根据“现金”、“银行存款”、“管理费用”、“应付职工薪酬”等账户的记录分析填列。

(6)“支付的各项税费”项目，反映企业当期实际上交税务部门的各种税金，以及支付的教育费附加、矿产资源补偿费、印花税、房产税、土地增值税、车船使用税、预交的营业税等。不包括计入固定资产价值、实际支付的耕地占用税等。本项目可以根据“现金”、“银行存款”、“管理费用”、“应交税费”等账户的记录分析填列。

(7)“支付的其他与经营活动有关的现金”项目，反映企业除上述各项目外支付的其他与经营活动有关的现金，如罚款支出、支付的差旅费、业务招待费现金支出、支付的保险费等。支付的其他与经营活动有关的现金项目中如有价值较大的，应单列项目反映。本项目可以根据“管理费用”、“销售费用”、“现金”、“制造费用”、“银行存款”、“营业外支出”、“其他应收款”等账户的记录分析填列。

2) 投资活动现金流量项目的填列方法

(1)“收回投资所收到的现金”项目，反映企业出售、转让的可供出售金融资产、持有至到期投资、长期股权投资而收到的现金（包括投资成本和投资收益）。不包括债权投资收回的利息以及收回的非现金资产。收回的非现金资产不涉及现金流量的变动，在现金流量表补充资料中反映。本项目可以根据“可供出售金融资产”、“持有至到期投资”、“长期股权投资”、“现金”、“银行存款”等账户的记录分析填列。

(2)“取得投资收益所收到的现金”项目，反映企业因各种投资而分得的现金股利、利润、利息等。

(3)“处置固定资产、无形资产和其他长期资产而收回的现金净额”项目，反映企业处置固定资产、无形资产和其他长期资产收回的现金，扣除为处置这些资产而支付有关费用后的净额。由于自然灾害所造成的固定资产等长期资产损失而收到的保险收入，也在本项目反映。本项目可以根据“固定资产”、“固定资产清理”、“无形资产”、“现金”、“银行存款”等账户的记录分析填列。

(4)“处置子公司及其他营业单位收到的现金净额”项目，反映企业处置子公司及其他营业单位收回的现金，扣除为处置这些资产而支付的有关费用后的净额。本项目可以根据“长期股权投资”、“现金”、“银行存款”等账户的记录分析填列。

(5)“收到的其他与投资活动有关的现金”项目，反映企业除了上述各项目以外，收到的其他与投资活动有关的现金。如企业收回购买股票和债券时支付的已宣告而尚未领取的现金股利或已到期尚未领取的债券利息，在本项目反映。收到的其他与投资活动有关的现金项目中如有价值较大的，应单列项目反映。本项目可以根据“现金”、“银行存款”和其他有关账户的记录分析填列。

(6)“购建固定资产、无形资产和其他长期资产所支付的现金”项目，反映企业购买、建造固定资产，取得无形资产和其他长期资产支付的现金，不包括为购建固定资产而发生的借款利息资本化的部分以及融资租入固定资产支付的租赁费。借款利息和融资租入固定资产支付的租赁费，在筹资活动产生的现金流量中单独反映。企业以分期付款方式购建的固定资产，其首次付款支付的现金作为投资活动的现金流出，以后各期支付的现金作为筹资活动的现金流出。本项目可以根据“固定资产”、“无形资产”、“在建工程”、“现金”、“银行存款”、“其他货币资金”等账户的记录分析填列。

(7)“投资所支付的现金”项目，反映企业进行各种性质的投资所支付的现金，包括企业取得的除现金等价物以外的短期股票投资、长期股权投资支付的现金、长期债券投资支付的现金以及支付的佣金、手续费等附加费用。本项目可以根据“可供出售金融资产”、“持有至到期投资”、“长期股权投资”、“现金”、“银行存款”等账户的记录分析填列。

(8)“取得子公司及其他营业单位支付的现金净额”项目，反映购置子公司及其他营业单位所支付的现金。本项目可以根据“长期股权投资”、“现金”、“银行存款”等账户的记录分析填列。

(9)“支付的其他与投资活动有关的现金”项目，反映企业除了上述各项目以外支付的其他与投资活动有关的现金。如企业购买股票和债券时，实际支付的价款中包含的已宣告而尚未领取的现金股利或已到期尚未领取的债券利息反映在本项目。支付的其他与投资活动有关的现金项目中如有价值较大的，应单列项目反映。本项目可以根据“现金”、“银行存款”和其他有关账户的记录分析填列。

3) 筹资活动现金流量项目的填列方法

(1)“吸收投资所收到的现金”项目，反映企业收到的投资者投入的现金，包括以发行股票方式筹集的资金实际收到股款净额（发行收入减去支付的佣金等发行费用后的净额）、发行债券实际收到的现金（发行收入减去支付的佣金等发行费用后的净额）等。以发行股票方式筹集资金而由企业直接支付的审计、咨询等费用，以及发行债券支付的发行费用在“支付的其他与筹资活动有关的现金”项目反映，不从本项目内扣除。本项目可以根据“实收资本”、“资本公积”、“应付债券”、“银行存款”等账户的记录分析填列。

(2)“取得借款所收到的现金”项目，反映企业向银行或其他金融机构等举借的短期和长期借款。本项目可以根据“短期借款”、“长期借款”、“银行存款”等账户的记录分析填列。

(3)“收到的其他与筹资活动有关的现金”项目，反映企业除上述各项目外，收到的其他与筹资活动有关的现金。收到的其他与筹资活动有关的现金项目中如有价值较大的，应单列项目反映。本项目可以根据“现金”、“银行存款”和其他有关账户的记录分析填列。

(4)“偿还债务所支付的现金”项目，反映企业以现金偿还债务的本金，包括偿还银行或其他金融机构等的借款本金、偿还债券本金等。企业偿还的借款利息、债券利息，不包括在本项目内，而在“偿付利息所支付的现金”项目反映。本项目可以根据“短期借款”、“长期借款”、“应付债券”、“银行存款”等账户的记录分析填列。

(5)“分配股利、利润和偿付利息所支付的现金”项目，反映企业实际支付的现金股利、利润，以及支付给其他投资的利息。本项目可以根据“应付利息”、“应付股利”、“银行存款”等账户的记录分析填列。

(6)“支付的其他与筹资活动有关的现金”项目，反映企业除了上述各项外，支付的其他与筹资活动有关的现金。支付的其他与筹资活动有关的现金项目中如有价值较大的，应单列项目反映。本项目可以根据“现金”、“银行存款”及其他有关账户的记录分析填列。

(7)“汇率变动对现金的影响”项目，反映企业外币现金流量及境外子公司的现金流量折算为人民币时，按现金流量发生日的汇率或平均汇率折算的人民币金额，与“现金等价物净增加额”中外币现金净额按期末汇率折算的人民币金额之间的差额。在编制现金流量表时，对当期发生的外币业务，也可不必逐笔计算汇率变动对现金的影响，可以通过报表附注中“现金及现金等价物净增加额”数额与报表中“经营活动产生的现金流量净额”、“投资活动产生的现金流量净额”、“筹资活动产生的现金流量净额”三项之和比较，其差额即为“汇率变动对现金的影响”。

5. 现金流量表附注的内容及填列方法

1) 不涉及现金收支的投资和筹资活动

一定期间内影响资产或负债但不形成该期现金收支的所有投资和筹资活动的信息，应在报表补充资料中披露。这些投资和筹资活动虽然不涉及现金收支，但对以后各期的现金流量有重大影响。例如，融资租赁设备记入“长期应付款”账户，当期并不支付设备款及租金，但以后各期必须为此支付现金，从而在一定期间内形成一项固定的现金支出。

不涉及现金收支的投资和筹资活动各项目的填列方法如下：

(1)“债务转为资本”项目，反映企业本期转为资本的债务金额。

(2)“一年内到期的可转换公司债券”项目，反映企业一年内到期的可转换公司债券的金额。

(3)“融资租入固定资产”项目，反映企业本期融资租入固定资产计入“长期应付款”的金额。

2) 将净利润调节为经营活动的现金流量

在补充资料中反映将净利润调节为经营活动的现金流量的内容，有助于分析影响现金流量的原因以及从现金流量的角度分析企业净利润的质量。

补充资料中的“将净利润调节为经营活动的现金流量”实际上是以间接法编制的经营活动的现金流量。采用间接法将净利润调节为经营活动的现金流量，是以权责发生制反映的净利润为起点，调整没有实际发生现金流入和流出的项目，需要调整的项目可分为四大类：一是实际没有支付现金的费用，二是实际没有收到现金的收益，三是不属于经营活动的损益，四是经营性应收应付项目的增减变动。企业应通过债权债务变动、存货变动、应计及递延项目、投资和筹资现金流量相关的收益或费用项目，将净利润调节为经营活动的现金流量。

在净利润基础上进行调整的主要项目包括：

（1）计提的资产减值准备；

（2）固定资产折旧、油气资产折耗、生产性生物资产折旧；

（3）无形资产摊销；

（4）长期待摊费用摊销；

（5）处置固定资产、无形资产和其他长期资产的损益；

（6）固定资产报废损益；

（7）公允价值变动损益：

（8）财务费用；

（9）投资损益；

（10）递延税款；

（11）存货；

（12）经营性应收项目；

（13）经营性应付项目。

将净利润调节为经营活动的现金流量，其方法可用公式概括如下：

经营活动产生现金流量净额＝净利润＋本年计提的资产减值准备或转销的减值准备＋本年计提的固定资产折旧、油气资产折耗、生产性生物资产折旧＋本年无形资产摊销额＋本年长期待摊费用摊销额＋本年处置固定资产、无形资产和其他长期资产损失（减：收益）＋固定资产报废损失（减：收益）＋公允价值变动损失（减：收益）＋属于筹资和投资活动的财务费用＋投资损失（减：收益）＋递延所得税资产的减少（减：增加）＋递延所得税负债的增加（减：减少）＋存货的减少（减：增加）＋经营性应收项目的减少（减：增加）＋经营性应付项目的增加（减：减少）。

3）*现金流量净增加额*

在报表补充资料中提供“现金及现金等价物净增加额”信息，是通过对现金、银行存款、其他货币资金账户以及现金等价物的期末余额与其初余额比较得来的。

补充资料中的“现金及现金等价物净增加额”与现金流量表中最后一项“五、现金及现金等价物净增加额”存在勾稽关系，即金额相等。

6. 现金流量表具体编制

现金流量表的编制方法主要有工作底稿法、“丁”字账户法和直接填列法。

1）工作底稿法

采用工作底稿法编制现金流量表，就是以工作底稿为手段，以利润表和资产负债表数据为基础，对每一项目进行分析并编制调整分录，从而编制出现金流量表。在直接法下，整个工作底稿纵向分成三段：第一段是资产负债表项目，其中又分为借方项目和贷方项目两部分；第二段是利润表项目；第三段是现金流量表项目。采用工作底稿法编制现金流量表的程序如下：

（1）将资产负债表的期初数和期末数过入工作底稿的期初数栏和期末数栏。

（2）对当期业务进行分析并编制调整分录。调整分录大体有这样几类：第一类涉及利润表中的收入、成本和费用项目以及资产负债表中的资产、负债及所有者权益项目，通过调整，将权责发生制下的收入费用转换为现金基础；第二类涉及资产负债表和现金流量表中的投资、筹资项目，反映投资和筹资活动的现金流量；第三类涉及利润表和现金流量表中的投资和筹资项目，目的是将利润表中有关投资和筹资方面的收入和费用列入现金流量表投资、筹资现金流量中去。此外，还有一些调整分录并不涉及现金收支，只是为了核对资产负债表项目的期末期初变动。在调整分录中，有关现金和现金等价物的事项，并不直接借记或贷记现金，而是分别记入“经营活动产生的现金流量”、“投资活动产生的现金流量”、“筹资活动产生的现金流量”有关项目，借记表明现金流入，贷记表明现金流出。

（3）将调整分录过入工作底稿中的相应部分。

（4）试算平衡。一是核对调整分录，借贷合计应当相等；二是资产负债表项目期初数加减调整分录中的借贷金额以后，应当等于期末数；三是利润表这栏的数字与本期利润表中的数字核对相符。

（5）根据工作底稿中的现金流量表项目部分编制正式的现金流量表。

2）“丁”字账户法

采用“丁”字账户法，就是以“丁”字账户为手段，以利润表和资产负债表数据为基础，对每一项目进行分析并编制调整分录，从而编制出现金流量表。采用“丁”字账户法编制现金流量表的程序如下：

（1）为所有的非现金项目（包括资产负债表项目和利润表项目）分别开设“丁”字账户，并将各自的期末期初变动数过入各账户。

（2）开设一个大的“现金及现金等价物”“丁”字账户，左、右各方分为经营活动、投资活动和筹资活动三个部分，左方记现金流入，右方记现金流出。与其他账户一样，过入期末期初变动数。

（3）以利润表项目为基础，结合资产负债表分析每一个非现金项目的增减变动，并据此编制调整分录。

（4）将调整分录过入各“丁”字账户，并进行核对，各该账户借贷相抵后的余额与原先过入的期末期初变动数应当一致。

（5）根据大的“现金及现金等价物”“丁”字账户编制正式的现金流量表。

3）直接填列法

现金流量表属于年报，在编制时，无论是用“工作底稿法”还是“丁”字账户法都要到年底才对全年的有关业务进行分析、整理、编制调整分录，然后汇总填列报表。这种方法常常复杂繁琐，不易理解。为了简化现金流量表的编制，对业务发生较少的企业，可通过分析有关账户的记录，直接填列现金流量表；对业务发生较多的企业，可以通过设置多栏式现金日记账或设置现金日记账二级账户的方法来编制现金流量表。若采用多栏式现金日记账编制现金流量表，可将企业现金日记账（现金日记账、银行存款日记账、其他货币资金明细账）改为多栏式日记账，对现金收入、现金支出按现金流量分类的明细项目设置若干专栏，在记现金收入、现金支出的同时，记入相关的栏目，月末、季末、年末加计核对。年底根据各栏目汇总数填列现金流量表。

13.2.4　所有者权益变动表

1. 所有者权益变动表概述

为了揭示会计期间内企业所有者权益各个项目的变动及其变动原因，《企业会计准则第 30 号——财务报表列报》规定，所有者权益变动表为基本报表，并需要单独反映企业的下列信息：①净利润；②直接计入所有者权益的利得和损失项目及其总额；③会计政策变更和差错更正的累积影响金额；④所有者投入资本和向所有者分配利润等；⑤按照规定提取的盈余公积；⑥实收资本、资本公积、盈余公积、未分配利润的期初和期末余额及其调节情况。

所有者权益变动表是反映构成所有者权益的各组成部分当期的增减变动情况的报表。所有者权益变动表全面反映一定时期所有者权益变动的情况，不仅包括所有者总量的增减变动，还包括所有者权益增减变动的重要结构性信息，特别是反映直接计入所有者权益的利得和损失，让报表使用者准确理解所有者权益增减变动的根源。通过该表，可以了解企业某一会计年度所有者权益的各项目——实收资本、资本公积、盈余公积和未分配利润等的增加、减少及余额的情况，分析其变动原因及预测未来的变动趋势。

2. 一般企业所有者权益变动表的列报格式

1）以矩阵的形式列报

为了清楚地表明构成所有者权益的各组成部分当期的增减变动情况，所有者权益变动表应当以矩阵的形式列示。一方面，列示导致所有者权益变动的交易或事项，改变了以往仅仅按照所有者权益的各组成部分反映所有者权益变动情况，而是按所有者权益变动的来源对一定时期所有者权益变动情况进行全面反映；另一方面，按照所有者权益各组成部分（包括实收资本、资本公积、盈余公积、未分配利润和库存股）及其总额列示交易或事项对所有者权益的影响。

2）列示所有者权益变动表的比较信息

根据财务报表列报准则的规定，企业需要提供比较所有者权益变动表，因此，所有者权益变动表还就各项目再分为“本年金额”和“上年金额”两栏分别填列。

所有者权益变动表的具体格式如表 13-9 所示。

表 13-9　所有者权益变动表

编制单位：　　　　　　　　　　年度　　　　　　　　　　单位：元

项　目	本年金额						上年金额					
	实收资本	资本公积	减：库存股	盈余公积	未分配利润	所有者权益合计	实收资本	资本公积	减：库存股	盈余公积	未分配利润	所有者权益合计
一、上年年末余额												
加：会计政策变更												
前期差错更正												
二、本年年初余额												
三、本年增减变动金额（减少以“－”号填列）												
（一）净利润												
（二）直接计入所有者权益的利得和损失												
1. 可供出售金融资产公允价值变动净额												
2. 权益法下被投资单位其他所有者权益变动的影响												
3. 与计入所有者权益项目相关的所得税影响												
4. 其他												
上述（一）和（二）小计												
（三）所有者投入和减少资本												
1. 所有者投入资本												
2. 股份支付计入所有者权益的金额												

续表

项　目	本年金额						上年金额					
	实收资本	资本公积	减：库存股	盈余公积	未分配利润	所有者权益合计	实收资本	资本公积	减：库存股	盈余公积	未分配利润	所有者权益合计
3. 其他												
（四）利润分配												
1. 提取盈余公积												
2. 对所有者的分配												
3. 其他												
（五）所有者权益内部结转												
1. 资本公积转增资本												
2. 盈余公积转增资本												
3. 盈余公积弥补亏损												
4. 其他												
四、本年年末余额												

3. 一般企业所有者权益变动表的列报方法

1）所有者权益变动表各项目的列报说明

(1)“上年年末余额”项目，反映企业上年资产负债表中实收资本（或股本）、资本公积、盈余公积、未分配利润的年末余额。

(2)“会计政策变更”和“前期差错更正”项目，分别反映企业采用追溯调整法处理的会计政策变更的累积影响金额和采用追溯重述法处理的会计差错更正的累积影响金额。

为了体现会计政策变更和前期差错更正的影响，企业应当在上期期末所有者权益余额的基础上进行调整得出本期期初所有者权益，根据“盈余公积”、“利润分配”、“以前年度损益调整”等科目的发生额分析填列。

(3)“本年增减变动额”项目分别反映如下内容：

①“净利润”项目，反映企业当年实现的净利润（或净亏损）金额，并对应列在“未分配利润”栏。

②“直接计入所有者权益的利得和损失”项目，反映企业当年直接计入所有者权益的利得和损失金额。其中：

“可供出售金融资产公允价值变动净额”项目，反映企业持有的可供出售金融资产当年公允价值变动的金额，并对应列在“资本公积”栏。

“权益法下被投资单位其他所有者权益变动的影响”项目，反映企业对按照权益法核算的长期股权投资，在被投资单位除当年实现的净损益以外其他所有者权益当年变动中应享有的份额，并对应列在“资本公积”栏。

“与计入所有者权益项目相关的所得税影响”项目，反映企业根据《企业会计准则第18号——所得税》规定应计入所有者权益项目的当年所得税影响金额，并对应列在“资本公积”栏。

③“净利润”和“直接计入所有者权益的利得和损失”小计项目，反映企业当年实现的净利润（或净亏损）金额和当年直接计入所有者权益的利得和损失金额的合计额。

④“所有者投入和减少资本”项目，反映企业当年所有者投入的资本和减少的资本。其中：

“所有者投入资本”项目，反映企业接受投资者投入形成的实收资本（或股本）和资本溢价或股本溢价，并对应列在“实收资本”和“资本公积”栏。

“股份支付计入所有者权益的金额”项目，反映企业处于等待期中的权益结算的股份支付当年计入资本公积的金额，并对应列在“资本公积”栏。

⑤“利润分配”下各项目，反映当年对所有者（或股东）分配的利润（或股利）金额和按照规定提取的盈余公积金额，并对应列在“未分配利润”和“盈余公积”栏。其中：

“提取盈余公积”项目，反映企业按照规定提取的盈余公积。

“对所有者（或股东）的分配”项目，反映对所有者（或股东）分配的利润（或股利）金额。

⑥“所有者权益内部结转”下各项目，反映不影响当年所有者权益总额的所有者权

益各组成部分之间当年的增减变动，包括资本公积转增资本（或股本)、盈余公积转增资本（或股本)、盈余公积弥补亏损等项金额。为了全面反映所有者权益各组成部分的增减变动情况，所有者权益内部结转也是所有者权益变动表的重要组成部分，主要指不影响所有者权益总额、所有者权益的各组成部分当期的增减变动。其中：

“资本公积转增资本（或股本)”项目，反映企业以资本公积转增资本或股本的金额。

“盈余公积转增资本（或股本)”项目，反映企业以盈余公积转增资本或股本的金额。

“盈余公积弥补亏损”项目，反映企业以盈余公积弥补亏损的金额。

2）上年金额栏的列报方法

所有者权益变动表“上年金额”栏内各项数字，应根据上年度所有者权益变动表“本年金额”栏内所列数字填列。如果上年度所有者权益变动表规定的各个项目的名称和内容同本年度不相一致，应对上年度所有者权益变动表各项目的名称和数字按本年度的规定进行调整，填入所有者权益变动表“上年金额”栏内。

3）本年金额栏的列报方法

所有者权益变动表“本年金额”栏内各项数字一般应根据“实收资本（或股本)”、“资本公积”、“盈余公积”、“利润分配”、“库存股”、“以前年度损益调整”等科目的发生额分析填列。

企业的净利润及其分配情况作为所有者权益变动的组成部分，不需要单独设置利润分配表列示。

13.2.5　财务报表附注

1. 附注的概念

附注是财务报表不可或缺的组成部分，是对在资产负债表、利润表、现金流量表和所有者权益变动表等报表中列示项目所做的文字描述或明细资料，以及对未能在这些报表中列示项目的说明等。在与各项目相关具体准则中有披露的特殊规定。

财务报表中的数字是经过分类与汇总后的结果，是对企业发生的经济业务的高度简化和浓缩的数字，如没有形成这些数字所使用的会计政策、理解这些数字所必需的披露，财务报表就不可能充分发挥效用。因此，附注与资产负债表、利润表、现金流量表、所有者权益变动表等报表具有同等的重要性，是财务报表的重要组成部分。报表使用者了解企业的财务状况、经营成果和现金流量，应当全面阅读附注。

2. 附注披露的基本要求

(1) 附注披露的信息应是定量、定性信息的结合，从而能从量和质两个角度对企业经济事项完整的进行反映，也才能满足信息使用者的决策需求。

(2) 附注应当按照一定的结构进行系统合理的排列和分类，有顺序地披露信息。由于附注的内容繁多，因此更应按逻辑顺序排列，分类披露，条理清晰，具有一定的组织结构，以便于使用者理解和掌握，也更好地实现财务报表的可比性。

（3）附注相关信息应当与资产负债表、利润表、现金流量表和所有者权益变动表等报表中列示的项目相互参照，以有助于使用者联系相关联的信息，并由此从整体上更好地理解财务报表。

3. 附注披露的内容

附注应当按照如下顺序披露有关内容：

1）企业的基本情况

（1）企业注册地、组织形式和总部地址。

（2）企业的业务性质和主要经营活动，如企业所处的行业、所提供的主要产品或服务、客户的性质、销售策略、监管环境的性质等。

（3）母公司以及集团最终母公司的名称。

（4）财务报告的批准报出者和财务报告批准报出日。

2）财务报表的编制基础

应该声明经过管理层评价，本企业处于正常的持续经营过程。因为持续经营是会计确认、计量及编报的基础。

3）遵循企业会计准则的声明

企业应当声明编制的财务报表符合企业会计准则的要求，真实、完整地反映了企业的财务状况、经营成果和现金流量等有关信息。以此明确企业编制财务报表所依据的制度基础。

如果企业编制的财务报表只是部分地遵循了《企业会计准则》，附注中不得做出这种表述。

4）重要会计政策和会计估计

根据财务报表列报准则的规定，企业应当披露采用的重要会计政策和会计估计，不重要的会计政策和会计估计可以不披露。

（1）重要会计政策的说明。

由于企业经济业务的复杂性和多样化，某些经济业务可以有多种会计处理方法，也即存在不止一种可供选择的会计政策。例如，存货的计价可以有先进先出法、加权平均法、个别计价法等；固定资产的折旧，可以有平均年限法、工作量法、双倍余额递减法、年数总额法等。企业在发生某项经济业务时，必须从允许的会计处理方法中选择适合本企业特点的会计政策，企业选择不同的会计处理方法，可能极大地影响企业的财务状况和经营成果，进而编制出不同的财务报表。为了有助于报表使用者理解，有必要对这些会计政策加以披露。

需要特别指出的是，说明会计政策时还需要披露下列两项内容：

① 财务报表项目的计量基础。会计计量属性包括历史成本、重置成本、可变现净值、现值和公允价值，这直接显著影响报表使用者的分析，这项披露要求便于使用者了解企业财务报表中的项目是按何种计量基础予以计量的，如存货是按成本还是可变现净值计量等。

② 会计政策的确定依据，主要是指企业在运用会计政策过程中所做的对报表中确认的项目金额最具影响的判断。例如，企业如何判断持有的金融资产是持有至到期的投资而不是交易性投资；又如，对于拥有的持股不足 50%的关联企业，企业为何判断企业拥有控制权因此将其纳入合并范围；再如，企业如何判断与租赁资产相关的所有风险和报酬已转移给企业，从而符合融资租赁的标准；以及投资性房地产的判断标准是什么，等等，这些判断对在报表中确认的项目金额具有重要影响。因此，这项披露要求有助于使用者理解企业选择和运用会计政策的背景，增加财务报表的可理解性。

（2）重要会计估计的说明。

财务报表列报准则强调了对会计估计不确定因素的披露要求，企业应当披露会计估计中所采用的关键假设和不确定因素的确定依据，这些关键假设和不确定因素在下一会计期间内很可能导致对资产、负债账面价值进行重大调整。

在确定报表中确认的资产和负债的账面金额过程中，企业有时需要对不确定的未来事项在资产负债表日对这些资产和负债的影响加以估计。例如，固定资产可收回金额的计算需要根据其公允价值减去处置费用后的净额与预计未来现金流量的现值两者之间的较高者确定，在计算资产预计未来现金流量的现值时需要对未来现金流量进行预测，并选择适当的折现率，应当在附注中披露未来现金流量预测所采用的假设及其依据、所选择的折现率为什么是合理的，等等；又如，为正在进行中的诉讼提取准备时最佳估计数的确定依据等。这些假设的变动对这些资产和负债项目金额的确定影响很大，有可能会在下一个会计年度内做出重大调整。因此，强调这一披露要求，有助于提高财务报表的可理解性。

5）会计政策和会计估计变更以及差错更正的说明

企业应当按照《企业会计准则第 28 号——会计政策、会计估计变更和差错更正》及其应用指南的规定，披露会计政策和会计估计变更以及差错更正的有关情况。

6）报表重要项目的说明

企业应当以文字和数字描述相结合，尽可能以列表形式披露报表重要项目的构成或当期增减变动情况，并且报表重要项目的明细金额合计，应当与报表项目金额相衔接，在披露顺序上，一般应当按照资产负债表、利润表、现金流量表、所有者权益变动表的顺序及其项目列示的顺序。

7）其他需要说明的重要事项

这主要包括或有和承诺事项、资产负债表日后非调整事项、关联方关系及其交易等，具体的披露要求须遵循相关准则的规定。

13.3　财务报表分析

13.3.1　财务报表分析的意义

财务报表分析是指人们利用财务报表等会计资料，从不同的侧面对企业的财务状况和经营成果做出进一步的剖析、比较和评价时所运用的一整套的技术和方法。它是企业经济活动分析的重要组成部分，也是企业财务管理的一个重要环节。财务分析是对企业一定时期财务活动结果的全面总结，为企业及其利益关系人下一步的财务预测和财务决策提供依据。做好财务分析工作具有重要意义：

1）有利于企业改善经营管理，提高经济效益

企业管理人员只有在全面掌握企业经营管理全过程的情况下，才能有效地进行指挥、控制和决策等管理活动；这些管理活动的最终结果可以通过财务指标反映出来。因此，企业管理的水平及其提高可以通过对财务报表的分析表现出来。企业财务管理人员运用财务分析的方法，将财务报表所表述的财务状况与经营成果和原决策方案、计划、预算、历史水平及同行业水平进行对比分析，揭示企业当前经营活动中存在的问题，分析出现问题的原因，以帮助企业管理人员和各责任部门从财务的侧面了解企业经营活动的现状和管理效果，并提出改进工作的建议和措施，从而使企业管理部门对采购、投资、销售等进行计划、监督和实施，提高企业经营管理的效率和效益。

2）有利于利益关系人做出正确的决策

对企业的不同利益关系人来说，他们都需要从财务报表中取得他们所需的信息。对投资者来说，他们要了解企业的财务状况和经营成果，以评价企业管理当局受托责任的履行情况，并据以做出买进、持有或卖出企业股份的决策。对债权人来说，他们需要利用财务报表来分析企业资产的状况及其流动性、负债偿还的可靠程度等有关信息。对企业员工来说，他们关心企业的盈利能力和发展能力，以评估企业提供报酬、福利和就业机会的能力。对顾客来说，他们主要关注企业产品的质量和售后服务以及经营持续性的信息。对政府机构来说，它们要依据财务报表提供的信息进行宏观决策，并做出征税和管制的决策。上述信息需求必须通过财务分析才能满足。通过对财务指标的分析，可从财务角度揭示企业生产经营中存在的问题，增强财务信息的可靠性和清晰度，从而便于各利益关系人利用财务信息来评价企业的历史、现状和未来，并做出正确的决策。

3）有利于评价企业管理者的经营绩效

通过财务分析，可以检查企业管理者和企业内部各职能部门（单位）完成财务目标的情况，考察他们的工作绩效，为确定其报酬、职位提供评价依据。同时，还可以借助这种评价，促使他们查找管理中存在的问题，总结成功的经验，吸取失败的教训，提高经营管理水平，促使企业经济效益的进一步提高。

13.3.2　财务分析的方法

通过财务报表虽然可以得到大量的财务信息，但很难获取各种直接有用的信息，有时甚至还会被会计数据引入歧途，被表面假象所蒙蔽。为了能使报表使用者正确揭示各种会计数据之间存在着的重要关系和全面反映公司的财务状况及经营成果，通常采用以下几种方法进行报表分析。

1. 比较分析法

比较分析法是指将两个或两个以上的同一性质或类别的经济指标或数据进行对比分析，以揭示其增减变动情况的一种方法。其主要作用在于揭示客观存在的差距，找出问

题，为进一步分析原因、挖掘潜力指明方向。比较分析法的主要形式有以下几种。

1）与计划对比

它是将本期的实际数与计划数进行比较，以分析计划的完成情况，给进一步的分析指明方向。在比较时，要同检查计划质量的分析结果结合起来。如果有大量超计划的差异，很可能是计划偏低的结果。

2）与前期对比

它是以本期实际数和本企业历年同期的实际数相比较，以了解其变化的方向和幅度，评价其发展趋势。它实质上也是一种趋势分析。

3）与同行业对比

这是将企业本期的某些指标与同行业的平均水平或先进水平进行对比，以揭示企业的现状与差距，确定企业在同行业中的地位。

应用比较分析必须注意指标的可比性，即进行比较的指标必须是同性质或同类别的，而且在计算口径、计价基础、计算方法和时间单位等方面都应保持一致。比较不同企业的同类指标时，还须考虑它们之间的技术经济特点是否具有可比性。

2. 趋势分析法

趋势分析法是指通过比较企业连续几期的财务报表中的相同指标或财务比率，分析它们的增减变动方向、数额和变动幅度的一种方法。采用这种分析方法可以揭示企业财务状况和生产经营情况的变化，以便于评价企业经营情况，分析引起变化的原因和预测企业未来的发展前景。

趋势分析法在实际分析中被广泛使用，是一种非常重要的财务分析方法。趋势分析法一般有以下三种运用形式：

1）绝对金额式趋势分析

绝对金额式趋势分析是指以企业连续数期同一指标的绝对额或增加额为依据，分析其增减变动的幅度及其原因，判断企业财务状况的发展趋势。一般来说，比较的期数越多，分析结果的准确性就越高。

2）环比式比率趋势分析

环比式比率趋势分析是指以环比增长率为依据观察指标变动趋势。环比增长率的计算公式为

$$环比增长率 = (本期实际数 - 上期实际数) / 上期实际数 \times 100\%$$

环比式比率趋势分析既可用于一企业不同时期财务状况和经营成果的纵向比较，也可以用于不同企业之间或行业平均数之间的横向比较。这种方法能消除不同时期（不同企业）之间业务规模变动的影响。

3）趋势百分比分析

趋势百分比分析是指以某一期为基年期，计算各期的定比增长率，以趋势百分比观察其变动趋势。趋势百分比的计算公式为

$$某期趋势百分比 = (某期实际数 - 基期实际数) / 基期实际数 \times 100\%$$

这种方法多适用于某一企业不同时期财务状况和经营成果的纵向比较，它能消除不

同时期业务规模变动的影响。

3. 比率分析法

比率分析法是指通过计算、对比经济指标之间的比率，揭示经济指标之间相互关系来确定经济活动变动程度的分析方法，它可以把某些不同条件下不可比的指标转变为可比指标。依分析的不同内容要求，比率分析法可分为以下几种。

1）结构比率分析法

它是用于计算某项经济指标的各个组成部分与总体的比重，反映其部分与总体之间的关系。其典型计算公式为

$$结构比率 = 某个组成部分数额 \div 总体数额$$

具体做法是：把报表中的各个数据与一个基本数据进行比较，得出各个百分率，编制共同比财务报表，以分析同一期财务报表上有关项目的相对重要性及其在总体中占据的份额。

2）效率比率分析法

它是用于计算财务报表上有关所耗与所得数据之间的比率，反映了投入与产出之间的关系，如成本费用与其对应的销售收入的比率、净利润与销售收入的比率等。利用效率比率指标可以考察经营成果，评价经济效益。

3）相关比率分析法

它是根据经济活动客观存在的相互依存、相互联系的关系，将财务报表上两个不同但又相关指标的数值相比来进行分析的一种方法。例如，负债总额与资产总额之间的比率、流动负债与流动资产之间的比率等。采用相关比率分析法，可以分析相关经济业务的安排是否合理，生产经营状况是否良好。

财务比率分析是指在同一财务报表不同项目之间或在不同财务报表有关项目之间，用比率把有关数据结合起来，以反映它们之间的相互关系，据以评价企业的财务状况、经营成果和资金变动情况。在实务中，通常使用的财务比率主要有三种类型：盈利能力比率、营运能力比率和偿债能力比率。

13.3.3　盈利能力比率分析

企业是以营利为目的的经济组织，盈利是企业生存和发展的物质基础。企业能够在市场经济条件下生存的前提是企业通过产品的销售获得足够的收入，以抵补各项固定费用与变动费用开支，并获得一定的盈利。如果企业不能盈利，就很难在市场竞争中生存，更谈不上发展。因此，企业的投资者、债权人、经营者以及其他利益关系人都十分关注企业的盈利能力。

在企业的所有盈利中，不同来源盈利的质量是不同的。以会计政策与会计估计变更的影响为例，企业可以通过变更会计政策与会计估计的方法来调节企业利润，但是这种利润并不是企业创造的，不能反映企业实际的盈利能力。因此，在财务分析时应剔除这些因素的影响。常用的评价企业盈利能力的指标主要有如下一些：

1. 资产报酬率

资产报酬率是衡量企业资产产生回报的能力，是企业利润与创造利润所运用资产的比率。这一比率有三种计算公式：

资产报酬率 = 息税前利润 / 平均总资产 × 100%

资产报酬率 = 税前利润 / 平均总资产 × 100%

资产报酬率 = 税后利润 / 平均总资产 × 100%

平均总资产 =（期初总资产 + 期末总资产）÷ 2

根据表 13-3 和表 13-6 的有关数据，ABC 公司 20×7 年的资产报酬率为

资产报酬率 = 1 521 000 ÷ [(18 051 900 + 18 301 200) ÷ 2] × 100% = 8.37%

这一指标主要用来衡量企业利用资产获得利润的能力，反映企业资产的利用效率。该指标越高，表明资产的利用效率越高，说明企业在增加收入和节约资金使用等方面取得了良好的效果。它也可以用于不同规模、不同资本结构的企业之间的比较。为了正确评价企业经济效益的高低，挖掘企业提高利润水平的潜力，可用该指标与本企业的前期或计划水平、与本行业的平均水平以及本行业的先进水平进行对比，分析形成差异的原因。影响资产报酬率高低的因素主要有产品的售价、产量与销售量、单位成本以及资金占有量等，企业可以用加速资金周转、提高销售利润率等方式提高资产报酬率。

2. 股东权益报酬率

股东权益报酬率，也称净资产收益率，它是一定时期内企业的净利润与股东权益平均总额的比率，其目的是以企业所有者的角度来衡量企业的盈利能力。良好的股东权益报酬率能为企业带来成功，使得股票价格上升，吸引新资金更为容易。这些有利因素将促使企业在合适的市场条件下扩大规模，实现增长，而增长又会给企业带来更多的利润。从而提高企业价值，不断增加企业股东的财富。股东权益报酬率的计算公式如下：

股东权益报酬率 = 净利润 / 股东权益平均总额 × 100%

股东权益平均总额 =（期初股东权益 + 期末股东权益）÷ 2

根据表 13-3 和表 13-6 的有关数据，ABC 公司 20×7 年的股东权益报酬率为

股东权益报酬率 = 1 521 000 ÷ [(9 952 500 + 11 473 500) ÷ 2] × 100% = 14.20%

3. 销售毛利率与销售净利率

1）销售毛利率

销售毛利率是销售毛利占销售收入的百分比，其中销售毛利是销售收入与销售成本之差。其计算公式如下：

销售毛利率 =（销售收入 − 销售成本）/ 销售收入 × 100%

由表 13-6 可知，ABC 公司的销售毛利率为

销售毛利率 = (9 700 000 − 6 965 000)/9 700 000 × 100% = 28.20%

销售毛利率表示每一元销售收入扣除销售成本后，有多少钱可以用于抵补各项期间费用形成盈利。销售毛利率越大，说明企业通过销售获取利润的能力越强。

2）销售净利率

销售净利率是指企业的净利润与其销售收入之比，其计算公式为

$$销售净利率 = 净利润 / 销售收入 \times 100\%$$

根据表 13-6 的有关数据，ABC 公司的销售净利率可计算如下：

$$销售净利率 = 1\,521\,000/9\,700\,000 \times 100\% = 15.68\%$$

销售净利率指标反映 1 元销售收入带来利润的多少，表示销售收入的收益水平。从销售净利率的指标关系看，净利润额与销售净利率成正比关系，而销售收入额与销售净利率成反比关系。因此，企业在增加销售收入的同时，必须相应地获得更多的净利润，才能使销售净利率保持不变或有所提高。通过分析这一指标增减变动，可以促使企业在扩大销售的同时，注意改进经营管理，提高盈利水平。

通常情况下，这一比率越高越好，然而，孤立地考虑这一比率有时可能会导致错误的结论，因为它没有考虑取得这一利润率所运用的资产。换言之，较高的销售净利率可能是由巨额的投资带来的，销售净利率很高，但资产报酬率却可能不高。

4. 市盈率

市盈率是指普通股每股市价与普通股每股盈余的比率，其计算公式为

$$市盈率 = 普通股每股市价 / 普通股每股盈余 \times 100\%$$

市盈率反映了投资者对单位净利润愿意支付的价格，可以用来估计股票的投资报酬和风险，它是市场对公司的共同期望指标。在市场充分反映公司的信息时，市场对公司的前景越看好，公司股价越高，则市盈率越高，表明公司具有投资价值，投资风险越小；反之，市场对公司的评价越低，公司股价越低，则市盈率越低，表明该公司缺乏投资潜力，投资风险越大。但如果市场对公司股价存在高估时，股价越高，市盈率越高，投资风险越大；反之存在低估时，股价越低，市盈率越低，投资风险越小。

在使用市盈率指标分析时应注意，该指标不能用于不同行业公司之间的比较。

13.3.4　营运能力比率分析

营运能力比率是从资源运用的角度，衡量企业在资产管理方面的效率。具体包括：应收账款周转率、存货周转率、流动资产周转率和总资产周转率。

1. 应收账款周转率

应收账款周转率是指企业销售收入与应收账款平均余额的比率，用以反映企业应收账款收回的速度和管理效率。其计算公式如下：

$$应收账款周转率 = 赊销收入净额 / 应收账款平均余额 \times 100\%$$

其中，赊销收入净额＝销售收入－现销收入－销售退回、折扣、折让

$$应收账款平均余额 = (应收账款年初余额 + 应收账款年末余额) \div 2$$

由表 13-3 和表 13-6 的有关数据，ABC 公司的应收账款周转率为

$$应收账款周转率 = 9\,700\,000/[(1\,635\,000 + 1\,194\,000) \div 2] \times 100\% = 6.86\%$$

应收账款周转率是考核应收账款变现能力的重要指标，反映了应收账款转化为货币

资本的平均次数。一般来说，应收账款周转率越高越好，应收账款周转率越高，表明公司收账速度快、坏账损失小、资产流动快、偿债能力强。但是，过高的应收账款周转率也可能说明，企业在赊销政策方面存在问题，或为及早收回应收账款而给予顾客过高的现金折扣，从而降低企业盈利水平；或者奉行严格的信用政策，付款条件过于苛刻，从而降低了应收账款数额。而与此同时执行该销售政策也影响了企业销售量，进而影响了企业盈利水平。

为了能够恰当、合理的评价应收账款的周转速度，往往还需要考虑不同行业的特点，应结合同行业的平均水平进行分析。此外，下列情形下对应收账款周转率计算结果将产生很大的不确定性，应给予具体考虑：①季节性经营企业；②大量使用分期付款结算方式情形；③大量使用现金结算方式情形；④年末大量销售或年末销售大幅度下降情形。

除了应收账款周转率之外，应收账款的周转情况还可以用应收账款平均收款期即应收账款周转天数来表示。其计算公式为

$$应收账款周转天数 = 360/ 应收账款周转率$$

$$ABC 公司应收账款周转天数 = 360/6.86 = 52.5(天)$$

一般来说，应收账款周转率越高，周转天数越短，说明应收账款的回收速度越快，管理效率越高。

2. 存货周转率

存货周转率是指企业在某一特定期间的销售成本与存货平均余额的比率，反映企业在该期间内存货周转速度。该指标可以用来评价企业在存货购入、投入生产、销售收回等环节上的管理效率。该指标也可以用时间方式来表示，即为存货周转天数，其意义是存货每完成一次周转需要的天数。其计算公式为

$$存货周转率 = 销售成本 / 平均存货 \times 100\%$$

$$存货周转天数 = 360/ 存货周转率$$

式中，平均存货是期初存货与期末存货的平均数。由表 13-3 和表 13-6 的有关数据，ABC 公司的存货周转率与存货周转天数为

$$存货周转率 = 6\,965\,000/[(3\,867\,000 + 3\,222\,700) \div 2] \times 100\% = 1.96\%$$

$$存货周转天数 = 360/1.96 = 184$$

一般来说，存货周转率越高，周转天数越短，存货的占用水平就越低，表明企业存货管理越有效率，存货变现能力就越强。但是，过高的周转速度也可能表明企业的存货水平过低，从而导致经常缺货并影响正常生产经营活动进行；或者由于采购次数过于频繁，每次订货数量过小而增加存货采购成本。存货周转率过低，往往表明存货管理不善，造成存货积压，销售不畅。需要注意的是，对存货周转速度分析还应考虑不同行业、不同经营方式等因素的影响。

3. 流动资产周转率

流动资产周转率是销售收入与全部流动资产平均余额的比率，反映企业对流动资产的管理效率。其计算公式为

$$流动资产周转率 = 销售收入 / 平均流动资产 \times 100\%$$

$$平均流动资产 = (期初流动资产 + 期末流动资产)/2$$

由表 13-3 和表 13-6 可知，ABC 公司的流动资产周转率为

$$流动资产周转率 = 9\ 700\ 000/[(7\ 760\ 000 + 6\ 999\ 500) \div 2] \times 100\% = 1.31\%$$

该指标是分析流动资产周转情况的一个综合性指标。流动资产周转率不仅反映公司生产经营过程中投放流动资产的周转速度，而且反映生产经营过程中创新价值的情况，即周转率不仅受实际投入资产周转速度的影响，而且受盈利水平高低的影响。周转速度快，会相对节约流动资产，相当于相对扩大了资产收入，增强了企业盈利能力；而延缓周转速度，需补充周转用流动资产，形成资金浪费，降低企业盈利能力。

4. 总资产周转率

总资产周转率是指企业销售净收入与平均资产总额的比率，反映企业对其所拥有的全部资产的有效利用程度。其计算公式为

$$总资产周转率 = 销售净收入 / 资产平均总额 \times 100\%$$

其中，

$$资产平均总额 = (期初总资产 + 期末总资产)/2$$

由表 13-3 和表 13-6 的有关数据，ABC 公司的总资产周转率为

$$总资产周转率 = 9\ 700\ 000/[(18\ 301\ 200 + 18\ 051\ 900) \div 2] \times 100\% = 0.534\%$$

该指标可用来分析公司全部资产的利用效率。一般而言，在其他条件不变情况下，销售收入上升时，总资产周转率也上升，表明企业各项资产的运用效率提高，企业管理水平上升；反之，如果这一比率较低，说明公司利用其资产进行经营的效率较差，会影响公司的盈利能力，公司应采取措施提高销售收入或处置资产，以提高总资产利用率。不过，在分析该指标时，还应与销售利润率、资产报酬率等指标结合起来加以考察。因为较高的总资产周转率可以通过薄利多销的办法来实现，企业能否获利及获利多少，最终还是与销售利润率的高低密切相关。

13.3.5 偿债能力比率分析

偿债能力是指企业偿还各种到期债务的能力。通过偿债能力分析，可以揭示企业的财务风险，企业管理人员、债权人和投资者都很重视企业的偿债能力分析。由于债务有长短期之分，给企业带来的偿债压力不同，通常又把偿债能力分析分为短期偿债能力分析和长期偿债能力分析。

1. 短期偿债能力分析

短期偿债能力是指企业偿付流动负债的能力。一般来说，流动负债需要以流动资产来偿付，从根本上说，它需要用现金来直接偿还，因此，短期偿债能力分析通常关注企业资产的变现能力，短期偿债能力分析又称为变现能力分析。反映变现能力的财务比率主要有流动比率和速动比率。

1）流动比率

流动比率是指企业流动资产与流动负债之间的比率，可用以衡量企业在某一时点用

现有的流动资产去偿还到期流动负债的能力。其计算公式为

流动比率 = 流动资产 / 流动负债

根据表 13-3 的有关数据，ABC 公司 20×7 年末的流动比率为

流动比率 = 6 999 500/2 578 400 = 2.715

一般的说，流动比率越高，表明企业资产的流动性越大，变现能力越强，短期偿债能力相应越多。但是，这并不意味着流动比率越高越好。从理财角度看，流动性越高的资产，其获利能力相应较低。

西方长期经验证明，流动比率一般维持在 2∶1 左右，就视为具有充裕的短期偿债能力。原因是，流动资产中变现能力最差的存货金额约占流动资产总额的一半，剩下的流动性较大的流动资产等于流动负债，企业的短期偿债能力才会有保障。但是，对流动比率的要求，不能一概而论，还要视企业的经营性质、经营周期和行业特点而定，它甚至与企业本身的经营方针和管理水平有关。

2）速动比率

尽管流动比率能较好地反映企业资产的变现能力，但是，由于流动资产包括了一部分变现能力较差的资产（如存货等），因此人们（特别是短期债权人）还希望进一步获得比流动比率更有效地反映变现能力的指标。将流动资产变现能力较差的资产（如存货）扣除，即所谓速动资产，以速动资产除以流动负债就是速动比率。速动比率也称酸性测试比率。其计算公式为

速动比率 = 速动资产 / 流动负债 =（流动资产 − 存货）/ 流动负债

根据表 13-3 的有关数据，ABC 公司 20×7 年末速动比率为

速动比率 =（6 999 500 − 3 222 700）/2 578 400 = 1.465

一般认为，速动比率保持为 1∶1 合适。此时，速动资产和流动负债相等，企业具有较强的短期偿债能力，短期债权人能按期收回债权的可能性大。

2. 长期偿债能力分析

长期偿债能力是指企业偿还长期负债的能力。对企业所有者、长期债权人和经营者来说，他们不仅关心企业的短期偿债能力，而且关心企业的长期偿债能力。分析企业长期偿债能力，主要是为了确定企业偿还债务本金和支付债务利息。分析长期偿债能力的财务比率主要有：资产负债率和利息保障倍数。

1）资产负债率

资产负债率，亦称负债比率或举债经营比率。它是指企业负债总额与资产总额之间的比率，表明企业负债水平高低和长期偿债能力，反映债权提供贷款的安全程度。其计算公式是

资产负债率 = 负债总额 / 资产总额 × 100%

由表 13-3 的有关数据，ABC 公司 20×7 年末的资产负债率为

资产负债率 = 6 578 400/18 051 900 × 100% = 36.44%

资产负债率反映了企业偿还债务的综合能力。一般的说，资产负债率越低，资产对债权人的保障程度就越高。反之，资产负债率越高，企业长期偿债能力就越差，债权人

收回债权的保障程度就越低，面临的风险就越大。

2）利息保障倍数

利息保障倍数是指企业息税前利润和利息费用之间的比率，反映企业用本期所获收益支付利息费用的能力。其计算公式为

$$利息保障倍数 = 息税前利润 / 利息费用$$

式中，息税前利润是指净利润、所得税费用和利息费用三者之和，公式中的分母利息费用，不仅包括财务费用中的利息费用，还包括计入固定资产成本的资本化利息。利息保障倍数越高，说明企业有足够的利润可用于支付利息，债权人的利息收入就越有保障；该比率越低，说明企业可用于支付利息的利润越少，企业偿付利息的能力就越强。当该比率小于1时，则表明企业已无力支付举债经营的利息支出，陷入了财务困境之中，举债的安全保障已成为问题。

以ABC公司为例，假设该公司无资本化利息，所有财务费用均为利息费用，根据表13-6的有关数据，利息保障倍数为

$$利息保障倍数 = (2\,028\,000 + 68\,000)/68\,000 = 30.82$$

思　考　题

1. 什么是会计报表？会计报表的作用是什么？
2. 简述资产负债表的特点、一般结构及其编制方法。
3. 简述利润表的特点、一般结构及其编制方法。
4. 简述编制现金流量表的原因及编制基础。
5. 简述财务报表分析的内容及其评价指标。

练　习　题

ABC公司20×8年12月31日有关资料如下：

1. 年终结账后有关账户余额如下。

借方余额账户	年初数	年末数	贷方余额账户	年初数	年末数
现金	5 000	6 800	短期借款	1 800 000	1 600 000
银行存款	1 876 000	1 984 000	应付票据	1 100 000	965 000
应收票据	905 000	1 200 000	应付账款	1 176 200	1 418 000
应收账款	1 850 000	1 980 000	预收账款	50 000	160 000
应收股利	78 600	21 000	应付职工薪酬	114 200	186 600
预付账款	280 000	200 000	应付股利	215 800	237 400
其他应收款	13 000	15 000	应交税费	61 600	69 800
原材料	1 824 000	1 936 000	其他应付款	15 200	84 000
生产成本	1 250 400	1 598 000	长期借款	1 800 000	1 500 000
产成品	1 930 000	2 399 000	应付债券	2 000 000	2 500 000
长期股权投资	1 500 000	1 500 000	实收资本	6 000 000	6 000 000
固定资产净值	3 850 000	4 366 000	盈余公积	864 000	935 000
无形资产	600 000	500 000	利润分配	765 000	2 050 000

2. 有关明细分类账户余额如下。

项　目	年初数	年末数
1. 应收账款账户借方余额	2 350 000	2 080 000
应收账款账户贷方余额	500 000	400 000
2. 应付账款账户借方余额	250 000	320 000
应付账款账户贷方余额	1 426 200	1 738 000

3. 本年损益类账户净发生额如下。

账户名称	本年累计
主营业务收入	24 560 000
主营业务成本	18 930 000
营业税金及附加	803 000
其他业务收入	856 000
其他业务成本	632 000
销售费用	1 482 400
管理费用	1 556 000
财务费用	336 000
投资收益	156 000
营业外收入	89 600
营业外支出	114 200
所得税费用	452 000
净利润	1 356 000

要求：

(1) 根据资料编制 ABC 公司 20×8 年 12 月 31 日资产负债表；

(2) 根据资料编制 ABC 公司 20×8 年利润表；

(3) 根据资料计算 ABC 公司 20×8 年盈利能力指标；

(4) 根据资料计算 ABC 公司 20×8 年偿债能力指标；

(5) 根据资料计算 ABC 公司 20×8 年营运能力指标。

第 14 章　成本习性与本量利分析

本章阐述成本习性的含义及其分类，混合成本的类别及其分解方法，本量利的基本关系、贡献毛益、经营杠杆及安全边际的含义，盈亏临界点分析的方法，变动成本法。本章是管理会计的理论基础。

14.1　成本习性

14.1.1　成本习性的含义及成本按习性的分类

1. 成本按经济职能的分类

在财务会计中，通常把制造业的成本按其经济职能分为生产成本和非生产成本。生产成本又称制造成本，是指生产过程中为制造产品发生的成本，包括直接材料、直接人工、制造费用三个成本项目。非生产成本主要指期间成本，包括销售费用和管理费用两个项目。这种分类方法虽能反映产品成本的构成，便于考核预计成本指标的执行情况，分析成本升降的原因并寻求降低成本的途径。但由于这种分类没有同企业生产能力挂钩，对于加强成本的规划与控制又明显不足。因此，作为着重强调“规划与控制”的管理会计就需要对成本按照一个新的标准分类，这就是成本习性。

2. 成本习性的含义

成本习性（cost behavior）又称为成本性态，是指成本总额对业务量总数的依存关系。这种关系是客观存在的，是成本的固有性质，故称之为“习性”。业务量是指企业在一定的生产经营期内投入或完成的经营工作量的统称。业务量可以使用多种计量单位，包括实物量、价值量和时间量三种形式，在最简单的条件下，通常指生产量和销售量。成本总额主要指为取得营业收入而发生的营业成本费用，包括全部生产成本和非生产成本。

研究成本总额与业务量总数之间的规律性联系，有助于企业实行最佳化管理，充分挖掘内部潜力，争取实现最佳经济效益。

3. 成本按其习性的分类

按照成本习性可将企业的全部成本分为变动成本、固定成本和混合成本三类。

1）变动成本（variable cost）

变动成本是指在特定的业务量范围内，成本总额随业务量总数成正比例增减变动关系的成本。但就单位业务量的变动成本而言，则是固定的。

【例 14-1】 ABC 公司生产男式西服，每套西服需用毛料成本 150 元，当西服产量发生增减时，则耗用毛料的成本则随西服的产量呈正比例增减，毛料的成本就是生产西服的一项变动成本。其关系如表 14-1 所示。

表 14-1　西服产量、毛料总成本、每套西服的毛料成本之间的关系

西服产量（业务量）（套）	毛料总成本（变动成本总额）（元）	每套西服的毛料成本（单位变动成本）（元）
1 000	150 000	150
2 000	300 000	150
3 000	450 000	150
4 000	600 000	150
5 000	750 000	150

在实务中，直接材料、直接人工，制造费用内随业务量总数成正比例增减变动的机物料消耗、燃料费、动力费，按销售量支付的推销员佣金，装运费、包装费、营业税以及按产量计提的固定设备折旧费等，都属于变动成本。

应该注意的是：变动成本是因本期制造产品所引起的成本，要想降低变动成本，主要应通过技术革命或技术革新、降低单位产品内的材料消耗量或工资含量实现。

2）固定成本（fixed cost）

固定成本是指成本总额在一定时期和一定业务量范围内，不受业务量增减变动影响而固定不变的成本。就单位业务量的固定成本而言，则与业务量的增减成反比例地变动。

【例 14-2】 ABC 公司生产西服的车间是向某地产公司租用的，每年订租约一次，并每月支付租金 40 000 元。若西服最大生产能量为 5 000 套，即该公司每月西服产量在 5 000 套以内时，租金总成本不随产量的变动而变动。因而生产西服的场地租金就是一项固定成本。但每套西服所负担的租金成本则随业务量的增加而成反比例的减少。其关系如表 14-2 所示。

表 14-2　西服产量、租金总成本、每套西服负担的租金成本之间的关系

西服产量（业务量）（套）	租金总成本（固定成本总额）（元）	每套西服负担的租金成本（单位固定成本）（元）
1 000	40 000	40.00
2 000	40 000	20.00
3 000	40 000	13.33
4 000	40 000	10.00
5 000	40 000	8.00

在实务中，房屋及设备租金、财产保险费、管理人员工资、不动产税捐、直线法计提的固定资产折旧费、办公费、差旅费、文具用品费、广告费、新产品研究开发费、科研试验费、职工培训费等，都属于固定成本。

固定成本还可根据其支出数额是否能改变，进一步细分为“酌量性固定成本”和“约束性固定成本”两类。

（1）酌量性固定成本（discretionary fixed cost）。是指通过经营管理者的决策行动能改变其发生额的成本，如广告费、新产品研究开发费、职工培训费等。酌量性固定成本的基本特征是：其发生额的大小由高层领导根据企业的经营方针、财力负担来确定；预算期短，通常为一年。企业经营管理者可以适应预算期的变化及时调整不同预算期的开支数额。要想降低酌量性固定成本，只有从精打细算、厉行节约、消灭浪费、减少它们的绝对额着手。

(2) 约束性固定成本 (committed fixed cost)，又称经营能力成本。是指与形成企业生产能力（包括物质和组织机构）相联系的成本，如固定资产折旧费、保险费、房屋及设备租金、不动产税、管理人员薪金等。约束性固定成本的基本特征是：企业经营管理者的决策行动无法改变，其支出的数额取决于生产经营能力的规模和质量；预算期较长。企业生产能力一旦确定，将影响企业的盈利能力和长远目标，是维持整个企业生产能力、实现长远目标的基础。要想降低约束性固定成本，只有从经济合理地利用企业的生产经营能力、提高产品的生产量着手。

3) 固定成本和变动成本的相关范围

由前所述固定成本的概念可知，固定成本是“在一定时期和一定业务量范围内”才是固定的。这就意味着固定成本的发生额不受业务量增减变动的影响，存在着一定的范围。这个范围在管理会计中就叫做“相关范围”。如果业务量超过这个范围，固定成本也会发生变动。这是应为由于企业所要完成的业务量，若超过现有生产能力，就需要增添厂房、设备和管理人员等，与此有关的固定成本要增加。同样，变动成本也存在着相关范围的问题。即变动成本总额随着业务量变动成正比例变动的这种完全线性关系，只有在一定的相关范围内存在；而超出了相关范围，它们之间的联系则可能表现为非线性关系。这是因为企业生产的产品，通常在生产的最初阶段产量较低，单位产品消耗的直接材料、直接人工一般都较多；当产量增加到一定数量时，单位产品耗费的直接材料、直接人工都比较稳定；当产量继续增长时，则又可能出现一些新的促使单位产品变动成本提高的因素，如按高于正常工资率支付的加班加点工资。随着产量水平高低的不同，形成了产量与变动成本总额之间的线性关系和非线性关系。

4) 混合成本 (mixed cost)

在现实经济生活中，固定成本和变动成本是诸多成本形态中的两种极端类型，大多成本是处于两者之间的混合体，这种同时兼有变动成本和固定成本两种不同性质的成本称作混合成本。这类成本的基本特征是，其发生额受业务量变动的影响，但其变动的幅度并不同业务量的变动保持严格的比例关系。混合成本可进一步分为如下四类：

(1) 半变动成本 (semi-variable cost)。

这类成本通常以一定的初始量为基数，一般不变，类似固定成本；但在这个基数之上，随着业务量的增长，成本也相应地成比例增加，这部分的性质又类似变动成本。例如，所有的公用事业费（电费、水费、煤气费、电话费、暖气费、有线电视费等），以及机器设备的维护保养费、修理费等，均属此类。

(2) 半固定成本 (semi-fixed cost)。

这类成本在一定业务量范围内的发生额是固定的，但当业务量增长到一定限度，其发生额就突然跳跃到一个新的水平，然后在业务量增长的一定限度内，发生额又保持不变，直到另一个新的跳跃为止。例如，企业的化验员、运货员、检验员、保养工、领班等工资，以及受班次影响的动力费、整车运输费、设备修理费等，都属于这一类。由于这种成本的习性模型呈阶梯状，故亦称“阶梯式变动成本”。

（3）延期变动成本（delayed-variable cost）。

指在一定的业务量范围内成本总额保持稳定，但超过该一定业务量后，随业务量按比例增长的成本。例如，企业在正常工作时间或正常产量的情况下，对职工所支付的薪金是固定不变的；但当工作时间（或产量）超过规定标准，则需按加班时间的长短或超产数量的多寡成比例地支付加班薪金或超产奖等。

（4）曲线变动成本（curve variable cost）。

这类成本通常有一个初始量，一般不变，相当于固定成本；但在这个初始量的基础上，随着业务量的增加，成本也逐步增加，不过两者不呈正比例的线性关系，而呈抛物线上升和下降的趋势，分别称之为递增曲线成本和递减曲线成本。例如，累进计件工资、各种违约金、罚金等，当刚达到约定产量（或约定交货时间）时，成本是固定不变的，属于固定成本性质。但在这个基础之上，随着产量（或延迟时间）的增加，成本就逐步上升，而其上升率是递增的。又如，热处理的电炉设备，每班需要预热，因预热而耗电的成本（初始量）属于固定成本性质。至于预热后进行热处理的耗电成本，则随业务量的增加而逐步上升。但两者不成正比例，而呈非线性关系，并且成本上升越来越慢，即其上升率是递减的。

14.1.2　混合成本的分解

1. 管理会计的总成本公式及其习性模型

管理会计为了规划与控制企业的经济活动，必须首先把全部成本按其习性划分为变动成本和固定成本两大类。那么企业的总成本公式可表示为

$$\text{总成本} = \text{固定成本总额} + \text{变动成本总额}$$
$$= \text{固定成本总额} + (\text{单位变动成本} \times \text{业务量})$$

现用 y 代表总成本，a 代表固定成本总额，b 代表单位变动成本，x 代表业务量，则上述总成本公式可改写为

$$y = a + bx$$

上述公式从数学的观点来看，是一个直线方程式，其模型如图 14-1 所示。这一公式是混合成本分解的基础。显然求出公式中 a 和 b 的值，即将混合成本分解，并可利用这个线性方程进行成本预测和成本决策。

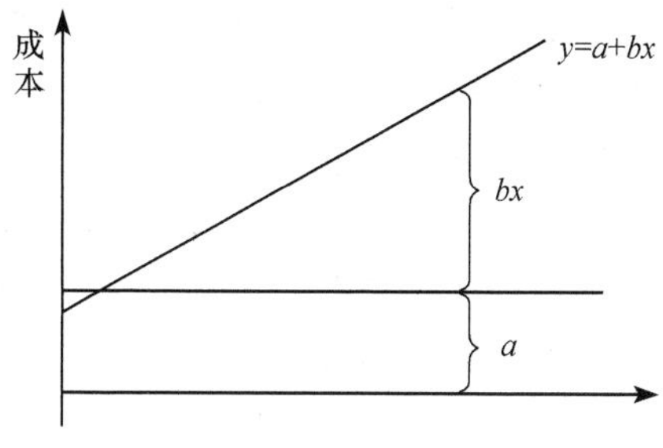

图 14-1　总成本习性模型

2. 混合成本分解的方法

分解混合成本的方法常用的有账户分析法、技术测定法、合同确认法和数学分解法。

1）账户分析法（account analysis approach）

账户分析法是根据各有关成本账户及明细项目的账户性质，结合其与业务量的依存关系，通过经验判断其比较接近哪一类成本，就视其为哪一类成本。例如，燃料及动力成本项目，虽然它不与产量呈严格的正比例关系，但其变动毕竟与产量的关系较大，故可视作变动成本处理。至于管理费用以及制造费用中的间接人工、固定资产折旧费、设备租金、保险费、不动产税捐等，因它们基本上与产量的变动关系不显著，均可视作固定成本处理。

2）合同确认法（contract confirm approach）

合同确认法是根据企业与供应单位签订的各种合同、契约，以及企业内部既定的各种管理和核算制度中所明确规定的计费方法，分别确认哪些费用属于固定成本，哪些费用属于变动成本。所以这种方法特别适用于有明确计算方法的各种初始量变动成本，如电费、水费、煤气费、电话费等各项公用事业费。其账单上的基数即为固定成本，而按耗用量多少计价部分则属于变动成本。

3）技术测定法（technique determine approach）

技术测定法亦称“工程法”。它是由工程技术人员通过某种技术方法测定正常生产流程中的投入-产出之间的规律性的联系来划分固定成本和变动成本的方法。其基本点就是把材料、工时的投入量和产量进行对比分析，用来确定单位产量的消耗定额，并把与产量有关的部分汇集为单位变动成本，与产量无关的部分汇集为固定成本。例如，热处理的电炉设备在预热过程中的耗电成本（初始量），可通过技术测定，划归为固定成本；至于预热后对零部件进行热处理的耗电成本，则可划归为变动成本。采用这种方法测定的结果虽比较准确，但工作量很大，特别是对某些制造费用和管理费用的明细项目，分析起来比较困难。因此，该方法通常适用于没有历史数据可供参考的企业，或企业已建立了标准成本制度（或已制定了定额成本），有现成的消耗定额资料可作为测定的依据。

4）数学分解法（mathematics segregation method）

数学分解法是根据混合成本在过去一定期间内的成本与业务量的历史数据，采用适当的数学方法加以分解，来确定其中固定成本总额和单位变动成本的平均值，故亦称“历史成本分析法”。在实际工作中常用的数学分解方法有“高低点法”、“回归直线法”两种。现分述如下：

（1）高低点法（high—low points method）。

高低点法是以一定时期内相关范围的业务量和成本的纪录中，选出业务量的最高点和最低点以及相应的成本最高点和最低点，然后据以分解出混合成本中的固定成本和变动成本。

高低点法的基本原理是：任何一项混合成本项目都包含有变动成本和固定成本两种因素，因而它的数学模型同总成本的数学模型类似，亦可用直线方程式$y=a+bx$来表示。y代表混合成本总额，a代表混合成本中的固定成本总额，b代表混合成本中的单位变动成本，x代表业务量。这一基本原理从几何意义上讲是两点决定一条直线。从经济意义上讲是因为混合成本历史资料属于相关范围，这样高点的混合成本和低点的混合

成本都包含有相同的固定成本和单位变动成本，二者的差别仅仅是由于业务量不同引起的变动成本之差。即有如下关系式

$$y_{高} = a + bx_{高}$$
$$y_{低} = a + bx_{低}$$

两式相减，整理得

$$\frac{y_{高} - y_{低}}{x_{高} - x_{低}}$$

然后将 b 的值代入高点或低点的混合成本公式，移项即可求得 a 的值。

【例 14-3】 ABC 公司 2007 年上半年六个月的设备维修费数据如表 14-3 所示。

表 14-3　ABC 公司 2007 年 1～6 月份的设备维修费

月份	1	2	3	4	5	6
维修工时（小时）	4 000	3 500	5 000	3 000	5 500	7 000
维修费（元）	3 000	2 600	3 400	2 500	3 500	4 500

要求：采用高低点法将混合成本——设备维修费分解为变动成本和固定成本。

解：先根据上述维修费的历史资料，找出最高业务量与最低业务量实际发生的维修费数据，如表 14-4 所示。

表 14-4　高点和低点的维修工时和维修费

摘要	高点（6 月）	低点（4 月）
维修工时 x（小时）	7 000	3 000
维修费 y（元）	4 500	2 500

根据高低点的业务量极其对应的维修费成本建立联立方程如下：

$$\left.\begin{aligned} 4500 &= a + 7\,000b \\ 2500 &= a + 3\,000b \end{aligned}\right\}$$

解之得

$$a = 1\,000(\text{元}), \quad b = 0.5(\text{元} / \text{小时})$$

所以，维修费的线性方程为

$$y = 1\,000 + 0.5x$$

采用高低点法分解混合成本简便易行。但此法也有明显的局限性，因它只采用了历史成本资料中的高点和低点两组数据，没有考虑其他数据的影响，故代表性较差，所以这种方法只适用于各期混合成本变动趋势比较稳定的情况。此外，通过高低点法分解而求得的混合成本公式只适用于相关范围内的情况，否则计算结果将是不准确的。

(2) 回归直线法（regression line method）。

回归直线法是根据过去一定期间的业务量(x)和混合成本(y)的历史资料，应用最小平方法原理，算出最能代表 x 与 y 关系的回归直线，借以确定混合成本中的固定成本和变动成本的方法。采用回归直线法分解混合成本时，需要若干组观测数据，确定 a 和 b 的值以及直线方程。选用全部观测数据（即成本点）的误差平方和最小的直线最为

准确，这条直线即为“回归直线”。正因为这种方法要使所有成本点的误差的平方和达到最小值，故亦称“最小平方法”。

回归直线法的基本原理仍是以下列直线方程为基础：

$$y = a + bx$$

根据上述混合成本的基本方程式及实际所采用的一组 n 个观测值，即可建立回归直线的联立方程式。

先把上述基本方程式，用 n 个观测值的和的形式来反映：

$$\sum y = na + b\sum x \tag{14-1}$$

再将式（14-1）的左右双方各项同乘业务量 x，得

$$\sum xy = a\sum x + b\sum x \tag{14-2}$$

把式（14-1）移项化简，得

$$a = \frac{\sum y - b\sum x}{n} \tag{14-3}$$

把式（14-3）代入式（14-2），并移项化简，得

$$b = \frac{n\sum xy - \sum x\sum y}{n\sum x^2 - \left(\sum x\right)^2} \tag{14-4}$$

根据式（14-4）和（14-3），将有关数据代入，先求 b，后求 a。最终就可把混合成本分解为固定成本和变动成本，建立混合成本的线性方程。

【例 14-4】 仍沿用前例列举的 ABC 公司 2007 年上半年六个月的维修费数据，现要求采用回归直线法加以分解。

解：首先，根据 ABC 公司 2007 年上半年六个月的维修费资料进行加工延伸，计算出求 a 与 b 的值所需要的有关数据，如表 14-5 所示。

表 14-5 回归直线法计算表

月份	业务量（x）（千小时）	维修费（y）（千元）	xy	x^2	y^2
1	4	3	12	16	9
2	3.5	2.6	9.1	12.25	6.76
3	5	3.4	17	25	11.56
4	3	2.5	7.5	9	6.25
5	5.5	3.5	19.25	30.25	12.25
6	7	4.5	31.5	49	20.25
$n=6$	$\sum x = 28$	$\sum y = 19.5$	$\sum xy = 96.35$	$\sum x^2 = 141.5$	$\sum y^2 = 66.07$

其次，根据表 14-5 最后一行的合计数，代入上述（14-4）和（14-3）两个公式，分别确定 b 与 a 的值：

$$b = \frac{n\sum xy - \sum x\sum y}{n\sum x^2 - (\sum x)^2} = \frac{6\times 96.35 - 28\times 19.5}{6\times 141.5 - 28^2} = 0.5(\text{千元}/\text{千小时})$$

$$a=\frac{\sum y-b\sum x}{n}=\frac{19.5-0.5\times 28}{6}=0.917(\text{千元})=917(\text{元})$$

所以，维修费用的混合成本公式就可确定为

$$y=917+0.5x$$

回归分析法相对而言比较麻烦，但与高低点法相比，由于选择了包括高低两点在内的全部观测数据，因而避免了高低两点可能带来的偶然性，所以是一种比较好的混合成本分解法。

总之，在以上数学分解的方法中，若混合成本的变动部分与业务量基本上保持正比例关系时，采用高低点法最为简便。如混合成本中的变动部分与业务量的关系并不按一定的变动率进行增减，同时最高与最低业务量的混合成本有畸高、畸低现象，那么就应采用回归直线法。

14.2　本量利分析

在成本形态分析的基础上，研究企业在一定期间内的成本、业务量、利润三者之间的变量关系，简称本量利分析（或 CVP 分析）。它所提供的原理、方法在管理会计中有着广泛的用途，同时又是企业进行决策、计划和控制的重要工具。

14.2.1　本量利分析的基本模型

如果我们把成本、业务量和利润三者之间的依存关系用方程式来描述，那就是本量利分析的基本公式，即

利润 ＝销售收入总额 － 总成本
＝销售收入总额 － 变动成本总额 － 固定成本总额
＝销售单价 × 销售量 －（单位变动成本 × 销售量 － 固定成本总额）

设销售单价为 p，销售量为 x，固定成本总额为 a，单位变动成本为 b，利润为 P。现将这些符号代入上述方程式，则为

$$P=px-(a+bx)$$

上述公式的利润（P），在管理会计中是指未扣除利息和所得税以前的“营业利润”，也就是西方财务会计中所谓“息税前盈利”（EBIT）。至于按销售额的一定百分率计缴的营业税（或销售税）通常都视作变动成本处理。另外，在上述 CVP 分析的基本公式中，涉及五个因素，即 p，a，b，x，P。这说明，产品成本的高低、销售量的大小、销售价格的高低与企业利润有着密切的关系。本量利分析就是要充分揭示这些因素内在的依存关系，从而为经营决策提供有用的信息资料。在企业盈亏临界点分析、目标利润规划、生产决策和定价决策、全面预算和责任预算的编制及执行情况的分析和评价中，本量利分析都具有重要用途。

14.2.2　贡献毛益（contribution margin）

贡献毛益，是本量利分析中的一项重要概念，亦可称作“边际贡献”。它是指产品

的销售收入超过其变动成本的金额。贡献毛益是一项很重要的管理信息，因为它是衡量产品盈利能力的重要依据。当企业进行短期经营决策分析时，一般都以备选方案能提供最大值的贡献毛益为择优标准。

1. 贡献毛益的有关指标

贡献毛益有单位贡献毛益、贡献毛益总额及贡献毛益率三种表现形式。

（1）单位贡献毛益：是指产品的销售单价减去它的单位变动成本后的余额。该指标反映各该产品的盈利能力，也就是每增加一个单位产品销售可提供的毛益。

（2）贡献毛益总额：是指产品的销售收入总额减去它的变动成本总额后的余额。该指标反映它将为企业的营业利润能做出多大贡献。

（3）贡献毛益率：贡献毛益率是指以单位贡献毛益除以销售单价的百分率，或以贡献毛益总额除以销售收入总额的百分率，两者计算结果相同。它反映每百元销售额中能提供的毛益金额。

以上三种形式可以互相换算，设 cm 为单位贡献毛益、Tcm 为贡献毛益总额、cmR 为贡献毛益率，则有

$$\begin{aligned}\text{单位贡献毛益(cm)} &= \text{销售单价} - \text{单位变动成本} = p - b \\ &= \text{贡献毛益总额} / \text{销售量} = \mathrm{Tcm}/x \\ &= \text{销售单价} \times \text{贡献毛益率} = p \cdot \mathrm{cmR}\end{aligned}$$

$$\begin{aligned}\text{贡献毛益总额(Tcm)} &= \text{销售收入总额} - \text{变动成本总额} = px - bx \\ &= \text{单位贡献毛益} \times \text{销售量} = \mathrm{cm} \cdot x \\ &= \text{销售收入总额} \times \text{贡献毛益率} = px \cdot \mathrm{cmR}\end{aligned}$$

$$\begin{aligned}\text{贡献毛益率(cmR)} &= \frac{\text{贡献毛益总额}}{\text{销售收入总额}} \times 100\% = \frac{\mathrm{Tcm}}{px} \times 100\% \\ &= \frac{\text{单位贡献毛益}}{\text{销售单价}} \times 100\% = \frac{\mathrm{cm}}{p} \times 100\%\end{aligned}$$

根据本量利及贡献毛益的公式，贡献毛益总额与固定成本总额及利润之间的关系可用公式列示如下：

$$\text{利润} = \text{贡献毛益总额} - \text{固定成本总额} = \mathrm{Tcm} - a$$

$$\text{贡献毛益总额} = \text{固定成本总额} + \text{利润} = a + P$$

上列公式说明产品提供的贡献毛益总额不是企业的营业利润，必须首先用来弥补固定成本总额，如补偿后尚有多余，才能为企业提供利润；如贡献毛益总额不够补偿固定成本总额，则为亏损。

2. 变动成本率及其与贡献毛益率的关系

与贡献毛益率密切关联的指标是变动成本率。变动成本率是指变动成本总额占销售收入总额的百分比，或单位变动成本占销售单价的百分比，两者的计算结果相同。它反映每百元销售额中变动成本所占的金额。设变动成本率为 bR，其计算公式如下：

$$\text{变动成本率(bR)} = \frac{\text{变动成本总额}}{\text{销售收入总额}} \times 100\% = \frac{bx}{px} \times 100\%$$

$$=\frac{单位变动成本}{销售单价}\times 100\% = \frac{b}{p}\times 100\%$$

正因为贡献毛益率和变动成本率都是以销售收入作为 100%进行计算的，两者相加为 100%，故它们之间的关系，可用下列公式表示：

贡献毛益率(cmR) = 1 − 变动成本率(bR)

变动成本率(bR) = 1 − 贡献毛益率(cmR)

贡献毛益率和变动成本率属于互补性质。凡变动成本率低的企业，则贡献毛益率高，创利能力大；反之，变动成本率高的企业，其贡献毛益率低，创利能力小。所以，贡献毛益率或变动成本率的高低，对企业的经营决策来说，是个导向性的指标，有举足轻重的影响。

【例 14-5】 ABC 公司只生产男式西服，每套西服的销售单价为 320 元，单位变动成本为 240 元，固定成本总额为 600 000 元。2007 年生产经营能力为10 000套。

要求：

(1) 计算营业利润；

(2) 计算贡献毛益的全部指标；

(3) 计算变动成本率；

(4) 验证贡献毛衣率与变动成本率的关系。

解：

(1) 营业利润 $(P)=(p-b)\cdot x-a$

$$=(320-240)\times 10\,000-600\,000=200\,000\text{（元）}$$

(2) 单位贡献毛益 (cm) $=p-b=320-240=80$（元）

贡献毛益总额 (Tcm) $=px-bx=\mathrm{cm}\cdot x=80\times 10\,000=800\,000$（元）

贡献毛益率 (cmR) $=\frac{\mathrm{Tcm}}{px}\times 100\%=\frac{\mathrm{cm}}{p}\times 100\%=\frac{80}{320}\times 100\%=25\%$

(3) 变动成本率 (bR) $=\frac{bx}{px}\times 100\%=\frac{b}{p}\times 100\%=\frac{240}{320}\times 100\%=75\%$

(4) 贡献毛益率与变动成本率的关系：

贡献毛益率(cmR) = 1 − 变动成本率(bR) = 1 − 75% = 25%

变动成本率(bR) = 1 − 贡献毛益率(cmR) = 1 − 25% = 75%

14.2.3　经营杠杆 (operating leverage)

1. 经营杠杆的意义

根据成本习性的原理，我们知道在一定的业务量（产销量）范围内，业务量的增加一般不会改变其固定成本总额，但它会使单位固定成本降低，从而提高单位产品的利润，并使利润的增长率大于业务量的增长率；反之，业务量的减少，会使单位固定成本升高，从而降低单位产品的利润，并使利润的下降率大于业务量的下降率。这种由于固定成本存在而出现的销售上较小幅度的变动引起利润上较大幅度的变动（利润变动率大于业务量变动率）的现象，就称为“经营杠杆”。它能反映出企业经营的风险，并帮助管理当局进行科学的预测分析和决策分析，因而也是本量利分析中的一个重要概念。

2. 经营杠杆的计量

将经营杠杆量化的指标是经营杠杆率，它是指利润变动率相当于业务量变动率的倍数。计算公式如下：

$$经营杠杆率(DOL)=\frac{利润变动率}{销售变动率}=\frac{\Delta P/P}{\Delta S/S}$$

式中，ΔP 为利润变动额，P 为基期的利润，ΔS 为销售变动额，S 为基期的销售量（或销售额）。

根据上述公式，令 $\text{Tcm}=[\text{Tcm}\ (1+\Delta S/S)\ -a]-(\text{Tcm}-a)$，可推导出以下的简便计算公式：

$$经营杠杆率(DOL)=\frac{基期贡献毛益总额}{基期利润}=\frac{\text{Tcm}}{P}$$

由于经营杠杆的主要用途之一是用来预测计划期利润，也就是说，销售与利润两项指标必须在未发生变动之前计算出来。因此，在计算经营杠杆率时，常用以上简便公式。

【例 14-6】 ABC 公司今年生产并销售男式西服 10 000 套，每套西服的销售单价为 320 元，单位变动成本为 240 元，固定成本总额为 600 000 元。计划其准备销售男式西服 15 000 套。销售单价及成本水平不变。

要求：为 ABC 公司计算该西服的经营杠杆率。

解：首先，根据上述资料编制如下计算表，如表 14-6 所示。

表 14-6 贡献毛益及利润计算表

摘 要	基 期	计划期	变动额	变动率（%）
销售收入总额（px）	3 200 000	4 800 000	+1 600 000	+50
减：变动成本总额（bx）	2 400 000	3 600 000	+1 200 000	+50
贡献毛益总额（Tcm）	800 000	1 200 000	+400 000	+50
减：固定成总额（a）	600 000	600 000	0	
营业利润（P）	200 000	600 000	+400 000	+200

其次，将上表有关数据代入经营杠杆率公式：

$$经营杠杆率(DOL)=\frac{利润变动率}{销售变动率}=\frac{\Delta P/P}{\Delta S/S}=\frac{+200\%}{+50\%}=4$$

$$经营杠杆率(DOL)=\frac{基期贡献毛益总额}{基期利润}=\frac{\text{Tcm}}{P}=\frac{800\ 000}{200\ 000}=4$$

以上计算说明，ABC 公司男式西服的利润变动率是销售变动率的 4 倍。

3. 影响经营杠杆的主要因素

（1）固定成本总额的影响。只要企业有固定成本存在，经营杠杆率（DOL）总是大于 1，而且 DOL 随着 a 的变动而同方向变动。即在利润给定的情况下，企业固定成本的比重越大，经营杠杆率就越大；反之，企业固定成本的比重越小，经营杠杆率也就越小。

(2) 销售量的影响。经营杠杆率（DOL）是随着销售量（x）的变动而反方向变动的。即销售量上升，会使经营杠杆率下降；反之，若销售量下降，将使经营杠杆率上升。

4. 经营杠杆率的用途

经营杠杆率主要有以下三种用途：

(1) 能反映企业的经营风险。如前所述，利润变动率＝销售变动率×经营杠杆率。若企业的经营杠杆率有所增加，就意味着该企业在销售量增加时，利润将以 DOL 倍数的幅度增加；反之，当销售量减少时，利润又将以 DOL 倍数的幅度下降。由此可见，经营杠杆率扩大了市场和生产、成本等不确定因素对利润变动的影响。经营杠杆率越大，利润的变动越剧烈，企业的经营风险也就越大。一般说来，在销售情况多变的企业内，保持较低水平的经营杠杆率是有利的。因此，根据经营杠杆率的影响因素，要降低企业的经营风险，只有充分利用现有生产能力，努力扩大销售，或在销售量的相关范围内降低固定成本总额。

(2) 能帮助企业管理当局进行科学的预测。当求得经营杠杆率以后，即可结合计划期的销售变动率来预测计划期的利润。可根据下列公式预测利润：

$$P = P_0(1 + \mathrm{DOL} \cdot \Delta S/S_0)$$

(3) 能帮助企业管理当局做出正确的经营决策。在引进新设备、采用先进技术和降价扩大销售决策中都应考虑经营杠杆的作用。例如，在引进新设备决策时，只有在该产品处于“成长”或“成熟”的发展阶段，市场上能够畅销，销售额呈持续增长的情况下，才宜做出引进新设备、采用先进技术的决策，并随着产销量的增加，可以充分发挥较强的经营杠杆效应，使利润迅速增长。若该产品在市场上已达到或接近饱和阶段，或者市场疲软，销售量出现下降趋势时，因为经营杠杆率提高，风险也随之增大，对于引进新设备、将会引起利润大幅度滑坡的危险。

14.3　盈亏临界点分析

盈亏临界点又称作保本点。盈亏临界点分析就是研究当企业处于不盈不亏状态时本量利关系的一种定量分析法。盈亏临界点分析的关键是盈亏临界点的确定，它是衡量企业生产经营安全程度和企业获得利润的基础。

14.3.1　单一产品盈亏临界点的分析

如果企业生产并销售单一产品，其盈亏临界点有两种表现形式：一种是用实物量表现，称作“盈亏临界点销售量”或“保本销售量”，即销售多少数量的产品才能保本；另一种是用货币金额来表现，称作“盈亏临界点销售额”或“保本销售额”，即销售多少金额的产品才能保本。

单一产品盈亏临界点确定有两种方法。

1. 公式法

根据本-量-利分析的基本公式：

销售单价×销售量－（固定成本总额＋单位变动成本总额×销售量）＝利润

或

$$px-(a+bx)=P$$

令 $P=0$，则有

$$x=\frac{a}{p-b}$$

这里的 x 就是盈亏临界点销售量。因此，

$$盈亏临界点销售量（BEu）=\frac{固定成本总额}{销售单价-单位变动成本}=\frac{a}{p-b}$$

$$=\frac{固定成本总额}{单位贡献毛益}=\frac{a}{cm}$$

$$盈亏临界点销售额（BEd）=销售单价\times 盈亏临界点销售量=p\cdot BEu$$

$$=\frac{固定成本总额}{贡献毛益率}=\frac{a}{cmR}$$

$$=\frac{固定成本总额}{1-变动成本率}=\frac{a}{1-bR}$$

【例 14-7】 ABC 公司生产男式西服的销售单价为 320 元，单位变动成本为 240 元，固定成本总额为 600 000 元。盈亏临界点计算如下：

$$盈亏临界点销售量（BEu）=\frac{a}{p-b}=\frac{600\,000}{320-240}=7\,500（套）$$

或

$$盈亏临界点销售量（BEu）=\frac{a}{cm}=\frac{600\,000}{80}=7\,500（套）$$

盈亏临界点销售额（BEd）＝p・BEu＝320×7 500＝2 400 000（元）

或

$$盈亏临界点销售额（BEd）=\frac{a}{cmR}=\frac{600\,000}{25\%}=2\,400\,000（元）$$

2. 图示法

盈亏临界点的分析也可采用绘制盈亏临界图的方式进行。盈亏临界图就是将盈亏临界点分析反映在直角坐标中。常用的盈亏临界图样式如图 14-2 所示。

盈亏临界图的特点是将固定成本置于变动成本之下，清楚地表明固定成本不随业务量变动的特征。

根据例 14-7 有关资料绘制盈亏临界图，如图 14-2 所示。总收入线与总成本线相交之点 E 即为盈亏临界点，亦即盈亏临界点是总收入与总成本相等时的那一点。由此向横轴作垂线与横轴的交点，即 7 500 套就是盈亏临界点销售量；向纵轴作垂线，与纵轴交于 240 万元这一点，即盈亏临界点销售额。在盈亏临界点左下方界于总收入和总成本

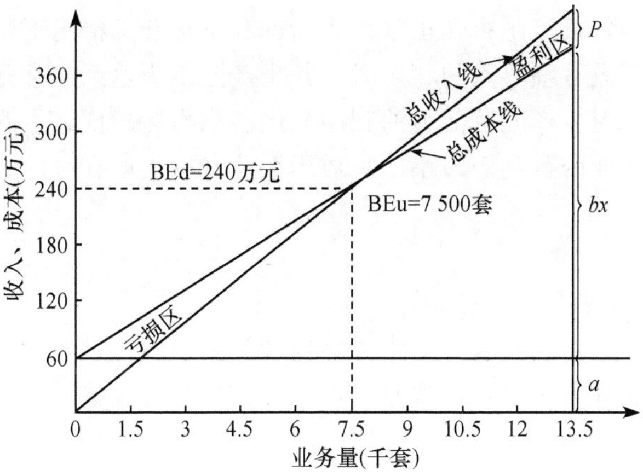

图 14-2　盈亏临界图

线之间的三角区域是亏损区；在盈亏临界点右上方总收入线与总成本线所夹的三角区域为盈利区。

通过盈亏临界图还可以帮助我们认识本量利之间的一些规律性联系。主要是：

(1) 在盈亏临界点不变时（固定成本、单位变动成本、销售单价不变时），如产品销售量超过盈亏临界点一个单位的业务量，即可获得一个单位贡献毛益的盈利，销售量越大，能实现的盈利就越多；反之，若产品销售量低于盈亏临界点一个单位的业务量，即亏损一个单位贡献毛益，销售量越小，亏损越大。

(2) 在总成本既定的情况下，盈亏临界点的位置随销售单价的变动而反向变动，销售单价越高（表现在坐标图中就是销售收入线的斜率大），盈亏临界点就越低；反之，盈亏临界点就越高。

(3) 在销售收入不变时，盈亏临界点的高低取决于单位变动成本和固定成本总额的多寡。若单位变动成本或固定成本总额越小，则盈亏临界点越低；反之，则盈亏临界点越高。

(4) 在销售单价、单位变动成本既定的情况下，盈亏临界点的位置随固定成本的变动而同向变动，固定成本越大，盈亏临界点就越高；反之，盈亏临界点就越低。

(5) 在销售单价、固定成本既定的情况下，盈亏临界点的位置随单位变动成本的变动而同向变动，单位变动成本越高（表现在坐标图中就是中成本线的斜率大），盈亏临界点就越高；反之，盈亏临界点就越低。

14.3.2　与盈亏临界点有关的指标

1. 盈亏临界点的作业率

盈亏临界点的作业率是指盈亏临界点销售量占企业正常销售量的比重。其计算公式如下：

$$盈亏临界点的作业率=\frac{盈亏临界点销售量}{正常销售量}\times 100\%$$

这里的“正常销售量”是指在正常市场情况和正常开工情况下企业的销售数量。这个指标表示企业处于盈亏临界点的状态时，其生产开工应达到正常开工的百分比，表明企业盈亏临界状态下对生产经营能力的利用程度。该指标越低，表明企业的盈利潜力越大，反之，则表明企业的盈利潜力小。它对于企业安排生产有一定的指导意义。

2. 安全边际

1）安全边际的意义及其指标

安全边际（margin of safety）是指实际或预计业务量超过盈亏临界点的部分。由于盈亏临界点有盈亏临界点销售量、盈亏临界点销售额和盈亏临界点的作业率三种，所以安全边际也有以下三种形式：

$$安全边际量=实际或预计销售量-盈亏临界点销售量$$

$$安全边际额=实际或预计销售额-盈亏临界点销售额$$

对于单一产品而言，安全边际额也等于安全边际量与单位产品售价的乘积。

$$安全边际率=\frac{安全边际量}{实际或预计销售量}\times 100\%$$

$$=\frac{安全边际额}{实际或预计销售额}\times 100\%$$

一般用安全边际衡量企业经营安全程度。安全边际越大，说明企业盈利性越大，发生亏损的可能性越小，企业经营越安全。反之，说明企业盈利性越小，发生亏损的可能性越大，企业经营就越不安全。安全边际率与评价企业经营安全程度的一般标准见表14-7。

表 14-7　企业经营安全性检验标准

安全边际率	10%以下	10%～20%	20%～30%	30%～40%	40%以上
安全程度	危险	值得注意	较安全	安全	很安全

2）安全边际率与有关指标的关系

(1) 安全边际率与盈亏临界点作业率的关系。

由于企业实际或预计销售量包括安全边际量和保本销售量两部分，所以安全边际率与盈亏临界点作业率存在以下关系：

$$安全边际率+盈亏临界点作业率=1$$

(2) 安全边际率和销售利润率的关系。

从盈亏临界点分析的角度考察，盈亏临界点业务量提供的贡献毛益只能为企业收回固定成本，不能提供利润。只有安全边际才能为企业提供利润。安全边际额减去其自身的变动成本后的差额，也就是安全边际额中的贡献毛益，形成企业的利润。因此，利润又可用下式来计算：

$$利润=安全边际量\times 单位贡献毛益$$

或

$$利润=安全边际额\times贡献毛益率$$

$$销售利润率=\frac{利润}{销售额}=\frac{安全边际额\times贡献毛益率}{销售额}$$

$$=安全边际率\times贡献毛益率$$

以上公式为我们提供了计算利润和销售利润率的新方法，并且表明安全边际和单位贡献毛益越大，利润也就越多；同样，安全边际率和贡献毛益率越大，销售利润率也就越大。

【例 14-8】 沿用例 14-5 的资料及例 14-7 的计算结果，为 ABC 公司计算下列指标：

（1）盈亏临界点作业率；

（2）安全边际指标；

（3）验证盈亏临界点作业率与安全边际率的关系；

（4）评价兴利制衣公司经营全程度；

（5）营业利润（用安全边际计算）；

（6）销售利润率。

解：

（1）盈亏临界点作业率如下：

$$盈亏临界点作业率=\frac{盈亏临界点销售量}{正常销售量}\times100\%=\frac{7\,500}{10\,000}\times100\%=75\%$$

（2）安全边际指标如下：

$$安全边际量=实际销售量-盈亏临界点销售量=10\,000-7\,500=2\,500（套）$$

$$安全边际额=实际销售额-盈亏临界点销售额$$

$$=320\times10\,000-2\,400\,000=800\,000（元）$$

$$安全边际率=\frac{安全边际量}{实际或预计销售量}\times100\%=\frac{2\,500}{10\,000}\times100\%=25\%$$

或

$$安全边际率=\frac{安全边际额}{实际或预计销售额}\times100\%=\frac{800\,000}{320\times10\,000}\times100\%=25\%$$

（3）盈亏临界点作业率与安全边际率的关系如下：

$$安全边际率+盈亏临界点作业率=25\%+75\%=1$$

（4）上项计算结果表明：ABC 公司男式西服的开工率至少要达到正常销售量的 75％才能保本。若开工率超过 75％就能实现利润；相反，如开工率低于 75％就会发生亏损。由于盈亏临界点作业率为 75％，则安全边际率为 25％，说明企业经营较安全。

（5）营业利润如下：

$$利润=安全边际量\times单位贡献毛益=2\,500\times80=200\,000（元）$$

或

$$利润=安全边际额\times贡献毛益率=800\,000\times25\%=200\,000（元）$$

（6）销售利润率如下：

$$销售利润率=\frac{利润}{销售额}\times100\%=\frac{200\,000}{320\times10\,000}\times100\%=6.25\%$$

或

$$销售利润率=安全边际率\times贡献毛益率=25\%\times25\%=6.25\%$$

14.3.3 多种产品盈亏临界点的分析

以上所讲的都是单一产品的盈亏临界点分析。若企业生产并销售多种产品时，其盈亏临界点就不能用实物量表现，而只能用金额来反映，即只能计算它们的盈亏临界点销售额。

关于多种产品的盈亏临界点的分析方法，主要有以下三种。

1. 主要产品法

企业生产的多种产品，可用其中主要产品的盈亏临界点近似作为企业的盈亏临界点，主要产品应该是贡献毛益率大，且销售比重也很大的产品。或者其他产品的贡献毛益率与主要产品的贡献毛益率很接近，可近似为一种产品，把它们视同单一产品，并按主要产品的贡献毛益率进行预测。采用这种方法计算盈亏临界点，会出现一些误差，但只要事先掌握误差的方向和大致的幅度，适当加以调整，该法还不失为一种简便的方法。

2. 分算法

先将固定成本总额分配给各种产品，专属固定成本直接分配，共同固定成本则选择适当标准分配给各种产品（如销售额或销售量的比例、产品的重量或所需工时的比例等），然后每种产品分别按单一产品的盈亏临界点方法进行计算，最后将单一产品的盈亏临界点汇总为企业的盈亏临界点。若产品种类过多，则可先将贡献毛益率相同或相近的产品归为一类，然后按类分别计算。这种方法对固定成本的分配无论用什么标准，都有一定的主观性，所以此法也是一种近似的方法。

3. 加权平均法

加权平均法计算盈亏临界点是比较科学的方法，也是应用较为广泛的方法。该方法的基本思路是：由于各种产品的贡献毛益率各有差异，首先，计算企业的加权贡献毛益率；其次，以固定成本总额除以加权贡献毛益率，计算整个企业的盈亏临界点销售额；最后，按各产品的销售比重对企业的盈亏临界点销售额进行分配，得到各产品的盈亏临界点销售额。其主要计算公式如下：

$$各产品的销售比重=\frac{各产品的销售额}{\sum 各产品销售额}\times100\%$$

$$加权贡献毛益率=\frac{\sum 各产品的贡献毛益总额}{\sum 各产品销售额}\times100\%$$

或

$$加权贡献毛益率=\sum(某种产品的贡献毛益率\times该种产品的销售比重)$$

$$综合盈亏临界点销售额=\frac{固定成本总额}{加权贡献毛益率}$$

$$某产品的盈亏临界点销售额=综合盈亏临界点销售额 \times 该种产品的销售比重$$

【例 14-9】 ABC公司在计划期间拟生产和销售甲、乙、丙三种款式的男式上衣(产销平衡)，固定成本总额为160 000元。三种上衣的产销量、销售单价、单位变动成本的有关资料如表14-8所示。

表 14-8　三种上衣的产销量、销售单价、单位变动成本的有关资料

摘要	甲	乙	丙
销售量（件）	10 000	20 000	25 000
销售单价（元）	500	150	80
单位变动成本（元）	150	90	60

要求：采用加权平均法，计算ABC公司计划期的综合盈亏临界点销售额及甲、乙、丙三种款式的男式上衣的盈亏临界点销售额。

解：

（1）根据上述资料，并按前列的计算公式，编制“加权贡献毛益率计算表”，如表14-9所示。

表 14-9　销售比重及加权贡献毛益率计算表

摘要	甲	乙	丙	合计
① 销售量	10 000	20 000	25 000	
② 销售单价	500	150	80	
③ 单位变动成本	350	90	60	
④ 单位贡献毛益（②－③）	150	60	20	
⑤ 贡献毛益率（④/②）	30%	40%	25%	
⑥ 销售额（①×②）	500 000	300 000	200 000	1 000 000
⑦ 销售比重	50%	30%	20%	100%
⑧ 加权贡献毛益率（⑤×⑦）	15%	12%	5%	32%

（2）综合盈亏临界点销售额如下：

$$综合盈亏临界点销售额=\frac{固定成本总额}{加权贡献毛益率}=\frac{160\ 000}{32\%}=500\ 000（元）$$

（3）三种上衣的盈亏临界点销售额如下：

$$甲上衣的盈亏临界点销售额=综合盈亏临界点销售额 \times 甲上衣的销售比重 =500\ 000 \times 50\%=250\ 000（元）$$

$$乙上衣的盈亏临界点销售额=综合盈亏临界点销售额 \times 乙上衣的销售比重 =500\ 000 \times 30\%=150\ 000（元）$$

$$丙上衣的盈亏临界点销售额=综合盈亏临界点销售额 \times 丙上衣的销售比重 =500\ 000 \times 20\%=100\ 000（元）$$

14.4　变动成本法

目前，产品成本的核算在对外财务报告时要求采用完全成本法，变动成本法则侧重为企业管理者提供有用的信息、为企业内部管理服务。作为确定成本和期间损益的两种不同方法，各有其自身的特点。本节将阐述变动成本法的意义及理论依据，两种成本计算法的区别及对期间损益的影响，两种成本法的优缺点。

14.4.1　变动成本法的意义及其理论根据

1. 完全成本法

完全成本法（full costing）是把一定期间内在生产过程中所消耗的直接材料、直接人工、变动制造费用和固定制造费用的全部包括在产品成本内的方法。正因为它是把所有变动成本和固定成本都归纳到产品成本中去，故亦称为吸纳成本法或全部成本法。

在完全成本法中，固定制造费用也是存货成本的一个组成部分，只有当存货售出时，这部分固定制造费用才构成销货成本反映在收益表内，并与当期的销售收入相配合。

2. 变动成本法

变动成本法（variable costing）是一种把变动生产成本（直接材料、直接人工和变动制造费用）作为产品成本，把固定制造费用和销售及管理费用作为期间成本在当期全额转销的一种成本计算方法。这是管理会计专用的一种成本计算方法。

变动成本法将固定成本均作为期间成本处理，改变了完全成本法中把固定制造费用在本期销货与存货之间进行分配的老传统，而由当期的销货负担全部固定成本。其理论根据是：固定性制造费用是为企业提供一定的生产经营条件，以保持生产能力，并使它处于准备状态而发生的成本。它们同产品的实际产量没有直接联系，既不会由于产量的提高而增加，也不会因产量的下降而减少。它们实质上是联系会计期间所发生的费用，并随着时间的消逝而逐渐丧失。所以，其效益不应递延到下一个会计期间，而应在费用发生的当期全额列入收益表内，作为本期贡献毛益总额的减除项目。正因为变动成本法不包括固定制造费用在内，故亦称“直接成本法”。

14.4.2　变动成本法与完全成本法的区别

1. 成本划分的标准、类别及产品成本包含的内容不同

变动成本法是根据成本习性把企业全部成本划分为变动成本和固定成本两大类。产品成本的构成内容只包括变动生产成本中的直接材料、直接人工和变动制造费用三个项目。固定制造费用则作为期间成本处理。非生产领域的推销费用、管理费用也要区分为变动和固定两部分，并在收益表内分开列示。

完全成本法则根据成本的经济职能和用途，把企业的全部成本分为生产领域的成本、推销领域的成本和管理领域的成本三大类。产品成本的构成内容则是单指生产领域内直接材料、直接人工和全部制造费用三大项目。

两种成本计算法在成本划分及产品成本包含的内容的差别如表 14-10 所示。

表 14-10　两种成本法的成本划分及产品成本包含的内容

	变动成本法	完全成本法
成本划分标准	成本习性	成本的经济职能和用途
成本划分类别	变动成本： 变动生产成本（直接材料、直接人工、变动制造费用） 变动销售费用 变动管理费用 固定成本： 固定制造费用 固定销售费用 固定管理费用 （变动销售费用、变动管理费用、固定制造费用、固定销售费用、固定管理费用）→期间成本	生产成本： 直接材料 直接人工 变动制造费用 固定制造费用 期间成本： 全部销售费用 全部管理费用
产品成本包含的内容	变动生产成本： 直接材料 直接人工 变动制造费用	全部生产成本： 直接材料 直接人工 变动制造费用 固定制造费用

2. 期末存货的计价不同

采用变动成本法，因产品成本只包括变动生产成本，无论是在产品、库存产成品还是已销产品，其成本都只包含直接材料、直接人工、变动制造费用，而不包括固定制造费用，也就是说期末存货是按变动成本计价。

采用完全成本法，则由于各期间发生的固定制造费用在已销售的产成品和库存的产成品与在产品之间都分配。因此，期末已销产成品、库存产成品、在产品均吸收了一定份额的固定性制造费用。各会计期间的产成品和在产品存货的期末计价，也应以全部生产成本为准，既包括变动生产成本，也包括一部分固定制造费用。因此，完全成本法的存货计价必然高于变动成本法的存货计价。

3. 期间损益的确定不同

在损益的确定方面，两种方法存在的差别可归纳为两个方面：一是期间损益的计算方式；二是期间损益的计算结果。

1）损益的计算方式不同

由于采用变动成本法计算损益时，需要考虑怎样才能便于确定和取得贡献毛益的信息。因此，它的计算公式与完全成本法的差别就很大。现分述如下：

（1）变动成本法损益的计算步骤如下：

销售收入总额－销售产品的变动成本总额＝贡献毛益

贡献毛益－固定成本总额＝税前利润

其中，

销售产品的变动成本总额＝销售产品的变动生产成本＋变动销售费用＋变动管理费用＝销售量×单位变动成本

固定成本总额＝固定制造费用＋固定销售费用＋固定管理费用

（2）完全成本法损益的计算步骤如下：

销售收入总额－销售的生产成本总额＝销售毛利总额

销售毛利总额－期间成本＝税前利润

其中，销售的生产成本总额＝期初存货成本＋本期生产成本－期末存货成本。

按上述步骤编制两种方法的损益表在格式上有显著差别。在完全成本法下，由于把所有成本按生产成本与非生产成本的这一分类的要求排列（即按经济职能和经济用途分类要求），所以习惯上称职能式损益表。而在变动成本法下，由于把所有成本按成本习性分类，以便取得贡献毛益信息，满足企业内部经营管理的需要，所以把这一编制损益表的方式称为贡献式损益表。

2）损益的计算结果不同

在完全成本法下，由于期末在产品和期末未销完工产品中都包括了固定制造费用，期末产品存货越多，所吸收的固定制造费用就越多，也就是固定制造费用随着期末产品存货“递延”到下一期去了；在变动成本法下，固定制造费用是全额作为期间成本列入损益表的，不计入期末产品存货成本中，它对当期的影响是不变的，与期末产品存货的多少无关。这样就使得两种成本计算法从当期销售收入中扣除的固定制造费用不相同，因而两种成本计算法的损益计算结果存在差异。对此举例详细说明。

【例 14-10】 ABC 公司去年全年只产销男式西服，其产销量及有关成本资料如表 14-11 所示。

表 14-11 产销量及有关成本资料

产销量及售价资料	成本资料（元）	单位成本	总成本	
期初存货量	0	直接材料	100	
本年生产量	10 000 套	直接人工	70	
本年销售量	8 000 套	变动制造费用	30	
期末存货量	2 000 套	固定制造费用		300 000
销售单价	320 元	变动销售费用	30	
		固定销售费用		200 000
		变动管理费用	10	
		固定管理费用		100 000

要求：根据上述资料分别计算在两种成本计算方法下的产品成本、期末存货成本、本期损益。

解：

（1）根据上述资料，分别对产品成本进行计算，如表 14-12 所示。

表 14-12 产品成本计算单 单位：元

成本项目	变动成本法		完全成本法	
	总成本	单位成本	总成本	单位成本
直接材料	1 000 000	100	1 000 000	100
直接人工	700 000	70	700 000	70
变动制造费用	300 000	30	300 000	30
变动生产成本	2 000 000	200		
固定制造费用			300 000	30
完全生产成本			2 300 000	230

由表 14-12 的计算结果可看出，ABC 公司如采用变动成本法，应只包括变动生产成本，其单位产品成本为 200 元；若采用完全成本法，其产品成本中包括固定制造费用（单位固定制造费用 30 元），所以其单位产品成本为 230(200＋30) 元。

（2）分别计算期末存货成本，如表 14-13 所示。

表 14-13　期末存货成本计算单　　单位：元

摘　要	变动成本法	全部成本法
单位产品成本（元）	200	230
期末存货数量（套）	2 000	2 000
期末存货成本（元）	400 000	460 000

由表 14-13 的计算结果可看出，完全成本法把固定制造费用视做产品成本的一部分，即把它吸收到产品的生产成本中去，因此固定制造费用 300 000 元要在本期销售成本和存货之间分配，本期尚未售出的期末存货（2 000 套）包含固定制造费用 60 000 元，存货成本为 460 000 元。而变动成本法则把本期发生的固定制造费用（300 000 元）全部作为期间成本，在贡献毛益总额项下减除，因此期末存货不分摊固定制造费用，使得期末存货成本比完全成本法少 60 000 元。

（3）分别计算本期损益并编制损益表，如表 14-14 所示。

表 14-14　ABC 公司两种成本法的损益表　　单位：元

贡献式（变动成本法）		职能式（完全成本法）	
项目	金额	项目	金额
销售收入	2 560 000	销售收入	2 560 000
减：变动成本		减：销售成本	
变动生产成本	1 600 000	期初存货成本	0
变动销售费用	240 000	加：本期生产产品成本	2 300 000
变动管理费用	80 000	减：期末存货成本	460 000
变动成本总额	1 920 000	销售成本总额	1 840 000
贡献毛益	640 000	销售毛利	720 000
减：期间成本		减：销售及管理费用	
固定性制造费用	300 000	销售费用	440 000
固定销售费用	200 000	管理费用	180 000
固定管理费用	100 000	销售及管理费用总额	620 000
期间成本总额	600 000	税前利润	100 000
税前利润	40 000		

按变动成本法计算：

贡献毛益总额＝销售收入总额－产品的变动成本总额

＝（320×8 000)－(200＋30＋10）×8 000

＝2 560 000－1 920 000＝640 000 元

税前净利＝贡献毛益总额－固定成本总额

＝640 000－(300 000＋200 000＋100 000)

＝40 000 元

按完全成本法计算：

销售毛利总额＝销售收入总额－已销售的生产成本总额

＝（320×8 000）－[0＋(230×10 000)－(230×2 000)]

＝2 560 000－1 840 000＝720 000 元

税前净利＝销售毛利总额－营业费用总额

＝720 000－[(200 000＋100 000)＋(30＋10)×8 000]

＝720 000－620 000＝100 000 元

从以上计算结果可以看出，根据两种成本计算方法确定出来的税前净利是不相等的。其原因就在于这两种方法对期末存货的计价不同，在本例中，完全成本法求得的税前净利，比变动成本法算出的结果要多 60 000 元（100 000－40 000）。这是因为完全成本法把期末存货 2 000 套中每套包含的固定制造费用 30 元，必须接转到下一个会计期间（共计转出 30 元×2 000＝60 000 元），与下一期的销售收入相配合。因此它的销售成本少了 60 000 元，于是销售毛利就多了 60 000 元。而变动成本法因为已把全部固定制造费用列入期间成本，作为当期的费用从销售收入中扣除掉了，故其期末存货只包含有变动生产成本，不存在固定制造费用转入下一个会计年度的问题。两者对比，按变动成本法算出的税前净利，当然就比按完全成本法算出的税前净利少 60 000 元。

总之，两种方法计算出来的税前净利有差别，主要是因为它们从销售收入中扣除的固定制造费用不同。变动成本法不管产销量是多少，总是把本期发生的固定制造费用总额全部扣除。而完全成本法所扣除的固定制造费用，则是期初存货中的固定制造费用加上本期发生的固定制造费用总额，再减去期末存货中的固定制造费用。由于完全成本法把固定制造费用作为产品成本的组成部分随存货结转。而变动成本法把它作为期间成本处理直接在当期收益中扣除，所以，只要在完全成本法下期初与期末存货中固定制造费用发生变化，按两种方法所确定的期间损益就会产生差异，这种差异又具体表现为完全成本法下期末存货包含的固定制造费用与期初存货包含的固定制造费用之间的差异。两种成本计算法期间损益差异的一般规律可概括如下：

（1）若完全成本法下期末存货中所包含的固定制造费用等于期初存货中的固定制造费用，则两种方法从当期损益中扣除的固定成本总额相等。在完全成本法下的固定制造费用金额为本期已销完工产品所吸收，进入产品销售成本，从销售收入中扣减，与变动成本法下的固定制造费用金额作为期间成本列入损益表得到相同的效果，则两种成本法计算出的税前净利相等。

（2）若完全成本法下期末存货中所包含的固定制造费用大于期初存货中的固定制造费用，期末产品存货比期初增加，多吸收了一部分固定制造费用，本期已销完工产品成本中包含的固定制造费用就小于本期实际发生的全部固定制造费用，则完全成本法从当期损益中扣除的固定成本总额要小于变动成本法所扣除的固定成本总额。因此，按完全成本法算出的税前净利要大于按变动成本法算出的税前净利。其差额＝期末存货中的单位固定制造费用×期末存货量－期初存货中的单位固定制造费用×期初存货量。

（3）若完全成本法下期末存货中所包含的固定制造费用小于期初存货中的固定制造费用，进入产品销售成本，从销售收入中扣减的固定制造费用，除了本期发生的金额以外，还包括进入本期销售的期初产品存货成本中原来吸收的部分。则完全成本法从当期损益中扣除的固定成本总额要大于变动成本法所扣除的固定生产成本总额。因此，按完全成本法计算出来的税前净利要小于按变动成本法算出的税前净利。其差额＝期初存货的单位固定制造费用×期初存货量－期末存货的单位固定制造费用×期末存货量。

14.4.3　两种成本计算法的优缺点及应用

1. 完全成本法的优缺点

1）完全成本法的优点

（1）有助于刺激企业发展生产的积极性。完全成本法由于把固定制造费用作为产品成本的组成部分，所以产量越大，单位产品分摊的固定制造费用就越小。如果其他成本因素不变，则单位产品成本随之降低。这一方法有利于刺激企业提高产品生产的积极性。

（2）有利于企业编制对外会计报表。完全成本法是依据公认会计原则(GAAP）来汇集和分配企业在一定期间发生的生产费用，并据以计算和确定产品成本和存货成本。所以企业只能以完全成本法为基础编制对外报表。

2）完全成本法的缺点

（1）单位产品成本不能反映生产部门的工作业绩，有悖于经济学原理，也会抹杀销售部门扩大产品销售的业绩。固定制造费用因素的存在，使得产量的大小直接影响到单位成本。有时，生产部门在降低消耗水平上挖掘了相当潜力，但因为产量下降，单位产品成本反而上升；而有时，生产部门的消耗水平有所上升，但仅仅因为扩大了生产量，单位产品成本却下降了。可见，完全成本法下的单位产品成本资料不能真实地反映生产部门在成本控制方面的业绩，且确定的税前净利不仅受产量高低的影响，而且也与存货成本的增减密切相关，利润没有与销售量的多少挂钩。

（2）完全成本法提供的信息，由于无法计算贡献毛益，体现不出成本、业务量、利润之间的数量关系。因此，不能满足企业预测、决策、编制弹性预算的需要，不利于规划和控制企业的经济活动。

2. 变动成本法的优缺点

1）变动成本法的优点

（1）变动成本法揭示了企业成本、业务量、利润三者之间的数量关系，能为企业优化管理提供重要的信息。为预测前景、参与决策和规划未来服务，便于成本控制与业绩评价。

（2）变动成本法符合配比原则（费用与收益相配合）。其制造费用是维持本期生产能力的费用，所以，它不应计入产品生产成本中，随着存货发生递延，而应作为期间成本。这与“权责发生制”原则是相吻合的。

（3）实现了利润与销售的同方向变化，引导企业重视销售。

2）变动成本法的缺点

（1）变动成本法不符合传统成本概念，不能满足公允会计原则对外编制会计报表的要求。传统的成本被喻为获得商品或劳务的一切牺牲，这种牺牲既包括变动成本又包括固定成本，它们都必须从销售收入中得到补偿。而变动成本法不包括固定成本，因此，不能全面反映产品生产的全部消耗，也就不能用它作为定价决策的依据，不能满足公允会计原则对外编制会计报表的要求。

（2）变动成本法所提供的信息只能用于企业短期决策，不能用于长期决策。因为从长期来看，由于产品结构的调整，技术的发展以及经营方针的改变，固定成本不可能长期保持稳定，单位变动成本及售价在较长时期也会发生变动。因此，变动成本法提供的信息只能满足现有经营条件不变的短期决策。

3. 两种成本计算方法的结合使用

虽然变动成本法计算的产品成本和期间利润更容易为管理层所接受，但目前的会计准则仍要求会计报表中的存货计价和收益确定建立在完全成本计算的基础上。这表明变动成本计算尚不能完全取代完全成本计算，这也就涉及两者如何协调的问题。

由于对外的财务报告是定期提供的，通常是一年提供一次，时间间隔较长，因此就有可能将两种成本计算方法结合起来使用，同时满足企业内、外部的信息需求。一种比较理想的做法是，日常的核算以变动成本为基础，在提供外部报告时，再以日常核算数据为基础调整到完全成本计算基准上来。具体的做法是：日常核算时，“在产品”、“产成品”账户均按照变动成本反映，同时另设“存货中的固定性制造费用”账户，单独反映发生的固定性制造费用；期末将应归属当期销售产成品的固定成本部分列入当期损益；而应归属在产品、期末库存产成品的部分仍留在该账户，并增记存货的账面值。这样，变动成本法计算的期间利润，加上期初“存货中的固定性制造费用”余额，减去期末该账户余额就等于完全成本计算法下的期间损益。这种做法既可以避免同时做两套账务处理的麻烦，又可以有效地满足内、外部的信息需求。

思　考　题

1. 什么是“成本习性”？在管理会计中为什么要按成本习性分类？

2. 变动成本和固定成本的主要特征是什么？固定成本又如何分类？

3. 固定成本、变动成本的“相关范围”怎样理解？

4. 什么是“混合成本”？具体可细分为哪几种类型？

5. 在管理会计中为什么要对混合成本分解？常用的分解混合成本的方法有哪几种？其中数学分解法又分几种？试分别予以评价。

6. 本-量-利分析的意义及基本公式是什么？

7. 什么是贡献毛益？贡献毛益的有关指标怎样计算？贡献毛益率和变动成本率对企业的经营决策有什么影响？

8. 什么是经营杠杆？对经营杠杆应怎样计量？经营杠杆率有何用途？影响经营杠杆率高低的因素有哪些？

9. 什么是盈亏临界点？为什么说盈亏临界点是一项很重要的管理信息？

10. 单一产品盈亏临界点有哪两种表现形式？怎样计算？

11. 通过盈亏临界图我们可以认识本量利之间的哪些规律性联系？

12. 什么是安全边际？安全边际有何意义？安全边际的有关指标怎样计算？

13. 多品种盈亏临界点分析通常由哪些方法可供选择？

14. 什么是变动成本法？它的理论根据是什么？

15. 变动成本法的“期间成本”、“产品成本”、“存货成本”的内涵，同完全成本法比较，有什么区别？

16. 采用变动成本法计算盈亏的公式同采用完全成本法有什么不同？

17. 变动成本法与完全成本法在计算税前净利方面其所以会发生差别的关键是什么？试归纳为几条规律来加以说明。

18. 变动成本法与完全成本法有哪些优缺点？两者怎样协调、结合使用？

练　习　题

1. 资料：某公司 1～8 月耗用的直接工时及制造费用总额见下表。

月份	业务量（千工时）	制造费用/千元
1	16	40
2	15	35
3	20	35
4	20	40
5	20	45
6	25	40
7	20	40
8	24	45
合计	160	320

要求：

(1) 用回归直线法分解制造费用中的固定成本和变动成本，写出混合成本公式。

(2) 该公司预计 9～12 月份耗用的直接工时为 98 000，测算全年所需制造费用总额。

2. 资料：某公司去年 4 个月的业务量与制造费用总额见下表。

月份	业务量（机器小时）	制造费用（元）
1	50 000	174 000
2	40 000	150 000
3	60 000	197 800
4	70 000	222 000

上表制造费用总额中包括水电费、管理人员工资和维修费。当机器工作小时为 40 000 时，其制造费用总额构成如下：

水电费（变动成本）：52 000 元

管理人员工资（固定成本）：40 000 元

维修费（混合成本）：58 000 元

制造费用总额：150 000 元

要求：

(1) 根据上述资料，计算 4 月份制造费用总额中含有多少维修费；

(2) 采用高低点法确定维修费的线性方程；

(3) 将制造费用总额用线性方程表达。

3. 资料：某公司只生产一种产品，销售单价为 10 元，单位变动成本为 6 元，固定成本总额为 20 000元，预计计划期可销售 10 000 个。

要求：

(1) 计算该产品的单位贡献毛益、贡献毛益总额、贡献毛益率；

(2) 计算该产品盈亏临界点销售量、盈亏临界点销售额；

(3) 计算该产品安全边际量、安全边际额、安全边际率；

(4) 计算该产品盈亏临界点作业率、销售利润率、经营杠杆率。

4. 资料：某公司2007年预计销售某产品30 000件，若该产品变动成本率为40%，安全边际率为20%，单位贡献毛益30元。

要求：预测2007年该公司的盈亏临界点销售额。

5. 资料：某公司生产甲、乙、丙三种产品，当期固定成本总额18 000元，三种产品的有关资料见下表。

品种	销售单价（元）	销售量（件）	单位变动成本（元）
甲	450	30	360
乙	1 000	40	900
丙	500	20	400

要求：

(1) 计算加权贡献毛益率；

(2) 计算综合盈亏临界点销售额；

(3) 计算各产品的盈亏临界点销售额。

6. 资料：某公司2007年只产销一种产品，其产销量及有关成本资料如下表：

产销量及售价资料		成本资料（元）	单位成本	总成本
期初存货量	0	直接材料		24 000
本年生产量	4 000	直接人工		32 000
本年销售量	3 500	变动制造费用	6	
期末存货量	500	固定制造费用		36 000
贡献毛益率	50%	变动销售和管理费用	4	
		固定销售和管理费用		21 000

要求：

(1) 分别采用两种成本计算法计算2007年期末存货成本；

(2) 分别采用两种成本计算法编制2007年的损益表；

(3) 根据2007年的存货情况，计算两种成本法的税前净利润，说明两种成本计算法计算出的税前净利润的差异的原因。

7. 资料：某公司过去一直采用完全成本法计算成本和利润，其最近3年的有关资料如下表：

项　目	2005年	2006年	2007年
期初存货（件）			4 000
生产量（件）	20 000	20 000	20 000
销售量（件）	20 000	16 000	24 000
期末存货（件）		4 000	
单位产品售价（元）	8	8	8
单位变动生产成本（元）	3	3	3
固定制造费用（元）	40 000	40 000	40 000
固定销售和管理费用（元）	30 000	30 000	30 000

要求：

(1) 用变动成本法计算各年的利润；

(2) 用完全成本法计算各年的利润；

(3) 计算各年期末存货吸收的固定制造费用；

(4) 根据存货中吸收的固定制造费用计算两种成本法利润的差额。

第 15 章　预测与决策

管理会计为了规划企业的经济活动，必须对一些重要的经济指标进行预测分析。预测分析是为决策分析服务的，科学的预测是决策科学化的前提条件。本章主要阐述预测的基本方法、销售预测的方法、经济决策的分类、决策分析中相关的成本概念及生产决策的方法。

15.1　预　　测

预测是人们对企业未来经济活动可能产生的经济效益及其发展趋势运用一定的科学预测方法进行预计和推测的过程。预测分析的基本原理，是建立在任何经济过程的发展趋势总有一定规律可循，而且是可以被人们认识和掌握的基础上的。就企业来说，在其经营活动过程中各因素之间存在相互关系，也必然会存在一些客观规律。

15.1.1　预测分析的基本方法

1. 定量分析法（quantitative analysis method）

定量分析法亦称“数量分析法”。它主要是应用现代数学方法对与预测对象有关的各种经济信息进行科学的加工处理并建立预测分析的数学模型，充分揭示各有关变量之间的规律性联系所进行的预测分析过程。按其依据不同又可分为以下两种类型：

（1）趋势预测分析法。将时间作为制约预测对象变化的自变量，根据预测对象过去的、按时间顺序排列的一系列数据，应用现代的数学方法进行加工、计算，借以预测其未来发展趋势的分析方法，亦称“时间序列分析法”。它的实质就是遵循事物发展的延续性原则，并采用数理统计的方法，来预测事物发展的趋势，如算术平均法、移动加权平均法、指数平滑法、回归分析法、二次曲线法等。

（2）因果预测分析法。根据预测对象与其他相关指标之间相互依存、相互制约的规律性联系，来建立相应的因果数学模型所进行的预测分析方法。它的实质就是遵循事物发展的相关性原则，来推测事物发展的趋势，如本量利分析法、投入产出法、经济计量法等。

2. 定性分析法（qualitative analysis method）

定性分析法亦称非数量分析法。它是依靠预测人员的丰富实践经验以及主观的判断和分析能力，在调查研究的基础上，结合预测对象的特点进行综合分析，推断事物的性质和发展趋势的分析方法，在西方国家称判断分析法或集合意见法。这种方法通常在无法进行定量分析或影响因素复杂多变的情况下采用，如市场调查法、集合意见法、德尔菲法等。

在预测分析实践中，定量分析法和定性分析法并非相互排斥，而是相辅相成的。应根据具体情况，把这两类方法结合起来加以应用，使其相得益彰，才能保证预测的正确、可靠和及时。

15.1.2 销售预测

1. 销售预测的意义

销售预测是根据历史销售资料，对未来一定时期内有关产品的销售数量和销售状态及其变化趋势的预测。销售是企业管理的龙头，产品的销售业务量是企业经营的主要目标之一，企业在各项工作中所做的努力，其成果只有在销售后才能实现，离开了可靠的销售预测，企业做的其他各种预测决策将无任何意义。在企业预测系统中，它处在先导地位，对于指导利润预测、成本预测和资金预测，进行长短期决策，安排计划、组织生产都起着重要的作用。

影响销售预测的因素很多，也很复杂，一般可分为外部和内部两类。影响销售的外部因素有：①当前市场环境；②企业的市场占有率；③经济发展趋势；④竞争对手情况等。内部因素有：①产品的价格；②产品的功能和质量；③企业提供的配套服务；④企业的生产能力；⑤各种广告手段的应用；⑥推销的方式……预测时应区分轻重缓急和主次，并综合地考虑这些因素，选择适当的方法进行预测。

2. 销售预测的定性方法

定性预测法是根据一些具有丰富经验的经营管理人员或知识渊博的经济专家、教授等对企业一定期间特定产品的销售情况进行综合研究，来估计未来一定时期内市场供需变化趋势，从而确定企业计划期产品销售情况的预测方法。它一般适用于不具备完整可靠的历史资料、无法进行定量分析的企业。销售预测的定性方法主要有以下几种。

1） 市场调查法

市场调查法是根据对某种产品市场供需情况变化的调查，来预测其销售量（或销售额）的一种专门方法。市场调查法可采取全面调查、重点调查和抽样调查。调查的内容包括：

（1） 对产品本身的调查。任何工业产品都有其产生、发展、衰亡的过程，经济学家通常把这个过程称为产品的“寿命周期”。它一般可分为试销、成长、成熟、饱和、衰退五个阶段，不同阶段的销售量（销售额）是不相同的，其发展呈抛物线趋势。

（2） 对消费者情况进行调查。摸清消费者的经济情况和经营发展前景，掌握消费者的消费心理和个人爱好，消费的风俗习惯，对产品及供应者的要求等。

（3） 对市场竞争情况的调查。市场经济离不开竞争，要能在市场竞争中求得生存和发展，既要充分了解同行业中同类产品在质量、包装、价格、运输、售后服务等方面的新举措，又要掌握本企业的市场占有率，以取得主动权。

（4） 对经济发展趋势的调查。充分了解国内外和本地区经济发展的趋势对本企业产品的影响，便于对产品的需求做出正确的判断。

最后，将以上四个方面的调查资料进行综合、整理、加工、计算，就可对产品的销售预测值做出判断。

2）专业人员评定法

（1）经理评定法。经理评定法是由企业负责产品推销业务的有关经理人员，根据他们所拥有的学识和长期在销售工作中积累起来的丰富经验，对其所掌握的历史销售资料进行分析评价后，对有关产品未来期间内的销售变动趋势做出判断。

（2）推销员意见综合法。此法是由专门从事产品日常推销活动的有关工作人员，根据他们对其所在销售区域里各种产品历史销售情况的了解，提出有关产品在未来一定期间内增减变动的个人意见，然后经归纳汇总，推算出产品需求总量。

（3）德尔菲法。又称专家调查法，由美国兰德公司在 20 世纪 40 年代首先倡导使用。其基本做法是：通过函询方式向若干经济专家分别征求意见，各专家在互不通气的情况下，根据自己的观点和方法进行预测，然后企业将各专家的判断汇集在一起，并采用不记名方式反馈给各专家，请他们参考别人意见修正本人原来的判断，如此反复多次，之后集各专家之长，对销售的预测值做出综合判断。

3. 销售预测的定量方法

1）趋势预测分析法

趋势预测分析法又称时间序列分析法，它是把过去销售的历史资料按时间顺序排列，通过运用数理统计知识来预计推断计划期间的销售数量或销售金额的方法。该类方法在销售预测中较为普遍，具体形式包括算术平均法、移动加权平均法、指数平滑法、回归分析法等。

（1）算术平均法。

是根据过去若干期的实际销售值（销售量或销售额）的算术平均数作为计划期的销售预测值的一种方法。其计算公式为

$$\text{预测销售值}(x)=\frac{\sum \text{各期实际销售值}}{\text{计算期数}}=\frac{\sum X_i}{n}$$

（2）加权平均预测法。

该种方法是根据销售的实际历史数值与预测值的相关程度分别加权，计算加权平均数作为销售的预测值。权数一般根据实际销售值距离预测期的远近确定，距离预测期近的对预测期影响大，故其权数要大；反之，权数则小。其计算公式为

$$\text{预测销售值}(x)=\sum(\text{某期实际销售值}\times\text{该期权数})=\sum w_i x_i$$

该方法克服了简单算术平均法的缺点，有助于消除远期偶然因素的不规则影响，但该法仍存在明显的滞后偏差，适用于销售量略有波动的产品的预测。

（3）变动趋势平均法。

该方法是根据某产品过去若干期间的实际销售值，先分段，连续地计算平均值，再计算相邻两期平均值的变动趋势；然后分段，连续计算趋势平均值，最后以趋势平均值为主要依据计算该产品未来一定期间内的销售预测值。

(4) 指数平滑法。

该方法是在加权平均法的基础上发展起来的一种方法。它是将历史资料用平滑系数加权来预测销售值。其计算公式为

$$\begin{aligned}\text{预测销售值}(x) &= (\text{平滑系数} \times \text{上期实际销售值}) \\ &\quad + (1 - \text{平滑系数}) \times \text{上期预测销售值} \\ &= \alpha A + (1 - \alpha) \times F\end{aligned}$$

平滑系数 α 的取值在 0 与 1 之间，即 $0 \leqslant \alpha \leqslant 1$，一般取值在 0.3 与 0.7 之间。

该法可以排除在实际销售中所包含的偶然因素的影响，但平滑系数对预测结果的影响比较大，平滑系数越大，近期实际数对预测结果的影响越大；相反，平滑系数越小，则近期实际数对预测结果的影响越小。因此，选择平滑系数尤为重要，若销售表现为随机波动的变化，平滑系数应选择小一些（$\alpha < 0.5$），若销售表现有明显的变动趋势（增长或减少），则平滑系数应选择大一些（$\alpha > 0.5$）。

(5) 回归分析法。

回归分析法是根据 $y = a + bx$ 的直线方程式，按照数学上最小平方的原理来确定一条能正确反映自变量 X 与因变量 y 之间具有误差平方和最小的直线的方法。其预测模型为：

根据直线方程 $y = a + bx$，利用最小平方法，可求得标准方程组

$$\left.\begin{aligned}\sum y &= na + b\sum x \\ \sum xy &= a\sum x + b\sum x^2\end{aligned}\right\}$$

由于观测值按时间顺序排列，间隔期相等，故可采用最简捷的办法，令 $\sum X = 0$ 来求回归直线。

具体做法是：若观测期（n）为奇数，则取 x 的间隔期为1，即将 0 置于所有观测期的中央，其余上下均以绝对值 1 为等差递增（按…－3，－2，－1，0，1，2，3，…排列）；若观测期为偶数，则取 X 的间隔期为 2，即将－1 与 1 置于所有观测期当中的上下两限，其余上下均以绝对值 2 为等差递增（按…－5，－3，－1,1，3，5，…排列），以上这两种做法，均可使 $\sum X = 0$ 。

正因为 $\sum X = 0$ ，因而上述确定 a 与 b 值的公式就可简化为

$$a = \frac{\sum y}{n}$$

$$b = \frac{\sum xy}{x^2}$$

【例 15-1】 ABC 公司今年每月销售额如表 15-1 所示。

表 15-1 ABC 公司今年每月销售额 单位：万元

月 份	1	2	3	4	5	6	7	8	9	10	11	12
销售额	15	13	16	19	14	18	20	17	15	19	22	23

要求：

(1) 用算术平均法预测明年 1 月份的销售额；

(2) 若 10 月份、11 月份、12 月份的权数分别为 0.2、0.3、0.5，用加权平均法预测明年 1 月份的销售额；

(3) 按变动趋势法预测明年 1 月份的销售额；

(4) 设平滑系数 α 为 0.3，今年 1 月份销售预测值为 14 万元，用指数平滑法预测明年 1 月份的销售额；

(5) 用线性回归分析法预测明年 1 月份的销售额。

解：

(1) 预测销售额 $(x)=(15+13+16+19+14+18+20+17+15+19+22+23)/12=17.58$（万元）

(2) 预测销售额 $(x)=0.2\times19+0.3\times22+0.5\times23=21.9$（万元）

(3) 移动平均值及变动趋势的计算如表 15-2 所示。

表 15-2　趋势平均法计算表

时间（月份）	实际销售额（万元）	五期销售平均值	变动趋势	三期趋势平均值
1	15			
2	13			
3	16	15.4		
4	19	16.0	+0.6	
5	14	17.4	+1.4	0.73
6	18	17.6	+0.2	0.27
7	20	16.8	−0.8	0.13
8	17	17.8	+1.0	0.33
9	15	18.6	+0.8	0.80
10	19	19.2	+0.6	
11	22			
12	23			

因为基期为 9 月份，所以根据表 15-2 得

基期销售额移动平均值＝18.6

基期趋势平均值＝0.80

基期与预测期的时间间隔为 4 个月

明年 1 月份预测销售额 $=18.6+0.8\times4=21.8$（万元）

(4) 用平滑系数法预测明年 1 月销售额的计算如表 15-3 所示。

表 15-3　平滑系数法计算表

今年月份	基期实际销售额（A）（万元）	$\alpha A+(1-\alpha)\times F$	预测销售额（F）（万元）
1	15		14
2	13	$0.3\times15+(1-0.3)\times14.0$	14.3
3	16	$0.3\times13+(1-0.3)\times14.3$	13.9
4	19	$0.3\times16+(1-0.3)\times13.9$	14.5

续表

今年月份	基期实际销售额（A）（万元）	$\alpha A+(1-\alpha)\times F$	预测销售额（F）（万元）
5	14	0.3×19+(1－0.3)×14.5	15.9
6	18	0.3×14+(1－0.3)×15.9	15.3
7	20	0.3×18+(1－0.3)×15.3	16.1
8	17	0.3×20+(1－0.3)×16.1	17.3
9	15	0.3×17+(1－0.3)×17.3	17.2
10	19	0.3×15+(1－0.3)×17.2	16.5
11	22	0.3×19+(1－0.3)×16.5	17.3
12	23	0.3×22+(1－0.3)×17.3	18.7
明年1月		0.3×23+(1－0.3)×18.7	20.0

（5）首先按直线回归法的基本要求对有关资料进行加工，结果如表15-4所示。

表15-4　直线回归法计算表

月　份	间隔期 x	销售额 y（万元）	xy	x^2
1	－11	15	－165	121
2	－9	13	－117	81
3	－7	16	－112	49
4	－5	19	－95	25
5	－3	14	－42	9
6	－1	18	－18	1
7	＋1	20	＋20	1
8	＋3	17	＋51	9
9	＋5	15	＋75	25
10	＋7	19	＋133	49
11	＋9	22	＋198	81
12	＋11	23	＋253	121
$n=12$	$\sum x=0$	$\sum y=211$	$\sum xy=181$	$\sum x^2=572$

根据表15-4可以求得

$$a=\frac{\sum y}{n}=\frac{221}{12}=17.58$$

$$b=\frac{\sum xy}{x^2}=\frac{181}{572}=0.32$$

则

$$y=17.58+0.32x$$

明年1月份预测销售额＝17.58＋0.32×13＝21.74（万元）

2）因果预测分析法

因果预测分析法是立足于相关性原则，利用事物发展的因果关系来推测事物发展趋势的方法。它一般是根据过去掌握的历史资料，找出预测对象的变量与其相关事物的变量之间的依存关系，来建立相应的因果预测的数学模型。然后通过对数学模型求解来确定预测对象在计划期的销售值。

因果预测常用的方法是回归分析法。根据 $y=a+bx$ 的直线方程式，利用最小平方法，可求得标准方程组：

$$\left.\begin{aligned}\sum y &= na + b\sum x \\ \sum xy &= a\sum x + b\sum x^2\end{aligned}\right\}$$

$$a = \frac{\sum y - b\sum x}{n}$$

$$b = \frac{n\sum xy - \sum x \cdot \sum y}{n\sum x^2 - \left(\sum x\right)^2}$$

a 与 b 的值求得后，结合计划期自变量（x）的信息，代入 $y=a+bx$ 的方程，即可求得预测对象（y）的销售值。如汽车轮胎生产厂可根据市场汽车销售量的历史统计资料来预测轮胎的销售量；纺织厂可根据服装公司服装销售的历史统计资料来预测纺织面料的销售量；铝材厂可根据未来城市发展规划、旅馆业商业建设规模等资料，预测中近期铝合金门窗柜台的销售量；建材厂可根据某地区基建工程指标和企业市场占有率预测某种标号水泥在该地的未来销售量。

【例 15-2】 ABC 公司生产汽车轮胎，而决定轮胎销售量的主要因素是汽车销售量。最近 5 年汽车的实际销售量的统计资料及 ABC 公司轮胎的实际销售量资料如表 15-5 所示。

表 15-5　ABC 公司汽车的实际销售量及轮胎的实际销售量资料

年　度	2003	2004	2005	2006	2007
汽车销售量（万辆）	10	12	14	16	20
轮胎销售量（万只）	64	78	86	100	120

据预测，2008 年汽车销售量 40 万辆，ABC 公司轮胎市场占有率为 30%，要求采用回归分析法为 ABC 公司预测 2008 年的轮胎销售量。

解：在公式 $y=a+bx$ 中，设 y 代表轮胎销售量，x 代表汽车销售量，a 代表原来社会上拥有的汽车对轮胎的每年需要量，b 代表每销售万辆汽车对轮胎的需要量。根据表 15-5 的资料编制计算表，如表 15-6 所示。

表 15-6　回归分析法计算表

年　度	汽车销售量（x）（万辆）	轮胎销售量（y）（万只）	xy	x^2
1998	10	64	640	100
1999	12	78	936	144
2000	14	86	1 204	196
2001	16	100	1 600	256
2002	20	120	2 400	400
$n=5$	$\sum x=72$	$\sum y=448$	$\sum xy=6\ 780$	$\sum x^2=1\ 096$

根据表 15-6 计算 a、b 的值：

$$a=\frac{\sum y-b\sum x}{n}=\frac{448-72\times 5.55}{5}=9.68$$

$$b=\frac{n\sum xy-\sum x\cdot\sum y}{n\sum x^{2}-\left(\sum x\right)^{2}}=\frac{5\times 6\,780-72\times 448}{5\times 1\,096-72^{2}}=5.55$$

则

$$y=9.68+5.55x$$

2008 年轮胎的预计销售量（y）=（9.68+5.55×40）×30%=70（万只）

15.2　经营决策

15.2.1　决策的意义及分类

1. 决策的意义

决策是指在任何经济组织内，为了实现预定目标（如目标利润、目标销售量或销售额、目标成本等），需要在科学预测的基础上，结合本单位的内部条件和外部环境，对未来经济活动的各种备选方案，通过缜密的调查研究和分析，最终做出抉择和判断的过程。

正确的决策需要以经过科学预测分析所提供的高质量的信息为基础。管理会计人员可利用财务会计信息以及各种预测分析的资料，根据本单位的主客观条件，借助于成本效益分析原理和各种专门方法和技术，对每个备选方案可能导致的不同结果进行计算、对比、分析和判断，并最终提出最优方案的建议，供管理当局“拍板”定案。

在进行经济决策时，除要考虑经济效益外，还需重视企业对全社会应承担的责任，即社会效益。这就是说，企业管理当局在最后拍板定案的阶段，必须把经济效益与一些不能用货币计量的因素（社会效益）结合起来进行综合判断。

2. 经济决策的分类

经济决策因其涉及的面广，要解决的问题多，就决定了经济决策种类的多样性。而不同种类的经济决策所需利用的信息、考虑的重点和采用的专门方法都各有所异。因此，在阐述如何进行决策分析以前，需要弄清经济决策的分类。经济决策通常可按以下标准进行分类。

1）按决策时期长短进行分类

可分为短期决策和长期决策两类：

短期决策（short-term decision）通常是指只涉及一年以内的一次性专门业务，并仅对该时期内的收支盈亏产生影响的问题而进行的决策。它一般不涉及新的固定资产投资，故亦称“经营决策”。例如，是否应接受追加订货的决策，零部件是自制还是外购的决策，亏损产品是否应停产或转产的决策，等等。对于短期决策应该考虑的重点主要是怎样使用企业的现有资源（包括人力、物力、财力等）能得到最合理、最有效、最充分的配置和利用，借以取得最佳经济效益和社会效益。

长期决策（long-term decision）通常是指那些产生报酬的期间超过一年，并对较长期间内的收支盈亏产生影响的问题所进行的决策。它一般需要投入大量资金，故亦称“投资决策”。例如，是否需要增加或减少租赁的决策，对原有固定资产是进行更新、还是改造的决策，等等。对于长期决策考虑的重点主要是充分研究两个价值因素，即在“货币的时间价值”和“投资的风险价值”的基础上，使原投资额得到最佳回报。

本章主要讨论短期决策（经营决策）问题，长期决策将在第 16 章叙述。

2）按决策范围广狭进行分类

可分为微观经济决策和宏观经济决策两类：

微观经济决策通常是指在一个企业或事业范围内所进行的决策，如企业的生产决策、定价决策、销售决策、购买决策以及企事业单位的筹资决策、投资决策等。

宏观经济决策通常是指在一个或几个省区，或经济部门，或在整个国民经济范围内所进行的决策。例如，建立长江三角洲经济开发区的决策、兴建三峡水利工程或南水北调工程的决策，等等。

3）按决策者掌握信息的不同情况进行分类

可分为确定型经济决策和不确定型经济决策两类：

确定型经济决策通常是指决策者对未来情况所掌握的都是肯定的数据，没有不确定性因素在内，那么只要比较不同方案的计算结果就能做出决策。例如，在零部件是自制还是外购的决策时，假定自制方案的单位变动成本、固定成本总额，以及外购方案的单价均肯定不变，那么只要把两个方案的成本分别联系零部件的需要量进行比较，就可做出判断。

不确定型经济决策通常是指决策者对未来情况所掌握的信息并非肯定的数据，而是存在着几种可能的结果。在这类经济决策中，如有办法对各种可能出现的结果分别确定其概率的，称为“风险型经济决策”，可以通过采用概率论的方法来解决。对于那些可能出现的结果无法确定其概率的，则属于真正的不确定型决策，只能依靠决策者的实践经验和判断能力，或采用模糊数学的方法来解决。

4）按决策本身的不同性质进行分类

可分为采纳与否决策、互斥选择决策、最优组合决策三类：

采纳与否决策通常是指备选特定的方案只有一个而做出的决策，亦称“接受与否的决策”。例如，亏损产品是否停产的决策，是否接受加工订货的决策，是否接受外单位投资的决策，等等。

互斥选择决策通常是指在一定的决策条件下，存在着几个相互排斥的备选方案，通过调查研究和计算对比，最终选出最优方案而排斥其他方案的决策。例如，零部件是自制还是外购的决策，开发哪一种新产品的决策，固定生产设备是举债购置还是通过租赁的决策，等等。

最优组合决策通常是指有几个不同方案可以同时并举，但在其资源总量受到一定限制的情况下，如何将这些方案进行优化组合，使其综合经济效益达到最优的决策。例如，在资本总额定量的情况下不同投资项目的最优组合决策，等等。

15.2.2 决策分析中有关成本概念

管理会计为了适应决策分析的不同需要，必须应用一些新的成本概念。它们一般无需记录在账本上，而只是在决策分析过程中，为了对不同备选方案进调查研究和评价分析时，必须加以考虑的重要因素。它们同企业财务会计中的传统成本概念，既有区别又有联系。这些成本不一定是实际发生的支出，只是作为决策分析中需要考虑的因素，以便对各种方案做出正确的评价。

1）机会成本

机会成本是指在决策分析过程中，选取某一最优方案而放弃另一次优方案所丧失的潜在收益。例如，某零售商店将其营业空间重新调整后，可腾出一块摆放三个柜台的空间。若利用此空间自营销售业务，每月可得销售收入 22 000 元，但须支出各种费用（包括销售商品的进价成本和其他费用）12 000 元；若将此空间出租，则每月可得租金收入 6 000 元。两种方案相比较，前一种方案比后一种方案每月多得净利 4 000 元。显然，自营销售方案是有利的。这样一来，柜台出租的方案就被否定了。而出租柜台可得的 6 000 元收入，即为选取自营方案的机会成本。

之所以要将被淘汰的有关方案的潜在收益作为被选择的最优方案的机会成本加以考虑，主要是由于达到某项目的，虽可采取多项行动方案，但它们之间是相互排斥的。人力、物力和财力用于此，就不可能同时用于彼。因此，在分析、评价、选择各项方案时，只有把失去的“机会”所能取得的收益也考虑进去，才能真正对已被选定的方案的预期经济效益进行正确的评价，才能从若干备选方案中选择出真正最优的决策方案。

2）差量成本

差量成本是指各备选方案预期成本之间的差额。例如，某商品流通企业经营某种商品，该商品若从本地购进，购进单价与其他的单位购进费用合计约为 15 元，若从外地购进，则需 13 元，二者之间的差额 2 元，即为以上两个备选方案之间的差量成本。

同差量成本相对应的一个概念是差量收入。所谓差量收入是指各备选方案预期收入之间的差额。如上例，若其专营服装，则每月预计销售收入为 110 000 元，若其专营靴鞋，每月预计销售收入为 67 000 元，两者之间的差额 43 000 元即为以上两种方案的差量收入。

3）边际成本

边际成本是指因业务量每变动一个单位所引起的成本总额的变动数额，它是由于多（或少）生产（或销售）一个单位产品而相应增加（或减少）的成本额。例如，某企业当销售甲产品 200 件时，成本总额为 2 500 元，当销售量为 201 件时，成本总额为 2 513 元。因销售量增加 1 件，使成本总额增加 13 元，即为此时销售该种商品的边际成本。边际成本可用来判明增加（或减少）某种产品的生产（或销售）数量在经济上是否合算。

与边际成本相对应的一个概念是边际收入。所谓边际收入，是指业务量每变动一个单位，所引起的收入变动数额，它是由于多（或少）生产（或销售）一个单位的产品，相应增加（或减少）的收入额。

4）重置成本

重置成本是指某项资产在目前市场价格水平下的购进成本，亦叫“现时成本”。在产品定价决策和评估资产时，都必须以重置成本作为考虑的重点。例如，某企业有批两年前购进的存货，其单位历史成本为 500 元，目前从市场购进，则其单位购进成本为 780 元。制定该产品的售价时，应以哪个购进成本为依据？如果从历史角度定价，按 700 元出售就可以赚 200 元。但按单价 700 元出售后，重新购进单价为 780，不但没赚钱，反而每单位产品亏损 80 元。由此看来，在进行经营决策时，重置成本也是一个不可忽视的因素。

5）沉没成本

沉没成本是指那些由于过去决策所引起，并已支付过款项而发生的成本。它实质上与“历史成本”是同义语。正由于这类成本是过去已经发生的，一经支出就一去不复返，因而现在和将来的任何决策都无法改变这项历史事实。例如，某公司去年初购买一台机床原价 104 000 元，可用 10 年，期满残值 4 000 元，则该机床的原价 104 000 元及第一年按直线法计提的折旧 10 000 元均属于沉没成本。又如，该机床使用四年后，由于科学技术的进步，致使该机床已经过时，若需要我们做出是继续使用旧机床还是购买新机床的决策时，我们应考虑的因素只是旧机床的变现值、新机床的购价以及使用新机床能增加的收入或能节约的成本。而旧机床的账面折余价值 60 000 元（原价 104 000—累计折旧 40 000）则属于沉没成本，无需加以考虑。

6）付现成本

付现成本是指因选定和实施某项决策方案而必须立即或在近期动用现金支付的成本，又叫现金支出成本。付现成本是在某项决策方案需要支付现金，但又要全面衡量该项决策在经济是否真正有利而应予以认真考虑的，尤其是当企业货币资金比较拮据，筹措又有困难的情况下。在实际工作中，决策者有时对付现成本的考虑，比对总成本更为重视。他们往往会舍弃未来收益较多，但目前现金支付数额也较多的方案，而选择未来收益较小，但目前现金支付数额也较少的行动方案。例如，某商场急需一座仓库，有甲、乙两个企业愿意出租合适的仓库，其中甲企业的仓库每月租金为 2 100 元，租金在每月末偿付；乙企业仓库每月租金为 1 600 元，但需在出租仓库时一次预收一年的租金。此时，商店现有的货币资金比较少，又无筹措渠道，一下子动用 19 200 元（1 600×12）的银行存款会影响企业的正常经营业务，在此情况下，企业面临两种选择，显然以选择前者为宜。

7）专属成本与共同成本

专属成本是指可以明确归属于某种、某类产品或某个部门的成本，也称特定成本，如专门生产或销售某种产品的专用设备的折旧费、保险费、租赁费等。由于变动成本基本上均为专属的成本，因而，管理会计所说的专属成本，主要是指专属固定成本。

共同成本是指那些由几种、几类产品或若干个部门共同承担的成本，它是同专属成本相对应的一个成本概念。同样，由于变动成本基本上均是专属的成本，因而管理会计中的共同成本主要指的是共同的固定成本。例如，企业管理人员的工资、福利费，管理部门固定资产的折旧费、修理费、租赁费等，均属共同成本。

8）可避免成本与不可避免成本

可避免成本是指与特定备选方案相关联的成本，其发生与否，取决于其相关的备选方案是否被选定，即某个备选方案如果被选定，与其相关联的某项成本就会发生；否则，该项成本就不会发生，则该成本为可避免成本。例如，某企业准备增加经营品种，如果该方案实施，必须扩大营业面积，为此须投资35 000元。此例中的35 000元支出是否发生，完全取决于增加经营品种这项决策是否被选定，则这35 000元为可避免成本。此外，还有一些支出是管理者的决策活动可以改变其数额的。例如，广告样品费、职工培训费，均可根据企业财务状况决定其支出，也属于可避免成本。

不可避免成本是同可避免成本相对应的成本概念。它是指在业务经营过程中必然发生的，其数额与决策活动无关的成本。例如，企业现有固定资产的折旧费、管理人员工资等成本项目，无论企业在现有条件下是否改变经营方向，它们都必然发生且数额不变。由于不可避免成本不与备选方案相关联，有关备选方案的取舍对其不存在影响，故在分析、评价有关备选方案时可以不考虑。

9）可延缓成本与不可延缓成本

如果某一方案已经决定要被采用，但推迟执行，对企业全局影响不大，则同这一方案相关联的成本就称为可延缓成本。例如，某企业决定统一员工工作服装，需要资金30万元，但因目前资金紧张，将会推迟两个月施行，则同这一决定相关联的30万元服装费即为可延缓成本。之所以称此项成本是可延缓成本，是因为其推迟实施不会对企业目前的生产经营活动产生重大影响。

如果已选定的某一决策方案必须立即实施，否则，将会对企业经营活动的正常进行产生重大的不良影响，那么与这一方案相关的成本就称为不可延缓成本。例如，某一企业的一项关键性设备出现故障，如不立即修复投入运行，企业将会无法按期完成合同规定的交货任务，使企业蒙受重大的损失，那么，同这一方案相关联的成本，就属于不可延缓成本。

10）相关成本与无关成本

相关成本是指与备选方案密切相关，在决策分析时必须加以考虑的成本，如前述的机会成本、差量成本、边际成本、重置成本、付现成本、可避免成本、可延缓成本等。

无关成本是指与备选方案不存在直接联系，在决策分析时可不予以考虑的成本，如前述的固定成本、沉落成本、不可避免成本、不可延缓成本、共同成本等。

15.2.3　生产决策

1. 开发何种产品的决策

企业只有使产品不断推陈出新，适销对路，才能在瞬息万变的市场竞争中取得优势，并获得巨额利润。为此，企业就需要做出科学合理的产品开发决策。

【例15-3】　ABC公司原设计生产能力为100 000机器小时，但实际开工率只有原生产能力的80%，现准备将剩余生产能力用来开发新产品A或新产品B。老产品甲及新产品 A、B 的有关资料如表 15-7 所示。

表 15-7　老产品甲及新产品 A、B 的有关资料

摘　要	老产品甲（实际数）	新产品 A（预计数）	新产品 B（预计数）
每件定额（机器小时）	80	50	40
销售单价（元）	84	60	58
单位变动成本（元）	78	50	51
固定成本总额（元）	35 000		

要求：根据上述资料做出开发哪种产品较为有利的决策分析。

解：由于 ABC 公司是在生产能力有剩余的情况下开发新产品，并不需要增加固定成本，因而原来的共同性固定成本属于无关成本，无需加以考虑。可采用贡献毛益分析法，看哪种新产品能创造贡献毛益总额最多就是最优方案。

根据已知有关数据，可编制贡献毛益计算分析表，如表 15-8 所示。

表 15-8　贡献毛益计算分析表

摘　要	新产品 A	新产品 B
剩余生产能力（机器小时）	100 000×(1－80%)＝20 000	
每件定额（机器小时）	50	40
最大产量（件）x	20 000÷50＝400	20 000÷40＝500
销售单价（元）P	60	58
单位变动成本（元）b	50	51
单位贡献毛益（元）cm	10	7
贡献毛益总额（元）$T_{CM}=\mathrm{cm}\cdot x$	4 000	3 500

结论：从以上计算的结果可见：新产品 A 每件创造的贡献毛益虽然较新产品 B 多 3 元，还必须联系产量分别算出它们的贡献毛益总额再作结论。对比贡献毛益总额则以开发新产品 A 的方案较优，可多获贡献毛益 500 元（4 000 元－3 500 元）。

若 ABC 公司制造新产品 A 需支付专属固定成本 1 100 元，则决策分析结论又将如何？由于专属固定成本是相关成本，在决策分析中必须加以考虑。在考虑了专属固定成本后，新产品 B 的贡献毛益总额比新产品 A 的贡献毛益总额多 600 元［3 500 元－(4 000 元－1 100 元)］，故开发新产品 B 较为有利。

2. 亏损产品是否停产的决策

企业在正常经营过程中，往往会由于某些产品不能适销对路或质量较次、款式陈旧等原因，造成市场滞销，仓库积压，发生亏损，这就引起了亏损产品是否要停产或转产的问题。由于这方面的决策一般不涉及原有生产能力的变动，故可采用贡献毛益分析法加以解决。

【例 15-4】 ABC 公司本年产销甲、乙、丙三种产品，年终按完全成本法算出三种产品的成本与各该产品的销售收入比较，甲产品净利 10 000 元，乙产品净亏 4 000 元，丙产品净利 2 000 元，全公司净利合计为 8 000 元。三种产品的销售量、销售单价及成本资料如表 15-9 所示。

表 15-9 三种产品的销售量、销售单价及成本资料

摘 要	甲产品	乙产品	丙产品
销售量 x（件）	2 000	1 000	800
销售单价 p（元/件）	20	60	25
单位变动成本 b（元）	9	46	15
固定成本总额 a（元）	36 000 元（按各产品的销售额比例分推）		

要求：为 ABC 公司做出乙产品是否要停产或转产的决策分析。

解：根据给定的资料，可知乙产品全年净亏 4 000 元，表面看来 ABC 公司为了减少亏损，增加盈利，似应停产乙产品。但应用了贡献毛益分析法，就会得出截然不同的结论。

（1）根据上述资料编制贡献毛益及净利计算表，如表 15-10 所示。

表 15-10 贡献毛益及净利计算表　　单位：元

产品名称	甲产品	乙产品	丙产品	合 计
销售收入总额（px）	40 000	60 000	20 000	120 000
变动成本总额（bx）	18 000	46 000	12 000	76 000
贡献毛益总额（Tcm）	22 000	14 000	8 000	44 000
固定成本总额（a）	12 000	18 000	6 000	36 000
净利（或净亏）	10 000	（4 000）	2 000	8 000

（2）从表 15-10 可以看出，甲、乙、丙三种产品都为公司提供了贡献毛益。而乙产品其所以亏损是因为它需分担固定成本总额的 1/2，即 18 000 元，而它的贡献毛益总额只有 14 000 元，两者相抵，故净亏 4 000 元，但甲、乙、丙三种产品的贡献毛益总额合计为 44 000 元，抵补全公司的固定成本总额 36 000 元后，全公司尚有净利 8 000 元。

（3）必须注意，全公司的固定成本总额为 36 000 元，不论乙产品停产与否总是要发生的，属于无关成本。若将乙产品停产，则全公司的贡献毛益总额合计就少了 14 000 元，而乙产品原分担的固定成本则转嫁给甲、丙两种产品去承担，其结果反而造成整个公司的全面亏损，共亏 6 000 元。

（4）结论：只要亏损产品能提供贡献毛益就不应停产。在我们的例子中乙产品提供贡献毛益总额 14 000 元，故不应停产。

至于亏损产品是否要转产的决策分析，主要看转产的产品是否确是利用亏损产品停产后腾出来的生产能力，而不占用其他产品的生产能力；同时转产产品所提供的贡献毛益总额要大于原亏损产品所提供的贡献毛益总额，那么这项转产方案就是可行的。若是相反情况，就不可行。

同样道理，有些企业对亏损产品停产后，不是搞转产，而是将停产所腾出来厂房、机器设备等出租给别的单位。在这样的情况下，只要出租净收入（租金总收入减去合同上规定应由出租单位承担的维修费后的净额）大于原亏损产品提供的贡献毛益总额，那么出租方案可行；否则就不可行。

3. 是否接受追加订货的决策

企业利用剩余生产能力，除开发新产品外，还可考虑是否接受客户的追加订货。这方面的决策可采用贡献毛益分析法。原则上只要对方客户的开价略高于单位变动成本并能补偿专属固定成本，即可接受。

【例 15-5】 ABC 公司原来专门制造甲产品，年设计生产能力为 10 000 件，销售单价为 66 元，其平均单位成本的资料如下：

直接材料	20 元
直接人工	16 元
制造费用	
其中：固定费用	12 元
变动费用	7 元
单位产品成本	55 元

若 ABC 公司目前每年有 30%的剩余生产能力未被利用。现有某客户在贸易洽谈会上要求该公司为他们制造甲产品 3 000 件，并在产品款式上有此特殊要求，需另购一台专用设备，预计全年需支付专属成本 4 000 元。但客户只愿出价每年 46 元。

要求：根据上述资料，为 ABC 公司做出是否接受该项订货的决策分析。

解：按照传统会计的观点，接受该项订货是不合算的。因为对方出价 46 元与单位成本 55 元来比较，明显每件要损失 9 元；何况接受订货全年需增加专属固定成本 4 000 元，更加扩大了亏损数额。但从管理会计的观点来看，由于接受该项订货是在剩余生产能力范围之内，除专属固定成本需考虑外，原有产品的固定成本并非该项决策的相关成本，无需加以考虑；只要对方出价略高于单位成本，并能使专属固定成本得到补偿即可接受。

现采用贡献毛益分析法，编制贡献毛益计算分析表，如表 15-11 所示。

表 15-11　贡献毛益计算分析表

摘　要	数量或金额
订货数量（x）（件）	3 000
销售单价（p）（元）	46
单位变动成本（b）（元）	20+16+7=43
单位贡献毛益（cm）（元）	3
贡献毛益总额（Tcm=cm·x）（元）	3×3 000=9 000
减：专属固定成本（元）	4 000
剩余贡献毛益总额（元）	5 000

结论：从以上计算的结果可以看出，接受追加订货还有剩余贡献毛益总额5 000元，故该方案可接受。

4. 自制外购的决策

企业零部件的需求量在什么范围内应自制，在什么范围内适宜外购？可采用本量利分析法进行决策分析。本量利分析法是根据各个备选方案的成本、业务量和利润三者之间依存关系，来选定特定情况下的最优方案的一种方案。在产品的生产决策中应用本量利分析法的关键在于确定“成本分界点”或称“成本平衡点”。所谓“成本平衡点”，就是两个备选方案的预期成本相等情况下的业务量。找到了“成本平衡点”，就可以确定在什么业务量范围内哪个方案较优。

【例 15-6】 ABC公司过去制造卡车所需用的活塞，一直依靠外购，购入价为1 000元。现该公司金工车间有不能移作他用的剩余生产能力可以自制活塞。经过技术部门与会计部门共同估算，自制每个活塞的单位成本为

直接材料	360 元
直接人工	240 元
变动制造费用	240 元
固定制造费用	260 元
单位成本	1 100 元

另外，如自制每年还需增加专属固定成本32 000元。

要求：根据上述资料为ABC公司做出该活塞的全年需要量在什么情况下采用自制方案为宜？又在什么情况下采用外购方案较优？

解：由于自制方案中每个活塞负担的专属固定成本是随产量的增减成反比例变动。很显然，当产量超过一定限度，自制方案较为有利；如低于这个限度，则以外购为宜。因此，这项决策的关键因素就是首先通过本量利分析法来确定“成本分界点”。

另外，自制方案是在金工车间有剩余生产能力的情况下进行的，固定制造费用属于无关成本，决策分析时无需加以考虑。

设ABC公司全年活塞的成本平衡点为 x

(1) 先列出两个备选方案的预期成本公式：

$$外购方案预期成本(y_1) = a_1 + b_1x = 0 + 1\,000x = 1\,000x$$

$$自制方案预期成本(y_2) = a_2 + b_2x = 32\,000 + (360 + 240 + 240)x$$

$$= 32\,000 + 840x$$

$$\therefore \Delta y = y_1 - y_2 = 1\,000x - (32\,000 + 840x) = 160x - 32\,000$$

(2) 求成本平衡点 x 的值：

令 $\Delta y=0$，即 $160x-32\,000=0$

$$160x=32\,000 \qquad \therefore x=200\text{（个）}$$

(3) 结论：

若活塞需要量 $(x)=200$ 个，则 $\Delta y=0$；$y_1=y_2$（两方案成本相同，均属可行）

若活塞需要量 $(x)>200$ 个，则 $\Delta y>0$；$y_1>y_2$（自制方案较优）

若活塞需要量 $(x)<200$ 个，则 $\Delta y<0$；$y_1<y_2$（外购方案较优）

思　考　题

1. 预测分析的基本方法有哪些？为什么定量分析必须与定性分析加以结合运用？
2. 销售预测的定性方法有哪几种？
3. 销售预测的定量方法有哪几种？
4. 加权平均法进行销售预测时权数确定的原则是什么？

5. 什么是经济决策？它有哪些基本分类？

6. 沉没成本在决策分析中要不要加以考虑？为什么？

7. 什么是机会成本？请举例说明。

8. 什么是不可避免成本、不可递延成本？在决策分析中应否加以考虑？

9. 亏损产品是否应该停产？为什么？

10. 低于正常售价和单位完全成本的追加订货是否应该接受？为什么？

11. 什么是成本平衡点？在自制外购决策中如何应用成本平衡点来决策？

练　习　题

1. 资料：某公司 1～10 月份的销售量见下表。

月　份	1	2	3	4	5	6	7	8	9	10
销售量	30	38	46	52	58	62	66	72	80	84

要求：用以下方法对该公司 11 月份的销售额进行预测。

(1) 简单算术平均法；

(2) 加权平均法，8、9、10 月权数分别为 0.2、0.3、0.5；

(3) 线性回归分析法。

2. 资料：已知某公司只生产一种产品，按 0.4 的平滑指数预测全年 4 月份的产销量为 22 台，1～4 月份的实际产销量和总成本资料如下：

月　份	1	2	3	4
总成本（元）	200	198	310	300
产销量（件）	10	12	18	20

要求：

(1) 用指数平滑法预测 5 月份的产销量；

(2) 用高低点法写出总成本公式；

(3) 预测 5 月份的总成本。

3. 资料：某公司原来生产甲产品，现拟利用现有生产能力开发新产品 A 或新产品 B。若开发 A 产品，老产品甲需减产 1/3；如开发 B 产品，老产品甲需减产 1/4。这三种产品的产量、售价和成本资料如下：

产品名称	老产品甲（实际数）	新产品 A（预计数）	新产品 B（预计数）
生产量（件）	6 000	2 000	2 500
销售单价（元）	60	80	50
单位变动成本（元）	40	56	35
固定成本总额（元）	40 000		

要求：根据以上资料做出开发哪种新产品较为有利的决策分析。

4. 资料：某机器厂只生产乙机床，全年最大生产能力为 600 台，正常产销数量为 400 台。乙机床的销售单价为 20 000 元，其单位成本资料如下：

直接材料	5 000 元
直接人工	3 000 元

制造费用	8 000 元
其中：变动费用	4 000 元
固定费用	4 000 元
单位生产成本	16 000 元

要求：

(1) 现有外地客户前来订货 100 台，每台只愿出价 13 000 元，试问此项订货能否接受？请用数据加以证明。

(2) 若外地客户来订货 220 台，这时该公司若接受订货，须减少正常的产品销售量 20 台，对方出价为每台 13 000 元，试问此项订货能否接受？请用数据加以说明。

5. 资料：某公司所需用的甲零件的外购单价与自制单位成本的资料如下：

外购方案	自制方案	
购进单价 14 元	直接材料	5 元
	直接人工	3 元
	变动制造费用	2 元
	专属固定成本	1 400 元

要求：根据上述资料，确定甲零件的全年需求量在何种情况下采用外购方案为宜？又在何种情况下采用自制方案较优？

6. 资料：某电器厂是一亏损企业，该厂生产 A、B、C 三种电器产品，固定成本总额为 180 000 元，其他有关资料如下表：

单位：元

项　目	A 产品	B 产品	C 产品	合　计
销售收入	500 000	280 000	120 000	900 000
变动成本	420 000	160 000	90 000	670 000
贡献毛益				
固定成本				
利润（亏损）				

要求：

(1) 完成上表其他项目的计算，固定成本按三种产品销售额比例分配。

(2) 请编制亏损产品停产的贡献毛分析表。

(3) 请问该企业的亏损产品应否停产？为什么？

(4) 若亏损产品停产后，闲置设备出租，可获租金 90 000 元，做出亏损产品是否停产的决策。

第16章　投资决策

16.1　投资决策的影响因素

投资决策的影响因素主要包括货币时间价值、风险和现金流量。

16.1.1　货币时间价值

1. 货币时间价值的概念

货币时间价值（time value of money），亦称资金时间价值，是指货币经历一定时间的投资和再投资所增加的价值。

资金在借贷中产生了利息，例如，将现在的1元钱存入银行，假设存款利率为10%，1年后可得到1.10元。利息这个特殊的经济范畴的存在，意味着现在的1元钱和1年后的1元钱其经济价值不相等，或者说其经济效用不同，即使不存在通货膨胀也是如此。这1元钱经过1年时间的投资增加的0.10元就是货币的时间价值。在实务中，人们习惯使用相对数字表示货币的时间价值，即用增加价值占投入货币的百分数来表示。例如，前述货币的时间价值为10%。

企业将货币投入生产经营过程后，其数额会随着时间的持续不断增长。企业投入货币资金，用来购买所需的资源，然后生产出新的产品，产品出售时得到的货币量大于最初投入的货币量，这就是企业资金的循环和周转。资金周转的次数越多，增值额也越大。随着企业经营的持续，货币总量在循环和周转中按几何级数增长，使得货币具有时间价值。

从量的规定性来看，货币的时间价值是没有风险和没有通货膨胀条件下的社会平均资金利润率。货币的时间价值这一观念，可以帮助我们评价投资方案、确定股票与债券的价格、计算资本成本，对资金的筹集、投放、使用和收回等进行数量分析，改善财务决策的质量，调控企业经营活动，提高经营效益，以实现企业价值最大化的目标。

2. 货币时间价值的计算

1） 终值与现值

终值，是现在一定量现金在未来特定时点上的价值，俗称本利和。例如，存入银行一笔现金100元，年利率为10%，一年后取出110元，则110元即为终值。因此终值又称将来值。

现值，是指未来某一时点上的一定量现金折合到现在的价值。沿用上例，一年后的110元折合到现在的价值为100元，这100元即为现值。因此现值又称本金。

单利和复利。单利和复利是两种利息计算方式。单利方式下，每期都按初始本金计算利息，当期利息不计入下期本金，计算基础不变。复利方式下，以当期末本利和为计息基础计算下期利息，即利滚利。现代财务管理一般用复利方式计算终值与现值。

2）单利的终值与现值

（1）单利终值。

单利终值的计算可依照如下计算公式：

$$F = P + P \cdot i \cdot n = P(1 + i \cdot n)$$

式中，P——本金，又称现值；

i——利率，通常指每年利息与本金之比；

F——本金与利息之和，又称本利和或终值；

n——期数。

【例 16-1】 某人现在存入银行 1 000 元，利率为 5%，2 年后取出，问：在单利方式下，3 年后取出多少钱？

$$F = 1\,000 \times (1 + 2 \times 5\%) = 1\,100(\text{元})$$

在计算利息时，除非特别指明，给出的利率是指年利率。对于不足 1 年的利息，以 1 年等于 360 天来折算。

（2）单利现值。

单利现值的计算同单利终值的计算是互逆的，由终值计算现值称为折现。将单利终值计算公式变形，即得单利现值的计算公式

$$P = F/(1 + i \cdot n)$$

【例 16-2】 某人希望在 2 年后取得本利和 1 100 元，用以支付一笔款项，已知银行存款利率为 5%，则在单利方式下，此人现在需存入银行多少钱？

$$P = 1\,100/(1 + 2 \times 5\%) = 1\,000(\text{元})$$

3）复利的终值与现值

（1）复利终值。

复利终值是指一定量的本金按复利计算的若干期后的本利和。

若某人将 P 元存放于银行，年利率为 i，则

第一年的本利和为：$F = P + P \cdot i = P \cdot (1 + i)$

第二年的本利和为：$F = P \cdot (1 + i) \cdot (1 + i) = P \cdot (1 + i)^2$

第三年的本利和为：$F = P \cdot (1 + i)^2 \cdot (1 + i) = P \cdot (1 + i)^3$

……

第 n 年的本利和为：$F = P \cdot (1 + i)^n$

式中，$(1+i)^n$ 通常称为复利终值系数，用符号 $(F/P, i, n)$ 表示。如 $(F/P, 8\%, 5)$ 表示利率为 8%，5 期复利终值的系数。复利终值系数可以通过查阅“1 元复利终值系数表”直接获得。

【例 16-3】 某人现在存入本金 2 000 元，年利率为 10%，第 3 年末的复利终值为

$$F = 2\,000 \times (F/P, 10\%, 3) = 2\,000 \times 1.331 = 2\,662(\text{元})$$

（2）复利现值。

复利现值是复利终值的逆运算，它是指今后某一特定时间收到或付出一笔款项，按复利计算的相当于现在的价值。其计算公式为

$$P = F \cdot (1+i)^{-n}$$

式中，$(1+i)^{-n}$通常称为复利现值系数，用符号（P/F，i，n）表示。可以直接查阅“1 元复利现值系数表”。

【例 16-4】 某项投资 4 年后可得收益 40 000 元，按利率 6%计算，其复利现值应为

$$P = 40\,000 \times (P/F, 6\%, 4) = 40\,000 \times 0.792 = 31\,680(\text{元})$$

4）年金的终值与现值

年金是指一定时期内每次等额收付的系列款项，即如果每次收付的金额相等，则这样的系列收付款项便称为年金，通常记作 A，如保险费、折旧、租金、等额分期收付款以及零存整取或整存零取储蓄等。根据收付款方式的不同，可分为普通年金、即付年金、递延年金和永续年金。

年金同样有终值和现值。年金终值是指一定时期内每期等额发生款项的复利终值的累加和。年金现值是指一定时期内每期等额发生款项的复利现值的累加和。

（1）普通年金的终值与现值。

普通年金是指一定时期内每期期末等额收付的系列款项，又称后付年金，如图 16-1 所示。

图 16-1　普通年金

① 普通年金终值。

由年金终值的定义可知，普通年金终值的计算公式为

$$F = A \cdot (1+i)^0 + A \cdot (1+i)^1 + A \cdot (1+i)^2 + \cdots + A \cdot (1+i)^{n-1}$$

根据等比数列前 n 项和公式 $S_n = \frac{a_1\ (1-q)^n}{1-q}$ 整理可得

$$F = A\,\frac{(1+i)^n - 1}{i}$$

式中，$\frac{(1+i)^n-1}{i}$通常称为年金终值系数，记作（F/A，i，n），可以直接查阅“1 元年金终值系数表”。

【例 16-5】 ABC 公司准备在今后 6 年内，每年年末从利润留成中提取10 000元存入银行，计划 6 年后，将这笔存款用于建造一栋厂房，若年利率为 6%，问 6 年后共可以积累多少资金？

$$F = 10\,000 \times (F/A, 6\%, 6) = 10\,000 \times 6.975 = 69\,750(\text{元})$$

【例 16-6】 ABC 公司准备在 6 年后建造一栋厂房，届时需要资金 69 750 元，若年利率为 6%，则该企业从现在开始每年年末应存入多少钱？

$$69\,750 = A \cdot (F/A, 6\%, 6)$$

$$A = 69\ 750/(F/A, 6\%, 6) = 69\ 750/6.975 = 10\ 000(\text{元})$$

② 普通年金现值。

由年金现值的定义可知，普通年金现值的计算公式为

$$P = A \cdot (1+i)^{-1} + A \cdot (1+i)^{-2} + \cdots + A \cdot (1+i)^{-n}$$

同样，根据等比数列前 n 项和公式 $S_n = \frac{a_1\ (1-q)^n}{1-q}$ 整理可得

$$P = A \cdot \frac{1-(1+i)^{-n}}{i}$$

式中，$\frac{1-\ (1+i)^{-n}}{i}$通常称为年金现值系数，记作（P/A，i，n），可以直接查阅“1元年金现值系数表”。

【例 16-7】 ABC公司准备在今后的8年内，每年年末发放奖金10 000元，若年利率为12%，问该企业现在需向银行一次存入多少钱？

$$P = 10\ 000 \times (P/A, 12\%, 8) = 10\ 000 \times 4.968 = 49\ 680(\text{元})$$

【例 16-8】 ABC公司现在存入银行49 680元，准备在今后的8年内等额取出，用于发放职工奖金，若年利率为12%，问每年年末可取出多少钱？

很明显，此例是已知年金现值，倒求年金 A，是年金现值的逆运算。

$$49\ 680 = A \cdot (P/A, 12\%, 8)$$
$$A = 49\ 680/(P/A, 12\%, 8) = 49\ 680/4.968 = 10\ 000(\text{元})$$

图 16-2　先付年金

（2）先付年金的终值与现值。

先付年金是指一定时期内每期期初等额收付的系列款项，又称即付年金，如图16-2所示。

① 先付年金终值。

先付年金与普通年金付款的时点不同。先付年金终值比普通年金终值多计算一期利息。因此，在普通年金终值的基础上乘上（$1+i$）就是先付年金的终值。即

$$F = A \cdot \frac{(1+i)^n - 1}{i} \cdot (1+i)$$

【例 16-9】 ABC公司准备在今后6年内，每年年初从利润留成中提取10 000元存入银行，计划6年后，将这笔存款用于建造一栋厂房，若年利率为6%，问6年后共可以积累多少资金？

$$F = 10\ 000 \times (F/A, 6\%, 6) \times (1 + 6\%) = 10\ 000 \times 6\ 975 \times 1.06 = 73\ 935(\text{元})$$

② 先付年金现值。

先付年金与普通年金的付款次数相同，但由于其付款时点不同，先付年金现值比普通年金现值多折现一期。因此，在普通年金现值的基础上乘上（$1+i$）就是先付年金的现值。即

$$P = A \cdot \frac{1-(1+i)^{-n}}{i} \cdot (1+i)$$

【例 16-10】 ABC 公司准备在今后的 8 年内，每年年初从银行取出 10 000 元，若年利率为 12%，问该企业现在需向银行一次存入多少钱？

$$
\begin{aligned}
P &= 10\,000 \times (P/A, 12\%, 8) \times (1 + 12\%) \\
&= 10\,000 \times 4.968 \times 1.12 = 5\,5641.2(\text{元})
\end{aligned}
$$

(3) 递延年金的现值。

递延年金是指第一次收付款发生时间不在第一期期末，而是隔若干期后才开始发生的系列等额收付款项，如图 16-3 所示。

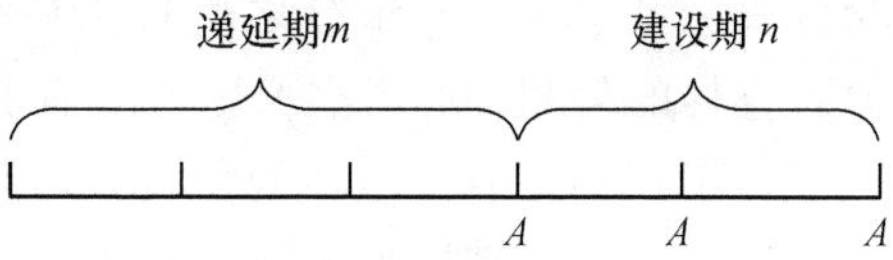

图 16-3 递延年金

递延年金是普通年金的特殊形式，凡不是从第一期开始的普通年金都是递延年金。一般用 m 表示递延期数，用 n 表示年金实际发生的期数，则递延年金现值的计算公式为

$$
P = A \cdot \frac{1-(1+i)^{-(m+n)}}{i} - A \cdot \frac{1-(1+i)^{-m}}{i}
$$

或

$$
P = A \cdot \frac{1-(1+i)^{-n}}{i} \cdot (1+i)^{-m}
$$

【例 16-11】 某人拟在年初存入一笔资金，以便能从第六年末起每年取出10 000 元，至第 10 年末取完。若银行存款利率为 10%，此人应在现在一次存入银行多少钱？

$$
\begin{aligned}
P &= 10\,000 \times (P/A, 10\%, 10) - 10\,000 \times (P/A, 10\%, 5) \\
&= 10\,000 \times 6.145 - 10\,000 \times 3.791 = 23\,540(\text{元})
\end{aligned}
$$

或

$$
\begin{aligned}
P &= 10\,000 \times (P/A, 10\%, 5) \cdot (P/F, 10\%, 5) \\
&= 10\,000 \times 3.791 \times 0.621 = 23\,540(\text{元})
\end{aligned}
$$

(4) 永续年金的现值。

永续年金是指定期收付的等额款项是无限期的，是一个无穷序列，可视为普通年金的特殊形式，是期限趋于无穷的普通年金，如图 16-4 所示。

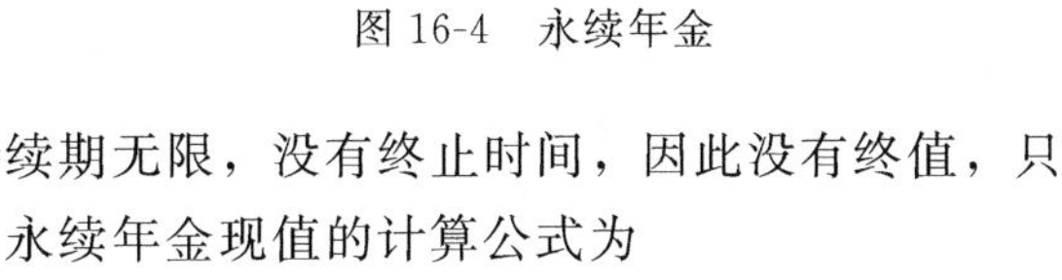

图 16-4 永续年金

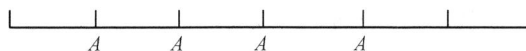

由于永续年金持续期无限，没有终止时间，因此没有终值，只有现值。通过普通年金现值计算可推导出永续年金现值的计算公式为

$$
P = A \cdot \sum_{t=1}^{\infty} (1+i)^{-t} = A \cdot \lim_{n \to \infty} \frac{1-(1+i)^{-n}}{i} = \frac{A}{i}
$$

【例 16-12】 某人现在采用存本取息的方式存入银行一笔钱，希望今后无限期地每年年末能从银行取出 2 000 元，若年利率为 10%，则他现在应存入多少钱？

$$
P = 2\,000/10\% = 20\,000(\text{元})
$$

3. 时间价值计算中的几个特殊问题

1）名义利率与实际利率的换算

上面讨论的有关计算均假定利率为年利率，每年复利一次。但实际上，复利的计息不一定是一年，有可能是季度、月份或日。例比如，某些债券半年计息一次；有的抵押贷款每月计息一次；银行之间拆借资金均为每天计息一次。当每年复利次数超过一次时，这样的年利率叫做名义利率，而每年只复利一次的利率才是实际利率。

对于一年内多次复利的情况，可采取两种方法计算时间价值。

第一种方法是按如下公式将名义利率调整为实际利率，然后按实际利率计算时间价值。

$$i=(1+r/m)^m-1$$

式中，i——实际利率

r——名义利率

m——每年复利次数

【例 16-13】 ABC 公司于年初存入 100 万元，年利率为 10%，若每半年复利一次，到第 10 年末，该企业能得本利和为多少？

依题意，$P=10$，$r=10\%$，$m=2$，$n=10$，则

$$i=(1+r/m)^m-1=(1+10\%/2)^2-1=10.25\%$$
$$F=100\times(F/P,10.25\%,10)=265.3(\text{万元})$$

这种方法的缺点是调整后的实际利率往往带有小数点，不利于查表。

第二种方法是不计算实际利率，而是相应调整有关指标，即利率变为 r/m，期数相应变为 $m\cdot n$。

【例 16-14】 沿用上例中有关数据，用第二种方法计算本利和。

$$\begin{aligned}F&=p\cdot(1+r/m)^{m\cdot n}\\&=100\times(F/P,5\%,20)=265.3(\text{万元})\end{aligned}$$

2）贴现率、期数的计算

在前面计算现值时。都假定贴现率和期数都是已知的。但是在现实中，经常会遇到贴现率或者期数未知的情况。这时，需要我们计算确定贴现率或者期数。

（1）贴现率的计算。

贴现率的计算分为以下三步：①计算系数；②查表；③采用插值法求贴现率。

【例 16-15】 ABC 公司于第一年年初借款 10 000 元，每年年末还本付息额均为 2 000元，连续 9 年还清，问借款利率是多少？

解：$(P/A,i,9)=10\,000/2\,000=5$

查 $n=9$ 的年金现值系数表得

$$\left.\begin{array}{r}\left.\begin{array}{r}12\%\\ i\end{array}\right\}x\%\\ 14\%\end{array}\right\}2\% \qquad \left.\begin{array}{r}\left.\begin{array}{r}5.328\,2\\ 5\end{array}\right\}0.328\,2\\ 4.9164\end{array}\right\}0.411\,8$$

$$I=12\%+0.328\,2/0.411\,8\times2\%=13.59\%$$

（2）期数的计算。

步骤：①计算系数；②查表；③采用插值法求期数。

【例 16-16】 ABC 公司拟购买一台新型设备，以替换目前使用的旧设备，新设备的价格比旧设备贵 8 000 元，但每年可节约能源费用 2 000 元，若利率为 10%，求新设备至少使用多少年？

解：$P=8\,000$，$A=2\,000$，$i=10\%$。

$(P/A,\ 10\%,\ n)=8\,000/2\,000=4$。查表得：5 年。

$$\left.\begin{matrix}\left.\begin{matrix}5\\n\end{matrix}\right\}x\\6\end{matrix}\right\}1\qquad\left.\begin{matrix}\left.\begin{matrix}37\,908\\4\end{matrix}\right\}0.209\,2\\4.355\,3\end{matrix}\right\}0.564\,5$$

$$x/1=0.209\,2/0.564\,5$$

解得

$$x\approx0.4$$
$$n=5+0.4=5.4(\text{年})$$

16.1.2 风险

一般来说，风险是指在某一特定期间内，某一事件其预期的结果与实际结果间的变动程度。变动程度越大，则风险越大；反之，则风险越小。如果结果只有一种可能，不存在产生结果的变动，则风险为零；如果可能产生的结果有几种，则风险存在，可能产生的结果越多，变动越大，风险也就越大。另一方面，风险大小又与实际发生结果能否被正确预测有密切关系。若未来发生的结果完全可以精确预测到，则风险为零；预测的结果与实际结果偏离越大，则风险也就越大。

企业的财务决策大部分都是在有风险或者不确定情况下做出的。风险是指决策者对未来的情况不能完全确定，但是对决策可能引起几种结果，每一种结果出现的可能性可以进行估计。不确定性是指决策者在采取行动之前，对未来的结果及结果出现的可能性难以预测。在实务中，两者常常难以区分，风险问题的概率有时不能准确知道，不确定性问题也可以按照一定特征估计一个概率。因此实务中对风险和不确定性常常不作严格区分，都视为“风险”问题对待，把风险理解为可测定概率的不确定性。概率的测定有两种：一种是客观概率，是根据大量历史数据推算出来的；另一种是主观概率，往往在缺乏大量实际数据的情况下，决策者根据有限资料和经验合理估计的。

风险可能给投资者带来超额收益，也可能带来超额损失。一般而言，在作投资决策时，决策者更加重视超额损失。投资者进行风险投资的动机，是因为可以得到风险补偿，即风险收益，也就是因冒风险投资而得到的超过货币时间价值的额外补偿。

1. 单项资产的风险报酬

风险收益具有不易计量的特性。要计算在一定风险条件下的投资收益，必须利用概率论的方法，按未来年度预期收益的平均偏离程度来进行估量。

1）概率分布

一个事件的概率是指这一事件的某种后果可能发生的机会。企业投资收益率25%的概率为0.4，就意味着企业获得25%的投资收益率的可能性是40%。如果把某一事件所有可能的结果都列示出来，对每一结果给予一定的概率，便可构成概率的分布。

概率以 p_i 表示。任何概率都要符合以下两条规则：

（1）$0 \leqslant P_i \leqslant 1$；

（2）$\sum_{i=1}^{n} p_i = 1$。

2）计算期望值

根据某一事件的概率分布情况，可以计算出期望值。期望值又称收预期收益，是指某一投资方案未来收益的各种可能结果，用概率为权数计算出来的加权平均数，是加权平均的中心值。其计算公式如下：

$$\bar{E} = \sum_{i=1}^{n} x_i \cdot p_i$$

式中，$\bar{E}$ 为预期收益；x_i 为第 i 种可能结果的收益；p_i 为第 i 种可能结果的概率；n 为可能结果的个数。在期望值相同的情况下，投资的风险程度同收益的概率分布有密切的联系。概率分布越集中，实际可能的结果就会越接近期望值，实际收益率低于预期收益率的可能性就越小，投资的风险程度也就越小；反之，概率分布越分散，投资的风险程度也就越大。所以，对有风险的投资项目，不仅要考察其预期收益率的高低，而且要考察其风险程度的大小。

3）计算标准离差

标准离差是反映概率分布中各种可能结果对期望值的偏离程度，也即离散程度的一个数值，通常以符号 σ 表示，其计算公式为

$$\sigma = \sqrt{\sum_{i=1}^{n} (X_i - \bar{E})^2 \cdot P_i}$$

标准离差以绝对数衡量决策方案的风险，在期望值相同的情况下，标准离差越大，风险越大；反之，标准离差越小，则风险越小。

4）计算标准离差率

标准离差率是标准离差同期望值之比，通常用符号 q 表示，其计算公式为

$$q = \frac{\sigma}{\bar{E}}$$

标准离差率是一个相对指标，它以相对数反映决策方案的风险程度。标准离差作为绝对数，只适用于相同期望值决策方案风险程度的比较，对于期望值不同的决策方案，评价和比较起各自的风险程度只能借助于标准离差率这一相对数值。在期望值不同的情况下，标准离差率越大，风险越大；反之，标准离差率越小，风险越小。

5）计算方案的风险报酬率

标准离差率可以代表投资者所冒风险的大小，反映投资者所冒风险的程度，但它还

不能反映投资者冒着一定风险进行投资应获得的补偿。必须把它变成风险收益率，以反映这样一个事实：投资者所冒风险程度越大，得到的收益率也应该越高，风险收益率应该与反映风险程度的标准离差率成正比例关系：

$$风险收益率=风险价值系数\times标准离差率$$

式中，风险价值系数取决于行业内投资者的风险回避态度，可以通过统计方法来测定。如果大家都愿意冒险，风险分散，风险价值系数就小；如果大家都不愿意冒险，风险集中，风险价值系数就大。风险价值系数一般由国家有关部门定期颁布，供投资者参考。

投资者期望风险收益率是在现有风险程度下投资者要求获得的风险收益率。为了判断某一投资方案的优劣，可将某一方案的预测风险收益率同期望风险收益率进行比较，预测风险收益率的计算公式如下：

$$预测风险收益率=预测投资收益率-无风险收益率$$

$$预测投资收益率=\frac{预测收益额}{投资额}\times 100\%$$

对于投资者来说，若预测风险收益率大于应得风险收益率，为该方案冒一定风险还是值得的，反之，则不值得冒风险。

【例 16-17】 ABC 公司计划进行投资某项目，投资额为 10 000 元，其收益的概率分布如表 16-1 所示。

表 16-1 收益的概率分布

经济情况	概率（P_i）	收益额（随机变量 X_i）
繁荣	$P_1=0.2$	$X_1=2\,000$
一般	$P_2=0.5$	$X_2=1\,000$
较差	$P_3=0.3$	$X_3=500$

假定目前无风险收益率为 6%，风险价值系数为 8%，应用投资风险价值原理，说明是否应进行这项投资。

解：

第一步，计算投资项目的期望值：

$$\bar{E}=2\,000\times 0.2+1\,000\times 0.5+500\times 0.3=1\,050(元)$$

第二步，计算投资项目的标准离差：

$$\sigma=\sqrt{(2\,000-1\,050)^2\times 0.2+(1\,000-1\,050)^2\times 0.5+(500-1\,050)^2\times 0.3}$$
$$=522.02(元)$$

第三步，计算投资项目的标准离差率：

$$q=\frac{522.02}{1\,050}\times 100\%=49.72\%$$

第四步，求投资项目期望风险收益率：

$$期望风险收益率=49.72\%\times 8\%=3.98\%$$

第五步，计算投资项目预测风险收益率：

$$预测投资收益率=1\,050/1\,000=10.5\%$$

$$预测风险收益率 = 10.5\% - 6\% = 4.5\%$$

预测风险收益率（4.5%）大于期望风险收益率（3.98%），说明该项投资所冒的风险小，而预测可得的风险收益率大，此方案符合投资原则，应进行这项投资。

以上对投资风险程度的衡量，是就一个投资方案而言的。如果有多个投资方案进行选择，那么进行投资决策总的原则应该是：投资收益率越高越好，风险程度越低越好。具体说来有以下几种情况：

（1）如果两个投资方案的预期收益率基本相同，应当选择标准离差率较低的投资方案。

（2）如果两个投资方案的标准离差率基本相同，应当选择预期收益率较高的投资方案。

（3）如果甲方案预期收益率高于乙方案，而其标准离差率低于乙方案，则应当选择甲方案。

（4）如果甲方案预期收益率高于乙方案，而其标准离差率也高于乙方案，在此情况下则不能一概而论，而要取决于投资者对风险的态度。有的投资者愿意冒较大的风险，以追求较高的收益率，可能选择甲方案；有的投资者则不愿意冒较大的风险，宁肯接受较低的收益率，可能选择乙方案。

应当指出，风险价值计算的结果具有一定的假定性，并不十分精确。研究投资风险价值原理，关键是要在进行投资决策时，树立风险价值观念，认真权衡风险与收益的关系，选择有可能避免风险、分散风险，并获得较多收益的投资方案。因此，在投资决策中应当充分运用投资风险价值原理，充分考虑市场、经营中可能出现的各种情况，对各种方案进行权衡，以求实现最佳的经济效益。

16.1.3　现金流量

1. 现金流量的定义

在项目投资决策中，现金流量是指投资项目在其计算期内各项现金流入量与现金流出量的统称，也称现金流动量，简称现金流。它是评价投资方案是否可行时必须事先计算的一个基础性数据。现金流量是计算项目投资决策评价指标的主要根据和重要信息之一。

2. 现金流量的构成

投资决策中的现金流量包括：

（1）初始现金流量。它是指建设期为进行投资项目的建设而发生的现金流量，主要包括固定资产投资、无形资产投资、开办费投资、流动资金投资和更新改造项目中处置固定资产的变价收入等。

（2）营业现金流量。它是假设投资项目投入使用后，在其寿命周期内由于生产经营所带来的现金流入和流出的数量。

（3）终结现金流量。它是假设投资项目终结时所发生的现金流量，主要包括固定资产的残值收入或变价收入、收回垫支的流动资金和停止使用的土地变价收入等。

3. 确定现金流量的假设问题

确定现金流量假设的作用是简化现金流量的计算。其具体假设有以下几点。

1) 投资项目的类型假设

假设投资项目只包括单纯固定资产投资项目、完整工业投资项目和固定资产更新改造投资项目三种类型。这些项目均可进一步分为不考虑所得税因素项目和考虑所得税因素项目两类。

2) 全投资假设

假设在确定项目的现金流量时，不具体区分自有资金和借入资金等具体形式的现金流量，即使实际存在借入资金也将其作为自有资金对待。

在全投资假设下，对利息和本金处理的前提条件是：

(1) 任何期间的利息支出及归还的本金均不能作为现金流出量处理；

(2) 建设期间的利息予以资本化，计入固定资产或无形资产的价值，经营期间的利息等同于折旧等非付现成本（不需要支付现金的成本）处理。

3) 建设期投入全部资金假设

不论项目的原始总投资是一次投入还是分次投入，除个别情况外，假设它们都是在建设期内投入的。

4) 经营期与折旧年限一致假设

假设项目重要固定资产的折旧年限或使用年限与经营期间相同。

5) 时点指标假设

为便于利用资金时间价值形式，不论现金流量具体内容所涉及的价值指标实际上是时点指标还是时期指标，均假设按照年初或年末的时点指标处理。其中，建设投资在建设期内有关年度的年初或年末发生，流动资金投资则在经营期期初（年初）发生；经营期内各年的收入、成本、折旧、摊销、利润、税金等项目的确认均在年末发生；项目最终报废或清理均发生在终结点（更新改造项目除外）。

6) 确定性假设

假设与项目现金流量有关的价格、产销量、成本水平、企业所得税税率等因素均为已知常数。

4. 现金流量的具体内容

1) 现金流出量的主要内容

(1) 投资导致的现金的流出量。

项目在投资阶段发生的现金流出量主要有以下四项：固定资产原始投资、无形资产原始投资、开办费投资、流动资金投资。其中前三项叫做建设投资。单纯固定资产投资和完整工业投资项目都要包含固定资产的原始投资。但是，单纯固定资产投资项目一般不会发生无形资产投资、开办费投资和流动资金投资；完整工业投资项目除包含固定资产投资以外，还可能发生无形资产投资和开办费等项投资。

(2) 经营活动导致的现金流出量。

一个投资项目在经营期所发生的成本费用，按照是否需要支付现金可分为付现成本和非付现成本。付现成本是指企业在经营期以现金支付的成本费用。非付现成本是指未发生现金支付的成本，一般包括固定资产的折旧、无形资产的摊销、开办费的摊销以及全投资假设下经营期间发生的借款的利息支出。

(3) 所得税导致的现金流出量。

包括所得税及营业税、资源税等流转税所发生的现金流出量。

2) 现金流入量的主要内容

(1) 营业收入。

经营期各年度作为现金流入量的营业收入应该是当年的现销收入加回收以前年度的应收账款。因权责发生制下的营业收入等于当期的现销收入加当期的赊销收入，假设当期赊销收入等于当期回收的前期的应收账款的金额，那么就可以把权责发生制下的营业收入视为经营期间的现金流入量。

(2) 投资回收额。

投资回收所形成的现金流量包括：

固定资产的净残值。它是指固定资产报废时发生的残值收入与清理费用的差额。

回收的流动资金。它是指在项目的终结点，回收的原来垫支的流动资金。

固定资产的变价净收入。它是指对旧固定资产进行处置发生的变价收入和清理费用的差额。旧固定资产的处置一般发生在固定资产更新改造项目中，在更新改造中如果以新设备替代旧设备，将旧设备予以变卖，则会发生固定资产的变价净收入。

3) 现金净流量的主要内容

现金净流量（NCF_t）表示某一年度的现金净流量，是指某一年的现金流入量与现金流出量抵扣的余额。一个项目分为建设期、经营期和终结点，可分别计算三个阶段的现金净流量。

(1) 建设期的现金净流量。

建设期只有原始投资等现金流出量，没有现金的流入量，所以：

$$建设期某年的现金净流量=-原始投资额$$

(2) 经营期的现金净流量。

经营期的现金净流量是指企业从事商品销售，劳务供应等主要经营活动所获得的现金的净流量，简单地说就是企业从事盈利活动获得的现金净流量。

(3) 终结期的现金净流量。

它是指投资项目终结时发生的现金净流量。主要包括固定资产的变价收入、原先垫支的流动资金收回、停止使用的土地的变价收入以及终结项目的清理费用。

5. 现金净流量的计算

1) 现金净流量计算的表格法

在表格法下，某年净现金流量=该年现金流入量-该年现金流出量

在表16-2中，用现金流入量减去现金流出量项目就是经营的现金净流量。流入量

是营业收入，流出量是经营成本和所得税。这是按照现金流入量和现金流出量的有关项目以流入量抵扣流出量的项目计算求得的经营的现金净流量。这种方法叫做直接计算法。即

$$
\begin{aligned}
\text{经营现金净流量} &= \text{经营现金流入量} - \text{经营现金流出量} \\
&= \text{营业收入} - \text{经营成本} - \text{所得税}
\end{aligned}
$$

表 16-2 某投资项目现金流量表（全部投资）

∑ 项目计算期(第 1 年)	建设期		经营期											合计
	0	1	2	3	4	5	6	7	8	9	…	…	N	
生产负荷（%）	×	×	√	√	√	√	√	√	√	√	√	√	√	
1 现金流入量（万元）	0	0	∑	∑	∑	∑	∑	∑	∑	∑	∑	∑	∑	
1.1 营业收入（万元）	×	×	√	√	√	√	√	√	√	√	√	√	√	∑
1.2 回收固定资产余值（万元）	×	×	×	×	×	×	×	×	×	×	×	×	√	∑
1.3 回收流动资金（万元）	×	×	×	×	×	×	×	×	×	×	×	×	√	∑
1.4 其他现金流入量（万元）	×	×	?	?	?	?	?	?	?	?	?	?	?	Σ
2 现金流出量（万元）	∑	∑	∑	∑	∑	∑	∑	∑	∑	∑	∑	∑	∑	∑
2.1 建设投资（万元）	√	?	×	×	×	×	×	×	×	×	×	×	×	∑
2.2 流动资金投资（万元）	×	√	?	×	×	×	×	×	×	×	×	×	×	∑
2.3 经营成本（万元）	×	×	√	√	√	√	√	√	√	√	√	√	√	∑
2.4 销售税金及附加（万元）	×	×	√	√	√	√	√	√	√	√	√	√	√	∑
2.5 所得税（万元）	×	×	√	√	√	√	√	√	√	√	√	√	√	∑
2.6 其他现金流出量（万元）	∑	∑	∑	∑	∑	∑	∑	∑	∑	∑	∑	∑	∑	∑
3 净现金流量（1.4－2.6）（万元）	－	－	＋	＋	＋	＋	＋	＋	＋	＋	＋	＋	＋	∑
3.1 累计净现金流量（万元）	－	－	－	－	?	?	?	?	＋	＋	＋	＋	＋	∑
3.2 所得税前净现金流量（3.0＋2.5）（万元）	－	－	＋	＋	＋	＋	＋	＋	＋	＋	＋	＋	＋	∑
3.3 所得税前累计净现金流量（万元）	－	－	－	－	－	?	?	?	?	＋	＋	＋	＋	∑

注：1. 假定本项目的建设期为 1 年

2. “×”表示当年没有发生额，“Σ”表示求和，“√”表示当年有发生额，“－”表示数值为负，“?”表示当年有可能发生额，“＋”表示数值为正

【例 16-18】 某固定资产项目需要依次投入价款 1 000 万元，资金来源为银行借款，年利息为 10%，建设期为 1 年。该固定资产可使用 10 年，按直线法折旧，期满有净残

值 100 万元。投入使用后，第 1～7 年每年产品销售收入（不含增值税）增加 903.9 万元，第 8～10 年每年产品销售收入（不含增值税）增加 793.9 万元，同时使第 1～10 年每年的经营成本增加 470 万元。该企业的所得税税率为 33%，投产后第 7 年末，用税后利润归还贷款的本金，在还本之前的经营期内每年末支付贷款利息 110 万元，连续归还 7 年。

要求：按表格法计算该项目净现金流量（中间保留一位小数）。

按表格法计算如表 16-3 所示。

表 16-3　净现金流量计算表

项目计算期（第 t 年）	建设期		经营期							合计
	0	1	2	3	…	8	9	10	11	
1 现金流入量										
1.1 营业收入	0	0	903.9	903.9	…	903.9	793.9	793.9	793.9	8 709
1.2 回收固定资产余值	0	0	0	0	…	0	0	0	100.0	100
1.3 现金流入量合计	0	0	903.9	903.9	…	903.9	793.9	793.9	793.9	8 809
2 现金流出量										
2.1 固定资产投资	1 000	0	0	0	…	0	0	0	0	1 000
2.2 经营成本	0	0	470.0	470.0	…	470.0	470.0	470.0	470.0	4 700
2.3 所得税	0	0	73.9	73.9	…	73.9	73.9	73.9	73.9	739
2.4 现金流出量合计	1 000	0	543.9	543.9	…	543.9	543.9	543.9	543.9	5 439
3 净现金流量	−1 000	0	360.0	360.0	…	360.0	250.0	250.0	350.0	2 370

2）现金净流量计算的简算法

简算法又称为间接计算法。

在简算法下，经营现金净流量等于净利润加折旧等非付现成本。

折旧等非付现成本包括：

（1）固定资产的折旧；

（2）无形资产价值的摊销额；

（3）开办费的摊销额；

（4）全投资假设下经营期发生的借款的利息支出等。

在简算法中以税后净利润为起点加折旧等非付现成本，这是因为：非付现成本减少了利润但是不减少现金的净流量。如果以利润为起点，调整追溯计算经营活动的现金净流量就要从利润中将这种减少了利润但是不减少现金的净流量的非付现成本加计回来。

【例 16-19】 ABC 拟购建一项固定资产，需要投资 1 000 万元，按直线法折旧，使用寿命为 10 年，期末有 100 万元净残值。在建设起点一次投入借入资金 1 000 万元，建设期为一年，发生建设期资本化利息 100 万元。预计投产后每年可获营业利润 110 万元。在经营期的头 3 年中，每年归还借款利息 110 万元（假定营业利润不变，不考虑所得税因素）。

要求：用简化的方法计算该项目的净现金流量。

依题意计算有关数据如下：

固定资产原值=固定资产投资+建设期资本化利息=1 000+100=1 100(万元)

项目计算期=建设期+经营期=1+10=11（年）

终结点年回收额=回收固定资产余值+回收流动资金=100+0=100（万元）

依据以上资料，各年的现金净流量计算如下：

$$NCF_0 = -1\,000(\text{万元})$$

$$NCF_1 = 0(\text{万元})$$

$$NCF_{2\sim4} = 110 + 100 + 110 = 320(\text{万元})$$

$$NCF_{5\sim10} = 110 + 100 = 210(\text{万元})$$

$$NCF_{11} = 110 + 100 + 100 = 310(\text{万元})$$

【例 16-20】 某工业项目需要原始投资 1 250 万元。其中，固定资产投资1 000万元，开办费投资 50 万元，流动资金投资 200 万元。建设期为 1 年，建设期发生与购建固定资产有关的资本化利息 100 万元。固定资产投资和开办费投资于建设起点投入，流动资金于完工时，即第 1 年末投入。该项目寿命期为 10 年，固定资产按直线法折旧，期满有 100 万元的净残值，开办费于投产当年一次摊销完毕。从经营期第 1 年起连续 4 年每年归还借款利息 110 万元，流动资金于终结点一次回收。投产后每年获净利润分别为 10 万元、110 万元、150 万元、210 万元、260 万元、300 万元、350 万元、400 万元、450 万元和 550 万元。

要求：按简化公式计算项目各年净现金流量。

依题意计算数据如下：

$$\text{项目计算期}\ n = 1 + 10 = 11(\text{年})$$

$$\text{固定资产原值} = 1\,000 + 100 = 1\,100(\text{万元})$$

$$\text{固定资产年折旧} = \frac{1\,100 - 100}{10} = 100(\text{万元})$$

依据以上资料，各年的现金净流量计算如下：

$$NCF_0 = -(1\,000 + 50) = -1\,050(\text{万元})$$

$$NCF_1 = -200(\text{万元})$$

$$NCF_2 = 10 + 100 + 50 + 110 + 0 = 270(\text{万元})$$

$$NCF_3 = 110 + 100 + 0 + 110 + 0 = 320(\text{万元})$$

$$NCF_4 = 150 + 100 + 0 + 110 + 1 = 360(\text{万元})$$

$$NCF_5 = 210 + 100 + 0 + 110 + 0 = 420(\text{万元})$$

$$NCF_6 = 260 + 100 + 0 + 0 + 0 = 360(\text{万元})$$

$$NCF_7 = 300 + 100 + 0 + 0 + 0 = 400(\text{万元})$$

$$NCF_8 = 350 + 100 + 0 + 0 + 0 = 450(\text{万元})$$

$$NCF_9 = 400 + 100 + 0 + 0 + 0 = 500(\text{万元})$$

$$NCF_{10} = 450 + 100 + 0 + 0 + 0 = 550(\text{万元})$$

$$NCF_{11} = 550 + 100 + 0 + 0 + (100 + 200) = 950(\text{万元})$$

16.2　投资决策的方法

16.2.1　非贴现方法

非折现方法不考虑时间价值，把不同时间的货币收支看成是等效的。这些方法在选择方案时起辅助作用。主要包括投资回收期法和会计收益率法。

1. 投资回收期法

投资回收期是指投资项目引起的现金流入量累计到与投资额相等时所需要的时间。它代表收回投资项目的投资额所需要的年限。回收年限越短，方案越有利。

1）投资回收期的计算

如果投资项目的投资额是一次支出，且每期现金流入量相等时，投资回收期的计算公式为

$$\text{投资回收期} = \frac{\text{投资额}}{\text{每期现金流入量}}$$

如果投资项目的现金流入量各期不相等或投资额非一次投入时，投资回收期的计算公式为

$$\text{投资回收期} = \left(\begin{matrix}\text{累计净现金流量}\\ \text{开始出现正值的年份}\end{matrix}\right) - 1 + \frac{\text{上年累计净现金流量绝对值}}{\text{当年净现金流量}}$$

【例 16-21】 假设 ABC 公司目前存在 3 个投资机会。有关资料如表 16-4 所示。

表 16-4　A 公司投资分析表

期　间	A 方案		B 方案		C 方案	
	净收益	现金流量	净收益	现金流量	净收益	现金流量
0		(10 000)		(10 000)		(20 000)
1	600	4 600	(1 800)	1 200	1 800	11 800
2	600	4 600	3 000	6 000	3 240	13 240
3	600	4 600	3 000	6 000		
合计	1 800	3 800	4 200	3 200	5 040	5 040

计算各方案的投资回收期。

解：

$$\text{方案 A 的投资回收期} = \frac{10\ 000}{4\ 600} = 2.17(\text{年})$$

$$\text{方案 B 投资回收期} = 2 + \frac{2\ 800}{6\ 000} = 2.47(\text{年})$$

$$\text{方案 C 投资回收期} = 1 + \frac{8\ 200}{13\ 240} = 1.62(\text{年})$$

一般而言，投资回收期越短，投资风险越小，投资方案越佳。但在实际评价中，它

需要一个参照系。这个参照系就是基准投资回收期。对于独立投资项目，只要投资项目的投资回收期小于或等于基准投资回收期，投资项目可以接受。假设上例中，基准投资回收期为 2 年，那么只有 C 方案可以接受。对于互斥投资项目，从可行方案中选择投资回收期最短的方案。

2）投资回收期法的评价

投资回收期法计算简便，便于操作，但是回收期法没有考虑货币时间价值因素，也没有考虑投资回收期以后的现金流量和投资项目的整体效益，如仅根据投资项目的投资回收期进行选择的话，有时会做出错误的判断。

2. 会计收益率法

会计收益率亦称投资报酬率，是投资项目年平均利润额与原始或平均投资额的比率。

1）会计收益率的计算

会计收益率计算公式如下：

$$会计收益率=\frac{年平均利润}{原始投资额}\times 100\%$$

上述公式的分母也可以使用平均投资额，尽管其计算结果不同，但是它不改变方案的优先次序。

【例 16-22】 沿用例 16-21 的资料，计算各方案的会计收益率法。

$$A\text{ 方案会计收益率}=\frac{600}{10\ 000}\times 100\%=6\%$$

$$B\text{ 方案会计收益率}=\frac{(-1\ 800+3\ 000+3\ 000)\div 3}{10\ 000}\times 100\%=14\%$$

$$C\text{ 方案会计收益率}=\frac{(1\ 800+3\ 240)\div 2}{20\ 000}\times 100\%=12.6\%$$

一般而言，会计收益率越高越好。实际评价中，需要一个参照系。这个参照系就是企业对投资项目要求达到的最低期望报酬率。对于独立投资项目，投资项目的会计收益率大于最低期望报酬率，投资项目可以接受。在例 16-22 中，如公司要求达到的最低收益率为 10%，则 B 方案和 C 方案可以接受，A 方案不可接受。对于互斥投资项目，可从可行方案中选择会计收益率最高的方案。因此，应选择 B 方案。

2）会计收益率法的评价

会计收益率法计算简便，易于理解和掌握，资料也易于收集。但该指标没有考虑货币时间价值因素，计算结果有可能发生误差，不能正确反映投资项目的真实收益。

16.2.2 贴现方法

1. 净现值

净现值（NPV）是指特定投资项目未来现金流入量现值与未来现金流出量现值之间的差额，亦即在项目的计算期内，按一定的折现率计算的各年净现金流量现值的代数和。

1）净现值的计算

净现值计算的公式为

$$NPV=\sum_{t=0}^{n}\frac{I_t}{(1+i)^t}-\sum_{t=0}^{n}\frac{O_t}{(1+i)^t}=\sum_{t=0}^{n}\frac{NCF_t}{(1+i)^t}$$

式中，n——投资涉及的年限；

I_t——第 t 年的现金流入量；

O_t——第 t 年的现金流出量；

i——预定的折现率；

NCF_t——第 t 年的净现金流量。

【例 16-23】 沿用例 16-21 的资料，计算各方案的净现值。

$$\begin{aligned}NPV_A&=\sum_{t=0}^{n}\frac{NCF_t}{(1+i)^t}=4\,600\times(P/A,10\%,3)-10\,000\\&=4\,600\times2.487-10\,000\\&=11\,440-10\,000=1\,440(\text{元})\end{aligned}$$

$$\begin{aligned}NPV_B&=\sum_{t=0}^{n}\frac{NCF_t}{(1+i)^t}=\frac{1\,200}{1+10\%}+\frac{6\,000}{(1+10\%)^2}+\frac{6\,000}{(1+10\%)^3}-10\,000\\&=1\,200\times0.909\,1+6\,000\times0.826\,4+6\,000\times0.751\,3-10\,000\\&=10\,557-10\,000=557(\text{元})\end{aligned}$$

$$\begin{aligned}NPV_C&=\sum_{t=0}^{n}\frac{NCF_t}{(1+i)^t}=\frac{11\,800}{1+10\%}+\frac{13\,240}{(1+10\%)^2}-20\,000\\&=11\,800\times0.909\,1+13\,240\times0.826\,4-20\,000=1\,669(\text{元})\end{aligned}$$

对于独立投资项目，净现值大于零，说明投资项目的报酬率大于预定的报酬率，投资项目可以接受；反之，投资项目不可接受。上述例中，三个方案的净现值均大于零，都可以接受。对于互斥投资项目，应在所有可行方案中选择净现值最大的方案。上例中，应该选择 C 方案。

2）净现值法的评价

净现值法考虑了货币时间价值，因此，净现值法具有广泛的适用性，在理论上也比其他方法更为完善。它与企业价值最大化目标一致。但是，在净现值法下，折现率的确定是一个复杂的问题，折现率的高低影响投资项目净现值的大小。净现值法只能说明投资项目的报酬率高于或低于预定的报酬率，而不能确定投资项目本身的收益率，而且净现值本身是一个绝对数，不利于不同投资规模的投资方案的比较。

2. 现值指数

现值指数是投资项目的未来现金流入量现值与现金流出量现值的比率。它说明单位投资未来可以获得的现金流入量现值。

（1）现值指数的计算。

现值指数的计算公式为

$$PI=\sum_{t=0}^{n}\frac{I_t}{(1+i)^t}\div\sum_{t=0}^{n}\frac{O_t}{(1+i)^t}$$

【例 16-24】 沿用例 16-21 的资料计算各方案的现值指数。

$$\begin{aligned}PI_A&=\sum_{t=0}^{n}\frac{NCF_t}{(1+i)^t}\div 1\ 000\\&=\frac{4\ 600\times(P/A\cdot 10\%^3)}{1\ 000}\\&=\frac{1\ 440}{1\ 000}\\&=1.44\end{aligned}$$

$$\begin{aligned}PI_B&=\sum_{t=0}^{n}\frac{I_t}{(1+i)^t}\div\sum_{t=0}^{n}\frac{O_t}{(1+i)^t}\\&=\frac{\frac{1\ 200}{1+10\%}+\frac{6\ 000}{(1+10\%)^2}+\frac{6\ 000}{(1+10\%)^3}}{10\ 000}\\&=\frac{1\ 200\times 0.909\ 1+6\ 000\times 0.826\ 4+6\ 000\times 0.751\ 3}{100\ 00}\\&=\frac{10\ 557}{10\ 000}=1.06\end{aligned}$$

$$\begin{aligned}PI_C&=\sum_{t=0}^{n}\frac{I_t}{(1+i)^t}\div\sum_{t=0}^{n}\frac{O_t}{(1+i)^t}\\&=\frac{\frac{11\ 800}{1+10\%}+\frac{13\ 240}{(1+10\%)^2}}{20\ 000}\\&=\frac{11\ 800\times 0.909\ 1+13\ 240\times 0.826\ 4}{20\ 000}\\&=\frac{21\ 669}{20\ 000}=1.08\end{aligned}$$

对于独立投资项目，如果投资项目的现值指数大于 1，说明项目的报酬率大于预定的报酬率，投资项目可以接受；反之，投资项目不可接受。上述例中，三个方案的现值指数大于 1，都可以接受。对于互斥投资项目，应在现值指数大于 1 的方案中选择数值最大的方案。上述例中，应该选择 A 方案。但在项目具有追加投资的可能时，应在保证现值指数大于 1 的前提下，有必要考虑追加投资所得大小的问题。

（2）现值指数法的评价。

现值指数法在一定意义上弥补了净现值法的缺陷，可以在投资额不同的方案之间进行获利能力的比较。现值指数是一个相对数指标，反映投资的效率；而净现值指标是绝对数指标，反映投资的效益。但是，现值指数依然不能显示投资项目本身的收益率。

3. 内部收益率

内部收益率又叫内含报酬率（IRR），是指能够使投资项目未来现金流入量的现值等于现金流出量的现值的折现率，或是使投资项目的净现值等于零的折现率。

1）内部收益率的计算

内部收益率的计算是一个求解一元 n 次方程的过程，即当 IRR 为多少时，净现值为零。内部收益率满足下列等式：

$$NPV = \sum_{t=0}^{n} \frac{I_t}{(1+IRR)^t} - \sum_{t=0}^{n} \frac{O_t}{(1+IRR)^t} = \sum_{t=0}^{n} \frac{NCF_t}{(1+IRR)^t} = 0$$

如果投资项目的现金流量模式是等额的年金型现金流量模式，可以先计算年金现值系数（P/A，i，n），然后，依据使净现值正负不同的相邻两个折现率 i 求内部收益率。如果投资项目的现金流量模式是不等额的混合型现金流量模式，这时要采用“逐次测试法”计算内部收益率 IRR。首先估计使净现值由正值到负值相邻的两个折现率 i，如果 NPV>0，则 i<IRR；反之，如果 NPV<0，则 i>IRR。然后依据使净现值正负相邻的两个折现率，运用内插法计算内部收益率 IRR。其计算公式为

$$IRR = i_1 + (i_2 - i_1) \times \frac{|NPV_1|}{|NPV_1| + |NPV_2|}$$

【例 16-25】 沿用例 16-21 的资料，计算各方案的内部收益率。

A 方案：各期现金流入量相等，符合年金形式，可利用年金现值系数表来确定。

$$NPV_A = 4\,600 \times (P/A, i, 3) - 10\,000 = 0$$

$$(P/A, i, 3) = \frac{10\,000}{4\,600} = 2.174$$

查阅“1 元年金现值表”，在 n=3 这一栏下寻找到最接近（P/A，i，3）=2.174 的折现率是：

$$i = 18\%$$

B 方案：测试过程如表 16-5 所示。

表 16-5　B 方案内部收益率测试表　　单位：元

年　份	现金净流量	贴现率 i=12%		贴现率 i=13%	
		贴现系数	现值	贴现系数	现值
0	(10 000)	1	(10 000)	1	(10 000)
1	1 200	0.893	1 072	0.885	1 062
2	6 000	0.797	4 782	0.783	4 698
3	6 000	0.712	4 272	0.693	4 158
净现值			126		(82)

$$IRR_B = 12\% + (13\% - 12\%) \times \frac{126}{126 + 82} = 12.61\%$$

C 方案：依据前面的计算结果，当 i=10%时，NPV=1 669 元，说明本方案的报酬率高于 10%，因此应提高贴现率进一步测试。测试过程及结果见下表（表 16-6）。

表 16-6　C 方案内部收益率测试表　　单位：元

年　份	现金净流量	贴现率 i=16%		贴现率 i=18%	
		贴现系数	现值	贴现系数	现值
0	(20 000)	1	(20 000)	1	(20 000)
1	11 800	0.862	10 172	0.847	9 995
2	13 240	0.743	9 837	0.718	9 506
净现值			9		(499)

C 方案内部收益率：

$$IRR_C = 16\% + (18\% - 16\%) \times \frac{9}{9+499} = 16.04\%$$

对于独立投资项目，在应用内部收益率法时，必须寻找一个参照指标。这个指标就是最低期望报酬率。如果投资项目的内部收益率大于或等于最低期望报酬率，投资项目可以接受；反之，项目不可接受。沿用上例，三个方案的内部收益率都大于最低期望报酬率（10%），可以接受。对于互斥投资项目，应该从可接受方案中，选择内部收益率最高的方案。沿用上例，应该选择 A 方案。

2）内部收益率法的评价

内部收益率是根据投资项目的现金流量计算出来的，它可以显示投资项目本身的收益率。内部收益率法与现值指数法一样虽然都是用相对数作为投资项目的评价指标，但是，内部收益率法不必事先选择折现率，根据内部收益率就能确定投资项目的优先次序，只是最后需要一个最低期望报酬率来判断投资项目是否可行。内部收益率法的缺陷是：如果采用手工计算内部收益率，其计算过程较麻烦；当中期大量投资时，可能出现多个内部收益率，使人们无法判别投资项目真实的内部收益率。

16.2.3 投资决策的应用

1. 项目投资评价方法的比较

前面介绍了各种投资决策评价方法，包括折现评价法和非折现评价法。非折现的评价方法存在着固有的缺陷，只能作为贴现评价法的辅助评价方法。这里只就几种折现评价法进行比较分析。

1）净现值与内含报酬率的比较

在一般情况下，运用净现值法和内部报酬率这两种方法得出的结论是相同的。这是因为，只要投资方案的内含报酬率大于其资本成本率，其净现值就一定大于零。同时，对同一投资方案或彼此独立的投资方案而言，内含报酬率越高，在一定资金成本率条件下可获得的净现值也越大。但是，在互斥的投资方案决策中，用这两种投资决策评价方法评价方案时有时会得出相反的结论，下面举例说明。

【例 16-26】 ABC 公司有 A、B 两个互斥投资方案，各方案有关资料如表 16-7 所示，计算两方案在不同投资报酬率下的净现值。

表 16-7 A、B 两方案净现金流量 单位：元

年　份	A 方案净现金流量	B 方案净现金流量
0	−10 000	−10 000
1	7 000	2 000
2	3 000	3 000
3	2 000	8 000

求得 A、B 两方案的净现值如表 16-8 所示。

表 16-8　A、B 两方案净现金　　单位：元

投资报酬率	A 方案净现值	B 方案净现值
0	2 000	3 000
5%	1 115.4	1 536.2
10%	345.5	307.8
15%	−329.5	−732.5

从表 16-8 可以看出，随着投资报酬率的变动，两方案净现值的变动程度不同，A 方案的变动幅度小，B 方案的变动幅度大。折现率为 5%时，A 方案的净现值小于 B 方案；折现率为 10%时，A 方案的净现值大于 B 方案。由此可以断定在 5%～10%之间的某一折现率会使两方案的净现值相等。设这一折现率为 i，计算结果如下：

$$\frac{7\,000}{1+i}+\frac{3\,000}{(1+i)^2}+\frac{2\,000}{(1+i)^3}-10\,000=\frac{2\,000}{1+i}+\frac{3\,000}{(1+i)^2}+\frac{8\,000}{(1+i)^3}-10\,000$$

整理得

$$(1+i)^2=1.2$$

解得

$$i=9.55\%$$

两方案之间折现率与净现值的关系如图 16-5 所示。

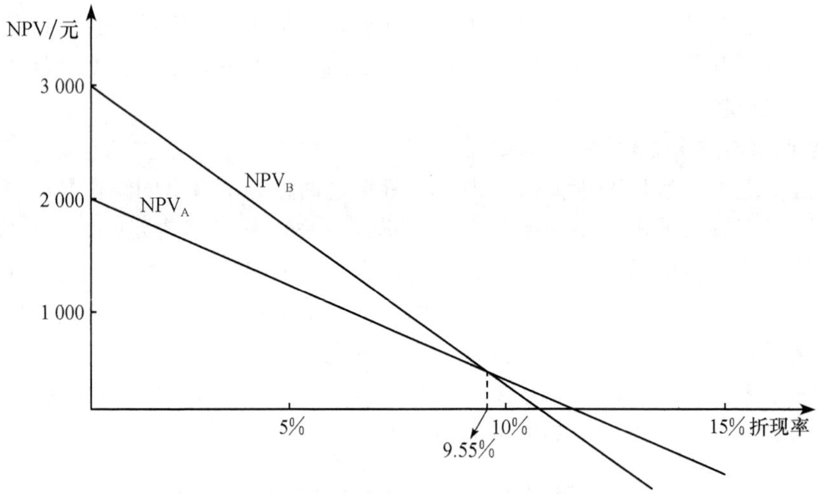

图 16-5　A、B 方案的净现值

从图 16-5 中可以看到两个方案的净现值交于 9.55%这一点上。当资金成本率大于 9.55%时，A 方案的净现值和内含报酬率都大于 B 方案；当资金成本率小于 9.55%时，净现值法下 B 方案优于 A 方案，内含报酬法下 A 方案优于 B 方案。这是因为 B 方案后期的现金流量远远大于 A 方案后期的现金流量，而后期的现金流量越大，其净现值受净现值变化的影响也越大。沿用上例，尽管在贴现率很低时，B 方案的净现值高于 A 方案的净现值；但当折现率提高时，B 方案的净现值的下降速度也快于 A 方案，当折

现率提高到 9.545%时，B 方案的净现值与 A 方案相等；当折现率超过 9.55%时，B 方案的净现值反而低于 A 方案。

当折现率低于 9.55%时，尽管用两种方法得出了不同的结论，但正确答案只有一个。此时应以净现值法作为评价标准，即应选择 B 方案。因为用净现值高的方案能为企业带来较多财富。

净现值法与内含报酬率法的矛盾，其根本原因是两者对再投资的假设不同。即假设企业用投资期产生的现金流量进行再投资时，会产生不同的利润率。净现值法假设产生的现金流入量重新投资，会产生相当于企业资本成本的利润率；而内部报酬率法却假定现金流入量重新投资，产生的利润率与项目特定的内部报酬率相同。对于一般企业而言，获取的现金流量较有可能按照企业要求的必要报酬率进行再投资，所以净现值法的再投资假设比内含报酬率法合理。

2）净现值法与现值指数法的比较

在一般情况下，采用净现值法与现值指数法评价投资方案的结论是一致的，但当投资方案的初始投资额不同时，两者也会产生矛盾。

【例 16-27】 有 A、B 两个投资方案，企业要求的必要报酬率为 15%，资料及计算结果如表 16-9 所示，试比较两个方案的可行性。

表 16-9 A、B 两方案的资料及计算结果 单位：元

年份	A 方案	B 方案
第 0 年	−1 000	−700
第 1 年	800	600
第 2 年	800	600
第 3 年	800	600
第 4 年	800	600
NPV	1 284	1 013
PI	2.284	2.447

从表 16-9 可看出，两个方案的净现值均大于零，同时现值指数均大于 1，这两个方案均为可行方案。若为互斥方案时，以净现值判断 A 方案优于 B 方案，而以现值指数判断，则 B 方案优于 A 方案。如果企业没有其他投资方案，则应选择 A 方案，因为净现值最大反映企业在可供选择的投资中获取的收益大。如果企业有其他投资方案，投资 B 方案后剩余的 300 万元还可以投资其他项目，这时应将两个投资方案结合起来考虑，评价的标准应是净现值总和最大。

综上所述，折现的评价方法优于非折现的评价方法，而在折现的评价方法中，净现值法可以反映投资项目的总收益情况，通过总收益的多少判断投资项目的优劣，故净现值法是一种应用较为广泛，较为理想的项目投资评价方法。

2. 投资决策方法的应用

1）独立方案财务可行性评价及投资决策

将一组互相分离、互不排斥的方案称为独立方案。在独立方案中，选择某一方案并

不排斥选择其他方案。

(1) 方案是否完全具备财务可行性的判断条件。

可行性的条件是：①净现值 NPV≥0；②现值指数 PI≥1；③内部收益率 IRR≥行业基准折现率 i_c；④包括建设期的静态投资回收期 PP≤项目计算期的一半；⑤不包括建设期的静态投资回收期 $PP' \leqslant P/2$（经营期的一半）；⑥投资利润率 ROI≥基准投资利润率 i（事先给定）。那么这个方案就是一个可行方案。

(2) 方案是否完全不具备财务可行性的判断条件。

①净现值法 NPV<0；②现值指数法 PI<1；③内部收益率法 IRR<i_c；④包括建设期的静态投资回收期法 PP>项目计算期的一半；⑤不包括建设期的静态投资回收期 $PP' > P/2$；⑥投资利润率 ROI<i。

符合以上条件之一，那么这个方案就是不可行方案。

(3) 方案是否基本具备财务可行性的判断条件。

如果在评价过程中发现某项目的主要指标可行（如 NPV≥0，PI≥1，IRR≥i_c），但次要或辅助指标不可行（如 PP>$n/2$，$PP' > p/2$ 或 ROI<i，则可以断定该项目基本上具有财务可行性）。

(4) 方案是否基本不具备财务可行性的判断条件。

如果在评价过程中发现某项目出现 NPV<0，PI<1，IRR<i_c 的情况，即使有 PP≤$n/2$，$PP' \leqslant p/2$ 或 ROI≥i 发生，也可断定该项目基本上不具有财务可行性。

2) 多个互斥方案的比较决策

互斥方案是指互相关联、互相排斥的方案，即一组方案中的各个方案彼此可以相互代替，采纳方案组中的某一方案，就会排斥方案组中的其他方案。因此，互斥方案具有排他性。如企业有一笔闲置资金，可以投入家电业，也可以投入造纸业，如果只能在家电业或造纸业二者中选择其中之一，那么投资家电业和造纸业就是两个互斥方案。

由于互斥方案在原始投资额、项目计算期等条件的不同，选择的决策方法也就有所不同。下面分别互斥方案的投资情况，介绍互斥方案的比较决策方法。

(1) 净现值法。

净现值适应原始投资额相等、项目计算期相同的多个投资方案的比较决策。投资方案中净现值最大的为最优方案。

【例 16-28】 某个固定资产投资项目需要原始投资 200 万元，有 A、B、C、D 四个互相排斥的备选方案可供选择，各方案的计算期相同。

要求：按净现值法进行比较决策。

A、B、C、D 各备选方案的 NPV 均大于零，假设 A、B、C、D 各方案的净现值分别为 46 万元、24 万元、41 万元、32 万元，所以这些方案均具有财务可行性。

因为 46>41>32>24，所以 A 方案最优，其次为 C 方案，再次为 D 方案，最差为 B 方案。

(2) 差额投资内部收益率法。

所谓差额投资内部收益率法，是指在两个原始投资额不同方案的差量净现金流量（ΔNCF）的基础上，计算出差额内部收益率（ΔIRR），并与行业基准折现率进行比较，进而判断方案孰优孰劣的方法。该法适用于原始投资不同但项目计算期相等的多方案的比较决策。

差额投资内部收益率的计算过程和计算技巧同内部收益率 IRR 完全相同，只是所依据的是 ΔNCF。差额投资内部收益率法可用于上述情况的新项目的投资决策，也可以用于更新改造项目的决策分析。下面分别举例说明。

【例 16-29】 A 项目原始投资的现值为 150 万元，1～10 年的净现金流量为 29.11 万元；B 项目的原始投资额为 100 万元，1～10 年的净现金流量为 20 万元。行业基准折现率为 10%。

(1) 计算差量净现金流量：

$$\Delta NCF_0 = -150-(-100) = -50(\text{万元})$$
$$\Delta NCF_{1\sim10} = 29.11-20 = 9.11(\text{万元})$$

(2) 差额内部收益率 ΔIRR：

$$(P_A/A,\Delta IRR,10) = 50/9.11 = 5.4885$$

因为 $(P_A/A,\ 14\%,\ 10)=5.2161<5.4885$

$(P_A/A,\ 12\%,\ 10)=5.6502>5.4885$

所以 $12\%<\Delta IRR<14\%$，应用内插法：

$$\Delta IRR = 12\%+(5.6502-5.1885)/(5.6502-5.2161)\times(14\%-12\%)$$
$$\approx 12.74\%$$

(3) 用差额投资内部收益率法决策：

因为 $\Delta IRR=12.74\%>i_c=10\%$，所以应当投资 A 项目。

【例 16-30】 ABC 公司打算变卖一套尚可使用 5 年的旧设备，另购置一套新设备来替代它。取得新设备的投资额为 180 000 元，旧设备的折余价值为 90 000 元，其变价净收入为 80 000 元，到第 5 年末新设备与继续使用的旧设备届时的预计净残值相等。新旧设备的替换将在当年内完成（建设期为零）。使用新设备可使企业在第 1 年增加营业收入 50 000 元，增加经营成本 25 000 元；第 2～5 年每年增加营业收入 60 000 元，增加经营成本 30 000 元。设备采用直线法计提折旧。企业所得税税率为 33%，假设处理旧设备不涉及营业税金，全部资金来源均为自有资金，行业基准折旧率为 8%。

(1) 计算差额净现金流量：

经营期第 1～5 年每年因更新改造而增加的折旧为

$$180\,000/5-80\,000/5 = 20\,000(\text{元})$$

经营期第 1 年因旧固定资产提前报废发生净损失而抵减的所得税额为

$$(90\,000-80\,000)\times 33\% = 3300(\text{元})$$

$$\Delta NCF_0 = -(180\,000-80\,000) = -100\,000(\text{元})$$
$$\Delta NCF_1 = (50\,000-25\,000-20\,000)\times(1-33\%)$$
$$+20\,000+3\,300 = 26\,650(\text{元})$$
$$\Delta NCF_{2\sim5} = (60\,000-30\,075-20\,000)\times(1-33\%)+20\,000 = 26\,650(\text{元})$$

(2) 计算差额内部收益率 ΔIRR：

$$(P/A,\Delta IRR,5) = 100\ 000/26\ 650 = 3.752\ 3$$

因为 $(P/A,\ 10\%,\ 5)=3.790\ 8>3.752\ 3$

$(P/A,\ 12\%,\ 5)=3.604\ 8<3.752\ 3$

所以 $10\%<\Delta IRR<12\%$，应用内插法：

$$\Delta IRR = 10\% + (3.790\ 8 - 3.752\ 3)/(3.790\ 8 - 3.604\ 8) \times (12\% - 10\%) \approx 10.41\%$$

(3) 用差额投资内部收益率法决策：

因为 $\Delta IRR=10.49\%>i_c=8\%$，所以，应当更新设备。

(4) 年等额净回收额法。

年等额净回收额法是指通过比较所有投资方案的年等额净回收额（记做 NA）指标的大小来选择最优方案的决策方法。该法适用于原始投资不相同，特别是项目计算期不同的多方案比较决策。在此法下，方案中年等额净回收额最大的为优。

根据年金现值计算公式，如设基准折现率为 i_c，年等额回收额的计算公式则为

$$NA = NPV \times (A/P,i_c,n)$$

或

$$NA = NPV \times \frac{1}{(P/A,i_c,n)}$$

【例 16-31】 ABC 公司拟投资建设一条新生产线，现有三个方案可供选择：A 方案的原始投资为 1 250 万元，项目计算期为 11 年，净现值为 950 万元；B 方案的原始投资为 1 100 万元，项目计算期为 10 年，净现值为 920 万元；C 方案的净现值为－12.5 万元。行业基准折现率为 10%。

(1) 判断方案的财务可行性：

因 A 方案和 B 方案的净现值均大于零，故这两个方案具有财务可行性；

由于 C 方案的净现值小于零，所以该方案不具有财务可行性。

(2) 计算 A、B 方案的年等额回收额，进行决策分析：

A 方案的年等额回收额＝A 方案的净现值×1/（P/A，10%，11）＝950×1/6.495 06＝146.27（万元）

B 方案的年等额回收额＝B 方案的净现值×1/（P/A，10%，11）＝920×1/6.495 06＝149.7（万元）

因 149.7＞146.27，所以 B 方案优于 A 方案。

3. 多投资方案组合的决策

在实际投资决策中，有时决策者会面临多个投资方案，这些方案之间不是相互排斥的关系，而是如何实现最优组合的问题。根据资金条件，又分两种情况：一是在资金总量不受限制的情况下，可按每一项目的净现值 NPV 大小排队，确定优先考虑的项目顺序；二是在资金总量受到限制时，则需按获利指数 PI 的大小，结合净现值 NPV 进行

各种组合排队，从中选出能使$\sum$NPV 最大的组合。

【例 16-32】 有 A、B、C、D、E 五个投资项目为非互斥方案，有关原始投资额、净现值、净现值率和内部收益率数据如表 16-10 所示。

表 16-10　投资数据　　单位：万元

项　目	原始投资	净现值	现值指数
A	300	120	0.4
B	200	40	0.2
C	200	100	0.5
D	100	22	0.22
E	100	30	0.3

分别就投资总额不受限制和投资总额受到限制两种情况做出多方案组合决策。

1）投资总额不受限制时的多方案组合决策

按各方案现值指数的大小排序，并计算累计原始投资和累计净现值数据。其结果如表 16-11 所示。

表 16-11　累计原始投资和累计净现值数据　　单位：万元

顺　序	项　目	原始投资	累计原始投资	净现值	累计净现值
1	C	200	200	100	100
2	A	300	500	120	220
3	E	100	600	30	250
4	D	100	700	22	272
5	B	200	900	40	312

当投资总额不受限制或限额大于或等于 900 万元时，各方案优先考虑的顺序为 A、C、B、D、E。

2）投资总额受限制时的多方案组合决策

（1）当限定投资总额为 200 万元时，可供选择的投资组合有 B、C、D+E，其中 C 方案所获净现值为 100 万元，大于其他两个组合的净现值，所以 C 项目最优。

（2）限定总额为 300 万元时，可供选择的投资组合有 A、B+D、B+E、C+D、C+E。其中，组合 C+E 的净现值为 130 万元，大于其他组合的净现值，所以 C+E 为最优方案。

思　考　题

1. 如何理解货币的时间价值？
2. 如何计算终值和实际利率？
3. 何为贴现？如何计算现值？
4. 如何计算普通年金的终值与现值？
5. 先付年金与普通年金的区别何在？如何计算其现值和终值？
6. 什么是投资项目现金流量，如何计算项目投资的现金流量？
7. 举例说明净现值法在投资决策中的运用。

8. 在利用现金流贴现分析法进行投资决策时主要应考虑哪些因素？

练 习 题

1. 利海公司准备添置一台电脑需价款 500 000 元，现从本年税后利润中提出 300 000 元存入银行，银行存款的复利年利率为 10%。

要求：计算该公司须将 300 000 元存入银行多少年，才能使其本利足够支付上述电脑的价款。

2. 陈华于今年考入广州某高收费大学，因家庭经济困难，拟向银行贷款助学，已获批准。陈华将于每年年初贷款 10 000 元，共计四年，利率为 6%。

要求：计算到第四年末，陈华贷款本息总计为多少。

3. 嘉成电器公司准备在计划年度推出一个生产音乐铃的项目，产品的寿命周期为 5 年，第一年初固定生产设备投资为 30 000 元，期满残值为 2 000 元，同时垫支流动资产 8 000 元，于第 5 年末全数变现收回，若门铃的销售单价为 5 元，单位变动成本为 3 元。第一年销售量估计为 14 000 只，固定成本总额为 25 000 元（包括厂房租金与设备折旧两项）。后四年的销售量估计为 20 000 只，各年的固定成本总额（仍包括租金及折旧两项）均为 30 000 元，又所得税率为 40%，按直线法计提折旧。

要求：

（1）分别计算各年的税后净利与现金净流量，并填入以下的预计收益表。

嘉成公司各年预计收益表

单位：元

项 目	第 1 年	第 2 年	第 3 年	第 4 年	第 5 年
销售收入					
销售成本					
付现变动成本总额					
付现固定成本总额					
生产设备折旧					
小计					
税前净利					
所得税					
税后净利					

（2）将各年的现金净流量与初始投资及期满回收各项目，填入以下的预计现金流量表

全部现金流量计算表

单位：元

时 间	第 0 年	第 1 年	第 2 年	第 3 年	第 4 年	第 5 年
生产设备投资	−30 000 元					
流动资产垫支	−8 000 元					
各年的 NCF						
回收设备残值						
回收流动资产						
合计	−38 000 元					
累计 NCF						

4. 某公司准备购入一套设备以扩充生产能力，现有甲、乙两个方案可供选择。甲方案需投资 30 000元，使用寿命为 5 年，采用直线法折旧，5 年后设备无残值。5 年中每年销售收入为 15 000 元，每年付现成本为 5 000 元。乙方案需投资 36 000 元，采用直线法计提折旧，使用寿命也是 5 年，5 年后有残值收入 6 000 元，5 年中每年销售收入为 17 000 元，付现成本第一年为 6 000 元，以后随着设备陈旧，逐年将增加修理费 300 元，另外需垫支流动资金3 000 元。

假设所得税税率为 40%，资金成本为 10%。

要求：

(1) 计算两个方案的年折旧；

(2) 计算两个方案的营业现金流入；

(3) 计算两个方案的全部现金净流量；

(4) 计算两个方案的净现值；

(5) 计算两个方案的现值指数；

(6) 计算两个方案的内含报酬率；

(7) 计算两个方案的回收期；

(8) 计算两个方案的会计收益率。

5. 某公司正在考虑两个互斥项目，其净现金流量如下：

时　间	项目 A	项目 B
第 0 年	−50 000 元	−50 000 元
第 1 年	16 000 元	0
第 2 年	16 000 元	0
第 3 年	16 000 元	0
第 4 年	16 000 元	0
第 5 年	16 000 元	100 000 元

公司对该项目要求的收益率为 10%。试计算每个项目：

(1) 回收期；

(3) 净现值；

(3) 内部收益率；

(4) 是什么因素引起指标间的矛盾？

(5) 应该接受哪个项目？为什么？

第 17 章　预算与成本控制

17.1　全面预算

17.1.1　全面预算概述

1. 全面预算的含义

企业经营活动的总体目标经过预测分析和决策分析确定以后，完成这个目标则需要各职能部门互相配合，协调一致，共同努力，以达到预定目标。而为了使部门互相配合，协调一致，就必须根据企业经营总目标，编制一个统一的计划来把各部门有机地联结在一起，共同实现预期目标。

全面预算正是体现统一计划要求的一种具体形式，它是以货币量度表示的企业未来某一特定期间全部经营活动目标及人、财、物诸要素合理配置的数量表现，是企业管理当局未来计划及其如何实施的全面概括。在市场导向的环境中，全面预算是以利润为目标，以销售预算为基础综合协调其他预算的结果，是对企业未来一定时期的生产经营活动进行计划和控制的有效手段。

2. 全面预算的作用

1）明确工作目标

编制预算的目的是为了贯彻目标管理的原则，指导和控制业务。通过全面预算的编制，企业内部各部门可以明确各自的具体工作任务以及要达到的目标，明确各自在成本、利润、资金等方面必须达到的水平，努力工作，从而达到企业既定的总目标。

2）协调部门关系

企业生产经营活动的运行，要求供、产、销各环节和人、财、物各要素配置均衡。全面预算把整个企业各方面的工作严密地组织起来，把企业内部有关协作单位的配合关系也纳入统一的计划之中，把企业内部上下左右协调起来，以更好地发挥预算的控制作用。

3）控制日常活动

全面预算是控制企业日常经济活动的主要依据。在生产经营过程中，各部门可通过实际数与预算数相比，从而发现差异并找出原因，以便及时采取相应的措施，确保预定目标的实现。

4）考核部门业绩

通过编制全面预算，明确了各部门为实现企业总体目标应达到的具体目标，这一系列具体工作目标既为各部门的生产经营活动提供了依据，也为企业评价各部门的工作业绩提供了客观的标准。企业可根据全面预算的完成情况，在分析各部门实际偏离预算的程度和原因的基础上，划清责任，评定业绩，实行奖惩，促使各部门为完成预算目标更积极地工作。

3. 全面预算的编制原则

全面预算的编制工作是一项工作量大、涉及面广、时间性强、操作复杂的工作。为了保证全面预算编制工作有条不紊地进行，必须遵循一定的原则。

1) 注重科学的预算编制程序

企业全面预算的编制涉及经营管理的各个部门。只有预算执行人员参与预算的编制，才能使预算成为他们自愿努力完成的目标。因此，全面预算的编制应经过自上而下、自下而上的多次反复和修正，才能确定预算目标。这样既可以避免上级管理机构的主观武断，又能充分发挥各职能部门的主观能动性，有利于预算的编制。

2) 全面完整

凡是影响企业目标实现的经济活动，均应在预算中以货币或其他计量形式加以具体反映，尽可能做到考虑问题全面、周密。预算各具体指标之间的关系要明确、清晰，以确保整个预算体系的综合平衡。

3) 预算要积极可靠、留有余地

积极可靠是指不要把预算指标定得过高或过低，充分估计目标实现的可能性，保证预算在实际执行中发挥其指导和控制作用。为了应付实际工作中发生的变化，预算应该留有余地，以免在意外事项发生时造成被动，破坏平衡，影响原定目标的实现。

4. 全面预算的编制程序

全面预算的编制应是一个自上而下、再自下而上，不断反复和修正的过程，具体步骤如下：

(1) 在预测和决策的基础上，由预算委员会拟订企业预算总方针、各项政策及企业总目标和分目标，并下达基层各部门。预算委员会应由企业的总经理和分管各职能部门的副总经理组成。

(2) 组织基层各部门按具体要求自行草编本部门预算，并进行预算的汇总和分析。

(3) 各部门汇总、协调本部门的预算，并报送预算委员会。

(4) 预算委员会审查、平衡各部门的预算草案，汇总出全面预算，并将全面预算报送企业领导和审议机构。

(5) 企业领导和审议机构通过或责令修改预算，并提交董事会。

(6) 董事会讨论通过或驳回修改。

(7) 批准后的预算下达给各部门执行。

17.1.2　全面预算体系

全面预算体系由业务预算、专门决策预算和财务预算三部分组成。业务预算和专门决策预算是财务预算的基础，财务预算是业务预算和专门决策预算的综合反映，也是预算的主体。

1. 业务预算

业务预算，又称经营预算，是反映企业预算期间日常供应、生产、销售和管理等实质性活动的预算，主要包括销售预算、生产预算、直接材料预算、直接人工预算、制造费用预算、单位产品成本预算、销售及管理费用预算等。

2. 专门决策预算

专门决策预算是指企业为那些在预算期不经常发生的，非常规经济活动所编制的预算，主要包括根据长期投资决策编制的资本支出预算、根据企业预计经营成果和分配政策编制的股利发放额预算、根据专门性的资本支出预算编制的筹资预算等。

3. 财务预算

财务预算是反映企业在计划期内有关现金收支、经营成果和财务状况的预算，主要包括现金收支预算、预计资产负债表、预计损益表、预计现金流量表。

17.1.3 全面预算的编制

1. 全面预算的编制方法

1）固定预算与弹性预算

按照编制预算方法的业务量基础不同，预算编制方法可分为固定预算和弹性预算两种。

固定预算又称静态预算，是指根据预算期内正常的、可能实现的某一业务量水平来编制的一种方法。其特点是不考虑预算期内业务量水平可能发生的变化，而只按照预算期内给定的业务量水平来确定相应的数据，并以此作为业绩评价考核的依据。如果企业的实际业务量水平与预计的业务量水平相差较大时，有关预算指标的实际数与预算数之间就会因业务量不同而失去可比性。因此，采用固定预算方法编制的预算不利于正确地控制、考核和评价企业预算的执行情况。固定预算方法一般适用于业务量水平较为稳定的企业或非营利组织。

弹性预算又称变动预算或滑动预算，是指在成本习性分析的基础上，以业务量、成本和利润之间的依存关系为依据，以预算期可预见的各种业务量水平为基础，编制能够适应多种情况预算的一种方法。其特点是：①预算范围宽。弹性预算能够反映预算期内与一定相关范围内的可预见的多种业务量水平相对应的不同预算额，从而扩大了预算的适用范围，便于预算指标的调整。②可比性强。在弹性预算方法下，如果预算期的实际业务量与计划业务量不一致，可以将实际指标与实际业务量相应的预算额进行对比，从而能够使预算执行情况的评价与考核建立在更加客观和可比的基础上，便于更好地发挥预算的控制作用。在实际工作中，弹性预算方法主要用来编制制造费用预算、销售及管理费用预算。

2）增量预算与零基预算

按照编制预算方法的出发点不同，预算编制方法可分为增量预算和零基预算两种。

增量预算是指以基期成本费用水平为基础，结合预算期业务量水平及有关降低成本的措施，通过调整有关原有费用项目而编制预算的一种方法。增量预算的基本假设思想是：现有的业务活动是企业所必须的，原有的各项开支都是合理的，增加费用预算是值得的。在这种假设思想下，企业采用增量预算方法编制预算时往往不加分析地保留、接受原有成本项目，或按主观臆断平均削减，或只增不减，容易造成浪费，有可能使不必要的开支合理化。

零基预算的全称为“以零为基础编制的计划与预算”，是指在编制成本费用预算时，不考虑以往会计期间所发生的费用项目或费用数额，而是以所有的预算支出均为零为基底，从实际需要和可能出发，逐项审议各种费用开支的必要性、合理性，以确定各预算数额大小的一种预算编制方法。零基预算以零为起点，从而避免了原来不合理的费用开支对预算期费用的影响，因而具有能够充分合理、有效地配置资源，减少了资金浪费的优点，特别适用于那些较难分辨其产出的服务性部门。但是，零基预算方案评级和资源分配具有较大的主观性，容易引起部门之间的矛盾，使部门注重短期效益而忽视企业长期效益，而且当费用项目较多时，工作量大，编制预算的费用较高。

3）定期预算与滚动预算

按照编制预算方法的预算期不同，预算编制方法可分为定期预算和滚动预算两种。

定期预算是指在编制预算时以不变的会计期间（如日历年度）作为预算期的一种预算编制方法。定期预算具有能够使预算期间与会计年度相配合，便于考核和评价预算的执行结果的优点，但存在以下缺点：①远期指导性差。由于定期预算往往是在年初甚至提前两三个月编制的，对于整个预算年度的生产经营活动很难做出准确的预算，尤其是对预算后期的预算只能进行笼统的估算，数据含糊，缺乏远期指导性。②灵活性差。由于定期预算不能随情况的变化及时调整，当预算中所规划的各种经营活动在预算期内发生重大变化时（如在预算期临时中途转产），就会造成预算滞后过时，使之成为虚假预算。③连续性差。由于受预算期间的限制，经营管理者们的决策视野局限于本期规划的经营活动，不能适应连续不断的经营过程，从而不利于企业的长远发展。

滚动预算又称连续预算或永续预算，是指在编制预算时，将预算期与会计年度脱离开，随着预算的执行不断延伸而不断补充预算，逐期向后滚动，使预算期永远保持为 12 个月的一种方法。滚动预算的编制，可采取长计划、短安排的方式进行，也就是在编制预算时，先按年度分季，并将其中第一季度按月划分，建立各月的明细预算，以便监督预算的执行。其他三季可以粗略些。到第一季度结束后再将第二季的预算按月细分，以此类推。编制滚动预算虽然较传统的定期预算工作量大，但其具有以下优点：①可以保持预算的连续性和完整性，使有关人员从动态的预算中把握企业的未来，了解企业的总体规划和近期目标；②可以根据前期预算的执行结果，结合各种新的变化信息，不断调整或修订预算，从而使预算与实际情况相适应，有利于充分发挥预算的指导和控制作用。

2. 全面预算的编制案例

全面预算的内容包括业务预算、专门决策预算与财务预算。具体编制全面预算时，应先编制业务预算和专门决策预算。在业务预算中，应首先编制销售预算，然后依次编制生产预算、直接材料预算、直接人工预算、制造费用预算、单位生产成本预算、销售及管理费用预算等，同时编制各项专门决策预算。最后，根据业务预算和专门决策预算编制财务预算。

1）销售预算

销售预算是指在销售预测的基础上，根据企业年度目标利润确定的预计销售量、销售单价和销售收入等参数编制的，用于规划预算期销售活动的一种业务预算。

销售预算是编制全面预算的出发点，也是日常业务预算的基础。在编制过程中，应根据有关年度内各季度市场预测的销售量和售价，确定预算期销售收入，并根据各季现销收入与回收赊销货款的可能情况反映现金收入，以便为编制现金收支预算提供信息。

【例 17-1】 ABC 公司只生产和销售一种产品，预计 2008 年各季度产品销售量、售价的部分资料见表 17-1 的上半部分。据估计，该产品每季度销售收入中有 60%能于当期收到现金，其余 40%要到下季度收回。该公司 2007 年末应收账款余额为 20 000 元，则该公司 2008 年度的销售预算如表 17-1 所示。

表 17-1 ABC 公司销售预算表

2008 年度

项 目		1 季度	2 季度	3 季度	4 季度	全 年
预计销售量（件）		1 000	1 500	2 000	1 800	6 300
销售单价（元）		80	80	80	80	80
合计（元）		80 000	120 000	160 000	144 000	504 000
预计现金收入计算表	年初应收账款金额（元）	20 000				20 000
	上季销售本季收款数（元）	20 000	32 000	48 000	64 000	164 000
	本季销售本季收款数（元）	48 000	72 000	96 000	86 400	302 400
	现金收入合计（元）	68 000	104 000	144 000	150 400	466 400

2）生产预算

生产预算是为规划预算期生产规模而编制的一种业务预算。它是在销售预算的基础上编制的，并可以为下一步编制成本和费用预算提供依据。编制生产预算的主要依据是预算期各种产品的预计销售量及存货量资料。具体公式为

预计生产量＝预计销售量＋预计期末存货数量－预计期初存货数量

由于预计销售量可以直接从销售预算中得到，预计期初存货量等于上季期末存货量，因此，编制生产预算的关键是正确地确定各季预计期末存货量。在实践中，可按事先估计的期末存货量占一定时期销售量的比例进行估算，当然还要考虑季节性因素的影响。

【例 17-2】 ABC 公司各季度的期末存货按下一季度销售量的 10%预计，预算年度初产成品存货量为 100 件，预算年度末产成品存货量为 200 件，编制预算年度的生产预算，如表 17-2 所示。

表 17-2　ABC 公司生产预算表

2008 年度　　单位：件

项　目	1 季度	2 季度	3 季度	4 季度	全　年
预计销售量	1 000	1 500	2 000	1 800	6 300
加：预计期末存货量	150	200	180	200*	200*
减：期初存货量	100	150	200	180	100
预计生产量	1 050	1 550	1 980	1 820	6 400

* 估计数

3）直接材料预算

直接材料预算是指为规划一定预算期内因组织生产活动和材料采购活动预计发生的直接材料需用量、采购数量和采购成本而编制的一种业务预算。编制直接材料预算的主要依据是生产预算、单位产品耗用量、期初和期末材料存货量、预计采购量等，它们之间的关系是

预计材料采购量＝预计生产量×单位产品耗用量
＋预计期末材料存货量－预计期初材料存货量

在材料采购过程中，必然要发生现金支出，为此还必须在编制直接材料预算的同时，编制现金支出计算表，以反映当期材料采购支出的现金数额，其中包括前期应付购料款的偿还和本期应以现款支付的购料款项。

【例 17-3】 ABC 公司生产产品每件耗用 A 材料 2 公斤，每公斤单价为 10 元。所购材料货款于当季支付 60%，于下一季度支付其余的 40%。各季度末材料存货量按下一季度生产需要量的 20%确定。预算期初材料存货量为 500 公斤，预算期末材料存货量为 900 公斤。2007 年末应付材料货款账面余额为 6 000 元。根据以上资料，编制直接材料采购预算如表 17-3 所示。

表 17-3　ABC 公司直接材料预算表

2008 年度

项　目		1 季度	2 季度	3 季度	4 季度	全　年
预计生产量（件）		1 050	1 550	1 980	1 820	6 400
产品单耗（公斤）		2	2	2	2	2
预计生产需要量（公斤）		2 100	3 100	3 960	3 640	12 800
加：期末存料量（公斤）		620	792	728	900*	900*
预计需要量合计（公斤）		2 720	3 892	4 688	4 540	13 700
减：期初存料量（公斤）		500	620	792	728	500
预计购料量（公斤）		2 220	3 272	3 896	3 812	13 200
材料计划单价（元/公斤）		10	10	10	10	10
预计购料金额（元）		22 200	32 720	38 960	38 120	132 000
预计现金支出计算表	期初应付账款（元）	6 000				
	上季采购本季付款（元）	6 000	8 880	13 088	15 584	43 552
	本季采购本季付款（元）	13 320	19 632	23 376	22 872	79 200
	现金支出合计（元）	19 320	28 512	36 464	38 456	122 752

* 估计数

4）直接人工预算

直接人工预算是指为规划一定预算期内人工工时的消耗水平和人工成本水平而编制

的一种业务预算。编制直接人工预算的主要依据是已知的标准工资率、标准单位直接人工工时和生产预算中的预计生产量等资料。相关指标的计算公式如下：

预计直接人工成本＝预计生产量×单位产品工时定额×单位工时工资率

因为直接人工需在当季（月）全额以现金支付，所以直接人工预计数即为当季（月）现金支出数，无需另外编制预计现金支出表加以反映。

【例 17-4】 ABC公司生产中需用直接人工只有一个工种，生产单位产品需用直接人工工时为5h，每小时直接人工工资为4元。根据以上资料编制直接人工预算如表17-4所示。

表 17-4　ABC公司直接人工预算表

2008年度

项　目	1季度	2季度	3季度	4季度	全　年
预计生产量（件）	1 050	1 550	1 980	1 820	6 400
单位产品直接人工小时	5	5	5	5	5
需用直接人工小时	5 250	7 750	9 900	9 100	32 000
每小时工资率（元/件）	4	4	4	4	4
直接人工成本（元）	21 000	31 000	39 600	36 400	128 000

5）制造费用预算

制造费用预算是指用于规划直接材料和直接人工预算以外的其他一切生产费用的一种业务预算。编制制造费用预算应将制造费用按成本习性划分为变动制造费用和固定制造费用两大类，并分别按费用的明细项目编制。变动制造费用应根据预计生产量和预计变动制造费用分配率计算，固定制造费用可在以前各季度固定制造费用的基础上，采用增量预算法根据预算变动加以修正，也可采用零基预算法逐项预计再汇总。

为了便于以后编制现金预算，需要预计现金支出。由于固定资产折旧费、预提的固定资产大修理费用等是非付现成本项目，应在计算时予以剔除，以得出“现金支出的费用”。

【例 17-5】 ABC公司根据有关资料，编制2008年度制造费用预算表，如表17-5、表17-6所示。

表 17-5　ABC公司制造费用预算表

2008年度

成本项目		金　额（元）	费用分配率计算
变动费用	间接人工	18 000	变动制造费用分配率＝$\frac{64\,000}{32\,000}$＝2（元/工时）
	间接材料	17 000	
	维修费	8 000	
	水电费	14 000	
	公用事业费	7 000	
	合计	64 000	
固定费用	维护费	10 400	每季固定制造费用金额＝$\frac{64\,000}{4}$＝16 000（元）
	折旧费	25 600	
	管理费	22 000	
	保险费	4 000	
	财产税	2 000	
	合计	64 000	

表 17-6　ABC 公司制造费用预计现金支出

2008 年度

项　目		1 季度	2 季度	3 季度	4 季度	全　年
变动部分	预计生产量（件）	1 050	1 550	1 980	1 820	6 400
	预计直接人工（小时）	5 250	7 750	9 900	9 100	32 000
	变动费用分配率	2	2	2	2	2
现金支出小计（元）		10 500	15 500	19 800	18 200	64 000
固定部分	固定费用（元）	16 000	16 000	16 000	16 000	64 000
	减：折旧（元）	6 400	6 400	6 400	6 400	25 600
现金支出小计（元）		9 600	9 600	9 600	9 600	38 400
现金支出合计（元）		20 100	25 100	29 400	27 800	102 400

6）*产品成本预算*

产品成本预算是指为规划一定预算期内各种产品的单位产品成本、生产成本、销售成本等内容而编制的一种业务预算。该预算需要在生产预算、直接材料预算、直接人工预算、制造费用预算的基础上编制，为正确计算预计资产负债表中的期末产成品存货价值和预计收益表中的产品销售成本提供资料。

【例 17-6】 根据有关资料，编制 ABC 公司 2008 年度的产品单位成本和期末产成品存货预算表，如表 17-7 所示。

表 17-7　ABC 公司单位产品成本和期末存货预算表

2008 年度

成本项目	价格标准	单耗标准	单位成本
直接材料	10（元/公斤）	2（公斤）	20（元）
直接人工	4（元/小时）	5（小时）	20（元）
变动制造费用	2（元/小时）	5（小时）	10（元）
单位产品成本			50（元）
期末存货预算	期末存货数量	200（件）	
	单位产品成本	50（元/件）	
	期末存货金额	10 000（元）	

7）*销售及管理费用预算*

销售及管理费用预算是指为规划一定预算期内企业为组织销售和日常行政管理活动中所发生的各项费用而编制的一种业务预算。这项预算包括制造费用业务范围之外预计发生的各种费用项目。其编制方法与制造费用预算相类似，也应将销售及管理费用按成本习性划分为固定费用和变动费用两部分。

为便于现金预算的编制，销售及管理费用预算也要编制相应的现金支出预算。如果企业固定销售及管理费用中包含不需当期以现金支付的费用项目，如折旧费、预提大修理费用等，在预计现金支出数时也应予扣除。

【例 17-7】 ABC 业公司 2008 年度销售及管理费用预算表、预计现金支出计算表如表 17-8、表 17-9 所示。

表 17-8　ABC 公司营业销售及管理费用预算表

2008 年度

变动费用		固定费用	
项目	金额（元）	项目	金额（元）
销售佣金	6 300	管理人员工资	12 400
运输费用	9 450	广告费	6 500
公用事业费	3 150	保险费	7 000
		财产税	4 100
合计	18 900	合计	30 000
单位变动性销售及管理费用 $=\frac{18\,900}{6\,300}=3$（元/件）		每季固定性销售及管理费用支出 $=\frac{30\,000}{4}=7\,500$（元）	

表 17-9　ABC 公司预计现金支出计算表

2008 年度　　单位：元

项　目	1 季度	2 季度	3 季度	4 季度	全　年
预计销售量	1 000	1 500	2 000	1 800	6 300
单位变动性销售及管理费用	3	3	3	3	3
变动性销售及管理费用支出	3 000	4 500	6 000	5 400	18 900
固定性销售及管理费用支出	7 500	7 500	7 500	7 500	30 000
现金支出合计	10 500	12 000	13 500	12 900	48 900

8）专门决策预算

专门决策预算主要有资本支出预算和一次性专门业务预算。资本支出预算是企业在投资项目可行性研究的基础上编制的反映长期投资项目投资的时间、规模、收益以及资金筹措等内容的预算。一次性专门业务预算是为财务部门在日常理财活动中发生的一次性业务而编制的预算。财务部门一般在资金筹措、资金投放、归还贷款、发放股利和交纳税金等问题上要进行专门决策。

【例 17-8】 ABC 公司计划在预算年度第四季购置精密仪表一台 10 000 元，预计可使用 5 年，期满无残值。购入后，预计每年可为公司创造 3 200 元净现金流量。其预算如表 17-10 所示。

表 17-10　ABC 公司资本支出预算表

2008 年度　　单位：元

项　目	购置时间	投资额	使用年限	净残值	年净现金流量	回收期
精密仪表	第四季度	10 000	5	0	3 200	3.125 年

【例 17-9】 ABC 公司根据预算期现金收支情况，计划于预算期第一季度初向银行借款 16 000 元，第二季度初向银行借款 6 000 元，第三季度和第四季度各还款 50%（年利率 10%），借款利息于归还本金时一齐支付。根据税法规定，预算期每季末预付所得税 8 000 元；又根据公司董事会通过的预算分配方案，每季末支付股利 5 000 元。根据以上资料，编制一次性专门业务预算表，如表 17-11、表 17-12 所示。

表 17-11　ABC 公司一次性专门业务预算（融资预算）

2008 年度　　　　单位：元

项　目	1 季度	2 季度	3 季度	4 季度	全　年
借入资金	16 000	6 000			22 000
归还借款			11 000	11 000	22 000
支付利息			825	950	1 775

表 17-12　ABC 公司一次性专门业务预算（交纳税金发放股利预算）

2008 年度　　　　单位：元

项　目	1 季度	2 季度	3 季度	4 季度	全　年
交纳所得税	8 000	8 000	8 000	8 000	32 000
发放股利	5 000	5 000	5 000	5 000	20 000
现金支出合计	13 000	13 000	13 000	13 000	52 000

9）现金预算

现金预算是指以日常业务预算和特种决策预算为基础所编制的反映企业在预算期内预计现金收支详细情况的预算。它由现金收入、现金支出、现金余缺和资金融通四部分组成。

在现金预算中，现金收入是指预算期初现金余额和预算期内发生的现金收入，如销售收入、应收账款收回、票据贴现等；现金支出是指预算期内发生的各项现金支出，如支付材料采购款、支付工资、支付制造费用、支付销售及管理费用、上交税金、支付股利、进行资本性支出等；现金余缺是指预算期内每一分期（季、月）可动用现金数与现金支出数的差额，根据现金余缺情况可采用适当的融资方式来调剂现金余缺；资金融通是指预算期内可动用现金数小于现金支出数而引起的资金借入或可动用现金数大于现金支出数而引起的归还借款及偿付利息等事项。

【例 17-10】 ABC 公司根据各项目日常业务预算的结果编制现金预算，相关资料如下：公司第四季度购置设备 10 000 元；各季预交所得税 8 000 元；各季度预分股利 5 000元；各季度现金余额可通过归还或取得短期借款解决，短期借款利率为 10%，归还或借入金额为 1 000 元的倍数；预计 2007 年末将持有现金资产 10 000 元，公司在预算期内现金最低余额应为 10 000 元。

根据例 17-9 有关资料，编制现金预算，如表 17-13 所示。

表 17-13　ABC 公司现金预算表

2008 年度　　　　单位：元

项　目	1 季度	2 季度	3 季度	4 季度	全　年
期初现金余额	10 000	10 080	10 468	10 679	10 000
加：现金收入	68 000	104 000	144 000	150 400	466 400
可动用现金合计	78 000	114 080	154 468	161 079	476 400
减：现金支出：					
采购直接材料	19 320	28 512	36 464	38 456	122 752
支付直接人工	21 000	31 000	39 600	36 400	128 000
支付制造费用	20 100	25 100	29 400	27 800	102 400
支付销售及管理费	10 500	12 000	13 500	12 900	48 900

续表

项 目	1季度	2季度	3季度	4季度	全 年
购置固定资产				10 000	10 000
预交所得税	8 000	8 000	8 000	8 000	32 000
预分股利	5 000	5 000	5 000	5 000	20 000
现金支出合计	83 920	109 612	131 964	138 556	464 052
现金结余（短缺）	(5 920)	4 468	22 504	22 523	12 348
借入现金	16 000	6 000			22 000
归还借款			11 000	11 000	22 000
支付利息（利率10%）			825	950	1 775
期末现金余额	10 080	10 468	10 679	10 573	10 573

第3季度归还的利息＝11 000×10%×(9/12)＝825

第4季度归还的利息＝5 000×10%＋6 000×10%×(9/12)＝950

10）预计利润表

预计利润表是指以货币形式综合反映预算期内企业经营活动成果的一种财务报表。它是在销售预算、产品成本预算、销售及管理费用预算、现金预算的基础上编制的。预计利润表可以按年编制，也可根据管理上的需要分季度编制。

【例17-11】 ABC公司根据有关预算资料，编制2008年度分季度预计收益表，如表17-14所示。

表17-14 ABC公司预计收益表

2008年度　　单位：元

项 目	金 额
销售收入（@80×销售量）	504 000
减：变动成本：	
变动生产成本	
（@50×销售量）	315 000
销售及管理费用	
（@3×销售量）	18 900
贡献毛益	170 100
减：期间成本：	
固定性制造费用	64 000
固定性销售及管理费用	30 000
利息	1 775
税前利润	74 325
减：所得税（估计）	32 000
税后净利	42 325

11）预计资产负债表

预计资产负债表是指用于总括反映企业预算期末财务状况的一种财务预算。表中除上期期初数事先已知外，其余项目均应在前面所列的各项预算指标的基础上分析填列。

【例17-12】 依以上各例的预算资料，ABC公司编制的2008年度预计资产负债表如表17-15所示。

表 17-15　ABC 公司预计资产负债表

2008 年 12 月 31 日　　　　单位：元

资　产	年初数	年末数	负债及所有者权益	年初数	年末数
流动资产			流动负债		
现金	10 000	10 573	应付账款	6 000	15 248
应收账款	20 000	57 600	长期负债	100 000	100 000
材料存货	5 000	9 000			
产成品存货	5 000	10 000			
流动资产合计	40 000	87 173	负债合计	106 000	115 248
固定资产			所有者权益		
土地	250 000	250 000	普通股股本	203 600	203 600
房屋与设备	200 000	210 000	留存收益	100 400	122 725
减：累计折旧	80 000	105 600			
固定资产合计	370 000	354 400	所有者权益合计	304 000	326 325
资产合计	410 000	441 573	负债及所有者权益合计	410 000	441 573

注：期末应收账款数＝第 4 季度销售额 144 000×40％＝57 600
　　期末材料存货＝期末存料量 900×材料单价 10＝9 000
　　期末产品存货＝期初产品存货量 200×单位成本 50＝10 000
　　期末应付账款数＝第 4 季度预计购料金额 38 120×40％＝15 248
　　留存收益期末数＝期初留存收益 100 400＋本期净利润 42 325－分配股利 20 000＝122 725
　　期初数来自上年资产负债表。(2007 年资产负债表略)

17.2　成 本 控 制

17.2.1　成本控制概述

成本控制是指在生产经营过程中，对各项实际发生或将要发生的成本、费用进行审核、控制，及时发现与预定的成本目标之间的差异采取纠正措施，以保证实现预定的成本目标。成本控制不仅是企业降低产品成本、增加盈利的重要途径，也是提高企业竞争能力的保证。因此，企业为了改善经营管理，贯彻执行经济责任制，提高经济效益，必须首先加强成本控制。

按照成本形成的全过程，成本控制可分为事前控制、事中控制和事后控制三个阶段。事前控制是指在产品投产前，对未来生产经营活动中可能发生的成本进行规划、审核、监督的管理活动。这是属于成本控制的设计阶段，是有效控制成本的重要环节。事中控制是指在产品形成过程中，对实际发生的各项成本开支进行限制、指导和监督，以保证目标成本实现的日常成本管理活动。这是属于成本控制的执行阶段。事后控制是指在产品成本形成后，根据实际成本与预算成本的差异对成本进行考核评价的过程。这一过程既是对本期成本计划的考核评价，又是总结经验，制定下期成本计划的过程，因此，成本控制的事后阶段也是必不可少的。

成本控制的程序一般分为制定标准、执行标准和检查考核三个步骤。制定标准属于事前控制。成本控制标准是对各项费用开支和资源消耗规定的数量界限，是成本控制和考核的依据。没有成本控制标准，也就无法进行成本控制。成本控制标准可以是目标成本、标准成本、定额成本、计划成本及预算费用；执行标准属于事中控制，它是在生产过程中根据预定的标准控制各项消耗和支出，随时发现偏离标准的现象，并及时采取有效措施，把差异控制在允许的范围内。执行标准主要依靠成本信息的及时反馈和数据的统计分析，建立严格的责任制，实行全员控制和全过程控制；检查考核属于事后控制，即阶段性地集中查找和分析产生成本差异的原因，判明责任归属，对成本目标和标准的执行情况做出考核评价，奖优罚劣，并采取措施，防止不利因素重复发生，总结和推广经验，为修订成本标准提供可靠的参数，把成本控制的科学方法标准化。

17.2.2　标准成本的制定

标准成本是指在充分调查、分析和技术测定的基础上，根据企业现已达到的技术水平所确定的企业在有效经营条件下生产某种产品所应当发生的成本。它是目标成本的一种，可以作为控制成本开支、评价实际成本、衡量成本控制业绩的依据。标准成本通常按产品的成本项目分别制定，即分别制定直接材料、直接人工、制造费用的标准成本。其基本形式是以数量标准乘以价格标准求得。数量标准包括直接材料、直接人工、制造费用的用量标准，价格标准包括材料价格标准、工资率标准和制造费用分配率标准。其中，数量标准主要是由工程技术部门研究确定的，价格标准是由会计部门会同有关责任部门研究确定的。

1）直接材料标准成本的制定

直接材料标准等于单位产品所耗用的各种材料的数量标准和价格标准的乘积之和。即

$$直接材料标准成本 = \sum(各种材料消耗量标准 \times 各种材料价格标准)$$

其中，消耗量标准是指现有生产技术条件下生产单位产品所需要的各种材料的消耗量，一般由工艺部门在熟悉构成产品的原材料的生产人员的帮助下加以制定；价格标准是由采购部门和财会部门根据材料供货单位价格和运输等因素而共同确定的材料单价，包括材料的买价、运输费、装卸费等，按各种材料分别确定。

2）直接人工标准成本的制定

在计件工资形式下，直接人工的标准成本是计件单价，即每件产品应付的计件工资。在计时工资形式下，直接人工的标准等于单位产品的工时耗用量标准与工资率标准之积。即

$$直接人工标准成本 = 工时耗用量标准 \times 工资率标准$$

其中，工时耗用量标准是指在现有生产技术条件下生产单位产品所需要的工作时间，包括对产品的直接所用工时，必要的间歇和停工时间以及不可避免的废品所耗的工时，一般由生产技术部门采用“时间和动作研究”等方法来确定。直接人工的工资率标准是指在现有工资水平下的工资率标准，即单位小时标准工资率，一般由财会部门与劳资管理部门共同制定。

3）制造费用标准的制定

由于制造费用是一个综合性费用项目，包括的内容较为复杂，其中有的属于固定费用，有的属于变动费用，因此，制造费用标准成本分为变动制造费用标准成本和和固定

制造费用标准成本两部分。制造费用标准成本等于单位产品的直接人工小时标准乘以制造费用分配率标准。其中，生产单位产品的直接人工小时为数量标准，它与直接人工标准成本的数量标准一致；制造费用分配率为价格标准，它是指制造费用预算所确定的费用发生额除以生产量标准（以工时计量）所得的商。制造费用分配率标准取决于两个因素：一是生产量标准，指企业充分利用现有生产能力可能达到的最高产量，它通常用直接人工小时或机器小时等来表示；二是制造费用预算。对固定制造费用和变动制造费用应分别编制预算。

$$固定制造费用分配率标准=\frac{固定制造费用预算额}{标准总工时}$$

$$变动制造费用分配率标准=\frac{变动制造费用预算额}{标准总工时}$$

$$\begin{aligned}制造费用标准成本&=变动制造费用标准成本+固定制造费用标准成本\\&=单位产品的工时标准\times(固定制造费用分配率标准\\&\quad+变动制造费用分配率标准)\end{aligned}$$

将上述的直接材料标准成本、直接人工标准成本和制造费用标准成本加以汇总，就可得单位产品的标准成本。即

单位产品标准成本＝直接材料标准成本＋直接人工标准成本＋制造费用标准成本

17.2.3　成本差异的计算与分析

成本差异是指产品实际成本与标准成本之间的差额。如果实际成本超过标准成本，所形成的差异称为不利差异，亦称逆差；如果实际成本低于标准成本，所形成的差异称为有利差异，亦称顺差。成本差异对企业管理当局而言是一种十分重要的管理信息，它反映了有关责任中心的工作质量和效果。通过计算成本差异，并具体分析差异形成的具体原因和责任，进而采取相应措施，就能实现对成本的有效控制，以促进成本的不断降低。

由于标准成本的各成本项目是在数量和价格两个因素相乘的基础上计算的，因此成本差异也从数量和价格两个因素进行分析。成本差异的通用计算模型为

$$数量差异=(实际数量-标准数量)\times 标准价格$$

$$价格差异=实际数量\times(实际价格-标准价格)$$

1）直接材料差异的计算与分析

直接材料差异是指一定产量的直接材料实际成本与标准成本之间的差异。它应按不同材料，从用量差异和价格差异两方面计算：

$$直接材料用量差异=(实际用量-标准用量)\times 标准价格$$

$$直接材料价格差异=实际用量\times(实际价格-标准价格)$$

【例 17-13】　ABC 公司生产 A 产品需用甲、乙两种直接材料，标准价格分别为 8 元/千克、10 元/千克，单位产品的标准用量分别为 19 千克/件、8 千克/件；本期共生产 A 产品 200 件，实际消耗甲材料 4 000 千克，乙材料 1 500 千克，甲、乙两种材料的实际价格分别为 7 元/千克、12 元/千克，则直接材料差异计算如下：

甲材料用量差异 = (4 000 − 200 × 19) × 8 = 1 600(元)(不利差异)

乙材料用量差异 = (1 500 − 200 × 8) × 10 =− 1 000(元)(有利差异)

A 产品直接材料用量差异 = 1 600 + (− 1 000) = 600(元)(不利差异)

甲材料价格差异 = 4 000 × (7 − 8) =− 4 000(元)(有利差异)

乙材料价格差异 = 1 500 × (12 − 10) = 3 000(元)(不利差异)

A 产品直接材料价格差异 = (− 4 000) + 1 000 =− 100(元)(有利差异)

A 产品直接材料成本差异 = 600 + (− 1 000) =− 400(元)(有利差异)

材料差异确定以后，应进一步查明差异产生的原因和责任。一般而言，用量差异主要应由生产部门负责。除生产部门有关人员的原因（工人技术水平差、工人没有遵守操作规程等）会对材料用量差异的形成产生影响外，其他部门的原因也可能对材料用量差异的形成产生影响。例如，因材料质量低劣而增加了废品、因材料不符合要求而大材小用等原因引起的过量用料，就应该由采购部门负责；价格差异则主要应由采购部门负责。若引起材料价格变动的因素是采购部门所不能控制的，则不应由采购部门负责，如因生产安排不周或其他原因而进行紧急采购导致价格过高，则应由生产部门或其他部门负责。又如因市场供求变化所引起的价格差异则不应由企业的某个部门负责。

2）直接人工差异的计算与分析

直接人工差异是指一定产量的直接人工实际成本与标准成本之间的差异。它包括人工效率差异和工资率差异两部分。

人工效率差异 = (实际工时 − 标准工时) × 标准工资率

工资率差异 = 实际工时 × (实际工资率 − 标准工资率)

【例 17-14】 假定例 17-13 中 A 产品的工时标准是 7 小时，标准工资率为 6 元/小时。本月生产 A 产品实际耗用工时 1 200 小时，实际发生的工资总额 7 800 元，则直接人工差异计算如下：

人工效率差异 = (1 200 − 200 × 7) × 6 =− 1 200(元)(有利差异)

$$\text{工资率差异} = 1\,200 \times \left(\frac{7\,800}{1\,200} - 6\right) = 600(\text{元})(\text{不利差异})$$

直接人工差异 = (− 1 200) + 600 =− 600(元)(有利差异)

人工效率差异主要由生产部门负责，如工人技术熟练程度与劳动态度、设备先进程度、作业计划安排是否周密等。属于生产部门以外的主要影响因素如生产工艺过程的改变、材料质量的高低、供电供水的保证等则应根据具体情况分析后确定相应的责任归属；工资率差异形成的原因主要有工资的调整、直接生产工人升级或降级使用、出勤率的变化等。其成因较为复杂，其责任一般应由劳动人事部门或生产部门负责。

3）变动制造费用差异的计算与分析

变动制造费用差异是一定产量的实际变动制造费用与标准变动制造费用之间的差异，它包括变动制造费用效率差异和变动制造费用耗费差异。

变动制造费用效率差异 = (实际工时 − 标准工时) × 变动制造费用标准分配率

变动制造费用耗费差异 = 实际工时 × (变动制造费用实际分配率 − 变动制造费用标准分配率)

【例 17-15】 假定例 17-13 中 A 产品的工时标准是 7h，变动制造费用标准分配率为 3 元/小时。本月生产 A 产品实际耗用工时 1 200h，实际发生的变动制造费用 4 800 元，则直接人工差异计算如下：

$$变动制造费用效率差异 = (1\,200 - 200 \times 7) \times 3 = -600(元)(有利差异)$$

$$变动制造费用耗费差异 = 1\,200 \times \left(\frac{4\,800}{1\,200} - 3\right) = 1\,200(元)(不利差异)$$

$$变动制造费用差异 = (-600) + 1\,200 = 600(元)(不利差异)$$

变动制造费用效率差异和耗费差异产生的原因，主要是间接材料、间接人工和其他有关变动制造费用的变动及生产过程中实际工时利用情况发生了变化。因此，在实际工作中，通常应根据变动制造费用弹性预算的明细项目，结合同类项目的实际发生数编制业绩报告，将各项目实际发生数与预算数进行对比，以找出差异产生的真正原因及责任归属。

4）固定制造费用差异的计算与分析

固定制造费用差异是指一定期间的实际固定制造费用与标准固定制造费用之间的差异，分析方法有“二因素分析法”和“三因素分析法”两种。

（1）二因素分析法。

二因素分析法将固定制造费用差异分为耗费差异和能量差异：

$$\begin{aligned}固定制造费用耗费差异 &= 固定制造费用实际数 - 固定制造费用预算数\\ &= 固定制造费用实际数 - 固定制造费用标准分配率\\ &\quad \times 预算工时\end{aligned}$$

$$固定制造费用能量差异 = 固定制造费用标准分配率 \times (预算工时 - 标准工时)$$

（2）三因素分析法。

三因素分析法将固定制造费用差异分为耗费差异、效率差异和闲置能量差异三部分。耗费差异的计算与二因素分析法相同。不同的是要将二因素分析法中的能量差异进一步分为两部分：一部分是实际工时未达到标准能量而形成的闲置能力差异，另一部分是实际工时脱离标准工时而形成的效率差异。

$$固定制造费用闲置能力差异 = 固定制造费用标准分配率 \times (预算工时 - 实际工时)$$

$$固定制造费用效率差异 = 固定制造费用标准分配率 \times (实际工时 - 标准工时)$$

【例 17-16】 假定例 17-13 中的 A 产品的工时标准是 7h，本月生产 A 产品实际耗用工时 1 200 小时。本月固定制造费用实际发生额为 6 000 元，固定制造费用预算为 9 240 元，固定制造费用标准分配率为 6 元/小时，本企业生产能量为 220 件，则固定制造费用差异计算如下：

二因素分析法：

$$固定制造费用耗费差异 = 6\,000 - 9\,240 = -3\,240(有利差异)$$

$$固定制造费用能量差异 = 6 \times (220 \times 7 - 200 \times 7) = 840(元)(不利差异)$$

$$固定制造费用差异 = (-3\,240) + 840 = -2\,400(元)(有利差异)$$

三因素分析法：

$$固定制造费用耗费差异 = 6\,000 - 9\,240 = -3\,240(有利差异)$$

$$固定制造费用闲置能力差异 = 6 \times (220 \times 7 - 1\,200) = 2\,040(元)(不利差异)$$

$$固定制造费用效率差异 = 6 \times (1\,200 - 200 \times 7) = -1\,200(元)(有利差异)$$

$$固定制造费用差异 = (-3\,240) + 2\,040 + (-1\,200) = -2\,400(元)(有利差异)$$

一般来说，固定制造费用耗费差异的产生原因主要是因为酌量性固定成本的变动，如超计划雇用管理人员、广告费和研究开发费增加等。导致固定资产闲置能力差异出现的原因主要是产销数量变化引起的，如经济不景气、产品定价过高、材料供应不足等。引起固定制造费用效率差异的原因与引起直接人工效率差异的原因相同。固定制造费用包括的内容很繁杂，为了查明差异产生的真正原因及责任归属，必须将固定制造费用各项目的实际数与预算数进行对比，以便逐项分析原因，明确责任。

思　考　题

1. 什么是全面预算？编制全面预算有什么作用？
2. 全面预算体系包括哪些内容？它们之间的相互关系如何？
3. 编制全面预算要遵循哪些原则？
4. 编制全面预算的一般程序是怎样的？
5. 全面预算有哪些方法？它们的特点是什么？
6. 什么是成本控制？进行成本控制有什么意义？
7. 什么是标准成本？它是如何制定的？
8. 成本差异的计算模式是什么？是怎样进行分析的？

练　习　题

1. 某企业 3 月份产品成本资料如下：

(1) 单位产品标准成本：

直接材料	50 公斤×9 元/公斤＝450 元
直接人工	45 小时×4 元/小时＝180 元
变动制造费用	45 小时×3 元/小时＝135 元
固定制造费用	45 小时×2 元/小时＝90 元
合计	855 元

设备预计生产能力为 1 000h

(2) 本月实际产量 20 件，实用人工小时 950h，实际成本如下：

直接材料	900 公斤×10 元/公斤＝9 000 元
直接人工	3 325 元
变动制造费用	2 375 元
固定制造费用	2 850 元
合计	17 550 元

要求计算：

① 材料价格差异与材料用量差异；

② 直接人工工资率差异与效率差异；

③ 变动制造费用耗费差异与效率差异；

④ 固定制造费用耗费差异、固定制造费用闲置能力利用差异和固定制造费用效率差异。

2. 假设企业期末现金最低库存 15 000 元，现金短缺时主要以银行借款解决，贷款最低起点 1 000 元。企业于期初贷款，于季末归还贷款本息，贷款年利率 5%，年度现金预算部分数据如下表：

要求：将现金预算表中的空缺项 (1)～ (15) 填列出来。

摘　要	1 季度	2 季度	3 季度	4 季度	全　年
期初现金余额	18 000	(4)	15 691	(10)	18 000
加：现金收入	120 500	140 850	(6)	121 650	526 250
可动用现金合计	(1)	156 591	158 941	138 802	544 250
减：现金支出					
直接材料	25 424	34 728	34 576	(11)	126 976
直接人工	13 200	15 600	12 900	13 900	55 600
制造费用	6 950	7 910	6 830	7 230	28 920
销售费用	1 310	1 507	1 358	1 075	5 250
管理费用	17 900	17 900	17 900	17 900	71 600
购置设备	48 000	33 280			81 280
支付所得税	27 125	27 125	27 125	27 125	108 500
支付股利	10 850	10 850	10 850	10 850	43 400
现金支出合计	150 759	148 900	111 539	110 328	521 526
现金结余（不足）	(2)	7 691	47 402	(12)	22 724
现金筹集与运用					
银行借款（期初）	(3)	8 000			36 000
借款归还			(7)	(13)	(36 000)
归还本息（期末）			(8)	(14)	(1 335)
现金筹集与运用合计	28 000	8 000	30 250	7 085	1 335
期末现金余额	15 741	(5)	(9)	21 389	(15)

参考文献

财政部会计司编写组. 2007. 企业会计准则讲解2006. 北京：人民出版社

车嘉丽，罗建华，金小军. 2004. 管理会计学. 广州：中山大学出版社

陈胜群. 1998. 现代成本管理论. 北京：中国人民大学出版社

陈铁群，章朴庵，陈建中. 1998. 新编工业企业会计. 上海：立信会计出版社

陈玉菁，宋良荣. 2005. 财务管理. 北京：清华大学出版社

戴重光. 1999. 商品流通企业会计. 北京：中国财政经济出版社

[美] 霍恩格伦 C T. 1986. 高级成本管理会计学. 上海财经学院会计学系译. 北京：中国财政经济出版社

兰艳泽. 会计学. 2006. 广州：华南理工大学出版社

乐艳芬. 2007. 成本管理会计. 上海：复旦大学出版社

李冠众，等. 2006. 财务管理. 北京：机械工业出版社

李海波. 2001. 新编管理会计. 上海：立信会计出版社

李明. 2007. 中级财务会计. 北京：经济科学出版社

李天民. 1999. 现代管理会计学. 上海：立信会计出版社

李玉周. 2006. 成本管理会计. 成都：西南财经大学出版社

刘永泽. 2007. 会计学. 大连：东北财经大学出版社

娄尔行，石成岳，孙铮. 1993. 基础会计. 上海：上海三联书店

企业会计准则编审委员会. 2007. 企业会计准则操作实务. 上海：立信会计出版社

全国会计专业技术资格考试领导小组办公室. 2007. 中级会计实务. 北京：经济科学出版社

时杰，陈翔. 2003. 财务管理. 北京：商务印书馆

孙茂竹，等. 2002. 管理会计学. 北京：中国人民大学出版社

王立彦，等. 2000. 成本管理会计. 北京：经济科学出版社

谢培苏. 2006. 成本会计. 北京：科学出版社

颜世廉，熊哲玲. 1995. 基础会计学. 北京：中国经济出版社

叶忠明，秦洪珍. 2007. 会计学（第三版）. 北京：首都经济贸易大学出版社

余绪缨. 1999. 管理会计学. 北京：中国人民大学出版社

赵洪进. 2007. 会计学. 北京：清华大学出版社

中国注册会计师协会. 2008. 会计. 北京：中国财政经济出版社

中华人民共和国财政部. 2006. 企业会计准则2006. 北京：经济科学出版社

中华人民共和国财政部. 2006. 企业会计准则：应用指南2006. 北京：中国财政经济出版社

Ingram R W，Albright T L，Hill J W. 1997. *Managerial Accounting Information for Decisions*. South Western College Publishing

Kaplan R S，Atkinson A A. 1998. *Advanced Management Accounting*. 3rd ed. Prentice Hall Inc